¡AHORA MISMO!

PHIL TURK AND MIKE ZOLLO

Hodder & Stoughton

LONDON SYDNEY AUCKLAND TORONTO

Acknowledgements

The authors would like to thank the following for their help in the preparation of this book:

The former Association of Teachers of Spanish and Portuguese and its members for ideas and encouragement over the years.

Members of the Avon, Hampshire and Wolverhampton Spanish A-level Working Parties for help in the 'formative years'.

Dolores and Derek Blake, Mercedes Catton, Marisol Díez Cantero and her family, Casilda García Barriocanal, Antonio Moreno Carrascal, Mrs Elizabeth Oates-Wormer, Señora Doña Graciela Pando, Consuelo Parra, Máximo Antonio Pech Canul, Ana Thode Garrido, Manuela (Noli) Twyford and students of the ISI Language School, Paignton 1989 (Verónica Lacal Jiménez, Luis Méndez Davila, Francisco Roy Delgado) for their help with recorded materials and vocabulary.

Anne-Marie Donaghy and Carmen Torrido Gordillo for checking the manuscript.

David Jordan for providing the duck-machine diagram in Unidad 17.

Marta Estradas, Samantha Francis, Harry Kingham, Nic Rollett, Lucy Rudd and Fiona Woods: all Sixth Formers at Beechen Cliff and Hayesfield Schools in Bath; Sixth Formers at the Red Maids' School in Bristol, at Eggbuckland Comprehensive in Plymouth, at Ivybridge Community College in Devon, at Highfields School in Wolverhampton, and young officers under training at the Britannia Royal Naval College in Dartmouth, all of whom have been guinea-pigs for much of the material in this course.

Finally, our wives, families and friends for their encouragement and patience during the many hours we have been shut away at the word processor.

British Library Cataloguing in Publication Data
Turk, Phil
  ¡Ahora mismo!
  1. Spanish language. Usage
  I. Title   II. Zollo, M.A.
  468

  ISBN 0 340 50519 2

First published 1990

Typeset by Wearside Tradespools, Fulwell, Sunderland.
Printed in Great Britain for the educational publishing division of Hodder and Stoughton Ltd, Mill Road, Dunton Green, Sevenoaks, Kent by Butler & Tanner Ltd., Frome.

Text acknowledgements

The publishers would like to thank the following for permission to reproduce material in this volume: *Aventura 92* for an extract from their leaflet: *Blanco y Negro* for '¿Eres curioso?', 14 August 1988, the results of '¿Eres curioso?', 14 August 1988 and the television page; *Bradford on Avon Area Tourism Association* for Picturesque Saxon Town, the Hub of the Mid-West, tourist brochure; *Cambio 16* for the letter from Amaya Goñi Quintero, issue 802, 13 April 1987, 'Los nuevos artesanos' by Julia Pérez and Pilar Díez, issue 854, 11 April 1988, 'Guía para la vuelta al cole' by José Manuel Huesa, issue 876, 12 September 1988, 'Los profesionales más buscados por las empresas' by Inmaculada Sánchez, issue 891, 26 December 1988, 'Sindicatos Trasnochados' by Carmen Rico-Godoy, issue 886, 21 November 1988, 'Deficientes y muy eficientes' by Pilar Díez, issue 882, 25 October 1988, 'Encuesta: los obreros están por los pactos' by Luis Peiro, issue 879, 3 October 1988, 'La furia española del Taekwondo' by Liz Perales, issue 879, 3 October 1988, 'La nueva cara de Madrid', issue 792, 2 February 1987, 'Hacia una ciudad crispada', by Jesús Leal Maldonado, issue 865, 27 June 1988, 'El metro, metro a metro' by Gonzalo Vivas and the metro map from the *Monóxido* supplement no 871, 8 August 1988, 'Mano dura contra la droga blanda' by Manuel José Fajardo, issue 887, 28 November 1988, 'Lengua catalana', issue 796, 2 March 1987, 'La Lengua de Valencia', letter from Annie Herguido, issue 846, 25 January 1988, 'Ventajas del Español', letter from Michel Royer, issue 854, 11 April 1988, 'El mundo de las comunicaciones', issue 887, 28 November 1988, 'La chapuza de las carreteras' by Javier Arce, issue 879, 3 October 1988, 'Decisión salomónica en el Contrato de RENFE' by Cruz Sierra, issue 888, 5 December 1988, '¡Ser director de *El País*, no hay quien lo aguante!' by Lola Díaz, issue 898, 13 February 1989, 'Un mundo feliz, al fin' by Carmen Rico-Godoy, issue 901, 6 March 1989, 'Agobiados por el ruido' by Edgardo Oviedo, issue 886, 21 November 1988, 'La marea colonial' by Liz Perales, issue 883, 31 October 1988, 'Contaminación', issue 881, 17 October 1988, 'Maggie nos quiere' by Carlos Santos, issue 879, 3 January 1989, 'El trienio europeo de España' by Fernando Moran, issue 898, 13 February 1989, 'España está de moda', by Ricardo Herres, issue 863, 13 June 1988, 'Latinoamérica gana, pierde Hispanoamérica' by Daniel Samper Pizano, issue 888, 14 November 1988, '¡¡¡No!!!' by Ricardo Utrilla, issue 880, 10 October 1988, 'El corrupto poder militar en Paraguay sobrevive a Stroessner' by Juan Carlos Algañaraz, issue 898, 13 February 1989, 'Buenos Aires a media luz y sin agua por el colapso de energía' by Norman Morandini, issue 896, 30 January 1989, 'La peste del siglo XX' by RO, issue 884, 7 November 1988, 'El rey de España y Su Majestad británica se besan' by Eduardo Chamorro and Victor Steinberg, issue 883, 31 October 1988, 'Derecho a la huelga: España no es diferente', issue 802, 13 April 1987, 'Treinta mil jóvenes se libran de la mili' by José Manuel Huesa, issue 886, 21 November 1988, 'Tanques, barcos y aviones "de museo" defiendan a España' by Juan Gómez, issue 885, 14 November 1988, 'España a la cabeza de la carrera armamentista', issue 886, 21 November 1988, 'OTAN: Estar pero no ser' by Juan Gómez, issue 885, 14 November 1988, 'Después de la muerte llega la paz' by Juan Carlos Gumucio, issue 873, 22 August 1988, 'Sáhara: otra guerra se apaga' by Victor Steinberg, issue 876, 12 September 1988, 'El tesoro del imperio' by Ana de Juan, issue 863, 13 June 1988, 'Ferrari F40: el coche más rapido del mundo' by Alberto Mallo and Sergio Piccione, issue 863, 13 June 1988, 'El país de Jauja-Pirulí' by Ramiro Cristóbal, issue 854, 11 April 1988, 'Un Van Gogh pone el arte al rojo vivo' by Eduardo Chamorro, issue 802, 13 April 1987, 'Estamos en guerra' by Luis Fernando Verisscimo from the *Monóxido* supplement no. 878, 26 October 1988 and the cartoon by Juan Ballesta; *Central Office of Information* for 'Escultura en el Bosque' from Gran Bretaña Hoy, September/October 1988; *Comissió catalana en defensa de la vida* for the pamphlet ¿Quién quiere matar a Nacho?; *Consorcio de Transportes* for the 'Todo Madrid más barato' advertisement; *Diario 16* for 'El circo de las vacaciones' by Begoña Piña from Guía de Madrid no. 38, 30 December 1988 and 'Para favorecer la comunicación from 'Hogar', 30 October 1988; *Ediciones San Pio X* for 'Ultimamente estoy hecho un lío' and ¡Ayudadme me siento indefensa! from Educar Hoy leaflet; *Época* for 'La selectividad en el mundo' by Alfredo Semprún, issue 103, 2 March 1988, 'Televisión por encargo' by Javier del Castillo, 12 September 1988, 'No queremos mili con escobas' by Carmen Ramírez de Gauza, 19 September 1988, 'Una alcaldesa contra ETA' by Miguel Platón, 5 September 1988, 'Conciertos, nueva etapa', 3 October 1988 and 'Entre la cultura y el mercado' by SV, 17 October 1988; *Antonio Gala* for 'El tabaco' from El País Semanal, 1 June 1988; *Ediciones El Jueves, S.A.* for the Martínez el facha cartoon, issue 596, 26 October 1988; *Ediciones Libro amigo* for 'Un día de estos' from 'Los funerales de la Mamá Grande' by Gabriel García Márquez, Rotativa (1961); *Gabriel García Márquez* for the extract from his book 'El coronel no tiene quien le escriba'; *Mía* for 'Quiromancia' by

J Barucci, issue 111, 24 October 1988, 'Secretos: parte importante de la intimidad' by RC, 3 October 1988, 'Horoscopos' 3 October 1988, 'Descubre la rápidez mental de tu hijo' by Antonio Arias, 12 September 1988, various job advertisements, 5 September 1988 and 26 September 1988, '¿Llevas una vida sana?' by Antonio Arias, 26 September 1988, 'En 10 minutos: Gimnasia sin agujetas', 2 January 1989, 'El azúcar', 12 September 1988, 'Fuma demasiado y quiero que deje el tabaco', 12 September 1988, '¿Es ese el enfermo?' cartoon, 12 September 1988, and the photograph of a doctor and patient, 19 September 1988, and the 'Humor' cartoons; *Muy Interesante* for 'Nace el hombre biónico' by Victor Ferrer, issue 92, January 1989 and 'El radar asa-chuletas' by Georgio Rubio, issue 92, January 1989; *Thomas Nelson and Sons Ltd* for the extracts from 'Viaje a la alcarria' by Camilo José Cela (1961), 'El camino' by Miguel Delibes and 'El otro árbol de Guernica' by Miguel de Castresana; *Nueva Gaceta Illustrada* for the cartoons; *El País News Service* for 'A cada cual su manía' by Mercedes Riva Torres from El País Semanal issue 620, 6 February 1989, 'Descuentos para mayores de 65 años' from El País issue 3949, 2 February 1988, 'El lado "duro" de la igualdad' by César Diaz from El País Semanal, 30 October 1988, 'España y el Reino Unido conversarán sobre los problemas de Gibraltar' from El País, 10 September 1984, 'Hasta que el cuerpo aguante' by José Comas from the 'Domingo' section of El País, 22 March 1987, 'Tener o no tener' by Xavier Vidal-Folch and Alex Rodríguez from the 'Domingo' section of El País, 29 March 1987, 'Suráfrica – ejército de sombras' by Maruja Torres from El País Semanal, 27 March 1987, 'Indios de Guatemala. El fuego verde perdido' by Jesús Estévez from El País Semanal, 4 January 1987, 'Vida y milagros de una central nuclear' by Angels Piñol from El País issue 4096, 29 June 1988 and 'Ana Torrent' by Koro Castellano from the 'Estilo' section of El País, 26 February 1989; *Pétete* for 'La alfombra mágica' by María González Calvo, issue 18; *Editions Plou* for 'África: se acabó la esperanza' from Pour L'Afrique, j'acusse, by René Dumont; *Selecciones Reader's Digest* for 'Ciudad Rodrigo y el Campo Charro' from Descubre España (1983); *Tiempo* for 'Me gustaría parecerme a mi padre al que admiro' by Antonio Pérez Menares, 24 August 1987, the photograph of Emilio Butragueño, 24 August 1987, 'La litrona sustituye' by M A Mellado and J L Roig, 11 May 1987, photograph by L M González from 'La litrona sustituye' by M A Mellado and J L Roig, 11 May 1987, 'Madrileños y barceloneses se sienten mutuamente maltratados' by Aurora Moya, Isabel Zúñiga, Enrique Alcat and Ana Almargo, issue 70, 3 October 1988, and 'Retrato del nuevo español', 11 May 1987; *Tribuna* for various headings and 'Cómo solucionar los problemas escolares de sus hijos' by María J Espejo, 29 September 1988, 'Estaciones de esquí españolas' by Rocío G Abos and Lourdes Muñoz, 5 December 1988, 'Ejecutivos y gente bien cambia las playas de lujo por la nieve' by Carmen Hornillos, 19 December 1988, photograph of Jorge Verstrynge, '¿Eres colecionista? and 'El aire de un abanico' by María José Espejo, 22 August 1988, 'Artistas, escritores y famosos confiesan sus relaciones con la droga' taken from survey 22 December 1988, the photograph of Prince Charles and Princess Diana by Nova and extract from 'El rey asigna un sueldo a los miembros de la familia Real', 30 May 1988 and the photograph of Prince Felipe; *UNESCO* for 'La contaminación no tiene fronteras' by France Bequette from El Correo, March 1989; *Manuel Vicent* for 'Tabaco' from El País, 2 February 1988. Every effort has been made to trace and acknowledge ownership of copyright. The publishers will be glad to make suitable arrangements with any copyright holders whom it has not been possible to contact.

Photo acknowledgements

The publishers would also like to thank the following for permission to reproduce photographs: Agencia Black Star: page 211; Barnaby's Picture Library: pages 41, 42, 46, 69, 77 (left), 81 (right), 91, 136, 137, 148, 149, 153, 154, 205, 209 and 229; J Allen Cash: pages 77 (right), 177 and 195 (top); Cambio 16: pages 111 and 139; Cifra Gráfica: page 201; EFE: pages 81 (left), 95 (both), 96 (top), 108, 112, 113, 114, 140, 151, 170, 187, 198, 222 and 238; Ferrari: page 221; Forestry Commission: page 233 (both); Sally and Richard Greenhill: pages 64 and 99; P & P F James: page 109; Ramón G Lopez Alonso: page 68 (bottom right); Rosa María Martín: pages 124 and 134; Mía: pages 55 and 128; Mill Graphics: pages 131, 194 and 195 (bottom); Popperfoto: pages 10, 87, 96 (bottom), 127, 146, 147, 164, 165, 168, 188, 189 (both) and 208; Radio Nacional de España: page 34; Spanish National Tourist Office: page 74; Thames Television: page 232; Topham Picture Library: pages 8, 9 (both), 43, 158, 167, 172, 180 and 202; Janine Wiedel: pages 16, 21, 30, 39 and 50. Every effort has been made to trace and acknowledge ownership of copyright. The publishers will be glad to make suitable arrangements with any copyright holders whom it has not been possible to contact.

Contents

Introduction

*¡Bienvenidos y bienvenidas a ¡**Ahora Mismo!**!*

This course is designed to take you on from GCSE or Standard Grade to advanced Spanish and beyond. We have tried in the early units to develop topics that should already be familiar to you, such as talking about yourself and others, school life, etc, but at the same time to further your knowledge and linguistic skills, encouraging varied viewpoints on these topics. As you progress, you will find that the topics and language become increasingly complex, requiring a more sophisticated, analytical approach.

The materials selected have all been drawn from authentic, mainly contemporary, Spanish sources, and the subject matter has been chosen to appeal to a wide range of interests. Although designed as a logical progression from the preceding units, each unit is, for the most part, autonomous, and it is not, therefore, essential to tackle the course in the order given; your teacher will decide the best way to approach it. The structure is the same in each unit: a series of texts, each with its own set of exercises which lead you from comprehension of the text itself through consolidation of vocabulary and grammatical features to development of the ideas contained within the text. Each unit finishes with an *Y de postre . . .* section, which provides further development of the unit themes and language in a more light-hearted way.

You will be asked to perform a wide variety of tasks, from straightforward question-answering to pair-work, conversations and discussions, leading to essays and other advanced activities. The tasks fall into four main categories:

Reading
This can involve skimming over a text to extract the gist of it, or detailed reading: in many cases we provide you with the vocabulary that we feel you need; in others we refer you to a dictionary, and in a few we ask you to use your brain to work out the meanings of words (with a few helpful hints)!

Listening
We have included plenty of listening material in this course, as this is one area in which students consistently have difficulties. The symbol 🔲 denotes a listening exercise, and all involve extracts spoken by native Spanish speakers or recorded from Spanish radio. Some of the extracts are fast, and in some the quality is not perfect, but this is the language as you will hear it in everyday use, so it is just as well to get used to it!

Speaking
In some cases you may find that you have the vocabulary and grammatical knowledge to talk about a topic straight away, but most of the time you will build up to the role-plays, discussions, speeches, interviews and other oral exercises by working through the exercises which accompany each text.

Writing
This is developed gradually with each text, first using short questions and summaries, and then progressing to translations, essays and other advanced tasks.

You will come across two other symbols apart from 🔲 in the book.

Gramática Viva is there to alert you to the fact that you are about to come across a particularly useful piece of grammar, so pay attention! 🖾 indicates that there is a supplementary worksheet available from your teacher, which will give further information on the topic under discussion and more language practice.

Even though your school or college is probably well-stocked with dictionaries, it is a good idea to get a decent dictionary of your own (and that means something more than a pocket dictionary for travellers!). Ask your teacher to recommend one. When using a dictionary, remember to make sure that you are looking up the correct part of speech, so that you don't end up with an adjective when you want a noun. Remember also that *ch*, *ll* and *ñ* are separate letters in the Spanish alphabet, and follow *c*, *l* and *n* respectively in the dictionary, even when they occur in the middle of a word. It is often a good idea to cross-check a word in the other half of the dictionary to make sure you have got the right meaning.

We have included the Grammar Section at the back of the book to provide you with a handy reference section. We have made it as comprehensive as the size of this book would allow, and provided plenty of references in the main text to specific paragraphs. You should, however, consult a detailed grammar for specific and complicated points; again, ask your teacher to recommend one.

To encourage you to think in Spanish, we have restricted the use of English to this introduction, vocabulary lists and the Grammar Section. You will soon get used to the Spanish instructions and commentaries: ask your teacher if you are having difficulties. In most cases, we have followed the style used by Examination Boards, although we have taken the liberty of addressing you as *tú*.

¡Buen viaje!   Phil Turk and Mike Zollo

UNIDAD 1 ¿Cómo somos? Tú y yo . . .

a ¿Eres curioso?

¿ERES CURIOSO?

–¿Lees siempre los horóscopos de todos los periódicos y revistas que caen en tus manos?
a) De vez en cuando.
b) No. Me parecen una tontería.
c) Sí. Aunque no sean serios me divierten.

–¿Cómo acabará esta persecución?
a) El ladrón escapará.
b) El chico detiene al ladrón.
c) Es difícil de predecir.

–¿Has intentado alguna vez echar un vistazo a la libreta de notas de tu profe?
a) Sí, pero sólo porque me había olvidado mi última nota.
b) No. Me espero a que las lea en clase.
c) De vez en cuando intento echarle un vistazo cuando salgo a la pizarra.

–¿Te gusta averiguar con tiempo lo que te van a regalar por tu cumpleaños?
a) ¡Nunca! Perdería la ilusión.
b) Siempre me entero porque alguien se va de la lengua.
c) Sí. Siempre esconden las cosas en los mismos sitios.

–¿Te importaría que te pillaran dando un beso o cogido de la mano de tu ligue?
a) Sí. Me importaría mucho.
b) Me daría igual.
c) No me importaría nada.

–¿Haces trampas jugando a las cartas?
a) Sí, pero de forma que no se note.
b) ¡Si los demás son tontos y no se enteran!
c) No, aunque a veces me dan tentaciones.

–Con la mano en el corazón. ¿Has leído ya el resultado de este «test» en la próxima página?
a) No, de verdad que no.
b) No me he podido resistir.
c) He estado a punto, pero no quería parecer curioso.

Vocabulario

aunque no sean serios	even if they are not serious
la persecución	chase
predecir	to predict
echar un vistazo	to have a peep
la libreta de notas	markbook
me espero a que . . .	I wait for him to . . .
averiguar	to investigate, find out
la ilusión	thrill
me entero	I find out
alguien se va de la lengua	someone gives it away
pillar	to catch
tu ligue	your boy/girlfriend
hacer trampas	to cheat

HUMOR

—BUENOS DIAS, ¿QUE 'ESTAS LEYENDO?

—¿POR QUE TE INTERESA?

—CARAMBA, ¡QUE CURIOSAS PUEDEN SER LAS CHICAS!

Resultado del «test»

Vocabulario

nada te saca de tus trece	nothing will make you change your mind
un poco rollo	a bit of a bore
te meten más de una 'bola'	they'll be 'having you on', 'pulling your leg'
enfermizo	sickly, morbid
dejar que ocurran cosas	let things happen

¿ERES CURIOSO?

Suma los puntos que correspondan a tus respuestas.

Pregunta	a	b	c
1	2	1	3
2	1	2	0
3	3	1	4
4	0	2	3
5	2	1	0
6	2	1	0
7	0	5	3

De 3 a 7 puntos
Eres frío como el hielo. Nada te saca de tus trece. La verdad es que resultas un poco rollo y no hay manera de sorprenderte con nada. ¡Tampoco es eso!

De 8 a 11 puntos
Sabes mantener tu curiosidad dentro de unos límites razonables. ¡Bien por ti! Resultas un buen amigo porque sabes guardar un secreto.

De 12 a 15 puntos
Es fácil despertar tu curiosidad. ¡Ten cuidado! Como te crees todo lo que te cuentan, te meten más de una «bola».

De 16 a 21 puntos
Cada vez que oyes un portazo vas corriendo a investigar «el caso». Tu curiosidad es casi casi enfermiza y debes tener cuidado, porque puede acabar destruyendo tus mejores amistades. ¿Por qué no intentas dejar que ocurran cosas en el mundo de las que tú no te has enterado antes por «Radio Macuto»?

Ejercicio 1

a Contesta a las preguntas del 'test', con 'la mano en el corazón'. Antes de mirar las respuestas para descubrir la extensión de tu curiosidad, trata de decidir qué letra de cada pregunta corresponde a la curiosidad máxima, ¿**a**, **b**, o **c**?

b Ahora consulta las respuestas. ¿En qué categoría te encuentras? ¿Y tus compañeros de clase? ¿Qué cosas te hacen 'curioso/a'? ¿Te das cuenta de que la palabra 'curioso' tiene dos sentidos? El primer sentido, como en el test, quiere decir que sientes la curiosidad por saber algo. El segundo significa que tú *eres* la curiosidad, es decir, que tú eres curioso/a, un objeto de interés. Según el extracto que sigue, todos tenemos nuestras propias curiosidades.

b A cada cual su manía

Hay algunos que se arrancan las cejas. Otros se levantan de la cama con el pie izquierdo. Unos más y otros menos, pero todo el mundo tiene sus manías, sus obsesiones y sus fobias. Desde el presidente del Gobierno al escritor y premio Nobel Gabriel García Márquez, pasando por Mario Conde o la reina Sofía. Nadie se libra.

La afición por el cultivo de tomates, judías y pimientos de Felipe González se ha convertido, al parecer, en una auténtica obsesión. Cuando sus obligaciones políticas se lo permiten, no duda ni un momento en dedicarse en cuerpo y alma a sus nuevos productos, los compara con los que cultiva su amigo y compañero de partido Manuel Marín, y cuando quiere obsequiar a algún amigo especial, le envía una bolsita con tomates y judías crecidos en los jardines del palacio de la Moncloa.

Algo similar le ocurre al vicepresidente del Gobierno, Alfonso Guerra, que no puede vivir sin sus tabletas de chocolate. Las lleva en el cajón del despacho, en su cartera ministerial o en sus bolsillos. El banquero Mario Conde no sale de su casa sin haberse tomado antes una bola de *mozzarella*, y la reina Sofía, dicen los expertos en temas de la Casa Real, no puede separarse de un precioso medallón que le regaló su padre, el rey Pablo de Grecia, aunque en algunos actos oficiales tiene que prescindir de él o escondérselo bajo la ropa.

Lola Flores tiene un odio especial a las ratas y a los búhos. No soporta un cuadro torcido o un elefante con la trompa hacia abajo. Detesta totalmente a los que ella llama *charlatanes* o a los *chapuzas* que hacen las cosas mal. El número al que nunca jugará es el nueve, ya que el día 9 del año 1949 murió un hermano suyo. En cambio, su hija Lolita dice que jamás saldrá a actuar con un vestido verde: 'No me gusta que me echen sal en la mano y cuando me regalan un ramo de flores, en seguida se lo doy a alguien, me da malas vibraciones; otra cosa es que me lo manden a casa'. Dice tener auténtica fobia al bacalao y a todo tipo de vísceras, sesos, criadillas . . .

El futbolista Maradona se santigua y toca el césped cada vez que sale al terreno de juego.

Maradona: se santigua cada vez que sale al terreno

Chendo no se quita jamás una rodillera que se puso por primera vez en el Mundial de México porque asegura que le da suerte, y más tarde, también por una promesa que él y su mujer hicieron poco después de que su hijo muriera en un accidente de tráfico.

El tenista Ivan Lendl se arranca las pestañas; McEnroe no pisa nunca las líneas blancas del campo ni al entrar ni al salir y se relaja antes del encuentro tocando *rock* con su guitarra eléctrica.

por Mercedes Riva Torres
tirado de *El País Semanal*, febrero 1989

McEnroe: no pisa las líneas blancas

Lendl: se arranca las pestañas

Ejercicio 2

a Busca las palabras del texto que significan lo mismo que las siguientes:

gusto	*la hierba*
aparentemente	*un protector de rodillas*
regalar	*el borde*
productos de	*un cigarrillo*
la oficina	*la oración del Señor*
el Palacio	*camisa con líneas paralelas*
ir sin él	*se tira*
hacer la señal de la cruz	

b Resume en tu propia lengua las manías de Lola Flores y su hija Lolita. Te hará falta probablemente un diccionario.

c Haz una lista de los personajes que se describen y su ocupación. ¿De cuántos ya sabías algo? Volverás a encontrar a algunos de ellos en otras Unidades de este libro.

Ejercicio 3

a De las varias 'manías' que se describen, ¿cuáles representan un verdadero 'hobby', cuáles un hábito regular y quizás involuntario o inconsciente, y cuáles un acto de pura superstición?

Haz tres listas, bajo estos tres títulos, de las diversas manías. Se expresan mejor poniendo el verbo en *infinitivo*, por ejemplo: *cultivar* tomates.

b ¿Qué manías tienes tú? ¿Eres supersticioso/a? Usando el tiempo presente del verbo, describe tus propias manías y las de tus padres, tus hermanos, tus animales, algunos/as de tus profesores/as, tus compañeros/as de clase, tu ligue.

Por ejemplo: *Yo no aguanto los ratones ni las arañas.*
Mi profesor(a) de español se rasca la oreja izquierda cada dos minutos, y repite la palabra 'estupendo' cada tres.

C *Emilio Butragueño*

Vocabulario

rizado	curly
un enjambre de pecas	a cluster (lit. a swarm) of freckles
parecérsele	to resemble him
marcar un gol	to score a goal
se siente	you can feel it
el Buitre	the Vulture (Butragueño's nickname)
tener algo que ver con	to have something to do with
la encuesta	survey
el grafólogo	handwriting expert
los extraños	strangers
el pecado	sin
fuera de duda	beyond doubt
la sencillez	simplicity
el escaso autobombo	modesty, not 'showing off'
a pesar de	in spite of
se otorga	he awards himself
mayor inquietud intelectual	greater intellectual restlessness
suspirar	to sigh
en edad de merecer	of eligible age
parecerse a alguien	to resemble, be like someone
si tuviera que elegir	if I had to choose
el poder	power
el valor	courage
la hipótesis	hypothesis, suggestion
dejar de	to stop (doing)
los impuestos	taxes
una posibilidad que no me planteo	a possibility I don't consider
hoy día	nowadays, at present
honradamente	honestly
no me apetece	it doesn't appeal to me
soltero	single
colgarle una novia	to pin (lit. to hang) a girlfriend on him

«Me gustaría parecerme a mi padre, al que admiro

EMILIO Butragueño Santos cumplió, el pasado 24 de julio, 24 años. Mide 1,70 y pesa 66 kilos, tiene el pelo rubio, rizado, los ojos azules y un enjambre de pecas en la cara. Los españoles quieren parecérsele, pero él, con tono modesto, dice: *«No sé por qué.»*

Es jugador de fútbol, internacional, y un 18 de junio de 1986 le marcó cuatro goles a Dinamarca en México. Las calles de su Madrid natal se llenaron de gente que gritaba: *«Se siente, se siente, el "Buitre" presidente»* y *«Oa, oa, el "Buitre" a la Moncloa».* No se presentó a las elecciones que cuatro días después ganó **Felipe González**, pero más de un comentarista afirmaba que los goles de **Butragueño** habían tenido algo que ver con ese triunfo.

Emilio cree que en la admiración de los españoles hacia él ha influido el *«ser joven y me habrá favorecido el ser deportista, estar en el Madrid y haber tenido suerte en la vida».* No sabe que en la capital del gran rival futbolístico, en Barcelona, los resultados de la encuesta han sido prácticamente iguales. De él se dice siempre, incluso los grafólogos, que es tímido pero ambicioso. El dice a lo primero que *«no, y eso lo saben quienes me conocen; lo que sucede es que soy poco abierto con los extraños».* Lo segundo debe ser exacto, porque afirma que el pecado que más le perdonaría a un amigo *«sería la ambición, porque ambición tiene todo el mundo»,* y lo que menos, *«la envidia».*

Lo que parece fuera de duda es la sencillez y el escaso autobombo de este muchacho, hijo de un droguero de la calle Narváez. Considera que *«no soy muy inteligente»* y se da, del 1 al 10, un *«5 ó un 6»,* a pesar de seguir con su carrera de Económicas entre gol y gol. En cultura se otorga *«un 5 siendo muy generoso»,* a pesar de ser el futbolista del Madrid, junto con el *filósofo* **Valdano**, con mayor inquietud intelectual. Desciende del avión que lo trae de Holanda, de su primera concentración anual, con el libro de **Iaccoca**, *«el que estoy leyendo ahora».*

Suspiran por él las muchachas en edad de merecer y muchas que ya no lo están, pero **Butragueño** se considera suspenso en belleza, se da un 3 y dice: *«Estoy muy mal en eso.»* Es mejor, según él, su forma física, un notable, y lo único que dice tener perfectamente es la salud. *«Ahí me doy un 10.»*

¿Y a quién le gustaría parecerse **Emilio**? Pues a don **Emilio**, que para él sólo hay uno,

Emilio Butragueño: no se puede colgarle una novia

su padre. *«Me gustaría por muchas razones parecerme a él y es el personaje que más admiro.»*

Si tuviera que elegir entre ser famoso, rico o inteligente, preferiría la inteligencia, y entre el poder, el dinero, el valor o la intuición artística, personificados por banqueros, políticos, toreros y grandes artistas, él elige otro modelo, *«ser el deportista más admirado».* Algo que ya es. Ante la hipótesis de poder dejar de pagar impuestos *si tuviera la certeza de que no lo descubrirían* es pragmático: *«Es una posibilidad que no me planteo porque hoy día no puedo hacerlo.»* *«Quiero pensar que los ricos han obtenido su dinero trabajando honradamente»,* afirma también, y dice conocer quiénes y qué es la *jet*, por lo que *«he leído»,* pero, en cuanto a ser parte de ella, manifiesta: *«No, no me apetece.»*

Emilio Butragueño está soltero y hasta el momento nadie ha conseguido colgarle una novia.

por Antonio Pérez Henares
tirado de *Tiempo*, agosto 1987

Las *evaluaciones* escolares

En los colegios e institutos españoles los alumnos tienen que hacer las *evaluaciones* unas cinco veces por curso escolar. Son un *test* en cada una de sus asignaturas y si no consiguen notas lo suficientemente buenas, tendrán que repetir el curso. Por eso la mayoría de los alumnos toman las evaluaciones muy en serio. Reciben notas sobre un total de diez, con las descripciones siguientes:

10, 9	=	sobresaliente
8, 7	=	notable
6	=	bien
5	=	suficiente
4	=	insuficiente
3, 2, 1, 0	=	muy deficiente

De ahí las *notas* que se otorga Emilio Butragueño por los diversos aspectos de su personalidad.

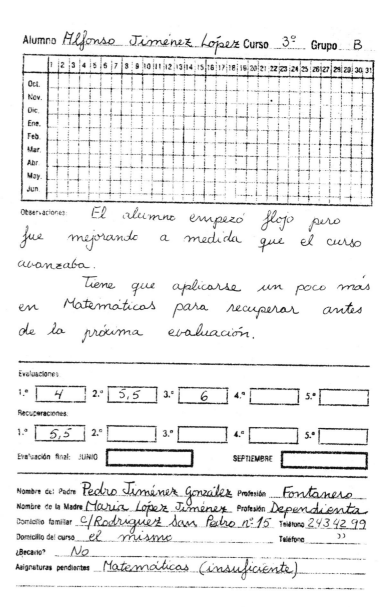

Observaciones: *El alumno empezó flojo pero fue mejorando a medida que el curso avanzaba.*

Tiene que aplicarse un poco más en Matemáticas para recuperar antes de la próxima evaluación.

Evaluaciones:

1.º [4] 2.º [5,5] 3.º [6] 4.º [ ] 5.º [ ]

Recuperaciones:

1.º [5,5] 2.º [ ] 3.º [ ] 4.º [ ] 5.º [ ]

Evaluación final: JUNIO [ ]   SEPTIEMBRE [ ]

Nombre del Padre *Pedro Jiménez González* Profesión *Fontanero*
Nombre de la Madre *María López Jiménez* Profesión *Dependienta*
Domicilio familiar *C/ Rodríguez San Pedro nº 15* Teléfono *24 34 99*
Domicilio del curso *el mismo* Teléfono *"*
¿Becario? *No*
Asignaturas pendientes *Matemáticas (insuficiente)*

Ejercicio 4

Llena los espacios en blanco con una palabra o frase que convenga:

1 El ...... de Butragueño es el 24 de julio.
2 Butragueño no sabe por qué los españoles quieren ....
3 Parece que Butragueño es tan popular en ...... como en Madrid.
4 Butragueño es tímido solamente con los ....
5 Según él, el mayor pecado es ....
6 El padre de Butragueño es ....
7 Dice que su ...... es perfecta.
8 La persona a la que más admira Butragueño es ....
9 Le gustaría pensar que todos los ricos son ....
10 Que sepamos, no tiene ....

Ejercicio 5

De las frases y palabras que ocurren en el texto, prepara una lista de las que puedan ser útiles a la descripción del carácter o aspecto físico de una persona, por ejemplo, *mide*, *rizado*, etc.

conflictivo.

distraída.

gruñón.

?

Ejercicio 6

Investigación con diccionario

He aquí unos 60 adjetivos relevantes a la descripción del carácter o la personalidad. El significado de algunos será evidente, pero ¡al diccionario para averiguar los que no sepas!

abierto	*chistoso* witty	*honrado*	*perezoso* lazy
aburrido	*deportivo*	*inquieto*	*pesimista* (!)
alegre	*deshonrado*	*inteligente*	*quejumbroso* moany
amistoso	*diestro* Dextrous	*intolerante*	*revoltoso*
apasionado	*distraído* absent	*listo*	*risueño* cheerful
aplicado	*dominante* minded	*loco*	*satisfecho*
asqueroso disgusting	*duro* rough	*malhumorado*	*terco* obstinate
bondadoso kind	*empeñado* persevering	*malévolo*	*testarudo*
brusco	*encogido* shy	*mandón* (!) bossy	*torpe* clumsy
callado quiet	*estúpido*	*melancólico*	*tolerante*
cariñoso Affectionate	*generoso*	*mezquino* miserly	*trabajador* (!)
confidente	*gracioso*	*mimado* sulky	*travieso*
conflictivo	*gruñón* (!) Grumbly	*mohino* spoilt	*triste*
cordial (Hearty)	*hablador* (!)	*optimista* (!)	*vago*
charlatán (!) Trickster	*hipócrita* (!)	*pensativo*	

Los que tienen (!) al lado no son completamente 'normales'. Lee el párrafo 6 de la Sección de Gramática para saber qué irregularidades tienen en su formación.

Ejercicio 7

a Escoge seis de los adjetivos que acabas de estudiar para describir a:

1 tus padres
2 tu hermano/a
3 tu profesor(a) de español
4 otro/a profe de tu colegio

5 el/la estudiante sentado/a a tu lado
6 tu mejor amigo/a
7 un personaje famoso
8 ti mismo/a

b Ahora escoge seis adjetivos al azar (¡quizás con un lápiz y los ojos cerrados!) y trata de pensar a quién puedes describir con ellos.

c De la lista, haz dos columnas, una de las palabras de connotación *positiva*, y otra de las *negativas*. ¿Cuáles podrían aparecer en ambas listas? Explica por qué.

d Por larga que sea la lista, nunca se puede incluir todos los adjetivos relevantes. Consulta a tus compañeros/as y profesor(a), y añade, quizá con la ayuda del diccionario, otros diez que pudieran describir el carácter de una persona.

Gramática Viva

Busca en el Texto C las frases siguientes:

lo que sucede es que soy poco abierto   *si tuviera* que elegir
lo primero, lo segundo, lo único

Ahora completa la Hoja de Gramática 1-G-2.

d *Consultorio de Elena Francis*

Elena Francis es famosa directora de un programa de radio que siempre ha sido considerado como exclusivo para mujeres. El programa se llama *Consultorio de Elena Francis*.

Querida Elena Francis:

Quizás lo que le vaya a contar le parezca poco original, trivial y repetitivo, pero para mí (y creo que usted lo entenderá) es algo que desde hace mucho tiempo me viene preocupando.

Me llamo Carmen Rodríguez, estoy casada. Tengo dos hijos preciosos, un hijo y una hija. La razón de escribirle no

Ejercicio 8

a Elena lee una carta que acaba de recibir de una de sus oyentes, Carmen Rodríguez. Escucha con atención y contesta a las preguntas.

1 ¿Desde hacía cuánto tiempo conocía Carmen a su marido antes de casarse?
2 ¿Qué error hizo?
3 ¿Cuáles son las faltas de que se queja?
4 ¿Qué solución propone para la segunda falta?
5 Nombra por lo menos tres calidades positivas que tiene su marido.

b Ahora escucha otra vez apuntando las palabras que emplea Carmen para describir

6 lo que escribe
7 a sus hijos
8 las costumbres de su marido
9 los zapatos de su marido
10 el comportamiento de éste con ella
11 el nivel de vida del matrimonio
12 el aspecto positivo del carácter de su marido.

Ejercicio 9

Escribe la descripción del personaje a quien más te gustaría parecerte, y por qué.

e Quiromancia: Julio Iglesias

Si quieres saber más de tu carácter y de tu porvenir, MIA te brinda la oportunidad. Hazte una fotocopia de la palma izquierda y envíanosla junto con el cupón debidamente relleno. Semanalmente publicaremos el estudio de un personaje popular, y el de aquella lectora cuya carta haya sido seleccionada.

NACHO RUIZ

Fatalista y sentimental.

Julio Iglesias

23 septiembre 1943

Naturaleza perceptiva y extremadamente sensible. Posesivo y luchador. Inseguro. Carácter perfeccionista y calculador. Cauto. Imaginativo y sentimental. Fatalista. Personalidad envanecida y superficial. Tolerante y convencional. Lúdico.

Un destino marcado en el amor por dos mujeres: una, en, el pasado; la otra, en el porvenir. Entre los 47 y 49 años conocerás a la segunda mujer y más significativa compañera de cuantas tengas. Tendrá tus mismas raíces y no la conocerás ni donde tú vives, ni aquí... No será una relación rápida, ni marcada por el interés. El amor será lo que os una. Durará algo más de cinco años, y en ese tiempo tu vida íntima y tu modo de vida sufrirán una evolución profunda que te equilibrará. Los tres primeros años de esa relación serán sin duda los más felices y los que más honda huella dejarán en tu vida. El cuarto año será negativo y por ello sufrirás. De esa unión nacerá una hija. Antes de cinco años volverás a este país y lo harás definitivamente. La mujer que estará

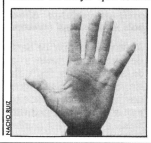

NACHO RUIZ

a tu lado influirá más que nadie en esa decisión; sin ella lo habrías hecho mucho más tarde...

Ahora estás en un momento malo de tu existencia y lo arrastras desde atrás sin superarlo; esa crisis en tus propios valores y en ti mismo no la pasarás mientras te veas a través de los ojos de los demás y no de ti mismo. Difícilmente podrás hacerlo mientras no cambies tu camino.

Profesionalmente estás y estarás durante un tiempo bajo el signo del éxito profesional, aunque cada día que pase, en estos próximos dos años, experimentarás una insatisfacción personal, unida a una falta de ilusión progresiva por tu trabajo. ∎

Este estudio lo realiza J. Barucci, especialista en quiromancia, y si os interesa acudir a su consulta podéis llamar al teléfono 410 78 59, de Madrid.

Próximo lunes
Marta Sánchez

por J Barucci
tirado de *Mía*, octubre 1988

Ejercicio 10

1 ¿Cuáles son los rasgos positivos y negativos del carácter de Julio Iglesias?

2 ¿Cuál sería el influjo importante en su vida al que se refiere?

3 ¿Será una relación para siempre?

4 ¿Qué decisión importante tomará Julio dentro de cinco años?

5 ¿Qué tiene que hacer Julio para mejorar su vida actual?

6 ¿Qué contraste hay entre la vida profesional y privada de Julio?

Ejercicio 11

¿Qué adjetivos empleados en el texto corresponden a las definiciones siguientes?

1 Capaz de comprender fácilmente.
2 Se esfuerza por conseguir lo que quiere.
3 Insiste en que todo lo que hace salga como debe.
4 Cree que el destino determina el curso de nuestra vida.
5 Le falta profundidad.
6 Tiene una perspectiva poco original de la vida.
7 Reconoce muy fácilmente los problemas o las emociones de otros.
8 Obra con precaución.
9 Quiere que todo le pertenezca a él.
10 No se molesta por las acciones de los demás.

Ahora vuelve a escribir el primer párrafo de modo que se refiera a una mujer – *Julia* Iglesias. ¡Cuidado! – no todos los adjetivos se refieren directamente a Julio, sino a los rasgos de su personalidad.

Ejercicio 12

a En la Sección de Gramática, los párrafos 36 y 42 repasan la formación y uso de los tiempos presente y futuro. Apunta todos los verbos del texto que están en futuro.

b Todo lo que se dice en el segundo párrafo se puede expresar igualmente en tiempo presente. Conviértelo, empezando 'Entre los 47 y 49 años *conoces* a la segunda mujer . . .'

Encontrarás más ejercicios sobre el presente y el futuro en la Hoja de Gramática 1-G-3.

Ejercicio 13

a Siguiendo el modelo del pronóstico sobre Julio Iglesias, haz uno parecido para un(a) compañero/a de clase. Primero describe su carácter, luego dile lo que le pasará durante los próximos cinco años. ¡Tu compañero puede interrumpirte para pedirte más informes!

b Escribe un esbozo del carácter y pronóstico del futuro para una persona a quien conoces o un personaje a quien admiras para publicación en la serie *Quiromancia*.

Ejercicio 14

a Casilda García habla de sí misma y de su compañera de la niñez, Lola Paricio. Escucha con atención lo que dice y apunta todo lo que puedas acerca de estas dos personas. ¿Por qué te parece que eran tan buenas amigas? ¿Qué ocurrió para separarlas?

b ¿Quién es tu mejor amigo/a? ¿Qué cualidades tenéis en común? ¿Desde cuando os conocéis? ¿Has sido separado/a de algun(a) amigo/a a quien querías? ¿Cuál fue tu reacción?

f *Elena y María*

Elena y María

Vocabulario

complaciente	kind
un buen partido	a good match
la vega	irrigated vegetable plot
la misa mayor	high mass
de par en par	wide (open)

El extracto se toma de un libro de viaje, *Viaje a la Alcarria*, escrito por Camilo José Cela, en los años cuarenta. En una pensión se encuentra con Elena y María:

Después, el viajero charla un rato con Elena y con María. Elena y María son dos chicas trabajadoras, honestas, sanas de cuerpo y de alma, complacientes, risueñas, muy guapas; en Pareja todas las mujeres son muy guapas. Elena y María son, sin duda, un buen partido para cualquiera. A Elena le gusta la cocina y a María, los niños. A Elena le gustan los hombres morenos y a María, los rubios. A Elena le gustan los bailes en la plaza y a María, los paseos por la vega. A Elena le gustan los perros y a María, los gatos. A Elena le gusta el cordero asado y a María, la tortilla francesa. A Elena le gusta el café y a María, no. A Elena le gusta la misa mayor y a María, no. A Elena le gusta leer el periódico y a María, no: María prefiere leer novelas donde se diga que una muchachita campesina, que era bellísima, se casa con un duque joven y hermoso, y tienen muchos hijos, y viven felices, y encienden la chimenea por el invierno, y abren los balcones de par en par, por el verano.

por Camilo José Cela, tirado de *Viaje a la Alcarria*

Ejercicio 15

a Entrevista a varios/as de tus compañeros de clase, preguntándoles '¿Qué te gusta a ti?'. Apunta sus respuestas en un papel. Luego tienes que decir a la clase lo que has aprendido.

Por ejemplo: A Louise le gustan los gatos, pero las arañas no.
A Louise no le gustan las arañas, pero los gatos, sí.
A Louise le gustan los gatos pero a Robert los ratones.
A Robert le gustan los ratones, pero a mí no.
A Samantha no le gusta ver el rugby, pero a Nick, sí.

b Seguid la conversación, haciendo comparaciones más finas, empleando también las frases: (no) me encanta(n), me interesa(n), me emociona(n), me entusiasma(n), me apetece(n).

y de postre . . .

Ejercicio 16

¡Date prisa!

a Tienes dos minutos para apuntar todos los adjetivos que has aprendido en esta Unidad.

b Otros dos minutos para apuntar todas las cosas y actividades que te gustan o no te gustan.

c Un minuto para preguntar a tu vecino/a cómo es.

Por ejemplo: ¿eres vago/a, eres mandón(a), etc?

Ejercicio 17

Crucigrama

Verticales

1 discute mucho
2 generoso
3 perezoso
5 se comporta mal
7 descontento
8 tonto
9 obstinado
10 no diestro
15 de poca sustancia
16 refinado
17 profundo
19 extraño
20 no blando

Horizontales

2 abrupto
4 no sensato
6 contento
10 un niño malo es ...
11 pelo blanco
12 sin razón
13 melancólico
14 saciado
18 de poco interés
21 crudo
22 feliz

Ejercicio 18

Temas para seguir pensando, hablando y escribiendo:

- Las manías de mi familia
- Mi autorretrato
- Mi peor enemigo
- El novio/la novia perfecto/a
- Mi palma y mi futuro
- La quiromancia es una tontería
- ¿Vale la grafología como indicación del carácter?
- A quién menos me gustaría parecerme

UNIDAD 2 ...nuestra generación...

a Aventura 92

Vocabulario

concienciar	to make aware
efectuarse	to take place
la escala	landing, port of call
colombino	associated with Colombus
el periplo	journey, trip
la gama	range

Cómo acceder

El "Aula Navegante del Quinto Centenario a bordo del Guanahaní" estará integrada por 400 alumnos nacidos entre 1971 y 1972. Los alumnos, chicos y chicas, procederán de España y de los distintos países iberoamericanos.

Introducción

Este ambicioso proyecto cultural se ha diseñado con el fin de concienciar a los jóvenes españoles e iberoamericanos de la importancia trascendental, histórica y de futuro, del Descubrimiento de América.

Itinerario

Se ha escogido un itinerario lo más parecido al que realizó Colón en su segundo viaje.

La salida del barco se efectuará el 17 de Septiembre de 1988 desde Huelva. La primera escala será Las Palmas de Gran Canaria a la que seguirá Santa Cruz de Tenerife. A continuación, y tras pasar por Gomera sin atracar, comenzaremos la travesía del Atlántico. Al llegar a tierras americanas nuestra primera escala será San Juan de Puerto Rico. Después seguiremos a Santo Domingo (República Dominicana), y de ahí, pasando por los lugares colombinos de Puerto Plata, Isabela y Puerto Navidad, nos dirigiremos a La Habana (Cuba). Al finalizar el programa previsto en la capital cubana, nos dirigiremos a San Salvador (Guanahaní) primera tierra americana

descubierta por España el 12 de Octubre de 1492. Luego haremos escala en Lisboa y terminará nuestro periplo en Cádiz, el día 14 de Octubre de 1988.

Contenido del viaje

Como ya hemos dicho, más del 75 por ciento de la duración del viaje estará destinado a actividades académicas. Las mismas se configurarán dentro de tres grandes áreas: Humanidades, Ciencia y Tecnología, y Deportes.

Se desarrollará un curso general de Historia de América, impartido por profesores de ambos continentes, que será obligatorio para todos los participantes. El resto de las materias serán optativas entre una

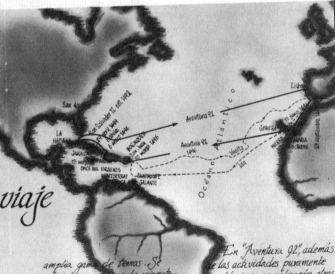

amplia gama de temas. Se exigirá un mínimo de asignaturas elegidas, así como de actividades deportivas.

En cuanto a las actividades deportivas, en Aventura 92 será posible practicar deportes tan diversos como: Tiro con arco, Golf (prácticas), Esgrima, Badminton, Cama elástica, Danza, Jazz, Atletismo y actividades subacuáticas.

En "Aventura 92", además de las actividades puramente académicas, se realizarán otras actividades, como conciertos, exposiciones de pintura, radiofonía, televisión, cine, navegación, etc.

Por último, no podemos olvidar los numerosos actos previstos en los puertos, donde la llegada del barco supondrá, además, una extensión de las actividades culturales realizadas a bordo.

Ejercicio 1

Discutid con vuestro/a profesor(a) o lector(a) español(a) las cualidades que se exigirían en un candidato para esta aventura. Quizás encontréis algunos adjetivos útiles en la Unidad anterior.

Ejercicio 2

En grupos de tres o cuatro tenéis que 'entrevistar' a cada miembro del grupo con vistas al acceso al proyecto. Antes de empezar, preparad vuestras preguntas y respuestas con vuestro/a profesor(a). Sólo queda una plaza para cada grupo: ¿a quién escogeréis? ¿Por qué?

Ejercicio 3

Escribe una breve carta (unas 150 palabras) apoyando tu petición de acceso al proyecto, describiendo tus cualidades positivas.

Ejercicio 4

Mira el *Itinerario*. Verás que se emplea el futuro, porque el viaje todavía no ha ocurrido:

La salida del barco se efectuará el 17 de septiembre de 1988 . . . La primera escala será Las Palmas de Gran Canaria . . .

En efecto, como ves, la aventura se cumplió en el otoño de 1988. Copia la sección *Itinerario* empezando 'La salida del barco *se efectuó* . . .', contando lo que *ocurrió*, es decir, cambiando todos los verbos al pretérito, algo como en un diario del viaje.

Ejercicio 5

Ejercicio hablado o escrito. Imagínate que participaste en *Aventura 92*.

a Describe una de las escalas que hiciste: tus impresiones, lo que viste, la gente, etc.

b Describe la vida de a bordo, entre escalas. ¿Qué amistades entablaste? ¿Cómo eran tus compañeros?

c Describe las actividades que te eran asequibles – tales como se describen en el *Contenido del viaje*. ¿Aprendiste alguna nueva actividad deportiva o cultural?

d Discute el valor educativo de un proyecto tal como *Aventura 92*.

Ejercicio 6

Discusión y proyecto

Algún bienhechor millonario ha propuesto financiar un proyecto de aventura para los estudiantes de Sixth Form de vuestro colegio, a condición de que los estudiantes mismos propongáis el itinerario y todos los otros detalles. Sólo habrá 10 plazas.

Tenéis vosotros que **decidir**: el objetivo del proyecto
la forma que tomará
el criterio de selección
la moda de pedir acceso.

producir: un folleto de publicidad tal como el de *Aventura 92*.

escribir: una carta al bienhechor, con vuestras propuestas, pidiendo su aprobación y expresando vuestro adgradecimiento por su generosidad.

 # *Nuestros hijos adolescentes*

Carta A

"ULTIMAMENTE ESTOY HECHO UN LIO . . ."

Queridos padres:
Estoy en el colegio y me han dado la oportunidad de decir todo lo que siento y pienso en estos momentos. Por eso quiero aprovechar la ocasión para comentaros algunas cosas que no me atrevo a comentaros de viva voz.

Algunos de mis problemas los sabéis, como el de las notas . . . Me cuesta mucho concentrarme en lo que estoy haciendo y así vienen luego los resultados. Es normal que me exijáis; pero es que no sabéis hablar de otra cosa, como si fuese lo único que os importase. Y resulta bastante agobio escuchar todos los días el mismo rollo.

¿Cómo es mi relación con vosotros? Pues sinceramente os digo que no es como me gustaría que fuese.

Ama, contigo voy bastante bien pues hablamos y compartimos ideas. Sin embargo, de vez en cuando te pones bastante pesada: que si tengo que bajar la música (o en cuanto me pongo a descansar un minuto me dices que sólo hago que oír música), que las posturas, que a ver con quién ando, que dónde he estado . . . Lo quieres saber todo como si todavía tuviese diez años . . . y la verdad es que no me das libertad para nada. ¿Te acuerdas del

follón que montaste el domingo cuando llegué un poco tarde a casa? ¿A qué hora crees que les dejan llegar a mis amigos?

Contigo, aita, no me puedo comunicar. Y no es porque no lo intente.

Puede que sea porque tú no sepas cómo hablar conmigo o porque tus padres tampoco se comunicaron contigo; el caso es que cuando llegas a casa (cansado) saltas a la mínima. Cuando estás cenando hablas poco y te gusta que estemos en silencio. Claro que tampoco es el mejor lugar para hablar con confianza. Lo malo es que luego también prefieres ver la tele a escucharme (¡y no digas que no!). Ya sé que no me vas a dar la razón.

¿Qué más me gustaría deciros?

No sé si les pasará lo mismo a todos los chicos de mi edad, pero últimamente estoy hecho un lío. Cosas que hasta hace poco eran importantes para mí, ahora ya no me dicen nada; y al revés.

Hay una chavala de clase que me gusta mogollón. Pero lo gordo del asunto es que me corta un montón hablar con ella. Digo yo si será la timidez, pero no suelo tener problemas para relacionarme con la gente.

A veces me deprimo o me cabreo sin saber por qué y

me dan ganas de mandar todo por ahí. Y como casi siempre estáis vosotros sacando cinco pies al gato el follón está asegurado.

De Dios parece que me acuerdo los domingos (no todos, ni mucho menos) y en las clases de Religión. Pero también aquí estoy hecho un lío y con muchas dudas . . .

Antes era de derechas pero ahora el sistema comunista me parece el más justo. Por lo menos no hay nadie aplastando al otro. pero debería ser el llamado comunismo utópico. Y se queda en eso: utópico, irrealizable. Nada más. A pesar de todo lo que os cuento no creáis que estoy descontento con vosotros. Creo que intentáis educarme lo mejor que sabéis y en lo fundamental estoy satisfecho.

No os extrañe si de vez en cuando os cuento alguna mentirilla, porque todo el mundo tiene que contar mentiras; lo malo es si te pillan. Pero todos los amigos mentimos en las mismas cosas porque a todos nos prohíben lo mismo. Y nos callamos las mismas cosas o nos hacemos los locos sobre ellas con vosotros.

Sin más, se despide vuestro hijo que os quiere . . .

CHICO
15 años

Vocabulario – Carta A

aprovechar la ocasión	to take the opportunity
atreverse a	to dare to
exigir	to demand
resulta bastante agobio	I get pretty fed up
el mismo rollo	the same old story
ama	Mum (Basque)
el follón	row, fuss
puede que sea	it may be that
aita	Dad (Basque)
hecho un lío	confused
me gusta mogollón	I'm very keen on her
me corta un montón	I get very embarrassed
me cabreo	I get annoyed
sacar cinco pies al gato	to see imaginary problems, to exaggerate

Carta B

"¡AYUDADME, ME SIENTO INDEFENSA!"

Queridos padres:

Ultimamente me encuentro rodeada de un mundo que me parece algo extraño, incomprensible en muchos aspectos. Muchas veces me pregunto si este mundo que de tantas maldades lo encuentro no será fruto de mi propia mente y sea yo la extraña en él.

Por las noches, o cuando estoy sola, me pongo a pensar y a veces me parece que este mundo no es para mí, que no sirvo para nada. ¿Para qué existo? Me encuentro insegura en muchas ocasiones, vergonzosa por lo que de mí pueda pensar la gente, por lo que incluso vosotros podáis pensar de mí. Durante el día apenas os veo y, cuando nos reunimos en torno a la mesa . . . todos juntos, parece que aunque todos estemos unidos yo estoy separada de ese bloque familiar; a veces empiezo a pensar en mil cosas y oigo una voz que dice: ¡Eh! ¡Despierta!

Al hablarme encuentro que todavía me tratáis como una cría.

Muchas veces vuestro consejo consiste en separar lo bueno de lo malo y seguir unas costumbres; en vuestro reproche hacia alguna forma mía de actuar me encuentro llena de defectos y hay algo dentro de mí que se une formándoseme una especie de nudo. ¡Tantas veces siento ganas de llorar y tantas lo he hecho! Sin una razón concreta, pero hay ocasiones que muchas se unen en una sola. ¡Quisiera entender tantas cosas!

Hace tiempo que dejé a mis amigas con las que yo, desde pequeña, había jugado en el colegio, incluso a la que yo consideraba mi mejor amiga; su indiferencia hacia mí y su forma "teatral" de comportarse contribuyeron a ello. Hoy en día apenas trato con ellas; algunas palabras quizás . . . todo superficial.

Dentro de mí siento, no sé, algo lleno de amor, de cariño que todavía no se lo he ofrecido a nadie; algunas veces siento interés por algún chico, pero luego nada.

Me gustaría superarme a mí misma, ser mejor, pero tantas veces siento angustia, temores . . . ¡Ayudadme, me siento indefensa!

CHICA
15 años

Vocabulario – Carta B

la maldad	evil
vergonzoso	ashamed
alguna forma mía de actuar	my behaviour
el nudo	knot, lump (in throat)
sentir ganas de	to feel like
la angustia	anguish, sorrow

Lee estas dos cartas, una de un hijo a sus padres, la otra de una chica a los suyos.

Ejercicio 7

Busca la frase en la Carta A que corresponde a las siguientes:

1 Estoy harto de hablar de mis notas escolares.
2 Quisiera que mi relación con vosotros fuera mejor.
3 Me tratas como a un niño pequeño.
4 Me reñiste porque no volví a casa a la hora debida.
5 Trato de hablar contigo pero no lo consigo.
6 En la mesa no dejas hablar a nadie.
7 Encuentro difícil hablar con esa chica.
8 Buscáis problemas donde no los hay.

Los hijos adolescentes tienen sus problemas

Ejercicio 8

¿Verdad o mentira?

He aquí unas frases tiradas de la Carta B. Corrige las observaciones falsas.

1 La chica encuentra difícil comprender el mundo en que vive.
2 La gente se avergüenza al pensar en ella.
3 Sentada a la mesa cenando siente que no pertenece a la familia.
4 Sus padres le hablan como a una niña pequeña.
5 Cuando sus padres la riñen por algún mal comportamiento se siente muy imperfecta.
6 No llora nunca.
7 Sigue con sus amigos de siempre.
8 Dice que dentro de su personalidad hay un afecto que no ha podido compartir.

Ejercicio 9

Explica en tus propias palabras las expresiones siguientes que ocurren en las dos cartas; luego escoge ocho y haz tus propias frases.

1 Me cuesta mucho concentrarme.
2 Como si fuese lo único que importase.
3 Contigo voy bastante bien.
4 Te pones bastante pesada.
5 A ver con quién ando.
6 No es porque no lo intente.
7 Saltas a la mínima.
8 Lo gordo del asunto.
9 No suelo tener problemas para relacionarme con la gente.
10 Si os cuento alguna mentirilla.
11 Lo malo es si te pillan.
12 Fruto de mi propia mente.
13 No sirvo para nada.
14 Me encuentro llena de defectos.
15 Hay ocasiones que muchas se unen en una sola.
16 Apenas trato con ellas.
17 Me gustaría superarme a mí misma.
18 Siento angustia, temores.

Ejercicio 10

a En las dos cartas, ¿cuáles son los aspectos de su vida que preocupan más a los dos jóvenes?

b Apunta las expresiones que emplean para demostrar sus frustraciones o sus emociones.

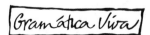

Ejercicio 11

a En la Unidad 1 practicabas *me gusta* y verbos *impersonales* de este tipo. Hay más en estas cartas. A ver si los encuentras.

b El chico dice: *me cabreo*. Hay varios ejemplos de verbos *reflexivos* en las dos cartas. ¿Cuántas encuentras? Estudia el párrafo 33 sobre estos verbos en la Sección de Gramática. Haz un lista de los verbos reflexivos que ocurren en las cartas y luego tradúcelos a tu propio idioma. ¿Cuántos se traducen literalmente?

c Ahora haz unas diez frases tuyas, empleando unos verbos que has notado en las secciones **a** y **b**.

d i Busca en la Carta A los verbos en bastardilla.

. . . todo lo que *siento* y *pienso* . . . por eso *quiero* aprovechar la ocasión . . . me *cuesta* mucho . . . *vienen* luego los resultados . . . lo que *quieres* saber . . . *te acuerdas* . . . *puede* que sea . . . *prefieres* ver . . . no *suelo* . . . me *acuerdo* . . . os *cuento* . . . todo el mundo *tiene* que . . . *mentimos* . . .

ii Estudia este tipo de verbo en la Sección de Gramática y también el presente y pretérito de: *venir, querer, poder, tener*.

iii Estudia también las diferencias entre los verbos *ser* y *estar*. (Véase el párrafo 65.)

iv Luego completa la Hoja de Gramática 2-G-1.

---

c *Para facilitar la comunicación*

1 No limitar la expresión libre y espontánea de la voluntad del adolescente, su sed de conocimientos y verdades.

2 No es necesario querer saberlo todo, no hay que intentar organizar sus ocios ni su trabajo.

3 Prestar atención, tomarse en serio sus propias necesidades, las dudas íntimas, e intentar ser su amigo.

4 Ser capaz de escuchar.

5 No importa por qué trabajo se interese su hijo. Carpintero, literato, científico o jardinero; lo importante es una relación interior (y una satisfacción) con lo que hace.

6 No cometer el error al suponer que un hijo participe necesariamente de las ideas o los acontecimientos del siglo en que le toca vivir. Lo importante es que se acerque más a la meta de ser él mismo.

7 Rechazar la pasividad y estimular mediante el examen crítico sus capacidades y facultades y el desarrollo de la personalidad.

8 Aceptar la subjetividad, la ternura, la fácil predisposición a la emotividad.

9 Conversar acerca de sí mismo, de los hijos y del mundo que nos rodea. Los poderes de la razón, del amor, de la relación artística e intelectual, todos los poderes esenciales aumentan mediante el proceso de expresarlos. Entregarse plenamente a la conversación, sin inhibiciones, para convertirla en un diálogo en que ya no importa quién tiene la razón.

La barrera generacional – ¿insuperable?

Vocabulario

el conocimiento	knowledge
intentar	to try
la duda	doubt
el acontecimiento	event
la meta	aim, goal
rechazar	to reject
la capacidad	ability
la ternura	tenderness, affection
la emotividad	being emotional

El vocabulario de la bronca

no seas así	don't be like that
espera	wait
mira	look
oye, papá/mamá	listen, Dad/Mum
¡ni hablar!	no way!
¡qué va!	oh yeah? not likely!
¡ojalá!	I wish it was!, I wish you did!
estoy harto/a de . . .	I'm fed up with . . .
pues si no . . .	well, if not . . .
no digas tonterías	don't talk rubbish
¡no me grites!	don't shout at me!
¡no me chilles!	don't yell at me!
¡déjame hablar!	let me speak!
¡cálla(te)!	shut up
¡no me callo!	I won't shut up!
prométeme	promise me
golfo	layabout
vago	lazy, idle
sinvergüenza	good-for-nothing

Ejercicio 12

Parece que la mayor dificultad común tanto a los padres como a los hijos es la comunicación. Lee otra vez las tres cartas* y decide cuáles de los consejos dados en el Texto C pueden ser relevantes al escritor de cada carta.

 *La Carta C está en la Hoja de Trabajo 2-T-1.

Ejercicio 13

Discusión

a Hablad entre vosotros de los problemas que tengáis o hayáis tenido con vuestros padres. Considerad en particular los aspectos siguientes:

- la comunicación
- los amigos (del mismo o del otro sexo)
- la hora de volver a casa
- el trabajo escolar
- el desarrollo emocional
- el estado de tu dormitorio
- el tratamiento como niño o adulto.

b ¿Hasta qué punto podéis identificaros con el chico y la chica de las cartas?

c ¿Hay diferencias entre los problemas de los jóvenes en vuestro país y en España?

Ejercicio 14

Situaciones

Trabaja con un(a) compañero/a para construir estas escenas – a ver si sentís lo que decís: ¡armad una verdadera bronca!

1 La madre/el padre se queja de la falta de responsabilidad de su hijo/hija de 16 años. Éste/a se justifica. Los problemas son: la falta de orden en el cuarto del hijo/a, la música puesta muy fuerte, los deberes.

2 Padre e hija riñen sobre una fiesta a la que ésta quiere asistir. El nuevo ligue, la hora de volver, lo que se va a beber, la posibilidad de haber drogas son algunos de los problemas.

3 El hijo/la hija se queja al padre/a la madre que éste/a no le/la entiende. ¿Por qué? Consúltense las cartas.

4 Acabas de conocer a un chico/una chica que te gusta *mogollón*. Preguntas a tu madre si puedes invitarle/la a comer en tu casa. Tu madre quiere saber más y tú no quieres decirle todo . . .

Ejercicio 15

Una madre habla de su hijo. Haz apuntes sobre lo que dice la madre al asunto de su hijo y . . .

1 . . . la ropa
2 . . . el horario
3 . . . las propinas (es decir el dinero que recibe de sus padres)
4 . . . la moto
5 . . . la música
6 . . . las amigas

No olvides apuntar las opiniones de la madre.

Ejercicio 16

Escribe una carta a tus padres, confiándoles tus problemas tales como se describen en las cartas A y B. Si sientes que ya has dejado atrás tales problemas adolescentes escribe a tu hermano/a menor (¡verdadero/a o imaginario/a!), usando la Carta C (véase Hoja de Trabajo 2-T-1) como modelo, y dándole tus consejos.

d ¿Qué imagen tenemos los jóvenes?

¿Un estudiante?

El motivo de esta carta es el de comunicar mi protesta por la portada del ejemplar de su revista n.º 792. En ésta aparecía un supuesto «joven estudiante», pero el hecho es que dicho joven aparentaba una edad fuera de la normalmente comprendida por los estudiantes de enseñanzas medias. Además su aspecto ofrecía una imagen algo dudosa en cuanto al estudiante normal se refiere, ya que con la publicación de dicha foto en la portada de su revista se ha querido dar una imagen del típico estudiante que, en verdad, poco tiene que ver con la realidad, por lo menos en lo que se refiere a la mayoría de los estudiantes. Este hecho ha provocado mi queja, pues, si su revista publica dicha foto como la de un estudiante normal, es lógico que la gente crea que, en general, todos los estudiantes son así y esto es lo que provoca que cada vez que se mencione la palabra *estudiante* ésta sea relacionada con *drogadicto, gamberro* y *hippy*.

Amaya Goñi Quintero
Tenerife

tirado de *Cambio 16*, abril 1987

La «litrona» sustituye al «porro» como símbolo de los jóvenes de hoy

La botella de litro de cerveza, conocida como *litrona* en el argot que hablan sus consumidores, está sustituyendo al *porro* como símbolo de la juventud española. *Litronear*, pasar la botella de boca en boca, se ha convertido en una estampa habitual. Hay jóvenes que mezclan la cerveza con algunas pastillas estimulantes para que *entone* más.

por M A Mellado y J L Roig
tirado de *Tiempo*, mayo 1987

 Encontrarás más informes sobre la litrona en la Hoja de Trabajo 2-T-2.

Ejercicio 17

a ¿Por qué piensa Amaya que el retrato de la portada de la revista no es típico de un estudiante?

b ¿Qué resultado, según Amaya, tendrá el publicar tal foto?

c Traduce la carta de Amaya a tu propia lengua para un(a) amigo/a que no entiende español.

Vocabulario

el 'porro'	'pot', cannabis
la estampa	print, picture
las pastillas	tablets
aparentar	to appear to be
enseñanza media	secondary education
la portada	(magazine) cover
dicho	the above, aforementioned

Ejercicio 18

a Explica el término *litronear*. ¿Qué similaridades encuentras entre el fenómeno de la *litrona* en España y el de los *lager louts* en Gran Bretaña? ¿Hay – o debería haber – remedio? ¿Qué harías tú? ¿Se puede justificar el apodo 'drogadicto, gamberro e hippy' del que se queja Amaya? ¿Qué se puede hacer para educar al público para que crea que no todos los jóvenes sois así? ¿Qué medidas tomarías para presentar al público una imagen más positiva de la juventud?

b A un(a) amigo/a tuyo/a le interesa el fenómeno de la *litrona* y piensa pasar sus ratos libres de esta manera. Tienes que disuadirle.

e Los nuevos artesanos

La lucha contra el paro juvenil permite rescatar a través de las escuelas-taller viejos oficios casi olvidados

ISABEL Gutiérrez, 18 años, y Carmen Sánchez, 20 años, se sienten felices entre esquejes y abonos en la Escuela de jardinería de la Alameda de Osuna (Madrid). Ellas son dos de los ocho mil jóvenes, todos ellos menores de 25 años, que aprenden en escuelas-taller profesiones ya casi desaparecidas en España. Son los nuevos artesanos que se forman a instancias del Ministerio de Trabajo cuyos responsables esperan que en el próximo curso académico se matriculen unos cincuenta mil estudiantes.

La idea partió hace seis años del humorista y arquitecto, José María Pérez González *Peridis*. Mezcló varios factores, como la existencia de muchos jóvenes parados sin motivación, profesiones que estaban desapareciendo y el rico patrimonio cultural español, y *vendió* su proyecto al Ministerio de Trabajo. Logró así la creación de unas originales escuelas-taller, donde los jóvenes aprenden, cobrando, oficios tan dispares como cantería, albañilería,

forja artística, vidriería o jardinería; Obtienen el graduado escolar y, además, sus prácticas no son ya el construir un muro y tirarlo, sino la restauración real de un monasterio o de un barrio de su ciudad.

Todo comenzó en 1985 en el monasterio de Santa María La Real, situado en Aguilar de Campoo (Palencia). La rehabilitación, idea de *Peridis* y realizada como centro de educación y escuela-taller, fue premiada recientemente con una medalla de la Federación Europa Nostra. El proyecto de las Escuelas es seguido ahora con sumo interés por otros países europeos con abundante patrimonio histórico, ya que es bien sencillo: jóvenes en paro se capacitan para un trabajo cualificado y de interés social, recuperan tradiciones artesanas y restauran el patrimonio artístico y natural. Durante los seis primeros meses el alumno recibe una beca de 550 pesetas al día, mientras que en los treinta meses siguientes, y cuando ya la mitad de la jornada la dedica

al trabajo práctico, su sueldo equivale al cincuenta por ciento del salario mínimo interprofesional.

La experiencia se extendió meses después al Monasterio de San Benito, en Valladolid. En el patio de la hospedería aprenden en estos momentos un total de 96 jóvenes, de edades comprendidas entre los 16 y los 22 años. Los alumnos han ampliado su trabajo y colaboran ahora en la elaboración de vidrieras para el monasterio de Santo Domingo de la Calzada y de farolas para la decoración interior del Monasterio de El Escorial.

por Julia Pérez y Pilar Díez
tirada de *Cambio 16*, mayo 1988

Un grupo de jóvenes restaura el Parque del Capricho en Madrid

Ejercicio 19

1 ¿Cuál es la edad máxima para inscribirse en este proyecto?
2 ¿A qué clase de persona va dirigido el proyecto?
3 ¿Qué oficios se pueden aprender en las escuelas taller?
4 ¿De qué manera resulta útil este proyecto a la comunidad?
5 ¿Y al joven?
6 Haz un resumen en unas 100–130 palabras del texto completo.

Ejercicio 20

a Escucha lo que dice cada uno de cuatro jóvenes participantes del proyecto (Elena, Carmen, María y Antonio), y apunta la información que le corresponde. Oirás estas palabras en la grabación:

la maceta	stonecutter's hammer	**la restauración**	restoration
		negarse	to refuse
una chabola	shanty hut	**el cantero**	stoneworker
gitano	gipsy	**un panteón**	monument (to the dead)
envidiar	to envy		
sexto de EGB	sixth year in primary school (age 12)	**la moldura**	moulding, frieze

b Y ahora escucha a Ángel Boullosa, cantero de 65 años:

1 ¿Por qué cree que son unos cuartos (= dinero) bien empleados?
2 ¿Por qué siempre tenía suficiente trabajo?

c Escucha otra vez a los cuatro jóvenes y apunta cuantos más detalles puedes de lo que dicen.

La alfombra mágica

DE niña, el cuento que más me gustaba era el de la alfombra mágica. Eso de que una simple y humilde alfombra, sin caballos, camellos o elefantes que tiraran de ella y sin motores chicos o grandes que la impulsaran, pudiera elevarse por los aires al solo conjuro de unas pocas palabras y trasladarse a cualquier parte del mundo, me parecía el hecho más extraordinario que ser alguno pudiera realizar.

Así que una y otra vez me hacía repetir el cuento, hasta el cansancio. El cansancio de quienes me lo contaban, entiéndase bien; porque yo jamás me cansé de oírlo. Días hubo en que yo me lo hice narrar por todas y cada una de las personas de mi familia, una tras otra, sin pausa. Y cuando el círculo de narradores estuvo agotado, todavía pretendí volver a empezar la ronda, pero me pararon en seco.

Por eso, a medida que fui creciendo y mi imaginación se desarrollaba (mientras se achicaba la paciencia de mis parientes), lo que hice fue contarme el cuento a mí misma. Para ello tenía todo un ceremonial. Esperaba estar completamente sola en mi cuarto y segura de que nadie vendría a interrumpirme; luego me instalaba en una pequeña alfombra que estaba al lado de mi cama, y me sentaba a la turca, con las piernas cruzadas hacia adentro, lo que entendía yo que armonizaba a las mil maravillas con el cuento; hecho esto, cerraba los ojos y dejaba la imaginación a pleno vuelo.

Entonces, como por milagro, paisajes y más paisajes desfilaban ante mis ojos cerrados. Tantos como no creo haberlos visto años después, cuando empecé a viajar con los ojos muy abiertos.

Y como de alguna manera quería que los demás participaran de mis viajes maravillosos, empecé a contarlos y luego, cuando dominé más o menos la gramática, empecé a ponerlos sobre el papel, negro sobre blanco.

Y así fue como empezó mi vocación de escritora.

por María González Calvo
tirado de *Petete*

Vocabulario (Ejercicio 19/20)

rescatar	to rescue
el esqueje	(plant) cutting
el abono	manure, fertiliser
matricularse	to qualify
el artesano	craftsman
el patrimonio	heritage
dispar	assorted
la cantería	building in stone
la albañilería	masonry
la forja artística	wrought iron work
la vidriería	glasswork, glazing
capacitarse	to become qualified
la beca	grant
la hospedería	hostelry
las vidrieras	stained-glass windows

Vocabulario (La alfombra mágica)

humilde	humble
impulsar	to propel
al solo conjuro	simply by saying
hasta el cansancio	until they were tired of it
agotar	to exhaust
me pararon en seco	they cut me dead
a medida que	as
achicarse	to lessen
armonizar con	to harmonise with
el milagro	miracle

Ejercicio 21

a Completa la frase según el sentido del texto:

Cuando era . . . . . le gustaba a la escritora María González oír el . . . . . de la alfombra mágica. No . . . . . de la alfombra ni caballos, ni camellos ni elefantes. Se . . . . . cuando decías unas pocas . . . . . y se . . . . . a cualquier parte del mundo. María nunca se . . . . . de . . . . . el cuento. Cuando todos terminaron de narrar el cuento María quería el . . . . . empezara de nuevo.

Cuanto más su . . . . . se desarrollaba, tanto más declinaba la . . . . . de sus padres. María se imaginaba sus cuentos cuando estaba . . . . . en su . . . . . Se sentaba en la . . . . . a la manera . . . . . , es decir, con las . . . . Luego con los ojos . . . . . , dejaba . . . . . su imaginación. Pronto empezó a . . . . . sus historias, porque quería que . . . . . participaran de sus aventuras.

Gramática Viva

b Busca en el texto las frases siguientes:

El cuento que más me *gustaba era* el de la alfombra mágica.
Días *hubo* en que yo me lo *hice* narrar por todas . . . las personas de mi familia.

c Estudia en la Sección de Gramática los párrafos 38 y 39 sobre el pretérito y el imperfecto.

d Completa la Hoja de Gramática 2-G-2.

Ejercicio 22

a Trabajad en grupos de tres o cuatro. Preguntaos unos a otros ¿cuál fue el primer acontecimiento de tu vida de que te acuerdas bastante claramente? ¿De qué otros sucesos significantes de tu infancia te acuerdas con claridad? ¿Cuándo era? ¿Cuántos años tenías? ¿Dónde y con quién estabas? ¿Qué ocurrió?

b Un miembro del grupo tiene que hacer de reportero e informar a la clase de las experiencias de los miembros de su grupo. Por ejemplo: 'Helen se acuerda de que estaba . . ., Peter se acuerda de lo que ocurrió cuando . . ., yo me acuerdo del día en que . . ., todos nos acordamos de que . . .', etc.

Ejercicio 23

Trabajad en parejas o pequeños grupos. Inventad el cuento de un viaje en la Alfombra Mágica. ¿Qué dijisteis para que la alfombra despegara? ¿A dónde fuisteis? ¿Qué visteis? Describid cómo eran los paisajes, las ciudades y las personas que visteis.

Ejercicio 24

Escribe tu propia versión del cuento.

y de postre . . .

Ejercicio 25

¡Date prisa!

Dos minutos para apuntar:
. . . las expresiones coloquiales que has aprendido (ejemplo: *hecho un lío*)
. . . las cosas de que se quejan los padres
. . . los problemas que tienen los hijos/as adolescentes

Un minuto para:
. . . los verbos que no tienen acento en pretérito
. . . los que tienen y en la tercera persona de pretérito

Ejercicio 26

Anagramas

Todos ocurren en las Cartas de la Sección B.

LOLONGOM	*GARUSINE*
OBOGIA	*RACI*
LONFOL	*NOCESOJ*
CHAFOSETIS	*FIERADININCE*
ESTULSODAR	*ÑOCIAR*
SANENFID	*CHEPERRO*

Ejercicio 27

Temas para seguir pensando, hablando y escribiendo:

* ¿Por qué esperar un aniversario para organizar proyectos como *Aventura 92*?
* Los padres ideales.
* ¿Se pueden evitar los problemas de la adolescencia?
* Carta de un padre a su hija.
* La respuesta de Elena Francis (véase Unidad 1) a la Carta A de esta Unidad.
* Las confesiones de un '*joven de la litrona*'.
* Por qué me rebelo.
* Por qué no me rebelo.
* Mi autobiografía.
* Pues, mira, estaba sentado en esta alfombrilla cuando de repente empezó a despegar . . .

UNIDAD 3   ¡...y los demás!

a Fidelidad con nosotros mismos

Vocabulario

plantearse una pregunta	to ask oneself a question
frases ya bien hechas	ready-made sentences/ phrases
confiar en	to confide in
apreciar	to value, esteem
apenas sabemos qué puede ser lo que ...	we hardly know what ...
anhelar	to long for
para que estos nos conozcan	so that the latter may get to know us
para que no hagan falsos juicios sobre nosotros	in order that they should not judge us wrongly
'volcar nuestro yo' en una sola persona	to confide in just one person
nos suele faltar	we usually lack
engreídas	conceited
desanimar	to dishearten
no pueden gritarlo a los cuatro vientos	cannot tell the world
está muy mal visto	it is improper
delatar a los amigos	to tell on your friends
por no herirla	in order not to hurt him/her
a las claras	openly, clearly
estar supeditados a	to be subjected to
los estados de ánimo	frames of mind
tal y como queremos	just as we want
si no es mucho pedir	if it is not asking too much

En muchas ocasiones hablamos de la amistad. ¿Pero realmente sentimos lo que significa para nostros *tener amigos*? Esta pregunta seguramente nos la hemos planteado alguna vez y su respuesta la hallamos en frases ya bien hechas como: 'Mis amigos son aquellos en los que puedo confiar con certeza', 'Las personas a quienes aprecio y me gusta ayudar y que me ayuden', etc ...

Pero llega el momento en el que nos podemos dar cuenta de que hay gente a la que consideramos amiga y apenas sabemos qué puede ser lo que les gusta, interesa, preocupa, anhelan ...

Y realmente nos disgusta muchas veces, el no saber cómo manifestarnos, cómo mostrarnos ante los demás, para que éstos nos conozcan al menos un poco cómo somos en realidad y no hagan falsos juicios sobre nosotros.

Hay momentos en los que sólo somos capaces de 'volcar nuestro yo' en una sola persona, y con ello creer consolarnos, pero esto a la larga es relativo; pues hay circunstancias en las que debemos hablar con otros para confrontar más diversidad de opiniones e incluso poder solucionar algunos problemas, pero en esos momentos nos suele faltar valor y decisión, y sobrar bastante cobardía y orgullo.

Con respecto a quienes llamamos 'amigos' muchas veces no podemos tolerar en algunos de ellos su actitud con otras personas, es decir, ante éstas se muestran agradables y sinceras y cuando se dan la vuelta dichas personas, las primeras se pueden transformar en engreídas, orgullosas y

hasta incluso dominadoras del otro. Esto, ciertamente, es algo que desanima a quienes dándose cuenta de ello 'no pueden gritarlo a los cuatro vientos', pues está muy mal visto eso de 'delatar a los amigos' y no te queda otra solución que aguantar, y no decirlo a la persona interesada por no herirla; aunque si realmente nos consideramos amigos suyos verdaderos, debemos decirlo a las claras pero con 'cierto tacto'.

Lo que más nos suele molestar del trato con los demás es el tener que estar supeditados a 'Los estados de ánimo', pues éstos no nos dejan mostrarnos a veces tal y como queremos con los que vivimos.

Pero, ante todo, lo que debemos intentar es ser fieles con nosotros mismos, y si no es mucho pedir, con los demás.

por Ma José González Merlo
tirado de *La Papelera*. revista del Colegio Obispo
Perelló, 1977

HUMOR

—¿NO SALUDAS A MI AMIGA?

Ejercicio 1

Para ti, ¿qué significan los amigos, y cómo deberían ser? Utiliza algunas de las frases y sugerencias del texto para contárselo a tus compañeros. Si quieres, usa algunas de las palabras de la primera Unidad.

Ejercicio 2

En este ensayo, encontrarás varias preguntas y sugerencias acerca de las relaciones con los amigos: he aquí algunas sugerencias y consejos, cada uno de los cuales corresponde más o menos a uno de los párrafos del ensayo: ¿sabéis tú y tus compañeros establecer estas correspondencias?

- sinceridad en todas nuestras relaciones con los demás
- honradez al expresar a los amigos nuestra opinión sobre ellos
- mantener un carácter abierto para con los amigos
- ecuanimidad en nuestros tratos
- evitar el monopolio en cuanto a nuestras amistades
- tratar de conocer bien a los amigos
- tener ideas claras del verdadero valor de tener amigos

Ejercicio 3

a Indica las palabras o frases del Texto A que corresponden a las siguientes definiciones:

desear
opiniones equivocadas
resolver dificultades

son simpáticos y honestos
contarlo a todo el mundo
ofender

b Explica brevemente en español:

respuesta	*consolarse*
confiar	*orgulloso*
apreciar	*el estado de ánimo*

c Busca en el texto parejas de palabras opuestas.

Por ejemplo: *valor – cobardía*

¿Sabes explicar la diferencia entre ellas? Además de los que encuentres en el texto, inventa otras basadas en una palabra del texto.

Por ejemplo: *amistad – enemistad*

Ejercicio 4

Escribe un resumen en español del quinto párrafo usando unas 50 palabras.

Ejercicio 5

Traduce al inglés el primer y el segundo párrafo.

Ejercicio 6

Busca todas las palabras que se puede usar para describir las calidades de un amigo; haz dos listas, una de aspectos buenos, otra de aspectos malos. Luego usa estas palabras para escribir un retrato en palabras de un buen amigo y, quizás de un enemigo tuyo.

Gramática Viva

Ejercicio 7

Busca todos los infinitivos que se usan en el texto. Hay treinta en total. ¿Sabes explicar las formas de usarlos? (Véase la Sección de Gramática 35.) Luego pide a tu profesor(a) la Hoja de Gramática 3-G-1.

Ejercicio 8

Busca en el texto un ejemplo de cada uno de estos pronombres relativos. (Véase la Sección de Gramática 71.) Luego sigue en la Hoja de Gramática 3-G-2.

lo que   quien   el que

b Secretos . . .

PSICOLOGIA

Secretos: parte importante de la intimidad

Probablemente, las confidencias ajenas sean la primera fuente de curiosidad humana. Todos las guardamos celosamente, aunque a veces tengamos necesidad de compartirlas.

Guardar un secreto es una de las virtudes más valoradas en nuestra sociedad. Las personas que cuentan con verdaderos amigos, capaces de prestar su atención y su tiempo cuando éstos tienen ganas de desahogarse, o hacerles partícipes de una confidencia, se consideran gente afortunada. Es una opinión generalizada que un secreto tiene sentido precisamente cuando se confía a alguien contando con la seguridad de que no va a ser divulgado. El psicólogo Julián Fernández de Quero comenta a este respecto, que «la confianza en el otro se basa, sobre todo, en la complicidad; cada amigo conoce un buen número de intimidades del otro, lo que mutuamente les obliga a salvaguardar los secretos ajenos, no vaya a ser que se divulguen los propios». Sin embargo, cree que cuando alguien desea realmente preservar un secreto, jamás lo cuenta; «por el contrario», afirma, «cuando se confía en alguna persona, en el fondo, aunque sea inconscientemente, siempre se quiere que se sepa».

Habladores y discretos

A pesar de que ser fiel a un secreto, en ocasiones, implica morderse verdaderamente la lengua, hay muchas personas capaces de hacerlo. De hecho, todos deberíamos poder. Pero los psicólogos establecen diferencias claras entre los que son discretos y aquellos que son incapaces de respetar con el mínimo celo una intimidad

Si no se va a ser discreto, es preferible no escuchar.

ajena. «En el primer lugar, se trata de individuos narcisistas a quienes lo que más importa es lo que se relaciona estrictamente con ellos mismos, y el mundo exterior no les afecta, comenta el psicólogo; «por el contrario, los típicos chismosos presentan como característica común un alto grado de exhibicionismo. Básicamente, necesi-

tan atraer la atención de los demás; quedar bien presumiendo de que conocen lo más íntimo de quienes les rodean, y esto significa para ellos un medio para reafirmarse ante su círculo social». No cabe duda de que la única manera de que un secreto siga siéndolo es no contarlo; pero, en ocasiones, guardarlo para uno mismo puede resultar una carga penosa. Es en ese instante cuando nace la necesidad de compartirlo. Debemos tener en cuenta que, cuando alguien nos hace copartícipes de su intimidad, nos somete a una verdadera prueba de fuego. Nuestra lealtad de amigos quedaría gravemente lesionada si traicionáramos la confidencia. Finalmente, piensa que si tú no sabes callar, es posible que los demás tampoco. ∎

R. C.

RESPETA TAMBIEN A LOS NIÑOS

Tan importante como preservar el secreto de un adulto es guardar el de un niño. Ellos probablemente sean el sector de la población más indefenso ante una posible violación de su intimidad. Además, piensa siempre que los niños actuarán como lo vean hacer a sus mayores. Si de pequeños no han sido respetados en su intimidad, nunca podrán aprender a respetar a los demás cuando sean adultos.

tirado de *Mía*, octubre 1988

Vocabulario

las confidencias ajenas	other people confiding in you
la primera fuente	the first source
cuentan con verdaderos amigos	they have real friends
desahogarse	to express one's feelings
hacerles partícipes de una confidencia	to confide in them
la intimidad	intimacy, intimate secret
salvaguardar	to safeguard
ajeno	belonging to others
aunque sea inconscientemente	even if it is unconsciously
siempre quiere que se sepa	one always wants it to be known
morderse la lengua	to bite one's tongue, ie keep quiet
individuos narcisistas	self-centred people
el chismoso	tale-bearer, gossip
quedar bien	to make oneself popular
presumir de	to show off
copartícipe	sharer
... nos somete a un verdadero prueba de fuego	submits us to a real test
lesionado	damaged

Lee el artículo con la ayuda del vocabulario.

Ejercicio 9

a Rellena los espacios en el texto siguiente con palabras apropiadas; tienes que buscarlas en el Texto B.

Un aspecto de la verdadera amistad es . . . . . . los secretos que el buen amigo nos . . . . Un secreto sólo lo es cuando se lo confía a un amigo sabiendo que no lo va a . . . . . . a nadie. De este modo el ser . . . . . . a un amigo consiste en . . . . . . las intimidades . . . . Algunos son . . . . . . de guardar un secreto, o porque son egoístas o bien porque no pueden resistir la tentación de . . . . . . a los demás. Por eso a veces es mejor no . . . . . . los secretos más íntimos con nadie, si podemos aguantar una . . . . . . tan penosa.

b Busca en el Texto B las palabras que equivalen más o menos a las siguientes:

estimado
querer
confiar un secreto
revelar un secreto ajeno
un secreto

guardar un secreto
leal
guardar un secreto pero con mucha dificultad
egoísta
los que están alrededor

C Consultorio de psicología

El psicólogo da sus consejos

Escucha con atención este extracto de un programa de radio de tipo 'phone-in'. En este programa, un psicólogo está a la disposición de cualquier persona que quiera hacerle preguntas sobre sus relaciones matrimoniales; después de escuchar el problema, el psicólogo trata de sugerir soluciones posibles.

Ejercicio 10

Utiliza las siguientes preguntas para hacer unos apuntes sobre el diálogo del Texto C. Luego escribe unas 150 palabras en español, explicando cuáles son los problemas de la mujer y cuáles son las soluciones sugeridas por el psicólogo.

1 ¿Cuántos años tiene la mujer, más o menos?
2 ¿Cómo eran sus padres?
3 ¿Cómo es su marido cuando están solos?
4 ¿Cómo es su marido cuando está con otras personas?
5 ¿Cómo trata a las mujeres?
6 ¿Cómo reacciona hacia las caricias de su mujer?
7 Según el psicólogo, ¿por qué trata la mujer de mostrar tanto cariño a su marido?
8 ¿Por qué no reconoce el marido este cariño?
9 ¿Qué es lo que promete el psicólogo a la mujer?
10 ¿Qué tiene que hacer la mujer para hacerse más atractiva?
11 ¿Qué tiene ella que decir al marido?
12 ¿Cuándo debería la mujer mostrarle su cariño a su marido?
13 ¿Qué tiene que hacer la mujer después de ver el resultado de todo esto?

d El camino – *Miguel Delibes*

Los extractos siguientes se toman de una novela de Miguel Delibes – *El camino* – que es la historia de un chico joven que vive en un pueblo pequeño en la época de posguerra.

Germán, el Tiñoso, siempre fue un buen amigo, en todas las ocasiones; hasta en las más difíciles. No llegó, con Daniel, el Mochuelo, a la misma intimidad que el Moñigo, por ejemplo, pero ello no era achacable a él, ni a Daniel, el Mochuelo, ni a ninguna de las cosas y fenómenos que dependen de nuestra voluntad.

Germán, el Tiñoso, fue el que dijo de Daniel, el Mochuelo, el día que éste se presentó en la escuela, que miraba las cosas como si siempre estuviera asustado. Afinando un poco, resultaba ser Germán, el Tiñoso, quien había rebautizado a Daniel, pero éste no le guardaba ningún rencor por ello, antes bien encontró en él, desde el primer día, una leal amistad.

Entre ellos tres no cabían disensiones. Cada cual acataba de antemano el lugar que le correspondía en la pandilla. Daniel, el Mochuelo, sabía que no podía imponerse al Moñigo, aunque tuviera una inteligencia más aguda que la suya, y Germán, el Tiñoso, reconocía que estaba por debajo de los otros dos, a pesar de que su experiencia pajarera era mucho más sutil y vasta que la de ellos. La prepotencia, aquí, la determinaba el biceps y no la inteligencia, ni las habilidades, ni la voluntad. Después de todo, ello era una cosa razonable, pertinente y lógica.

Ejercicio 11

Explica las siguientes palabras:

intimidad	*disensiones*	*el lugar que le correspondía*
rencor	*imponerse*	*la pandilla*
una leal amistad		

Ejercicio 12

Lee el Texto D y contesta a estas preguntas.

1 ¿Quién era más fuerte, Daniel el Mochuelo o Roque el Moñigo?
2 ¿Cuál de los dos era más inteligente?
3 ¿Quién era más hábil en lo que se refiere a pájaros, Daniel o Germán?
4 ¿Quién llegó a más intimidad con Daniel – Roque o Germán?
5 ¿Cuál de los tres chicos era el más débil?
6 ¿Cuál de los tres era el más inteligente?
7 ¿Cuál de estas cualidades se valoraba más, la inteligencia, la fuerza, o la habilidad pajarera?
8 ¿Cuál fue el mejor amigo de Daniel, dirías tú, Roque o Germán?
9 Cuando iban en busca de pájaros, ¿quién cazaba más hábilmente?
10 En la escuela, ¿quién, en tu opinión, estudiaba más diligentemente?

Ejercicio 13

Estos trozos usan el tiempo imperfecto y el pretérito. (Véanse las Secciones de Gramática 38 y 39.) Usando estos tiempos, describe en forma oral o escrita tus relaciones con los amigos que tenías a la edad de diez años.

Ejercicios 14

Situaciones

Práctica oral: escoge una de estas situaciones, y juega el papel que se define aquí. Tu profesor(a), tu lector(a) de español o un(a) compañero/a puede jugar el otro papel en cada situación.

1 Tu hermano/a menor acusa a tus padres de ser más generosos contigo que con él/ella. Tú tienes que persuadirle de que no es verdad, citando ejemplos.

2 Al ver a tu novio/a, te acusa de salir anoche con otro/a chico/a. Tienes que justificarte, explicando dónde estabas, qué hacías y con quién.

3 Te enamoras de un chico/una chica: explica a otro amigo/otra amiga quién es, cómo es y por qué te gusta tanto.

4 Te has enamorado de un chico/una chica, y te atreves a hablar con él/ella por primera vez. ¡Tienes que hacerle una fuerte impresión para que se enamore de ti también!

5 Te quejas de un amigo/una amiga que parece no tener más tiempo para ti: ya está casado/a, tiene hijos, una casa etc.

6 Tu mujer/marido se queja de que sigas pasando mucho tiempo con tu amigo/a de muchos años. Tienes que justificarte, diciendo que os conocéis desde vuestra niñez, que estudiasteis en el mismo colegio.

7 Tú y tu mujer/marido ya no os podéis ni ver: empezáis a pelear y termináis por decidir divorciaros. Dile por qué ya no le amas, qué propones etcétera.

8 Ya está decidido: os vais a divorciar. Sin pelear, tenéis que decidir cuál de vosotros se va a quedar con los niños, con el coche, la casa, con las deudas . . .

Ejercicio 15

Reportaje

He aquí unos artículos sobre varios aspectos de las relaciones personales. Tu profesor(a) te dará uno de estos artículos. Léelo con la ayuda de un diccionario, si te hace falta, y cuenta a tus amigos lo que has leído. Al escuchar los resúmenes de tus compañeros, haz unos apuntes.

1 Amor, el sentimiento inevitable
2 Detecta y corrige la envidia
3 Creí que nuestra amistad era para siempre, pero . . .
4 El divorcio, etapa final

Ejercicio 16

¿Verdad o Mentira?

Después de escuchar los reportajes de tus amigos, tienes que decir cuáles de estas frases son correctas y corregir las que no lo son. Para hacerlo un poco más difícil, no están en el orden debido.

1 La envidia es una gran emoción que necesitan las buenas amigas.
2 El enamorarse nos hace sentir muy tristes.
3 Los padres no deberían hacer nada cuando uno de sus hijos envidia a otro.
4 El amor es difícil de definir.
5 El divorcio se concede cuando la pareja ha comenzado a vivir juntos.

6 Muchas personas no comprenden por qué pierden contacto con sus mejores amigos.

7 El niño envidioso tiene un fuerte sentido de amor ajeno.

8 La amistad entre hombres no suele ser tan profundo como la amistad entre mujeres.

9 La envidia casi siempre existe en las familias numerosas.

10 Con el divorcio se puede volver a casarse.

Ejercicio 17

Usando tus apuntes sobre los resúmenes, o leyendo los extractos en su versión original, escoge uno de los temas para escribir 250 palabras dando tus propias opiniones.

y de postre . . .

Ejercicio 18

Escoge el horóscopo que corresponde a tu compañero y dele los consejos apropiados, añadiendo tus propios comentos y sugerencias.

Horóscopo *por Nike*   *Semana del 3 al 9 de octubre*

ARIES
21 marzo-20 abril
Activo y decidido

Marte, retrógrado en tu signo, indica que la actividad y esfuerzo que realizas desde hace unas semanas todavía no ha acabado. De todas maneras puedes tomarte estos días con más calma y aprovecharlos para reflexionar sobre la mejor táctica a seguir. Los hermanos o parientes cercanos pueden complicarte en sus asuntos; también tus compañeros de trabajo pueden ponerte entre dos aguas. Tendrás éxito en los estudios. Días favorables el 5 y el 8.

TAURO
21 abril-21 mayo
Tendencia a los excesos

Cuando estás enamorado o apasionado por algo pierdes objetividad. En estos momentos debes tener cuidado con esta tendencia tuya. Quizás hagas o digas cosas de las que luego te arrepentirás. Tus deseos de pasarlo bien harán que vivas momentos muy divertidos pero también que te olvides un tanto de ciertos compromisos adquiridos. Cuida tu alimentación y vigila tu peso. Puedes verte inclinado a gastar con exageración. Días favorables el 4 y 6.

GEMINIS
21 mayo-21 junio
Despilfarro

Tu entusiasmo y ganas de expandirte sin medida pueden ser, en algunos momentos, exagerados. De todas formas no te faltarán oportunidades para divertirte y hacer las cosas a tu modo. Fiestas, reuniones, quizás incluso en tu propia casa. Debes prestar más atención a tus hijos si no quieres caer en el desorden familiar. En el amor, tendencia a la aventura y a compromisos superfluos. Despilfarro y tendencia a gastos innecesarios. Días favorables el 4 y 7.

CANCER
22 junio-22 julio
Cambios de humor

La Luna decreciente en tu signo puede hacer que te sientas algo pesimista. La nostalgia y las ensoñaciones serán el modo en que te expreses. Por otro lado tus responsabilidades familiares y profesionales no te dejan mucho tiempo para ti. Tendrás que estar al pie del cañón si no quieres que los acontecimientos te sobrepasen. Es en el terreno afectivo donde te sentirás más apoyado y comprendido por tu pareja. Días favorables el 5 y 9.

LEO
23 julio-23 agosto
Buenos augurios

Observarás una marcha favorable de todos tus asuntos. Sobre todo en lo que se refiere a trabajo y profesión. Un nuevo impulso sostenido por la confianza que tienes en estos momentos en lo que estás haciendo dará sus frutos. Quizás en lo económico las cosas no estén tan ordenadas y puedas sufrir alguna pérdida. En el amor te mostrarás generoso aunque tal vez la persona que quieres no te lo agradezca como a ti te gustaría. Días favorables el 6 y 9.

VIRGO
24 agosto-23 septiembre
Grandes posibilidades

Venus entra en tu signo dulcificando tu carácter y favoreciendo las relaciones humanas. En el terreno afectivo es una semana de buenas oportunidades. De todas formas puedes sentirte indeciso en una determinada relación. Tu atractivo es mayor. Por esto gustarás más, aunque tú eres muy crítico con los demás. Es en todo lo que se refiere a dinero, negocios y adquisiciones de todo tipo donde se observan grandes posibilidades. Días favorables el 3 y 9.

LIBRA
24 septiembre-23 octubre
Sociabilidad

Positivas configuraciones propician días tranquilos y felices. Momento oportuno si tienes que tratar con profesores, asuntos legales y papeleo en general. Las cosas te resultarán fáciles. También en tu hogar cualquier reforma o cambio de orden dará buen resultado. Mejor entendimiento con tu pareja, aunque es posible que ésta tenga algún problema que tengas que ayudar a resolver. Desilusión con respecto a proyectos de viajes. Días favorables el 3 y el 8.

ESCORPIO
24 octubre-22 noviembre
Fuerza mental

Semana favorable para los estudios y la comunicación en general. Si tienes que hacer una compra o una venta, éste es el momento apropiado. Por otro lado se ve que te tomas las cosas muy en serio y que tratas los temas en profundidad. Buenas operaciones económicas. Noticias referentes a dinero o bien para ponerte en contacto con una persona que te interesa para el trabajo. Sin embargo, no juegues a la lotería, pues no hay suerte. Días favorables el 6 y el 9.

SAGITARIO
23 noviembre-21 diciembre
Mucho ajetreo

Entre la vida social intensa que tienes y tus ocupaciones laborales no vas a encontrar un minuto de descanso. Cierta tendencia a exagerar puede hacer que saques las cosas de quicio o que digas cosas que sean mal interpretadas. En lo afectivo, peligro de idealices demasiado a una persona o esperes más de lo que puede ofrecerte. Cuida tu economía ya que estás gastando más de la cuenta. Evita excesos en la comida y en la bebida. Días favorables el 4 y el 6.

CAPRICORNIO
22 diciembre-20 enero
Relaciones con amigos

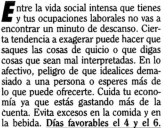

Días especialmente propicios para hacer buenas amistades o reunirte y hacer proyectos con amigos. En tu lugar de trabajo hay peligro de envidias o algún equívoco que llegará a ponerse en claro. Los nacidos en los primeros días vivirán situaciones que favorecen el enamoramiento, pero también alguna pelea o enfrentamiento fuerte. El resto del signo estará más tranquilo y amable. Momento favorable para arreglar averías de casa. Días favorables el 4 y el 8.

ACUARIO
21 enero-19 febrero
Incertidumbre en el amor

No te apresures en tus decisiones ni te metas, sin pensártelo dos veces, en una situación incierta. Es posible que lo pases muy bien si te lanzas a la aventura, pero puede que a la larga no te gratifique o bien que pierdas una relación que para ti es estable. Inquietud y prisas en el amor. Tampoco es conveniente que te arriesgues en una operación financiera. Tienes bastante tendencia a engordar. En el trabajo, mucha movilidad. Días favorables el 3 y 8.

PISCIS
20 febrero-20 marzo
Espíritu aventurero

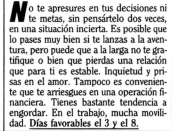

Algo cansado de la monotonía, estás dispuesto a que te pase cualquier cosa con tal de que ocurra algo. Las cuestiones sobre tu vivencia te preocupan. Quizás pienses en un cambio de domicilio o en alguna reforma. En tu trabajo todo va bien, salvo cierta tendencia al desorden o algunos cambios a la vista que no sabes en qué quedarán. Evita las situaciones que puedan provocar envidias o celos. No abuses del alcohol. Días favorables el 5 y el 7.

Ejercicio 19

Para hablar o escribir . . .

1 Para ti, ¿qué importancia tienen los amigos?
2 ¿Cómo es tu mejor amigo/a, y por qúe lo es?
3 ¿Cuáles son las cualidades más importantes de un buen amigo?
4 ¿Qué problemas has tenido tú en tus relaciones con los demás?
5 ¿Qué opinas tú sobre el matrimonio y el divorcio?

Ejercicio 20

Sopa de Letras

A	M	I	S	T	A	D	I	F
Y	A	L	I	O	M	A	A	N
U	M	R	M	R	I	M	T	O
D	I	A	P	L	G	A	O	C
A	G	R	A	D	A	B	L	E
R	O	E	T	M	U	L	E	L
X	L	S	I	N	C	E	R	O
V	M	G	C	N	A	M	A	S
G	A	H	O	N	R	A	D	O

Ejercicio 21

Palabra Misteriosa

Sólo tienes que solucionar estas definiciones: luego tomando la primera letra de cada palabra, trata de encontrar la palabra misteriosa.

1 La . . . . . . entre dos personas suele ser el resultado de la envidia.
2 Al casarse, es posible . . . . . . algunas viejas amistades.
3 Tus amigos siempre te . . . . . . si eres un fiel amigo para ellos.
4 Siempre debes ser . . . . . . con los amigos.
5 Cuando tienes problemas, un buen amigo tratará de . . . . . . te.
6 Una persona narcisista suele ser muy . . . .
7 Si tu amigo tiene muchos defectos personales, tienes que aprender a . . . . . . los.

¿Los mejores años?

a Cómo solucionar los problemas escolares de sus hijos

Dentro de unos días cinco millones de niños y adolescentes van a iniciar un nuevo curso. Muchos de ellos tienen problemas de aprendizaje, cuya consecuencia es el llamado fracaso escolar. Carencias fisiológicas, el nivel socioeconómico y cultural de la familia, la poca atención de los padres –demasiado ocupados–, la masificación y los métodos de enseñanza son algunas de las múltiples causas que influyen negativamente en su rendimiento escolar. En esta guía se explica cómo detectar el problema y a qué personas y centros hay que dirigirse para solucionarlo.

Juan Manuel Masó, como más de la mitad de los alumnos españoles de BUP, está preparándose para los exámenes de septiembre. Nunca ha sido una lumbrera, pero consiguió pasar todos los cursos de EGB limpio aunque con bajas notas.

Al principio sus padres lo achacaron al cambio de colegio; no le dieron mucha importancia y le buscaron unas clases particulares. Pagaba mil pesetas por cada hora de matemáticas y ochocientas por el resto de las asignaturas. No sirvió de nada y ha tenido que pasarse el verano estudiando. Una academia de las más baratas supone un desembolso de 3.000 pesetas al mes. Y, si se decide por un internado, ascenderá a 102.000 pesetas si es alumno de EGB y a 117.000, si ha suspendido COU.

Los padres de **Juan Manuel** se preguntan si no será un caso más de fracaso escolar y no simplemente un vago. Las estadísticas dicen que el 30 por 100 de los alumnos españoles fracasan en la escuela. También está comprobado que los niños fallan el doble que las niñas, que hay más fracaso en el campo que en la ciudad y en los niveles culturales bajos más que en las clases altas.

«En los primeros años los niños con un nivel sociocultural alto compensan la falta de escolaridad o los problemas de aprendizaje con lo que les enseñan en casa. Otros niños no tienen estas ventajas», comenta **Pilar Aparicio**, psicóloga del Centro de Rehabilitación del Lenguaje.

El trabajo de los padres, el poco contacto con el niño, situaciones de droga o alcoholismo o situaciones menos problemáticas como un traslado de colegio o de ciudad influyen significativamente en el rendimiento escolar. La influencia del ambiente es tan decisiva que, incluso, hay un tipo de deficiencia mental que es de cultivo, el niño se vuelve más torpe con el paso del tiempo.

Otro factor es la propia escuela, demasiado masificada. Algunos especialistas consideran un claro trastorno el paso de la EGB al BUP o de un ciclo a otro de la Básica. En los primeros años el fracaso es del 17 por 100 para pasar a un 47 por 100 al terminar octavo. Se va acumulando el fracaso según van avanzando los cursos, porque la recuperación no funciona, según **Santiago Molina**, especialista en fracaso escolar. Para el psicólogo **Jesús Gómez**, «el fracaso forma parte del sistema».

Otro problema se plantea cuando el niño sufre retraso escolar por estar hospitalizado, por un accidente o por necesitar tratamientos continuados que le impidan seguir el ritmo de su clase. «Antes los niños perdían el contacto, ahora se procura que estén poco tiempo en el hospital por el retraso escolar y por los cambios que puede sufrir la personalidad del niño», según **M.ª Paz Vázquez**, psicóloga del Hospital del Niño Jesús de Madrid. En algunos centros hospitalarios hay maestros que van por las salas para ayudar a los enfermos infantiles.

Repetir curso

Hasta el momento sólo se consideraba que un niño fracasaba cuando llegaba con malas notas o tenía que repetir curso. **Andrés Meyniel**, director de un Gabinete de Psicología Aplicada, critica la actitud de los padres.

«Los problemas para ellos sólo existen cuando suspenden a sus hijos. Las faltas de ortografía son graciosas hasta que le amenazan con no pasar de curso. Entonces intentan ponerte tiempos límites, que lo soluciones antes de mayo.»

Las expectativas de los progenitores son, en muchos casos, superiores a la realidad. Intentan que sea el mejor de la clase, comparan sus calificaciones con la de los vecinos o los primos. «El estrés infantil es tremendo, así como la angustia, en chavales de doce años, por el rendimiento que les exigen», comenta **Julián Pradera**, psicoanalista.

A veces, los padres mismos potencian esta sobreexigencia. Les llevan a natación, a alemán, a *karate*, a informática ... Esto es especialmente grave cuando los niños tienen cualquier problema que les exija más esfuerzo, como una leve dislexia. En algunas ciudades como Madrid, en la colonia del Viso, se han creado en los últimos años colegios para niños con retraso escolar, en los que la masificación no existe y un equipo de psicólogos o pedagogos sigue continuamente la evolución académica del niño o el adolescente.

Lo curioso del caso es que, generalmente, no son los menos dotados los que suspenden, «sino que muchas veces los perdedores son los alumnos más imaginativos e inteligentes porque su inteligencia se ve atraída por múltiples intereses y no saben dirigirla sobre un solo objetivo en cada momento», advierte la terapeuta **Carmen Vijande**.

Otro vicio es pensar que cuando el niño saca malas notas es porque es perezoso o poco inteligente. Sin embargo, a veces, los alumnos con una inteligencia superior a la normal son los mayores candidatos al fracaso escolar y, como secuela, después en la vida laboral. Son chicos que siguen las clases sin problemas, pero, a medida que avanzan los cursos empiezan a flojear, aprueban por los pelos e, incluso, repiten curso.

El 30 por 100 de los escolares españoles fallan en la escuela. El fracaso de los niños es el doble que el de las niñas

Las carencias físicas, los métodos de aprendizaje y la escasa atención de los padres influyen en los estudiantes de forma negativa

por María J Espejo
tirado de *Tribuna*, septiembre 1988

Los jóvenes en el colegio: ¿cómo asegurar su éxito?

Vocabulario

el fracaso	failure
la carencia	lack, deficiency
escaso	scant
la masificación	overcrowding
el rendimiento	performance
una lumbrera	bright light (here: outstanding pupil)
achacar	to attribute
el desembolso	outlay, expenditure
el internado	boarder, boarding school
suspender	(here) to fail
torpe	slow-witted
la recuperación	doing extra studying to retake an exam
la ortografía	handwriting
los progenitores	parents
potenciar	to cause the risk of
la sobreexigencia	excessive expectation
la terapeuta	therapist
como secuela	as a result
flojear	to weaken

HUMOR

—Si tu padre no es más inteligente que el mío, no estoy seguro de querer que me ayude en los deberes.

Ejercicio 1

Para ti, ¿cuáles han sido los problemas de tu vida escolar hasta ahora? Utiliza algunas de las palabras, expresiones y frases del Texto A para contarlo a tu clase. ¡No tengas miedo de confesarlo todo. . . ! ¡No habrá repercusiones!

Ejercicio 2

En este artículo se citan las opiniones de varios expertos sobre los problemas escolares. He aquí otras versiones de las mismas opiniones: a ver si sabéis tú y tus compañeros cuál de éstas corresponde a cada experto:

- 'Algunos padres sólo se preocupan por sus hijos cuando reciben malas notas.'
- 'No siempre son los alumnos menos inteligentes los que tienen problemas, sino al contrario: a veces son los que son lo suficientemente inteligentes para tener muchos intereses, y que por eso no dedican bastante tiempo a sus estudios.'
- 'Los padres que tienen un nivel de vida bastante alto y que han hecho, ellos mismos, estudios de un nivel bastante alto, pueden ayudar mucho a sus hijos.'
- 'El sistema de volver a estudiar las asignaturas para luego hacer los exámenes no funciona como debería.'
- 'Dentro del sistema español de enseñanza, es natural que se suspendan gran número de alumnos.'
- 'Se trata de reducir al mínimo el período en que una enfermedad pueda afectar negativamente el progreso de un niño.'
- 'Las esperanzas exageradas que tienen los padres de que tengan mucho éxito sus niños en los estudios pueden causar mucho daño.'

Ejercicio 3

a En este artículo, encontrarás palabras o expresiones que describen varios aspectos de la vida escolar. Busca las palabras que corresponden a las siguientes definiciones:

un alumno muy inteligente
clases dadas por profesores a quienes los padres tienen que pagar
escuela donde viven los alumnos en el mismo edificio en que estudian
el hecho de suspender los exámenes o una asignatura
el proceso de aprender
adjetivo que describe a un alumno no muy inteligente
el método de tratar de mejorar su rendimiento en un examen
profesor de niños muy jóvenes
estilo de escribir
asignatura que trata de computadores

b Explica brevemente en español:

asignatura	la masificación
academia	repetir un curso
EGB y COU (Véase Unidad 1)	las calificaciones
escolaridad	dislexia
el rendimiento escolar	pedagogo

c ¿Por qué crees tú que se suspenden más niños que niñas? Discute este asunto con tus compañeros de clase. ¡Os divertiréis sobre todo si tenéis una clase mixta!

Ejercicio 4

Escribe un resumen en español de los dos primeros párrafos del Texto A
usando no más de 50 palabras.

Ejercicio 5

Traduce al inglés los dos primeros párrafos de la sección que lleva el título
de *Repetir curso*.

Ejercicio 6

Haz una lista de todas las palabras que se refieren a aspectos de la vida
escolar. Inventa una frase utilizando una de estas palabras, preferiblemente
una frase que describa un elemento de tu vida escolar.

Ejercicio 7

He aquí varias declaraciones que encabezaban las páginas del artículo del
Texto A. Cada una corresponde con una de las preguntas que las siguen.
Con la ayuda de tu compañero de clase, discute los problemas de la
enseñanza de la forma siguiente: uno de vosotros representa al padre o a la
madre de un alumno que tiene problemas, y el otro juega el papel del
profesor o del consejero escolar.

a *El cambio de colegio, la separación y el trabajo de los padres influyen
negativamente en el correcto aprendizaje del niño.*
b *Apuntar al niño 'karate', ballet, informática e inglés, por ejemplo,
provoca, en algunos casos, situaciones de estrés infantil.*
c *La edad más adecuada para aprender a leer y a escribir son los cuatro
años, y en ocasiones, a partir de los cinco o seis.*
d *Los niños que saben bailar y se sienten escuchados están más motivados
para aprender a leer y a hablar con más rapidez.*
e *La familia tiene un papel importantísimo en el aprendizaje, pero en
ningún momento debe sustituir la labor del profesor.*
f *Es difícil que un niño con problemas para leer o asimilar en 4.° de EGB
logre realizar estudios superiores a Graduado Escolar.*
g *En casos de retraso se puede optar por escolarizar al niño en un colegio
con integración o por acudir a un centro especializado.*
h *Enseñar a un niño un segundo idioma antes de que esté preparado puede
provocarle trastornos como la discalculalia o la dislexia.*
i *El tartamudeo, el ceceo, las faltas de ortografía o hacerse pis en la cama
pueden ser una forma inconsciente de llamar la atención.*

1 Diga por favor, ¿mis hijos, por qué tienen tantos problemas? El mayor
no habla muy bien, la segunda hace muchos errores de ortografía, y el más
pequeño se despierta casi siempre con la cama mojada . . .
2 ¿Cree usted que hacemos bien en mandar a Pepe a una academia para
aprender el inglés? Ya tiene seis años . . .
3 Bueno, tenemos un hijo retrasado . . . ¿Qué deberíamos hacer para
ayudarle?
4 ¿Cree usted que haríamos bien en ayudar a Mariluz a aprender a leer en
casa? Tenemos un montón de libros para niños . . .
5 Conque José sigue teniendo problemas con sus estudios . . . que es
natural, puesto que no sabe leer muy bien. Pero, ¿va a poder ir al instituto
después del EGB?
6 Diga, por favor . . . Juanín parece ser un bebe muy inteligente: ¿cuándo
podemos empezar a enseñarle a leer?

Una clase de ballet: ¿sacará mejores notas esta chica?

Aprender el 'karate', ¿ayuda a los niños?

7 Mis padres dicen que deberíamos ser muy estrictos con nuestros hijos: que deberían quedar callados en casa, y hablar sólo cuando les hablamos nosotros. ¿Tienen razón?

8 En su opinión, ¿cuáles son las cosas que podrían poner en peligro el progreso de nuestra hija?

9 Creemos que en los colegios los niños no tienen bastantes oportunidades. Pensamos mandar a nuestros niños a clases particulares para que aprendan otras cosas que no pueden estudiar en el cole . . . Tenemos razón, ¿no?

Ejercicio 8

Cuenta a un compañero de clase todo lo que hiciste ayer. Tendrás que usar el pretérito.

Ejercicio 9

Un compañero tuyo tiene que nombrar a un profesor o una profesora que os enseñaba hace dos o tres años, o a otro alumno o alumna que ya no estudia en vuestro colegio. Tienes que describir a esta persona, y explicar todo lo que hacía. Tendrás que decirlo todo usando el imperfecto.

Ejercicio 10

Busca en el texto las frases siguientes:

. . . consiguió pasar todos los cursos . . .
pagaba mil pesetas por cada hora . . .

Usando unas 300 palabras, describe tu vida escolar hasta ahora; necesitarás el pretérito y el imperfecto. (Véanse las Secciones de Gramática 38 y 39.)

Ejercicio 11

Estudia otra vez los trozos del Texto A en que se cita a varios expertos. Vuelve a escribirlos, cambiando estos trozos de estilo directo a estilo indirecto. Tendrás que poner muchos verbos en el pretérito o en el imperfecto. Empieza así:

– Pilar Aparicio dijo que en los primeros años los niños con un nivel sociocultural alto compensaban . . .

HUMOR

—Te he enseñado todo lo que sé y sigues siendo el último de la clase...

BERNHARDT

Guía para la vuelta al colegio

Este curso es clave para la reforma educativa. El futuro de la calidad escolar está en juego

José Manuel Huesa

CUANDO llega el mes de septiembre muchas familias se disponen a preparar un ritual que se repite año tras año: la vuelta al cole. En esta ocasión serán alrededor de ocho millones y medio los alumnos de Preescolar, EGB, BUP, FP y COU los que deberán pasar por este trance.

Como todos los años los padres tendrán que enfrentarse una vez más con la subida del precio de los libros (entre el 6 por ciento y el 12 por ciento), los atascos provocados por los autobuses escolares y el conflicto entre profesores y la administración. Pero ahora van a ser más exigentes, porque ya están cansados de que estos enfrentamientos perjudiquen la educación de sus hijos.

Por eso se ha incrementado el número de matrículas de los mejores centros del país, ya que tan sólo un número escaso de colegios privados y públicos pueden garantizar la calidad de enseñanza de sus pupilos. Estos colegios de élite no sólo tienen menos alumnos por aula, imparten clases de inglés y disponen de instalaciones deportivas, sino que además los alumnos aprenden informática y motivan a los profesores con unos programas escolares distintos.

EFICACIA EDUCATIVA. Este curso es un año clave para la reforma educativa de nuestro país. Los alumnos están desanimados porque ven cómo estudian materias trasnochadas que apenas tienen que ver con la realidad. Los profesores reclaman, una y otra vez, su valoración en el seno de la sociedad. Y a los padres lo único que les preocupa es que su hijo cuando termine el bachillerato salga preparado para poder incorporarse al mercado de trabajo.

Ahora el nuevo ministro de Educación, Javier Solana, pretende mejorar la calidad de la enseñanza, porque tiene el reto del año 92, fecha mágica que va a modificar la vida de los 300 millones de ciudadanos europeos.

La mejora de la calidad de la enseñanza o la eficacia educativa, como la llaman los ingleses, es una vieja obsesión tan antigua como el fracaso escolar. Es el reto de Javier Solana. «Mi obsesión —señala Solana— es mejorar la calidad de la educación. Durante los pasados años se ha hecho un enorme esfuerzo para ampliar la escolarización y conseguir una igualdad de oportunidades. Una vez que se ha ampliado la oferta educativa hoy nos queda el reto de mejorar la calidad del sistema, un sistema que cada día debe ser más eficaz.»

tirado de *Cambio 16*, septiembre 1988

La vuelta al cole – ¡qué bien!

Lee el artículo con la ayuda del vocabulario, y, si te hace falta, con la ayuda de un diccionario.

Ejercicio 12

Explica en español las siguientes expresiones:

1 la reforma educativa
2 la vuelta al cole
3 el atasco
4 el colegio privado
5 tienen menos alumnos por aula
6 la informática
7 materias trasnochadas
8 el mercado del trabajo
9 el fracaso escolar
10 la igualdad de oportunidades

Ejercicio 13

Ahora, inventa frases en que usas las expresiones del Ejercicio 12.

Vocabulario

el trance	critical moment
el atasco	bottle-neck
exigente	exacting
el enfrentamiento	confrontation
perjudicar	to prejudice
incrementarse	to increase
la matrícula	admission
el centro	(here) school
trasnochado	worn-out
el reto	challenge

Ejercicio 14

Usa palabras o expresiones del Texto B para rellenar los espacios en blanco de las siguientes frases.

1 Desafortunadamente, después de seis semanas de vacaciones, para el alumno inglés llega . . . .
2 La inflación se debe a . . . .
3 El señor García perdió su tren debido al . . . . . . que prolongó su viaje en taxi.
4 En nuestro país, ... el número de personas que no tiene donde vivir.
5 Los profesores están en huelga, porque . . . . . . una subida de salario.
6 Para sacar buenas notas en su examen, Manuel decidió . . . . . . a unas clases particulares.
7 Teóricamente, nuestro sistema de enseñanza estatal garantiza la . . . . . . para todos los alumnos, sean ricos o pobres.
8 Al principio, Susana quería hacerse maestra, pero luego se dio cuenta de que no le interesaba nada . . . .

Ejercicio 15

En el primer párrafo del Texto B, se mencionan cinco etapas de la enseñanza, según el sistema español; pide a tu profesor(a) una explicación en español de cada una: mientras os lo explica, haz unos apuntes; luego tienes que usarlos para describir en tus propias palabras el significado de cada etapa. Después, escribe una descripción breve de las etapas del sistema escolar de tu propio país.

ci Comedores escolares

Escucha este programa, y haz los ejercicios que siguen.

Ejercicio 16

Contesta a las preguntas siguientes, en español o en tu propio idioma.

1 ¿Cuáles son las razones principales por las que un niño se queda a comer en la escuela?
2 ¿Cuáles son las ventajas de las comidas escolares?
3 ¿Cuáles son los peligros?
4 ¿En dónde hay que solicitar un permiso para poder concursar en la competición de comedores escolares?
5 ¿Qué deben tener los empleados de la empresa contratada?
6 En los centros privados, ¿qué tiene que hacer el Consejo Escolar en lo que se refiere a las comidas escolares?
7 ¿Cómo saben los padres lo que van a comer sus hijos?
8 ¿Quiénes vigilan las comidas escolares?
9 ¿Cuáles son las medidas que se toman para asegurar el higiene en los comedores?
10 ¿Qué hacen los inspectores municipales?

HUMOR

—¡RAPIDO, RAPIDO!, VENGA.

—EL COCHE DE MI PROFE ESTA MAL APARCADO.

 Programa Erasmus

Ejercicio 17

Escucha el reportaje sobre el Programa *Erasmus*, y luego busca las palabras que se necesitan para rellenar los espacios en blanco de las siguientes frases.

1 Desde hace algún tiempo las Comunidades Europeas vienen desarrollando una serie de programas de ...... entre jóvenes de sus países miembros.

2 El objetivo del Programa *Erasmus* es eliminar las ...... entre las universidades europeas para facilitar la .... de los hombres y de las ideas.

3 El *Erasmus* busca promover una red ...... europea que haga efectiva una convalidación mutua de ....

4 Félix Hearling dice que la ...... que se ofrece es enriquecedora tanto desde el punto de vista ...... como vital.

5 Los programas de .... no son una novedad.

6 Los proyectos mencionados tienen como punto de partida la idea de una Europa unida en el ...., ... y ....

7 Se quiere intensificar la realización de los estudiantes de ...... y de ....

8 Pueden plantearse importantes problemas de carácter ...... pues implican una adaptación en los últimos años de ...... hasta lograr que las ...... sean comunes.

9 La CEE proyecta su mirada hacia el futuro: el ...., ampliamente ....

10 La Comunidad podrá disponer en pocos años de profesionales con ...... en un variado ....

ciii *Conversación entre estudiantes españoles*

Escucha la conversación y pide a tu profesor(a) la Hoja de Trabajo 4-T-1.

d *La selectividad en el mundo*

Estudia este artículo con la ayuda de un buen diccionario. Se trata de un estudio comparativo del sistema universitario de varios países. Aquí, sólo se incluyen la introducción, que expresa algunas opiniones sobre el sistema universitario español, y una perspectiva del sistema británico. Si vives en otro país, podrías escribir una redacción sobre las universidades de tu propio país. Segundo, escribe una perspectiva personal del sistema universitario de España.

En comparación con la mayor parte de los países del mundo, los jóvenes españoles gozan de unas excepcionales facilidades para acceder a la enseñanza universitaria, ventaja neutralizada por la muy baja calidad de la educación que reciben

LOS estudiantes de bachillerato que han ocupado las calles españolas desde el mes de diciembre, ¿protestan porque es difícil ingresar en la Universidad, o más bien porque entrar en la Universidad es demasiado fácil? ¿Es causa o efecto?

No es ésta una cuestión paradójica, y de hecho está siendo considerada por expertos que llevan años preocupados por el buen funcionamiento de las universidades españolas. Las manifestaciones estudiantiles que se iniciaron en el otoño de 1986 no han afectado a aquellos países – Suecia, Estados Unidos, Japón, Alemania, Gran Bretaña, Méjico ... – donde existen procedimientos exigentes, o incluso muy severos, de selección para poder cursar

estudios universitarios. El foco de conflictividad se ha producido en aquellos países – Francia, España, Italia – donde las puertas de la enseñanza superior son «coladero» indiscriminado de buenos y malos estudiantes.

En el caso de España, una política progresiva de reducción de exigencia académica a los estudiantes de enseñanza media se ha convertido en una especie de bola de nieve que pide cada vez menos estudio y más facilidades.

Para ilustrar la situación, ofrecemos un cuadro comparativo de los sistemas de acceso a la Universidad en un grupo de países seleccionados. Su confección hubiera sido imposible sin los datos aportados, en el curso 1984–85, por representantes de todos esos países, durante un seminario organizado por el Instituto de Ciencia de Educación de la Universidad Complutense, el cual ha constituido la fuente básica de documentación.

GRAN BRETAÑA

Si algo distingue al sistema educativo superior de este país

es el elevado grado de autonomía de sus universidades. Tienen completa libertad académica y deciden quiénes y cuántos alumnos admiten, qué y cómo enseñar, qué grados conceden y bajo qué condiciones nombran a su propio equipo académico.

Las solicitudes de admisión a las universidades y politécnicos – exceptuados algunos centros de Escocia – son dirigidas a un Consejo Central de Admisión de las Universidades, en el otoño anterior al curso en que el candidato desea ser admitido. El candidato puede incluir cinco universidades o «colleges», por orden de preferencia. El Consejo envía una copia a cada uno de los centros solicitados, y luego la universidad selecciona.

Para llevar a cabo esta selección, se tiene en cuenta fundamentalmente el expediente académico. El título que se precisa normalmente es el Certificado General de Educación (GCE), cuyos exámenes se pueden realizar – en Inglaterra – en siete diferentes instituciones examinadoras, conecta-

das cada una de ellas con una o varias universidades (Oxford y Cambridge, por ejemplo, tienen su propio departamento examinador). Cada estudiante puede elegir su forma de superar el GCE. Las asignaturas ofertadas están divididas en nivel ordinario («O» level) y avanzado («A» level) y el alumno puede elegir el número de asignaturas que desee. Normalmente, la calificación «O» puede conseguirse a los 16 años y la «A» dos años después. Dentro de cada nivel, pueden superarse las asignaturas según una escala que va desde «A», la calificación más alta, a «E», la más baja.

En función del nivel elegido y de la calificación obtenida, aumentan o disminuyen las posibilidades del estudiante de ingresar en una buena universidad de su preferencia. Para acceder a los centros de mayor prestigio es necesario haber cursado no menos de tres asignaturas de nivel «A» y haber logrado unas calificaciones de «A», «B» o «C».

por Alfredo Semprún
tirado de *Época*, marzo 1988

Ejercicio 18

Haz un resumen de la situación en a) España y b) Gran Bretaña bajo los siguientes títulos:

1 los procedimientos de selección para entrar en la universidad
2 la calidad de la educación
3 la administración de las universidades
4 el sistema de exámenes para entrar
5 la relación entre las calificaciones y las posibilidades del estudiante de ingresar en una universidad de su preferencia.

Entrar en la universidad – ¿demasiado fácil?

e *El camino*

He aquí un extracto de esta novela de Miguel Delibes, en el que se describe la vida escolar de Daniel, el Mochuelo, y sus amigos. Aquí, Daniel recuerda como le castigó Don Moisés, el maestro, por haber quemado el gato de las Guindillas, unas viejas que viven en el pueblo.

Y Daniel, el Mochuelo, se preguntaba: «¿Por qué si quemamos un poco a un gato nos dan a nosotros una docena de regletazos en cada mano, y nos tienen todo un día sosteniendo con el brazo levantado el grueso tomo de la Historia Sagrada, con más de cien grabados a todo color, y al que a nosotros nos somete a esta caprichosa tortura no hay nadie que le imponga una sanción, consecuentemente más dura, y así, de sanción en sanción, no nos plantamos en la pena de muerte?». Pero no. Aunque el razonamiento no era desatinado, el castigo se acababa en ellos. Éste era el orden pedagógico establecido y había que acatarlo con sumisión. Era la caprichosa, ilógica y desigual justicia de los hombres.

Daniel, el Mochuelo, pensaba, mientras pasaban lentos los minutos y le dolían las rodillas y le temblaban las rodillas y le temblaba y sentía punzadas nerviosas en el brazo levantado con la Historia Sagrada en la punta, que el único negocio en la vida era dejar cuanto antes de ser niño y transformarse en un hombre. Entonces se podía quemar tranquilamente un gato con una lupa sin que se conmovieran los cimientos sociales del pueblo y sin que don Moisés, el maestro, abusara impunemente de sus atribuciones.

por Miguel Delibes
tirado de *El Camino*

Vocabulario

el regletazo	hit with a ruler
grueso	thick
el tomo	volume
la Historia Sagrada	Sacred Scriptures, ie the Bible
el grabado	illustration
someter	to impose
desatinado	extravagant
el castigo	punishment
acatar	to conform
la punzada	stitch, pain
la lupa	magnifying glass
impunemente	unpunished

Lee el texto con cuidado y con la ayuda del vocabulario.

Ejercicio 19

Discute las siguientes preguntas con tus amigos, o escribe unas veinte palabras sobre cada uno.

1 ¿Qué te parece el sistema de castigo en el colegio de Daniel?
2 ¿Crees tú que era justo que Don Moisés pudiera castigar a sus alumnos físicamente? ¿Por qué/por qué no?
3 ¿Qué te parece el castigo físico?
4 ¿Qué sistema de castigo existe en tu colegio/instituto?
5 Si fueras tú director(a) de escuela, ¿cómo impondrías y mantendrías la disciplina?

Ejercicio 20

Situaciones

Practica las siguientes situaciones con un(a) compañero/a de clase. En cada caso damos unos ejemplos de preguntas o temas que podréis abarcar.

1 entrevista con un profesor que está en huelga:
por qué está en huelga – qué va a hacer/no hacer exactamente – el efecto que va a tener sobre los alumnos – el efecto deseado

Test *por Antonio Arias*

Descubre la rapidez mental de tu hijo

Hoy traemos algunos problemas para que compruebes, por ti mismo, esta importante faceta. Hazle coger un papel y un bolígrafo y proponle este examen.

Antes de que puedas sentirte defraudado con el resultado que haya obtenido tu hijo en el curso pasado, y antes incluso de que pienses en las socorridas injusticias escolares con que siempre se pretende justificar la falta de aplicación del alumno, bueno será que analices fríamente, con este test de quince minutos, el grado de rapidez mental que posee el pequeño estudiante que albergas en casa. Al final hallarás las soluciones de los problemas y el resultado que merece según las respuestas acertadas que haya dado en el tiempo límite señalado.

1 El tren eléctrico que une El Escorial con Madrid, iba a gran velocidad, en dirección contraria al viento, que parecía querer perderse en la sierra. Conociendo estos datos, ¿en qué dirección iba el humo del tren? (Diez segundos).

2 Juan tiene un terreno de medio metro cuadrado de extensión y Pedro tiene otro de la mitad de un metro cuadrado de extensión. ¿Cuál de los dos amigos tiene más terreno? (Cincuenta segundos).

3 Hallar dos números tales que: 1.º, restando uno del mayor y sumando uno al menor den el mismo resultado; 2.º, sumando uno al mayor y restando uno al menos, el primero sea el doble del segundo. (Dos minutos).

4 Veintiuna botellas, desigualmente llenas, a saber: siete completamente llenas de vino, siete llenas hasta la mitad y siete vacías, han de repartirse entre tres amigos de manera que corresponda a cada uno de ellos la misma cantidad de vino y el mismo número de botellas. (Tres minutos).

5 ¿En cuál de estas dos frases existe error: «Cinco más siete son trece», o «Cinco más siete hacen trece»? (Veinte segundos).

6 Cada mochuelo en su olivo y sobra un mochuelo; en cada olivo dos mochuelos y sobra un olivo. ¿Cuántos olivos y cuántos mochuelos son? (Cuarenta segundos).

7 ¿Cómo puede escribirse 1.000 con siete cifras iguales? (Un minuto).

8 Un sombrero vale cien pesetas, más la mitad de lo que vale. ¿Cuál es su precio? (Dos minutos).

9 ¿Cuál es la mayor cantidad numérica que puede expresarse tan sólo con tres cifras? (Dos minutos).

10 Un hombre entró en una camisería y compró una corbata por el precio de 100 pesetas y dio al camisero un billete de 500 pesetas para que se cobrara. Como éste no tenía cambio, hubo de ir a casa del zapatero para que se lo diera. Dos horas más tarde, el zapatero se presentó en la camisería diciendo que el billete era falso, por lo que el camisero hubo de quedarse con él y dar un billete bueno al zapatero. Así, entre el cliente y el zapatero, ¿cuánto perdió el camisero? (Tres minutos).

CLAVE
De 0 a 3 aciertos: Muy escasa agudeza mental.
De 4 a 7 aciertos: Índice de rapidez normal.
De 8 a 10 aciertos: Agilidad de orden superior.

SOLUCIONES
1: En ninguno, por ser un tren eléctrico. 2: Pedro tiene el doble terreno que Juan. 3: Siete y cinco. 4: El primero y el segundo iguales, es decir, tres botellas llenas, una medio llena y tres vacías cada uno. El tercero, una llena, cinco medio llenas y una vacía. 5: En las dos, porque el resultado de 5 más 7 es 12. 6: Tres olivos y cuatro mochuelos. 7: 999+99/99. 8: El sombrero vale 200 pesetas. 9: 9(99), es decir, 9 elevado a 99. 10: Cuatrocientas pesetas, más la corbata.

Vocabulario

socorrido	handy
albergar	to lodge
acertado	correct
restar	to subtract
sumar	to add
a saber	namely
el mochuelo	night-owl
escaso	limited
la agudeza	sharpness

2 entrevista con un estudiante que va a estar en huelga:
por qué quiere hacer huelga – cómo va a afectar sus estudios – qué piensan sus padres – el efecto deseado
3 entrevista por un(a) profesor(a) de universidad a un(a) estudiante que solicita admisión:
qué calificaciones tiene – por qué quiere ingresar en la universidad – qué asignaturas quiere estudiar – qué carrera quiere seguir
4 entrevista entre un(a) profesor(a) de instituto con el padre/la madre de un(a) alumno/a muy bueno/a o muy malo/a:
las notas que ha sacado – la reacción de los profesores – los problemas del/de la alumno/a – recomendación/consejos del profesor.

Ejercicio 21

Reportaje

Lee el texto elegido, y cuenta a tus compañeros de clase los elementos más importantes del texto.

1 Universidad, los mejores primero
2 La pesadilla americana
3 Matricularse en la universidad
4 El siguiente paso hacia tu éxito profesional

y de postre . . .

Ejercicio 22

Descubre la rapidez mental de tu hijo

Descubre la rapidez mental de tu hijo o más bien ¡de tu amigo/a! Pon esta prueba a tus compañeros de clase para saber si son inteligentes o no.

Ejercicio 23

Discute los siguientes temas con tus compañeros de clase, o escribe una redacción de unas 300 palabras.

1 Los días escolares: el período más importante de la vida.
2 ¿Quién tiene la responsabilidad en lo que se refiere a enseñanza: el gobierno o los padres del niño?
3 Los padres deberían controlar los colegios, los profesores no.
4 Por qué (no) me gustaría ser profesor(a).
5 ¿Vale la pena ir a la universidad?

Ejercicio 24

Verdad o mentira

¡No olvides que tienes que corregir las frases equivocadas!

1 Se estudia EGB en un instituto.
2 Los profesores trabajan en un colegio de EGB.
3 El bachillerato se hace a los dieciséis años.
4 En España no se necesitan GCE para ingresar en la universidad.
5 Son los profesores de cocina los que preparan las comidas del colegio.
6 Si fracasan, los alumnos españoles tienen que repetir curso.
7 Los españoles vuelven a sus estudios en septiembre.
8 Un alumno que sufre dislexia no sabe hacer matemáticas.
9 Algunos padres se preocupan por sus hijos cuando reciben malas notas.
10 El proyecto Erasmus aumentará el número de intercambios de estudiantes.

Ejercicio 25

Sopa de letras

A ver si encuentras por lo menos 20 palabras de esta unidad . . .

```
S  C  P  E  X  A  M  E  N  O
U  O  S  R  U  C  R  S  E  D
S  U  F  R  T  A  O  A  S  A
P  A  R  O  F  D  S  T  C  D
E  L  A  R  G  E  R  O  U  I
N  U  C  S  U  M  U  N  E  L
D  M  A  T  R  I  C  U  L  A
E  N  S  E  N  A  N  Z  A  C
R  O  O  I  G  E  L  O  C  O
```

UNIDAD 5 ¡Al trabajo!

ai Los profesionales más buscados por las empresas

El vecino del quinto A y el hijo del que vive en el segundo B buscan trabajo desde hace tiempo. Ambos estudiaron la rama Administrativa de la Formación Profesional y tienen similares conocimientos. Sin embargo, uno tiene muchas más posibilidades de encontrar trabajo que el otro. El del quinto tiene dos años más que el del segundo y carné de conducir. Además, está casado.

Detalles tan singulares como éstos sobre las preferencias de los empresarios son desvelados por un voluminoso informe que ultima en estos días el Instituto Nacional de Empleo (INEM). El trabajo, fruto de un año de investigación, consigue, por primera vez en nuestro país, un listado de las profesiones que hoy demanda el mercado de trabajo. Incluye, asimismo, la respuesta que ofrece el conjunto de parados existentes y los desequilibrios entre unas y otra.

Tan valiosa información se completa con un perfil ideal de cada profesión, de acuerdo con las peticiones empresariales. Los resultados sorprenderán a más de uno que aconsejó, en su día, estudiar informática y desaconsejó, por el contrario, hacerse electricista.

INSUFICIENTE PREPARACION.
El problema fundamental descubierto por el informe es el enorme desfase entre las actuales necesidades de la empresa española y la preparación profesional de los desempleados. Dicho de otro modo y

en palabras del propio director general del INEM, Pedro de Eusebio: «La mayoría de las ocupaciones tienen salida en la España de hoy si se tiene un buen nivel de formación. Lo que sobra, en todos los sectores es el peonaje.» El resultado, en la realidad, es que hay un importante número de profesiones u oficios – demandadas por las empresas – que no encuentran personas para cubrirlas.

La insuficiencia de preparación profesional no es ajena a otro dato contenido en el informe: el deseo de los españoles, cada vez más acusado, de ganarse la vida con trabajos de *cuello blanco*. Este síndrome de *oficinismo*, y sus repercusiones a la hora de elegir estudios, es el que, por ejemplo, ha neutralizado el importante despegue de

ofertas de empleo en el sector servicios. Su crecimiento ha sido incapaz de alcanzar el número de parados demandantes en este mismo sector.

Ello justifica que en los demás sectores: industria, construcción y agricultura, la proporción entre número de ofertas y demandas sea más equilibrada e, incluso, favorable, a los desempleados respecto a las necesidades de trabajo. Esto es, en un país con casi tres millones de parados se da la curiosa paradoja de que miles de empresarios no encuentran mano de obra adecuada para cubrir vacantes o nuevos puestos de trabajo.

Esta apreciación numérica, sin embargo, no puede equivocar la conclusión a la que llega el informe: la mayoría de los parados no encuentra trabajo, a

Encontrar trabajo de este tipo es fácil, pero ¡qué aburrido!

pesar de conocer un oficio, por su escasa formación en las nuevas necesidades empresariales.

De ahí, por ejemplo, que los innumerables alumnos de estudios básicos de informática, a pesar del buen futuro del sector, no añadan a sus *cualidades* laborales nada interesante para el mercado de trabajo. Es esta razón, también, la que justifica que exista un importante número de profesiones de las que hay más ofertas que parados demandantes para ocuparlas.

EMPLEOS NO CUBIERTOS
Así las cosas, los puestos que las empresas *se ven negras* para

cubrir, a pesar de existir teóricamente muchos españoles preparados para ellos, tienen en cabeza a profesiones tan comunes como carniceros, electricistas o cocineros.

En el tradicional sector terciario – servicios – son buscados con lupa los administrativos con amplios conocimientos, entre los que destacan las aplicaciones informáticas, y las secretarias de alta dirección. También resulta difícil a las empresas encontrar intérpretes, vigilantes jurados y camareros de una cierta categoría.

Las necesidades de cocineros, con el creciente uso de los restaurantes por parte de la población, no llegan a cubrirse ni en un 50 por ciento y la de monitores deportivos empieza a tener importantes problemas.

CONOCIMIENTOS QUE COBRAN FUERZA. Los conocimientos añadidos son muy necesarios para el administrativo del futuro, según delatan los requerimientos de las empresas. En ellos cobra especial fuerza la informática, pero a nivel de usuario de oficina, no como programador. La siguen, a escasa distancia, la mecanografía, la contabilidad y los conocimientos sobre archivo. Los idiomas, incluidos en un apartado especial, tienen al inglés como rey absoluto, seguido de lejos por el francés y el alemán.

La edad más deseada es la de entre 25 y 35 años, aunque el primer lustro que sigue a los 20 años cuenta con muy parecido número de adeptos. Es significativo, también, que, a partir de los 35 años casi ninguna empresa desee a un administrativo.

Para el Instituto la información recogida en el informe se convertirá en el arma básica, a partir de ahora, para su política de formación ocupacional. Para 1989, cuenta con más de 100.000 millones de pesetas a repartir en cursos de formación destinados a 400.000 parados. La intuición que ha presidido hasta ahora la selección de cursos podrá ser sustituida por una información real que será, además, transmitida a partir de enero a todas las oficinas del Instituto. El objetivo final es que en todas ellas se oriente al parado de hacia dónde debe dirigir sus esfuerzos en la búsqueda de trabajo.

por Inmaculada Sánchez
tirado de *Cambio 16*, diciembre 1988

Lee el texto con la ayuda del vocabulario.

Ejercicio 1

a Explica las siguientes palabras y expresiones del Texto A:

formación profesional
conocimientos
empresarios
el mercado de trabajo
parados

el peonaje
cuello blanco
mano de obra
puestos de trabajo
la contabilidad

b Busca en el texto las palabras o expresiones que equivalen a éstas:

buscan un empleo
compañía
trabajadores sin empleo
conocimientos del computador
desempleado
falta de conocimientos necesarios para el trabajo

trabajar en un despacho o en la administración
cualificaciones para un trabajo determinado
tienen muchas dificultades
las cualificaciones exigidas por una compañía

c Describe lo que hacen los siguientes trabajadores mencionados en el Texto A.

Por ejemplo: *carnicero* – se gana la vida *vendiendo* carne

(Véase Sección de Gramática 64)

Ahora te toca a ti:

1 electricista
2 cocinero
3 administrativo
4 secretaria

Ahora busca otras profesiones mencionadas en el texto – encontrarás por lo menos media docena – y pregúntale a tu compañero:

¿Cómo se gana la vida un(a) . . . . . . ?

Luego pide a tu profesor(a) la Hoja de Trabajo 5-T-1 y la Hoja de Gramática 5-G-1, ejercicio **a**.

Vocabulario

el empresario	entrepreneur
el parado	unemployed
el desempleado	person
desvelar	to reveal
ultimar	to finish
el desequilibrio	imbalance
el perfil	profile
la petición	demand
aconsejar	to advise
desaconsejar	to advise against
el desfase	mismatch
el peonaje	labouring
acusado	(here) pronounced, sharp
a la hora de	when it comes to . . .
el despegue	taking off
mano de obra	labour
formación	training
delatar	to reveal
el requerimiento	requirement
la contabilidad	accountancy
el lustro	5-year period
la intuición	guesswork

d En el texto encontrarás varias parejas de palabras más o menos sinónimas. Haz una lista de ellas, y luego compara la lista con las de tus compañeros.

Por ejemplo: *parado – desempleado*

Ejercicio 2

He aquí un resumen de varios aspectos del Texto A. Rellena los espacios en blanco con las palabras más apropiadas de la lista que está al lado del texto.

informática	*profesiones*
Empleo	*falta*
trabajo	*parados*
desfase	*contabilidad*
desempleados	*faltan*
empresas	*oficios*

El Instituto Nacional del . . . . . acaba de publicar un estudio del mercado de . . . . . de España. Así, reúne las estadísticas de . . . . . demandadas por el mercado y de . . . . . que podrían cubrir los puestos vacantes. Desafortunadamente, hay un . . . . . entre las necesidades de las . . . . . y el nivel de preparación de la mayoría de los . . . . . . En muchos casos la . . . . . de preparación adecuada es sorprendente, pues se nota que . . . . . españoles preparados para . . . . . comunes como carniceros o cocineros. Además, para los administrativos del futuro se exigen conocimientos que no tienen muchos, tales como la . . . . . y la . . . . . a nivel de usuario de oficina.

Ejercicio 3

Haz un resumen en español o en tu propio idioma de la sección del Texto A que se titula *Insuficiente Preparación*, usando no más de 150 palabras.

Ejercicio 4

Traduce a tu propio idioma la sección del Texto A titulado *Empleos no cubiertos*.

aii Plan de empleo juvenil

He aquí dos planes para el empleo juvenil: uno formulado por el Gobierno, es decir el partido PSOE, el otro por los sindicatos, o sea por la UGT (Unión General de Trabajadores), a quienes no les gusta nada el plan del Gobierno.

Ejercicio 5

Tienes que imaginar lo que ocurriría si se cumpliera cada uno de estos planes. Así, utilizando el tiempo condicional , tienes que escribir frases de este tipo:

El plan del PSOE *daría* trabajo a jóvenes . . .

CUIDADO: en algunos casos tendrás que usar el verbo *haber*. Luego, si queréis, puedes discutir con tus compañeros de clase cuál de los dos planes es mejor. (Véanse Secciones de Gramática 43 y 46.)

Luego pide a tu profesor(a) la Hoja de 5-G-1, ejercicios **b** y **c**.

PLAN DE EMPLEO JUVENIL DEL PSOE
- Dar trabajo a jóvenes sin experiencia menores de 25 años.
- Crear un nuevo contrato temporal, con duración de 6 a 18 meses.
- El salario para *menores* de 18 años será de 25.860 pesetas al mes.
- El salario para *mayores* de 18 años será de 42.150 pesetas al mes.
- El contrato puede ser de formación.
- Seguro de desempleo, un 75 por ciento del salario, según los meses trabajados.
- La empresa queda exenta de pagar la Seguridad Social.
- La empresa recibirá del Estado una subvención que puede llegar a las 200.000 pesetas por contrato.

PLAN DE EMPLEO JUVENIL DE UGT
- Potenciar los contratos ya existentes en la actualidad.
- Mayor número de contratos de *formación*, de una duración entre tres meses y tres años, con salario según convenio del sector.
- Aumentar el número de escuelas-taller.
- Contratos de ayuntamientos para trabajos de servicios públicos.
- Subvenciones a jóvenes que quieran crear su propia empresa o cooperativa.
- Dar un subsidio de desempleo a los mayores de 21 años que tengan responsabilidades familiares.

b *Sindicatos trasnochados*

LA oposición de los sindicatos al Plan de Empleo Juvenil pone de manifiesto, una vez más, la incoherencia y el cacao mental que reina en este país.

Este Plan de Empleo pretende romper un círculo vicioso en el que dan vueltas todos los jóvenes cuando buscan su primer trabajo. Ningún empresario quiere emplear a jóvenes sin experiencia laboral, y ningún joven puede presentar antecedentes de experiencia laboral si no ha trabajado nunca.

Los empresarios siempre han necesitado «alguien con experiencia», se trate de camareros, aprendices, pinches de cocina, mancebos de farmacia, recepcionistas, telefonistas, secretarias o porteros de noche. Es algo desesperante que todo el que ha buscado trabajo recién terminados sus estudios, ya sean medios o superiores, recuerda con auténtico horror.

Pero a los sindicalistas parece que esto no les afecta. Según ellos, el Plan va a proporcionar a los empresarios la posibilidad de despedir a los padres para emplear a los hijos inexpertos pero baratos. Y, además, el plan no prevé la obligatoriedad para los empresarios de contratar como fijos a los jóvenes una vez cumplido el periodo de aprendizaje.

Los sindicalistas demuestran así cuán trasnochados, irrealistas y papanatas son. Los empresarios buscan la rentabilidad y la productividad y nunca despedirían a un experimentado contable para sustituirlo por dos jovenzuelos inexpertos, ignorantes e irresponsables, que le saldrán mucho más baratos pero le pueden hundir la empresa en dos semanas.

Por otra parte, ¿por qué el primer empleo ha de ser ya el de toda la vida? ¿Por qué los sindicatos quieren obligar a los jóvenes a trabajar toda su vida en la misma empresa?

El Plan de Empleo Juvenil proporciona a los jóvenes

CARMEN RICO-GODOY

una posibilidad de trabajar en diferentes cosas, de probar diferentes trabajos, de experimentar por sí mismos lo que más les interesa, les gusta o atrae, cambiando de empresa, oficio o incluso de ciudad. Pero los sindicatos prefieren clavarles para siempre en su primer empleo haciéndolos fijos, atándolos para siempre a un puesto de trabajo que a lo mejor no les gusta.

Naturalmente que el Plan de Empleo Juvenil es corto y limitado. Sólo incluye a los jóvenes de 18 a 24 años. Pero, francamente, que sea insuficiente no lo invalida en absoluto. Más vale poco que nada. Nadie en su sano juicio prefiere no comer a comer poco. Excepto quizás los sindicalistas que sistemáticamente mantienen esa postura imposible.

Los sindicalistas españoles, por ejemplo, no saben negociar casi nunca. Están obsesionados siempre con el dinero. Se obcecan en las subidas de salarios y olvidan todas las demás ventajas no pecuniarias que podrían negociar con las empresas. Los lugares de trabajo en España suelen ser deleznables, sucios, mal iluminados, poco ventilados, con servicios asquerosos, con garantías de seguridad cero. Pero a los sindicalistas no les interesan estos aspectos. Sólo luchan, y mal, por dos cosas: el dinero y la fijeza.

La formación profesional permanente, la ampliación de estudios, las guarderías, la flexibilización de los horarios, el ambiente y el lugar de trabajo y la modernización de los medios, instrumentos y herramientas, a los sindicatos les traen absolutamente sin cuidado. Su oposición irracional al Plan de Empleo Juvenil demuestra una vez más su incapacidad para bregar con la realidad.

El Plan bonifica a los empresarios, pero también va a beneficiar a muchísimos jóvenes. Demasiado para las entendederas de los sindicatos. Así no es de extrañar que los sindicatos pierdan afiliados año a año. Dentro de nada Gutiérrez y Redondo se quedarán en cuadro.

por Carmen Rico-Godoy
tirado de *Cambio 16*, noviembre 1988.

Lee el texto con la ayuda del vocabulario y, si te hace falta, con la ayuda de un diccionario.

Ejercicio 6

He aquí algunas palabras y expresiones del Texto B con posibles definiciones: verás que están mezclados. Tienes que poner cada palabra con la definición que mejor convenga.

los sindicatos	*sistema de formación profesional*
experiencia laboral	*posibilidad de sacar ganancia de una empresa*
estudios medios	*Universidad*
estudios superiores	*Instituto de Bachillerato*
los sindicalistas	*arruinar una compañía*
despedir	*ofrecer trabajo a alguien*
contratar	*echar a un empleado a la calle*
el aprendizaje	*organización que lucha por los obreros*
rentabilidad	*el producir mucho con poco mano de obra*
productividad	*aumento del sueldo*
experimentado	*el tener experiencia del trabajo*
hundir la empresa	*tratar de llegar a un acuerdo con alguien*
negociar	*teniendo mucha experiencia en cierto oficio*
subida de salario	*miembros de un sindicato*

Vocabulario

pone de manifiesto	makes manifest
el cacao mental	stupid way of thinking
antecedentes de experiencia laboral	record of previous work
se trate de camareros . . .	whether one is dealing with waiters . . .
pinche de cocina	scullion, kitchen-boy
mancebo de farmacia	chemist's shop-assistant
ya sean . . .	whether they are . . .
trasnochado	worn-out, stale
papanatas	simpleton
la rentabilidad	profitability
clavar	to nail, fix
se obcecan	they blind themselves
deleznable	fragile
asqueroso	disgusting
la fijeza	job permanence
les traen sin cuidado	they don't care about them
bregar	to work, cope with
bonificar	to benefit
las entendederas	understanding

HUMOR

—No, hombre. Para subir, utilizamos la escalera.

Ejercicio 7

En uno de los párrafos se refiere a los peores aspectos de los lugares de trabajo en España. Haz una lista de ellos, según la importancia que tienen, empezando con el más importante. Luego haz una lista parecida de las mejoras que recomienda el artículo en el siguiente párrafo. Compara tus listas con las de un(a) compañero/a de clase; tienes que justificar la importancia que atribuyes a cada aspecto.

Ejercicio 8

Haz una lista de todos los oficios y profesiones que se mencionan en el Texto B, y explica cómo se gana la vida cada uno.

ci Estoy desmotivada . . .

Escucha este extracto de un programa de radio de tipo 'consultorio': se trata de una señora a quien no le gusta su trabajo. Después el psicólogo que presenta el programa le ofrece sus consejos.

Ejercicio 9

Escucha con cuidado y escoge la palabra que mejor convenga a estas frases:

1 La señora (Maribel) trabaja como *directora/secretaria/empresaria/ camarera*.
2 Por la mañana no puede *trabajar/preocuparse/levantarse/interesarse*.
3 Su trabajo le resulta *interesante/indiferente/difícil/ estimulante*.
4 Según el consejero, Maribel está *deprimida/estimulada/contenta/ enferma*.
5 Dice que Maribel debería *planificar/encontrar/descubrir/cambiar* su empleo.
6 Maribel necesita más *dinero/estabilidad/trabajo/satisfacción*.

Ejercicio 10

Vuelve a escuchar la entrevista y busca las palabras que faltan en las transcripciones de estas frases:

1 Trabajo desde los 17 en una buena empresa como secretaria de . . . .
2 Mi . . . . . . no ha sido del todo mala.
3 Y lo que es peor, cada vez me cuesta más levantarme y . . . . . . a mi trabajo.
4 Pero ahora no encuentro . . . . . . ni siento . . . . . . alguno.
5 Necesitas una dosis más elevada de . . . . de los que actualmente tienes.
6 Si te encuentras en un . . . . . . sin . . . . . . que no hace justicia a tus capacidades reales, puede que necesites planificar de nuevo tu futuro, y . . . . . . de . . . . . .
7 La estabilidad emocional se puede trastornar gravemente por la . . . . . . de . . . . . en el trabajo.

Ejercicio 11

Oirás dos veces cada una de cuatro frases sacadas de la entrevista: traduce cada frase a tu propio idioma.

Ejercicio 12

Discute con tus compañeros de clase los problemas de Maribel: en su sitio, ¿qué harías tú? ¿Por qué? ¿Conoces a alguien que tenga un problema parecido? Para ti, ¿qué sería más importante – el salario, el progreso profesional, el lugar del trabajo, los colegas, el estímulo profesional, las horas de trabajo, las posibilidades de promoción?

cii Cómo tratar a las empleadas del hogar

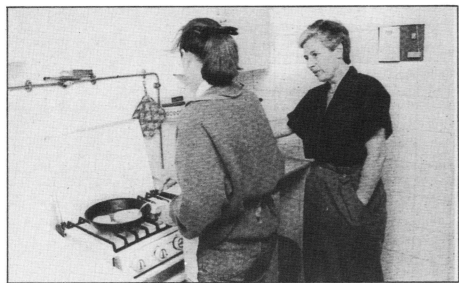

¿Una buena relación entre dueña y empleada?

Escucha este programa, en que se ofrecen algunos consejos a los que tienen empleadas de hogar.

Ejercicio 13

Escribe un resumen en tu propio idioma de las principales observaciones y recomendaciones del programa. Puedes tomar algunas notas mientras escuchas.

Ejercicio 14

Contesta a estas preguntas.

1 ¿En qué trabaja Mercedes del Río?
2 ¿Cuáles son las normas que se debe establecer con la criada desde el principio?
3 ¿Cuáles son las cosas que debería escuchar la dueña de la casa?
4 ¿Cómo debería la dueña tratar a la criada?
5 ¿Por qué dice Mercedes que el trato con la empleada ha de ser similar al que un jefe tiene con una secretaria particular?
6 ¿Qué se dice del salario de una criada?

Ejercicio 15

He aquí algunas de las recomendaciones que hace Mercedes. Están un poco mezcladas: a ver si sabes poner un poco de orden.

escuchar	*con la dignidad que corresponde a todo profesional*
respetar	*un comportamiento profesional*
pagarle	*una mínima categoría profesional en su empleada de hogar*
darle	*las indicaciones o sugerencias que le pueda hacer la empleada*
exigir	*un salario adecuado y un horario previamente pactado*
tratarla	*con delicadeza todo aquello que es necesario rectificar*
exigir	*dos pagas extras al año*
corregir	*sus horarios*

Ejercicio 16

Ahora imagina que eres Mercedes: dile exactamente a una dueña cómo debe tratar a su criada. Usa la forma imperativa.

Por ejemplo: *Respeta* sus horarios.

(Véase Sección de Gramática 63.)
Pide a tu profesor(a) la Hoja de Gramática 5-G-1, ejercicio **d**.

Ejercicio 17

Imagina que eres dueño/a de la casa y que explicas a una nueva criada lo que tiene que hacer: escribe una lista de los quehaceres domésticos, usando el infinitivo. Luego le dices lo que tiene que hacer. Pero no te oyó bien. Pues dile a la criada (¡o sea a un(a) compañero/a de clase!) lo que tiene que hacer, usando el imperativo.

Por ejemplo: **limpiar** la cocina   Tienes que **limpiar** la cocina
                                          ¡**limpia** la cocina!

(Véase Sección de Gramática 63a.)
Por fin te enfadas porque tienes que gritarle, usando un tono más formal, es decir la forma del imperativo.

¡**limpie** la cocina!

(Véase Sección de Gramática 63c.)

ciii Los jóvenes y el trabajo

Escucha la conversación y pide a tu profesor(a) la Hoja de Trabajo 5-T-2.

d Deficientes y muy eficientes

«ESTE año hemos facturado 1.000 millones de pesetas; tenemos 400 trabajadores, en las 19 granjas avícolas hay más de 180.000 gallinas que producen 60.000 huevos diarios; poseemos una flota de 27 vehículos isotermos para la distribución de nuestros productos ... Hemos comenzado a exportar muebles a Hungría e Italia y vamos a instalarnos en Guinea Ecuatorial.»

Ésta podría ser una alocución normal hecha por cualquier presidente de un *holding* de empresas ante su Consejo de Administración para presentar la memoria anual de actividades.

Pero todos estos datos no provienen de una empresa convencional. Esta actividad la realiza el Centro Especial de Empleo de PROMI (Asociación para la promoción del Minusválido), que dirige su creador (el médico egabrense), Juan Pérez Marín, desde su creación en 1976. Aunque la sede central está en Cabra (Córdoba) tiene diversas instalaciones por toda Andalucía.

La mayor singularidad de esta empresa es que el 85 por ciento de los 411 trabajadores son minusválidos y de éstos sólo 43 son físicos. El resto son todos minusválidos psíquicos de todos los niveles.

DE VEGETAR A TRABAJAR.

Muchas de estas personas provienen de hospitales psiquiátricos con una media de estancia entre 8 y 11 años. La mayoría no tienen familia o han sido abandonados por ella. Así que la primera actividad que hay que realizar con ellos es rehabilitarlos para en sucesivas fases incorporarlos a talleres ocupacionales y, posteriormente, a una vida profesional.

La vida de estas gentes sufre un giro de más de 360 grados. De vegetar pasan a desarrollar un trabajo, a vivir en casas normales, si están en condiciones, y algunos incluso a desarrollar una vida en pareja.

Antonio Roldán Molero recordará 1980 como su año mágico. Hasta entonces su vida se había limitado a existir. Disminuido psíquico con un coeficiente intelectual de 0,30, llegó a Cabra y tras pasar por las fases de convivencia, desarrollo y capacitación, comenzó a trabajar en 1981 como oficial agrícola. Allí conoció a otra minusválida, Mari Luz, y decidieron casarse.

La familia aumentó posteriormente con dos hijos totalmente normales, viven con cierta holgura económica e incluso poseen unos ahorrillos de 700.000 pesetas.

La vida de estas personas se transforma de tal manera que sus familiares tratan por todos los medios de que salgan del refugio excesivamente protegido del hogar familiar.

Para Juan Casado, 29 años, afectado de polio en una pierna, la integración en esta empresa le ha supuesto su primer empleo y la posibilidad de independizarse de su familia y casarse con su novia, una chica de Medina de Rioseco a la que visita todos los fines de semana.

Nos dice Juan: «Es un trabajo bastante monótono, pero de todas formas estoy contento porque nunca había imaginado que podía trabajar en una fábrica.»

Juan Casado – una nueva vida, gracias a PROMI

por Pilar Diéz
tirado de *Cambio 16*, octubre 1988

Lee el texto con la ayuda del vocabulario.

Ejercicio 18

Contesta a las preguntas siguientes.

1 ¿Qué tipo de empresa se menciona al principio del Texto D?
2 ¿Qué te parece la afirmación de Juan Pérez Marín?
3 ¿En qué sentido es diferente esta empresa?
4 ¿Cómo es la historia de los empleados?
5 Haz un resumen de la historia de Antonio Roldán Molero.
6 ¿Cómo ha cambiado la vida para Juan Casado?

Vocabulario

el minusválido	invalid, handicapped person
rentable	profitable
facturar	to gross (income of a company)
una flota	fleet
vehículo isotermo	heated lorry
una alocución	address, speech
la memoria	report, statement
egabrense	from Cabra, near Córdoba
la sede central	headquarters
holgura	ease, comfort
ahorrillos	savings

Ejercicio 19

Completa estas frases que se refieren al Texto D con la palabra que te parezca más apropiada.

1 Entre otras cosas, PROMI produce . . . .
2 Distribuye sus productos . . . .
3 Esta empresa emplea a muchos . . . .
4 Muchos de los empleados han pasado varios años en . . . .
5 Con esta empresa, los minusválidos llegan a desarrollar una vida . . . .
6 Después de llegar a Cabra, Antonio Roldán Molero no sólo consiguió trabajo, sino también conoció a su . . . .
7 Juan Casado ya tiene su primer . . . .
8 Para él, el trabajo es algo . . . .

Ejercicio 20

Discute las siguientes preguntas con tus amigos, o escribe unas veinte palabras sobre cada uno.

1 ¿Conoces a una persona minusválida? ¿Trabaja, o no?
2 ¿Crees que deberíamos hacer más para los minusválidos?
3 ¿Qué tipos de trabajo son más apropiados para los distintos tipos de minusválidos? ¿Cuáles les serían imposibles, y por qué?
4 Las oficinas y fábricas, ¿deberían permitir que trabajen en ellas los minusválidos físicos? ¿En qué aspectos? (por ejemplo el tamaño de las puertas, el diseño de los ascensores y de los servicios) ¿Y en los autobuses, trenes y otros lugares públicos?
5 Las compañías, ¿deberían tener una cuota mínima de minusválidos?

e *Encuesta: los obreros están por los pactos*

EL trabajador español piensa que su objetivo fundamental es acabar con el paro, por lo que pide a los sindicatos que le consigan buenos pactos y al Gobierno que busque medidas especiales para dar trabajo a los jóvenes y a las mujeres. Éstas son las conclusiones de una reciente encuesta realizada por el Instituto IDES de Estudios Sociológicos y de Opinión Pública entre una amplia muestra de asalariados, en las que se pone de manifiesto que baja la confianza en el poder de los sindicatos y se abre un hueco para que se instale una tercera organización de carácter independiente.

La situación es tal que un veterano y concienciado dirigente de una central sindical de clase no tendría por menos que concluir en que los obre-

Negociar pactos – mejor que huelgas

ros, que mayoritariamente votan al PSOE, se han vuelto de derechas. Una decena de años de crisis económica ha consolidado una mayoría de asalariados solidarios y *pactistas*, empeñados en que el tener

trabajo y mantenerlo es casi su primera y mayor conquista.

Según el estudio de IDES la respuesta de los trabajadores a la bonanza económica que

empiezan a vivir sus empresas no es la de resarcirse de los años en los que han debido apretarse el cinturón. Una abultada mayoría del 80 por ciento quieren que ese dinero de más vaya a parar a inversiones generadoras de empleo frente a un exiguo 4,8 por ciento que pide su distribución entre los trabajadores que lo han generado. En la misma línea están dispuestos a seguir esperando durante más tiempo servicios y mejoras sociales por parte del Gobierno siempre y cuando se dediquen esos fondos para tomar medidas especiales para emplear a los jóvenes desempleados – así se manifiesta un 92 por ciento – y a las mujeres – 89 por ciento.

Cuando lo que buscan es mejorar su situación económica personal entonces los trabajadores huyen de grandes movilizaciones, quieren, ante todo, el pacto. Según los datos recogidos por IDES harían bien Gobierno, patronal y sindicatos en apurar las últimas posibilidades antes de marcharse de las mesas de negociación sin lograr la concertación social un año más. La mitad de los trabajadores cree en ella, frente a solamente un 16,8 por ciento que no se declara partidario de este sistema, aunque tal vez la falta de acuerdos globales en los últimos años haya hecho que desciendan los entusiastas. Pese a este descenso las valoraciones que se hacen de sus efectos siguen siendo positivas.

Tanto creen los trabajadores en el pacto, aunque sea en el simple pacto en cada empresa, que lo que le piden a los sindicatos es que sepan negociar. El 42 por ciento de los encuestados piensan que lo primero que tiene que hacer un sindicato es representarles bien en las negociaciones con el Gobierno y con las organizaciones empresariales. El orden descendente a esta inquietud se pide también que se ocupen de obtener buenos convenios colectivos – 22,6 por ciento – y mejorar las condiciones de trabajo – 36,4 por ciento.

por Luis Piero
tirado de *Cambio 16*, octubre 1988.

Ejercicio 21

A lo mejor, no necesitarás ni ayuda ni diccionario para este texto. Lo que sería muy útil es estudiar las palabras que no conozcas para saber cómo y por qué sabrás adivinarlas. Primero vamos a analizar algunas palabras del primer párrafo; luego tú puedes analizar las demás y comparar tus listas de palabras con las de tus compañeros. Más que nada hay que darse cuenta de cómo se pueden adivinar muchas palabras nuevas, y de lo útil que sería adquirir esta habilidad.

a Haz una lista de todas las palabras que se escriben igual que en inglés.

Por ejemplo: *fundamental   opinión   conclusión*

Verás que con estas palabras no hay ningún problema: todas tienen el mismo significado en inglés como en español. Pero, ¿*bonanza*? (se encuentra en el tercer párrafo). Sucede lo mismo: es decir que es una palabra de origen español que significa *muchas cosas buenas*.

b Haz una lista de todas las palabras que se parecen más a menos a una palabra inglesa: la mayoría de éstas significan lo mismo en español:

español	*objetivo*	*sindicato*	*pacto*	*Gobierno*
especiales	*reciente*	*instituto*	*estudio*	*sociólogo*
público	*amplio*	*manifiesto*	*confianza*	*instalar*
organización	*carácter*	*independiente*		

Verás que es muy fácil adivinar este tipo de palabra, y además tienen casi siempre el mismo significado en inglés. Notarás varios tipos de cambio según el sistema de escribir en español:

- Quita la 'e' inicial de palabras tales como: *español, especial, estudio*.
- Las palabras españolas que terminan con *-ción*, en inglés terminan con *-tion*.
- Algunas palabras se escriben de una forma más simple que en inglés, por ejemplo: *objetivo, carácter, sindicato*.
- Otras añaden una terminación española: *público, pacto* etcétera.

c Haz una lista de palabras compuestas de otra más sencilla que ya conozcas:

> *trabajador* < *trabajar*
> *asalariado* < *salario*

Se trata a veces de quitar un prefijo o un sufijo para llegar a la raíz de la palabra. Muy parecido es el caso de los verbos: *piensa* < *pensar* que además se parece a una palabra inglesa.

d Haz una lista de 'falsos amigos' – es decir de palabras que se parecen a palabras inglesas pero que tienen un significado distinto. Tales como:

realizar – to carry out   (NO to realize)
encuesta – survey   (NO inquest)

e Además, a menudo se puede adivinar una palabra por el contexto: por ejemplo *consigan* – achieve: casi no podría tener otro significado dentro de la primera frase.

Bueno, ¡ya puedes echar tu diccionario a la basura!

Ejercicio 22

Sin usar el diccionario, traduce al inglés el cuarto y el quinto párrafo, desde *Cuando lo que buscan es . . .* hasta *. . . 36,4 por ciento.*

Ejercicio 23

Haz un resumen en español de todo este texto, usando no más de 150 palabras.

Ejercicio 24

Cuatro profesiones

Un ejercicio/juego para cuatro alumnos: a cada uno tu profesor(a) le dará la descripción de un oficio o de una profesión. Después de leerla, tienes que explicar en español a tus compañeros cómo ganas la vida, para que ellos traten de adivinar tu profesión.

Luego explícales exactamente cómo llegaste a entrar en tu profesión y cuáles son tus pensamientos y opiniones sobre ella – según lo que se exprese en el artículo que te corresponda.

Después, podrías inventar otras descripciones tuyas para continuar el juego de las adivinanzas.

Ejercicio 25

Para estos oficios hay trabajo

Imagina que quieres encontrar trabajo antes de terminar tus estudios. Vas a hablar con el profesor encargado de ayudar a los alumnos que buscan trabajo. Pide a tu profesor(a) el póster en la Hoja de Trabajo 5-T-3. Dile lo que quieres ser, o lo que quieres hacerte. Verás en el póster algunos oficios para los cuales hay trabajo. Tienes que seguir estos modelos:

Me gustaría ser mecánico.   *Quiero hacerme* enfermera.

Gramática Viva

Ejercicio 26

● Tengo 22 años y cuidaría niños pequeños por las tardes de lunes a viernes entre 4 y 8. Llamar mañanas o tardes y preguntar por Merche, (968) 29 02 55.

● Diplomada en inglés daría clases a domicilio en Murcia capital. Niveles de EGB y BUP a 500 ptas. la hora. M.ª José, (968) 25 91 37.

● Tengo 18 años, el COU terminado, y estudios de inglés y máquina, busco trabajo dando clases, aunque no importaría de dependienta o similares. Lydia, (91) 208 29 40.

● Auxiliar de clínica cuidaría niños por la tarde, también trabajaría en consultas o guarderías. Llamar a partir de las 2 de la tarde. Milagros, (93) 466 41 70.

● Haría trabajos de contabilidad por horas. Gran experiencia. Antonio, (93) 417 86 66.

● Realizo toda clase de trabajos a máquina; también cuidaría niños, tengo experiencia. Inés. (91) 705 06 44.

● Profesor de EGB daría clases de recuperación a domicilio. Federico, (93) 309 52 93.

● Esteticista se ofrece para trabajar. Llamar a Antonia (954) 51 88 39.

● Dos jóvenes chicas estudiantes se ofrecen diariamente como canguros. Mercedes, (93) 397 79 97.

● Puricultora y auxiliar de clínica cuidaría enfermos por las noches a precios asequibles. Llamar mediodías a Yolanda, (923) 23 04 69.

● Señorita de 26 años, seria y responsable, cuidaría niños fines de semana en Pozuelo, Madrid. M.ª Angeles. (91) 352 04 94.

● Desearía ser dependienta en comercios de ropa. Simpática y buena presencia. Pamplona o alrededores. Yolanda (948) 33 00 26.

● Quiero aprender el oficio de charcutera, agradecería me dejasen trabajar como aprendiza, tengo 22 años. En Barcelona o Sitges. Llamar al (93) 231 08 06.

● Matrimonio con dos niñas necesita *au-pair* inglesa. Eliseo Carrera (948) 82 73 82.

● Estudiante de Bellas Artes daría clases de pintura, dibujo y escultura. Laura, (91) 473 03 40.

Estudia estos anuncios, en los que se ofrece trabajo. Verás que en muchos se usa el condicional. (Véase la Sección de Gramática 43.)

a Traduce estos anuncios a tu propio idioma.

b Escribe dos o tres frases para decir lo que *harías* tú si hacías estos tipos de trabajo.

c Pide a tu profesor(a) la Hoja de Gramática 5-G-1, ejercicios **b** y **c**.

Ejercicio 27

Situaciones

Practica las siguientes situaciones con un(a) compañero/a de clase. En cada caso damos unos ejemplos de preguntas o temas que podréis abarcar.

1 Te presentas para una entrevista. Tu compañero/a/profesor(a)/lector(a) es dueño de la empresa. Tiene que preguntarte sobre tus estudios, tu experiencia, tus aptitudes para el trabajo. Tú le preguntas acerca del salario, las horas de trabajo, las vacaciones, las posibilidades de promoción.

2 Trabajas en una oficina. Un día te llama el director (tu compañero/a) para decirte que quiere ofrecerte un ascenso. Tendrías que ir a trabajar a otra ciudad, lejos de tu familia, de tus amigos . . . y de tu novia/o. Él te habla de las ventajas, tú le hablas de las dificultades que tendrás en decidirte.

3 Trabajas en una fábrica. Un día te llama el representante de tu sindicato (tu compañero/a) para decir que quiere organizar una huelga: la dirección de la empresa quiere despedir a otros obreros por razones disciplinarias – alguien les ha sorprendido mientras robaban algo. Él insiste en que se haga la huelga para salvar a los compañeros; tú dices que no, pues necesitas tu salario, no quieres poner en peligro tu propio puesto.

4 Trabajas en una tienda de moda; un día el/la dueño/a (tu compañero/a) le ofrece una promoción a un chico (si eres una chica)/a una chica (si eres un chico). Tú sabes que tiene mucho menos experiencia que tú, que no trabaja bien mientras no la miran los dueños, y que no se lleva bien con los clientes. Les protestas que deberían promocionarte a ti, que es cuestión de prejuicio/discriminación sexual . . .

Ejercicio 28

Reportaje

He aquí cuatro artículos relacionados con el trabajo. Lee el texto que te corresponde, luego cuenta a tus compañeros lo que acabas de leer.

1 Negreros a la española
2 Cómo se hace un ejecutivo
3 El Ejército no las quiere
4 Requisitos del lugar de trabajo

y de postre . . .

Ejercicio 29

a Por cierto ya conocerás los nombres de muchas profesiones y oficios: describe a un compañero/a de clase lo que hace cada uno: tu compañero/a tiene que adivinar quién es.

Por ejemplo: Da clases en un instituto – ¿Es profesor? – Sí.

b Juego: *¿En qué trabajo?*. Cada miembro de tu grupo tiene que imaginar que trabaja en cierta profesión: los demás pueden hacerle preguntas para saber dónde y cómo trabaja, para adivinarla.

Por ejemplo: ¿Trabajas en el campo o en la ciudad?
                ¿Trabajas con la gente?
                ¿Eres dependiente/a?

Este juego también puede hacerse mediante un mimo del trabajo.

c Haz una lista de todas las profesiones que conozcas, poniendo las versiones *masculinas y femeninas* de los empleos.

Ejercicio 30

Escribe una redacción de unas 300 palabras sobre uno de los siguientes temas, o, simplemente, discútelos con tus compañeros.

1 El trabajo que me gustaría es . . .
2 ¿Por qué necesitamos trabajar?
3 En una edad tecnológica, las máquinas ponen en peligro la vida laboral de muchos obreros . . .
4 Si yo fuera dueño/a de una empresa, . . .
5 Carta a una empresa en dónde pides trabajo: tienes que incluir los temas que se mencionan en el Ejercicio 27 1.

JOSE MARIA EL EJECUTIVO

Ejercicio 31

Palabras mezcladas: ¿cuáles son estas palabras? Usa la primera letra de cada una para formar una palabra importante de esta unidad.

VENOSEJ

ROBERO

JABARTRODA

ROBEMOB

RASITTA

BRATILINDADE

ADORALASIA

UNIDAD 6   ¡Tiempo libre!

ai   Estaciones de esquí españolas

Pirineo

Aragonés

Candanchú es la estación más veterana del Pirineo Central. Cuenta con la posibilidad de ponerse los esquís sin necesidad de coger ningún remonte en Pista Grande, exclusivamente dedicada a las familias con niños. Asimismo tiene pistas difíciles como Mariposa-Pinos o el Tubo de la Zapatilla.

El abono de temporada, excluidos viajes y alojamiento, vale 36.000 pesetas. Existe una oferta de cursillo y alquiler que incluye 17 horas de clase, seis días de remontes, *slalom* fin de cursillo y alquiler de material, de lunes a sábado, por 13.000 pesetas, en temporada media.

Candanchú dista de Barcelona 385 kilómetros, 503 de Madrid, 297 de Bilbao y 226 de San Sebastián. La estación de tren más próxima es la de Canfranc, a seis kilómetros, y los aeropuertos de Zaragoza (181 kilómetros) y Pamplona (136 kilómetros).

La oferta hotelera de la estación se amplía con la de Jaca, núcleo urbano a 33 kilómetros, que posee hoteles y apartamentos de todas las calidades y precios. Una semana en el Pirineo aragonés, incluyendo hotel, remontes y cursillo, sale por unas 40.000 pesetas, aunque varía según la temporada y el régimen de alojamiento elegido.

A cinco kilómetros de Candanchú están situadas las pistas de Astún en las que la nieve se

El esquí – las largas colas que hay en las pistas

mantiene hasta después de Semana Santa. Además es la estación más soleada del Pirineo aragonés. Sin embargo, carece de infraestructura suficiente por ser una estación joven. Trasladarse a Jaca para cenar o tomarse una copa es lo más usual. Formigal y Panticosa forman parte, junto a las dos estaciones anteriores, de la candidatura de Jaca a la Olimpiada de Invierno para 1998. Ambas están situadas en el hermoso Valle de Tena. Formigal es un centro de esquí con abundancia de pistas difíciles.

Formigal dista 369 kilómetros de Barcelona, 319 de Bilbao, 488 de Madrid, 243 de San Sebastián y 166 de Zaragoza. La parada de ferrocarril más cercana es la de Sabiñánigo y en avión se llega hasta Zaragoza y Pamplona.

Los costes del paquete *ski-semana*, con alojamiento y uso de remontes, es de unas 30.000 pesetas, en temporada media.

Cerler es también una estación con predominio de pistas difíciles. Cuenta con una zona,

Llano de Ampriú, especialmente pensada para niños y debutantes.

Este centro de esquí dista por carretera 289 kilómetros de Barcelona, 318 de Pamplona, 547 de Madrid y 233 de Zaragoza.

Sierra

Nevada

Sierra Nevada es el centro de esquí que más horas de sol recibe al año y suele estar bien de nieve. Para recibir clases, se puede recurrir a cualquiera de las tres escuelas de esquí existentes, la Internacional, la Oficial y la Española. Ofrecen precios que rondan las 8.000 pesetas por semana, en temporada media, y programas de actividades. Para acceder a las principales pistas hay un telecabina, Pradollano-Borregiles y otro menor que llega a la cumbre del Veleta, que es la cota esquiable más alta de España. La estación está preparada para pruebas internacionales, con dos estadios de competición y un trampolín de saltos.

El acceso por carretera se hace desde Granada, que está a 30 kilómetros, además cuenta con un servicio de Renfe desde Madrid. Asimismo existe una línea regular que conecta Granada con la estación. El aeropuerto más próximo es el de esta misma ciudad.

Alfonso de Hohenlohe va a esquiar siempre a Sierra Nevada después de Navidad. *«Me gusta ir allí porque conozco a todo el mundo y siempre hay alguna cena o fiesta en casa de algún amigo. Además es la que más cerca me pilla.»*

El precio del *Paquete Esquí:* una semana con alojamientos y remontes incluidos cuesta unas 35.000 pesetas, en temporada media y 45.000 en temporada alta.

Sierra de Guadarrama

Navacerrada, Valcotos y Valdesquí son las estaciones que quedan más cerca de Madrid. **Javier Pinacho**, presidente del Club Alpino Español, comenta la situación de estas estaciones: *«El aprovechamiento racional de las pistas no se pensó en Navacerrada. En realidad no hay voluntad política de potenciar el esquí en la Sierra de Guadarrama.»* Pertenecer a un club hará posible que usted pernocte en los chalés del complejo por 350 pesetas. Asociarse al Club Alpino Español cuesta 7.500 pesetas al año.

A estas estaciones se accede desde Madrid por carretera. Están a 60 kilómetros. Posee estación de ferrocarril propia que llega a Cercedilla y conecta con un funicular.

Otras estaciones son: Alto Campoo en Santander, La Pinilla en Segovia, San Isidro en León, Valdezcaray en La Rioja y Manzaneda en Orense.

por Rocío G Abos y Lourdes Muñoz
tirado de *Tribuna*, diciembre 1988

Vocabulario

la pista	ski-slope
los bastones	sticks
las botas	boots
(de) alquiler	(for) hire
alquilar	to hire
el equipo	equipment
las instalaciones	facilities
los cursillos	courses
el esquí	ski, skiing
esquiar	to ski
el/la esquiador(a)	skier
debutante	beginner
el/la monitor(a)	instructor
la telecabina	ski-lift
la cota	slope
las pruebas	trials
el salto	jump
el abono de temporada	season ticket
núcleo urbano	urban centre
el remonte	lift (to ski-slope)

Ejercicio 1

Compara las tres regiones de España donde se puede practicar el esquí: *el Pirineo Aragonés, la Sierra Nevada* y *la Sierra de Guadarrama* bajo los siguientes títulos:

1 Su situación geográfica dentro de España (consulta el mapa).
2 Su distancia de las conurbaciones más próximas.
3 Modos y facilidad de acceso.
4 Precios (distingue entre los diversos tipos de alojamiento y curso).
5 Variedad de pistas según su dificultad.
6 Acceso a las pistas desde el centro de esquí.

Ejercicio 2

Situación

Estás en una agencia de viajes y quieres pasar una semana esquiando con un grupo de tus amigos (sois cuatro en total).
Tomando los papeles del cliente y el empleado tenéis que construir el diálogo que tendría lugar según las condiciones siguientes:

- Vivís en Madrid
- Queréis ir a principios de abril
- Dos miembros de tu grupo son expertos y dos debutantes
- Éstos no tienen más equipo que las botas
- No tenéis coche
- No os importa viajar ni el precio
- Queréis poder divertiros por las noches

 aii *Candanchú*

 Candanchú   2.400 m.   1.500 m.

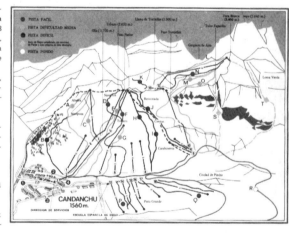

Es una de las estaciones con más experiencia en esquí de España. Se encuentra situada en pleno Pirineo Aragonés, a 98 km. de Huesca. Su privilegiada situación, en la confluencia de los Valles de Aragón y Aspe, constituye un depósito de nieve en cantidad y calidad inmejorable.
Desde la cota 1.500 a 2.400 m. de altitud, comprende 33 km. de pistas, con un desnivel de 900 m., todas preparadas y señalizadas.
Cuenta con 21 telesquí y 3 telesillas.
En el núcleo residencial dispone de guardería infantil, servicio médico, restaurantes, cafeterías, bares, discoteca, boutiques, supermercado y peluquería.

FORMAS DE ACCESO:

En avión: Aeropuerto de Zaragoza (181 km.) Pamplona (136 km.).
En tren: Canfranc (6 km.).
En automóvil: De Barcelona (385 km.): Barcelona - Lérida - Barbastro - Huesca - Jaca - Candanchú.

De Madrid (503 km.): Madrid - Zaragoza - Huesca - Jaca - Candanchú.
De Bilbao (297 km.): Bilbao - Vitoria - Pamplona - Jaca - Candanchú.
De San Sebastián (226 km.): San Sebastián - Pamplona - Jaca - Candanchú.

ALOJAMIENTOS EN CANDANCHU

APARTHOTEL PIRINEOS

A pie de pistas. Todos los estudios con cocina y cuarto de baño completo, teléfono, terraza, etc. Dispone además de discoteca, parking, pub, garaje y galería comercial con bares, boutiques, etc.

HOTEL CANDANCHU **

Todas las habitaciones con baño y teléfono. Restaurante con cocina vasca y regional, bar, salones, terrazas, guarda-esquís, alquiler de material de esquí, etc. A unos 50 metros de los remontes.

APARTOTEL LOMA VERDE

Inaugurado en diciembre de 1983. Los apartamentos disponen de habitación con dos camas, salón comedor con sofás convertibles, baño completo y cocina con menage completo. Asimismo, dispone de garaje y cafetería/snack.

PRECIOS POR PERSONA REMONTES 6 DIAS CLASES 6 DIAS (17 horas)		REMONTES Y CURSOS	
		Ski semana	Cursillo ski
TEMPORADA PROMOCION	ADULTOS	8.000	10.100
29/11 - 26/12 y 10-30/4	NIÑOS	7.200	9.100
TEMPORADA BAJA	ADULTOS	8.500	10.650
10/1 - 6/2 y 20-26/3	NIÑOS	7.650	9.650
TEMPORADA MEDIA	ADULTOS	9.000	12.900
20-26/12, 3-9/1, 7/2-19/3 y 3-9/4	NIÑOS	8.100	11.600
TEMPORADA ALTA	ADULTOS	10.000	14.600
27/12 - 2/1 y 27/3 - 2/4	NIÑOS	9.000	13.200

OBSERVACIONES: Los precios de niños se aplican a los menores de 12 años

Ejercicio 3

a Vas con un grupo de amigos, entre los cuales hay un matrimonio con un bebé. Escoge uno de los hoteles del folleto que parece conveniros y escribe una carta a la dirección pidiendo informes exactos sobre los siguientes detalles:

- la guardería infantil (horas y personal)
- el servicio médico en caso de accidente
- la proximidad a los remontes
- el alquiler del material del esquí (explica lo que necesitáis)
- el aparcamiento
- el transporte a otros centros
- lo que os falta como apartamentos/habitaciones

b Acabas de volver muy decepcionado/a de unas vacaciones en una estación de esquí. No estabas satisfecho/a de ningún modo del alojamiento ni de las condiciones de las pistas y los remontes. Escribe una carta a la dirección de la agencia de viajes que te vendió el 'paquete', lamentando estas faltas y pidiendo compensación.

Ejercicio 4

Escucha a esta señora que habla de su domingo en las pistas de la Guadarrama e indica si son correctas o falsas las observaciones siguientes y corrige las falsas.

1 De Madrid a Guadarrama siempre se tarda una hora.
2 La mayoría de la gente usa el transporte público.
3 La carretera es mala.
4 Había una cola enorme de gente que quería comprar tickets.
5 Había menos colas para las perchas y sillas.
6 Había tantos espectadores que los principiantes encontraban difícil aprender a esquiar.
7 La señora encontró agotador el domingo por haber esquiado tanto.
8 Aunque no haya esquiado, a la gente le gusta lucir a sus compañeros de trabajo las huellas blancas alrededor de los ojos.

aiii *Ejecutivos y gente bien cambian las playas de lujo por la nieve*

Nuevos deportes de invierno como el monoesquí, el *surf* de nieve, la motonieve, el parapente o el *rafting* seducen este año a ejecutivos, *yuppies* y gente bien que han reservado parte de sus vacaciones para respirar en la montaña lejos de las playas de lujo y los chalés campestres. Casi todas las nuevas modalidades de esquí tienen un alto componente de riesgo y aventura, recomendado por los especialistas contra las tensiones de trabajo. Las dificultades estriban en encontrar una plaza de hotel en lugares a veces situados lejos de España.

La gente guapa que durante el verano disfrutaba de las playas y el sol ha trasladado su lugar de vacaciones a las estaciones de esquí. En estas fechas, el deporte de la nieve adquiere un nuevo interés que se refuerza aún más con la aparición de nuevas variedades en el tradicional esquí. Junto a las ya conocidas técnicas han surgido recientemente otras que «amplían el panorama dentro de este deporte y conceden al individuo la libertad para identificarse con aquella variación del esquí con la que pueda disfrutar más».

El *surf* de nieve o *snowboard* guarda una estrecha relación con el *surf* que se practica en la playa. «*Muchos surfistas han decidido cambiar durante la época invernal el "surf" de playa por la misma práctica en la nieve – este deporte está causando un verdadero furor en el mundo*». El precio de una tabla oscila entre las 60.000 y las 80.000 pesetas.

«*Aunque no debe existir ningún problema para quienes quieran iniciarse en este de-*

porte, ya que en Sierra Nevada por mil quinientas pesetas muchas tiendas alquilan una tabla».

«El "surf" de nieve está causando verdadero furor en todo el mundo», según el director técnico de Sierra Nevada

El 'surf' de nieve – la nueva manía

El *surf* de nieve, que cuenta en las mencionadas estaciones con un gran número de adeptos, *«se puede aprender sin tener una base de esquí alpino, no tiene nada que ver en cuanto técnica con éste, aunque se parece mucho al "surf" de agua».* El tiempo que se necesita para aprender esta técnica *«que no es compleja, se sitúa en torno a la semana para los que tienen un nivel medio como practicantes de "surf"».*

No sólo el *surf* de nieve está de moda esta temporada, sino también el monoesquí que, como su propio nombre indica, consiste en llevar los dos pies en una sola tabla. *«La técnica es bastante sencilla; en tres días alguien que sepa esquiar puede estar sobre la tabla sin caerse. Se gira más fácilmente, las rodillas sufren menos que en el esquí alpino y es una auténtica gozada meterse en nieve virgen o nieve primavera».*

Pasión por la velocidad. Los más aventurados entusiastas de la nieve disfrutan del deporte blanco lanzándose con unos trajes especiales y un material

adecuado, esquíes muy pesados, a unas velocidades que han llegado a alcanzar los 217 kilómetros por hora.

El *speed skiing*, como se llama en el argot internacional a este deporte, consiste en bajar lo más rápido posible dentro de unos tramos que están marcados como rampa descendente de aceleración y otra ascendente de deceleración, ya que a estas velocidades es imposible frenar por los procedimientos normales del esquí.

Otro deporte en el que se alcanzan velocidades que superan los 150 kilómetros por hora es el *bobsleigh*, que se practica sobre un vehículo que baja rápidamente por un circuito especial ya trazado. Los españoles que quieren probarlo tienen que acudir a Austria, que es donde hay un mayor número de pistas preparadas para estos descensos estrepitosos.

El *curling* es un deporte que goza de gran tradición en Austria y en Suiza. Se juega en una pista de hielo perfectamente señalizada y entre dos equipos. Las reglas son similares a las de la petanca española. Se lanza un disco que trata de aproximarse lo más posible a una figura pequeña que tiene forma de cuadrado. Gana el equipo que más próximo se quede con respecto a la figura.

Un cursillo de parapente de cuatro días cuesta unas 25.000 pesetas en el Valle de Benasque o en Sierra Nevada

Los *yuppies* y ejecutivos jóvenes se ven envueltos en su trabajo en un mundo de tensiones que les es difícil olvidar; por esta razón, el riesgo, la aventura, el sabor de lo nuevo y las más variadas sensaciones que se experimentan en los deportes les lleva a practicarlos sin ningún temor. La creciente afición por el parapente con esquíes o sin ellos y el *rafting*, son dos buenos ejemplos de que lo difícil también tiene su dosis de satisfacción y ocupa gran parte del tiempo libre.

Deporte y riesgo. El parapente consiste en lanzarse desde una montaña con un paracaídas especial que puede ser cerrado en forma de acordeón o abierto. La altitud de la montaña no suele sobrepasar los 2.300 metros. *«Hay que buscar un sitio adecuado en el que se pueda desarrollar una carrera antes de despegar y luego hay que tener controlado que el viento venga de frente y la caída o aterrizaje se realice en un lugar donde no haya obstáculos que lo impidan».*

El *rafting* es otro deporte emocionante y nuevo como el parapente. Se trata de descender por un río que tiene un cauce rápido y turbulento en una balsa muy perfeccionada y diseñada para este tipo de actividad.

Los ríos que se descienden están fuera de la catalogación que se pudiera realizar para piragüismo, y en nada tiene que ver este deporte con el de aguas bravas. *«En el "rafting" se desciende por desfiladeros rápidos e impresionantes que son de la máxima dificultad. Una piragua se rompería, y el "rafting" no consiste en sortear obstáculos sino en arremeter contra ellos. Hay que entrar fuerte contra las piedras.»*

por Carmen Hornillos
tirado de *Tribuna*, diciembre 1988

El 'curling' – la petanca sobre el hielo

El rafting es otro deporte emocionante

Ejercicio 5

Haz una breve descripción en tus propias palabras de cada una de las siguientes actividades:

1 el surf de nieve
2 el monoesquí
3 el bobsleigh
4 el curling
5 el rafting
6 el parapente

Ejercicio 6

Discusión

¿Cuáles son los atractivos de los deportes con un alto componente de riesgo y aventura? ¿Cuáles son precisamente los riesgos de este tipo de actividad? ¿Hasta qué punto se podrían calificar de irresponsables las personas que las practican? ¿Se pueden practicar sin hacer daño a otras personas o al medio ambiente? El artículo mantiene que son populares entre la gente 'yuppie'. ¿Por qué es eso?

Ejercicio 7

Escribe una carta a un(a) amigo/a persuadiéndole a acompañarte en unas vacaciones en la montaña donde haréis parapente y otros deportes peligrosos.

 Véase también la Hoja de Trabajo 6-T-1.

Vocabulario

las dificultades estriban en	the difficulties lie in
la gente guapa	the smart set
reforzarse (ue)	to be reinforced
disfrutar	to enjoy
oscilar entre	to vary between
en cuanto técnica	in technique
parecerse a	to resemble
en torno a la semana	about a week
girarse	to turn
una auténtica gozada	a real joy
material adecuado	suitable equipment
el tramo	track, course
superar	to exceed
gozar de	to enjoy
señalizar	to sign, mark out
la petanca	pétanque, boules
lanzarse	to throw, launch oneself
un paracaídas	parachute
desarrollar una carrera	to take a run
la balsa	raft
el cauce	river bed, (here) course
el desfiladero	pass, gorge
el piragua	canoe
arremeter contra	to head straight for

b La furia española del taekwondo

El taekwondo: ¿más maña que fuerza?

HA sido necesario llegar hasta Seúl para redescubrir el ímpetu ibérico. Ahora resulta que si en algo destacan los españoles es en un arte, de origen coreano, que consiste en conjugar la patada o *tae* con el puñetazo o *kwon*. La destreza de nuestros compatriotas ha dejado sorprendida a la opinión pública internacional ya que se han revelado, por el momento, como los grandes adversarios de los coreanos que, por otro lado, llevan milenios dedicándose al taekwondo (pronúnciese *teicuondo*) en su país, donde está considerado deporte nacional.

Así lo han demostrado los taekwondistas españoles: cuatro medallas de plata y cinco de bronce ha traído la Federación Nacional de Taekwondo consigo. Pero, por el momento, los deportistas deberán conformarse con medallas de bisutería, ya que se trataba de una competición de mera exhibición.

Así las cosas, en vista de los resultados y con la perspectiva de Barcelona 92, el presidente del Comité Olímpico Internacional, Juan Antonio Samaranch, reaccionó rápidamente y declaró que para dentro de cuatro años el taekwondo tendrá el puesto olímpico que se merece.

Porque en España el taekwondo cuenta ya con un puesto privilegiado. Las artes marciales constituyen en este país el segundo deporte de mayor aceptación, tras el fútbol. Y dentro del mapa europeo resulta que España es el segundo país en razón del número de practicantes de taekwondo detrás de Alemania.

En tan sólo dos años de vida, la Federación Española de Taekwondo ya cuenta con más de 60.000 licencias y se calcula que alrededor de 500 gimnasios imparten clases de esta especialidad deportiva por toda la geografía española.

¿Cómo se entiende este furor por las artes marciales orientales en España? ¿De dónde sale tanto adepto? ¿Qué tienen los españoles en común con los asiáticos? Para el sociólogo Enrique Gil la explicación estaría relacionada con los problemas básicos de esta sociedad, concretamente con las estadísticas de violencia juvenil y paro. «Somos la sociedad más violenta de Europa. Y ¿por qué? Porque tenemos el índice de desempleo juvenil más elevado junto con un exceso demográfico juvenil. Esto genera violencia que debe canalizarse. Y un instrumento para ello son los deportes de combate.»

Pero también se ha querido buscar una relación entre el temperamental carácter latino y estos deportes de defensa personal. Como escribía recientemente un comentarista español con buen sentido del humor «es natural que destaquemos los españoles en el arte del taekwondo, que es un deporte en el que lo bueno es sacudirle al rival una patada en los dientes. Los españoles hemos practicado largamente este deporte, y además sin casco».

Enrique Gil también tiene una particular visión sobre el asunto: encuentra cierta similitud entre el arte del toreo y las artes marciales. «El toreo es un arte en donde se valora la destreza de torear, de esquivar con filigrana. Es un señor débil frente a una máquina de fuerza que acaba conquistándola pero no con violencia, sino con inteligencia. Algo parecido ocurre en las artes marciales, en las que resulta más apropiado el refrán de *más vale maña que fuerza*, porque hay que saber aplicar cierta estrategia para aprovechar la fuerza del contrario. Esto explicaría también por qué el boxeo no ha calado en nuestro país: tal vez debido a que es un deporte de una violencia más directa.»

por Liz Perales
tirado de *Cambio 16*, octubre 1988

Ejercicio 8

Lee estas frases, di si son verdad o mentira según el artículo y corrige las falsas:

1 Los taekwondistas españoles tuvieron mucho éxito en los Juegos Olímpicos de Seúl.
2 En 1988 el taekwondo no se calificó de juego oficial en la Olimpiada, pero se espera que lo sea para 1992.
3 El taekwondo es más popular en España que el fútbol.
4 Hay 500 gimnastas que hacen taekwondo en España.
5 Enrique Gil atribuye el éxito del taekwondo en España a la violencia y al paro juveniles.
6 Se habla en serio al decir que los españoles llevan muchísimos años practicando el taekwondo.
7 No se parecen nada las artes marciales al toreo.
8 También el boxeo es popular en España por requerir más maña que fuerza.

Ejercicio 9

Completa la frase según el sentido del texto:

1 El taekwondo consiste en unir el uso del pie con el del . . . .
2 La opinión pública quedó extrañada por la . . . . . . de los españoles.
3 Los coreanos practican el taekwondo desde hace . . . . . . de años.
4 De momento las . . . . . . que reciben los españoles no son oficiales.
5 Después de . . . . . . el taekwondo es el deporte más . . . . . . de España.
6 Sólo hay más practicantes en . . . .
7 España es un país más . . . . . . que cualquier otro de Europa.
8 Las artes marciales son útiles para . . . . . . la violencia.
9 Es natural que los españoles destaquen en el taekwondo por ser una nación . . . .
10 El torero vence al toro no por su fuerza sino por su . . . .

Ejercicio 10

a Busca en el texto la frase *lleva milenios dedicándose al taekwondo*, y mira también los párrafos 36d y 39d de la Sección de Gramática.

b ¿Qué es un milenio? Bajando de un milenio, ¿sabes las unidades del tiempo hasta un segundo?

c ¿Cuánto tiempo llevas tú aprendiéndo el español? También di cuánto tiempo llevas:

1 sentado/a aquí
2 viviendo en tu casa actual
3 haciendo esta Unidad
4 como estudiante en tu colegio actual
5 vistiéndote así
6 practicando tu deporte preferido
7 saliendo con tu ligue actual

También puedes decir:
Hace tres años que estudio español
Estudio español desde hace tres años.

Ahora expresa tus respuestas a las mismas preguntas según estos modelos. Refiérete ahora al párrafo de la Sección de Gramática 36d, y di, según las tres maneras, cuánto tiempo *llevabas haciendo* las acciones de las preguntas *cuando te lo preguntaron.*

Por ejemplo: Cuando me lo preguntaron llevaba media hora sentado/a aquí
hacía media hora que estaba sentado/a aquí
estaba sentado/a aquí desde hacía media hora.

HUMOR

—No sé por qué dices que nunca hacemos nada juntos... Comemos, dormimos, vemos la tele...

Ejercicio 11

Haz un resumen escrito de los puntos más importantes de esta parte del artículo.

Ejercicio 12

Discusión

¿Qué deportes practicas tú? Aparte de mantenerte en forma, ¿por qué te gusta hacer deportes? ¿Prefieres los deportes de equipo o los individuales? ¿Es verdad que los deportes de equipo ayudan a formar el carácter? ¿Hay otras actividades que proporcionan tanta relajación como los deportes? ¿Juegas para ganar o para divertirte nada más? ¿Te enfadas si tú o tu equipo no ganáis? ¿Crees que los deportistas nacionales o internacionales cobran demasiado dinero? ¿Qué influjo ha tenido el dinero sobre los deportes – y más importante, los deportistas – en los últimos años? Los juegos olímpicos se recrearon hace unos cien años para fomentar el deporte entre los aficionados: ¿crees que se va perdiendo este ideal al comercialismo y a la propaganda política? Si éste es el caso, ¿cómo se puede rectificar?

Encontrarás más informes y ejercicios sobre el taekwondo en la Hoja de Trabajo 6-T-2.

Ejercicio 13

Escoge una de estas tareas escritas y escribe unas 300 palabras.

1 El taekwondo – matrimonio sorprendente pero perfecto de la espiritualidad oriental con el materialismo occidental.
2 La satisfacción que consigo de los deportes.
3 Cómo ser humano sin ser deportivo.
4 Una carta a un periódico o revista lamentando los elementos comerciales y propagandistas en los juegos olímpicos.

c ¿Eres coleccionista?

Jorge **Verstrynge** confiesa que lo suyo con los trenes en miniatura nació por una frustración. *«De verdad, lo que ocurrió es que mis padres se divorciaron y no había dinero. Así que no me podían regalar un tren de juguete. Más tarde mi madre se volvió a casar. Yo tenía doce años, y en las primeras Navidades me regalaron el tren. Todavía lo tengo: es un modelo alemán, anterior a la Segunda Guerra Mundial.»* La afición de **Verstrynge** surgió y se desarrolló de la manera más habitual: primero, viene el tren como regalo y, más tarde, se va ampliando la maqueta poco a poco.

Cuentan los libros de historia que el primer coleccionista fue el rey **Ptolomeo I**, que vivió allá por el siglo IV antes de Cristo. Amaba tanto los libros que llegó a reunir más de 300.000, con los que creó la famosa biblioteca de Alejandría. Desde entonces, la humanidad ha mantenido ese afán de guardar y atesorar objetos que siempre tienen valor, ya sea económico, sentimental o como curiosidad ... Existen coleccionistas para todo, y algunos de ellos han optado por ir haciéndose con objetos que al placer que produce su posesión añaden su valor como inversión.

Los trenes de juguete, aunque no lo parezca, no son cosa de niños, y eso es lo primero que hay que advertir. **Fernando Matey Cano**, uno de los propietarios del bazar Matey, lo explica: *«Nuestros clientes son, sobre todo, adultos. Es raro el chaval que viene a pedir una maqueta determinada porque tenga afición; y en este caso, es porque el coleccionista es el padre.»*

Jorge Verstrynge, coleccionista de trenes

Escudarse en los hijos

El hecho del padre que regala un tren a su hijo para jugar él, no es tan raro. Ese fue el caso de **Verstrynge**, que tuvo su maqueta embalada hasta que su hijo mayor, **Sigfrido**, cumplió los diez años y el tren salió del largo sueño en que había permanecido desde la vuelta de la familia de Marruecos. Él tiene muy claro que los hijos deben tener acceso libre a los trenes porque *«si no, no hay justificación moral. Lo malo de esto es que, periódicamente, tengo que reparar mis treinta y ocho máquinas. Por ejemplo, hace dos meses, mi hijo Eric invitó a un amiguito y de un balonazo destrozaron las catenarias. Por eso ahora tengo recogida la maqueta, hasta que la repare».*

Su opinión es que hacer la colección de trenes es caro, aunque también soluciona la papeleta de qué regalar. Hay una solución intermedia y es comprar máquinas de ocasión, que se pueden adquirir en las mismas tiendas que venden las nuevas. Sin embargo, la auténtica pasión del coleccionista es montar el tren. *«Yo, desde luego, la monto en el momento en que me la regalan.»* Aunque confiesa que lo que le gustaría es tener algún día una locomotora propia de verdad. Para el diputado del Grupo Mixto, hay una poesía en el tren que no se da en otros medios de transporte.

Armar la maqueta de un tren debe de ser una actividad muy relajante, a juzgar por la gran cantidad de personas que se dedican a ello.

Lo curioso es que la afición puede llegar incluso a convertirse en un modo de ganarse la vida. Este es el caso de **Fernando Matey**, dueño de un bazar donde se venden todo tipo de maquetas y juguetes, que posee una importante colección de trenes antiguos de chapa, con unas doscientas máquinas y más de un millar de vagones. Su pieza más importante es un tren completo de la escala 0, marca Märklin, de 1930. *«Por supuesto, lo más primordial es reproducir el modelo completo con fidelidad. Es lo que da valor a la colección.»* Pero no es cuestión de empezar a coleccionar porque sí. Lo primero es que guste, que se tenga afición al *hobby*, porque en caso contrario pronto se aburrirá.

El aire de un abanico

¿Quién iba a decir que el abanico volvería a ponerse de moda al final de la década de los ochenta? Y es que este adminículo que parecía apropiado sólo para las abuelas, permite darse aire con una obra de arte entre las manos.

Coleccionar abanicos puede ser muy caro o muy barato, porque depende de los materiales usados en la realización de la pieza. El varillaje puede ser de nácar, marfil, hueso, carey y madera (nobles o de inferior calidad). Sobre él se coloca el país, que antiguamente era de cabritilla y encaje y en la actualidad suele ser de seda, algodón o materiales sintéticos, además de papel o plumas. Lógicamente el abanico se encarecerá de acuerdo con los materiales usados y el precio se elevará asimismo en función de la decoración del varillaje (calados, incrustaciones ...). Y hay un tercer aspecto que puede convertir un abanico en una obra de arte y es la pintura del país. Pintores de abanicos han sido **Goya**, **Sotomayor** o **Zuloaga**.

Conseguir los mejores abanicos es fácil en España. Valencia es la ciudad en la que se realizan los mejores de Europa. Por eso, no es de extrañar que para la boda de **Carlos** de Inglaterra y lady **Diana Spencer**, el abanico de la novia se encargara en Casa de Diego, en Madrid. Un establecimiento dedicado a su venta y reparación desde 1850, propiedad de la misma familia desde entonces y poseedores de una importantísima colección.

La cantante **Martirio**, además de sus famosas peinetas, tiene quince o veinte abanicos que usa para actuar y para la calle. No se considera una auténtica coleccionista *«pero siempre me han "flipado", las distintas formas, los de palo de rosa, los de encaje...».* Ella, además, les encuentra una segunda función muy especial, y es que ayudan no sólo a refrescarse, sino también a disimular los nervios. *«Sí, porque los abres, los cierras, te permiten moverte.»* Entre sus abanicos tiene los clásicos, de tela y encaje y dos o tres modelos modernos, pintados para ella, *«pero dentro de un orden, ¡eh!».*

por María José Espejo
tirado de *Tribuna*, agosto 1988

Ejercicio 14

¡Todo mentiras! Las observaciones que se hacen sobre Jorge Verstrynge son todas falsas. Corrígelas, diciendo precisamente lo que es el caso.

1 Sus padres le compraron un tren de juguete porque se iban a divorciar.
2 El Rey Ptolomeo fue bibliotecario egipcio.
3 Los humanos siempre han guardado objetos de poco valor.
4 Son los niños sobre todo los que compran los trenes de juguete.
5 Generalmente los padres no les regalan trenes a sus hijos para que ellos mismos puedan jugar.
6 Verstrynge no cree que su hijo deba tener acceso libre a su maqueta, por el daño que se hizo con un balón.
7 Es caro coleccionar trenes porque no se pueden conseguir de segunda mano.
8 Aunque resulta interesante coleccionar trenes, no se puede ganar la vida con ello.

Ahora contesta a estas preguntas sobre el coleccionismo de abanicos.

9 ¿Cómo es que el uso del abanico le da a uno un poco de clase?
10 ¿Por qué varía el coste de coleccionar los abanicos?
11 ¿De qué materiales están hechos los abanicos?
12 ¿Qué significa la palabra *país* en este sentido?
13 ¿De qué materiales suele estar hecho el país?
14 ¿Qué puede influir sobre el valor de un abanico además de sus materiales?
15 ¿Qué otra colección, además de los abanicos, tiene Martirio?
16 Según ella, ¿qué otro uso tienen los abanicos además de refrescarte?

Ejercicio 15

Explica el significado de las palabras y frases siguientes:

Martirio con uno de sus abanicos

una maqueta de tren
se va ampliando
atesorar
el valor sentimental
han optado por ir haciéndose con objetos
tener afición a algo
tuvo su maqueta embalada
los hijos deben tener acceso libre
de un balonazo destrozaron las catenarias
soluciona la papeleta de qué regalar

una actividad muy relajante
la chapa
un adminículo
una obra de arte
el abanico se encarecerá
en función de la decoración
se realizan los mejores
siempre me han 'flipado'
disimular los nervios
lo efímero
un cangrejo
una urraca

También asegúrate de que entiendas los materiales que se citan: *nácar, marfil, hueso, carey, madera, cabritilla, encaje, seda, algodón, papel, plumas.*

Ejercicio 16

Busca las frases en el texto que empiezan con las palabras que siguen pero complétalas con una frase tuya. Puedes cambiar el sentido de la frase si quieres.

1 De verdad, lo que ocurrió es que . . .
2 Así que no . . .
3 Cuentan los libros de historia que . . .
4 Algunos han optado por . . .
5 Es raro el chaval que . . .

6 Él tiene muy claro que . . .
7 Lo malo de esto es que . . .
8 Lo curioso es que . . .
9 Lo más primordial es . . .
10 Lo único que hacemos es . . .

Ejercicio 17

Prepara un discurso de unos cinco minutos sobre tu colección u otro *hobby*. Con la ayuda de algunas muestras si es posible habla a la clase acerca de este tema. Además de demostrar en qué consiste, trata de explicar por qué te interesa tanto, por qué te 'flipa'.

Ejercicio 18

Redacciones

Escoge un título.

1 La descripción de una colección que tienes o que te gustaría tener, o de una colección que hayas visto en casa de un amigo o en un museo.
2 Los efectos terapeúticos del coleccionismo.
3 El fenómeno social del coleccionismo.
4 El coleccionismo como inversión.

d Dos ciudades históricas

i Ciudad Rodrigo

Es, sin duda, el punto de partida ideal para introducirnos en la extensa comarca del Campo Charro, de la cual es el núcleo más importante. Ciudad Rodrigo es una de las ciudades más monumentales, mejor conservadas y de mayor carácter de toda la provincia. Desciende de la *Miróbriga Vettorum*, antiquísimo castro celta, que fue conquistado por Julio César. De la época romana conserva el monumento de las Tres Columnas, que figura en el escudo de la ciudad. Fue repoblada hacia 1100 por Alfonso VI junto con el conde Rodrigo González Girón, al que debe su nombre.

La ciudad está enclavada sobre una colina a orillas del Agueda, muy cerca de la raya con Portugal. Privilegiado enclave estratégico, ha sido protagonista de batallas y sitios: en la guerra de la Independencia fue tomada por las tropas francesas y liberada por el duque de Wellington (1812), que por ello recibiría el título de duque de Ciudad Rodrigo. Las murallas, que se conservan en buen estado, tienen un origen romano, aunque la mayor parte son del tiempo de Fernando II con posteriores restauraciones. El circuito mide unos 2.250 metros de perímetro, con muros almenados fabricados de guijarros y argamasa y una altura

de 8,36 metros y 2,10 de espesor. Está flanqueado por cinco torreones. Una segunda muralla, con foso y contrafoso, rodea la ciudad salvo por la orilla del río Águeda. Sus puertas se conocen con los nombres de Puerta del Rey, de la Colada, de Santiago, de don Pelayo y del Conde; posteriormente se añadieron las del Sol, del Alcázar y de la Santa Cruz. Su traza se atribuye al maestro gallego Juan de Cabrera. Hoy constituyen un original paseo que circunda la ciudad.

La plaza Mayor con edificios platerescos, como el ayuntamiento y la casa de los Cueto, se convierte en escenario de dos acontecimientos de gran in-

La catedral de Ciudad Rodrigo

terés: uno, arraigado y tradicional, como son los festejos taurinos que aquí se organizan durante su famoso carnaval, y el otro, de reciente creación, la Charrada, que se organiza el sábado de Gloria y a la que acude lo mejor del viejo y depurado folklore de la tierra: danzas, música, trajes, instrumentos . . .

En el aspecto monumental destacan el palacio de los Cas-tros, de impresionante fachada; el de los Águilas, dentro del más puro estilo plateresco; las casas de los Silva, de los Miranda, de los Gómez de Silva, de la marquesa de Cartago, el antiguo alcázar de Enrique II de Trastámara, hoy Parador, y otros. La catedral, edificada entre los siglos XII y XVI, tiene un bellísimo pórtico del Perdón y el Apostolado, tallado en piedra en la fachada principal, así como una excepcional sillería de coro, de Rodrigo Alemán, y el claustro gótico. Fuera del recinto amurallado se encuentran la iglesia románica de San Andrés, el convento de la Caridad y las ruinas del convento de San Francisco.

En la gastronomía local tiene fama el «farinato», embutido especial a base de miga de pan, grasa, pimentón y especias vegetales, y la «chanfaina» (arroz y menudillos de ave, caprino u ovino). Ciudad Rodrigo, cabecera de comarca, sigue manteniendo importantes ferias ganaderas y mercado todos los martes del año. En artesanía destacan la filigrana charra, los muebles y tallas en madera y las mantas de tiras.

tirado de *Descubra España*
Selecciones Reader's Digest, 1983

Ejercicio 19

Resume lo que se escribe sobre Ciudad Rodrigo bajo los títulos siguientes:

1 situación geográfica
2 historia
3 importancia estratégica militar
4 fiestas
5 arquitectura
6 cocina

Ejercicio 20

Busca las frases del texto que corresponden a las siguientes. No están en el orden del texto.

1 Por su situación estratégica ha visto mucha acción militar.
2 Los romanos construyeron las murallas originales.
3 Durante el año hay varias ferias donde se muestran y venden vacas y otros animales.
4 Los monumentos más significativos son . . .
5 Dos fiestas importantes se celebran en este sitio.
6 Es un centro perfecto para visitar la comarca.
7 Actualmente se puede ir andando alrededor de la ciudad.

Ahora pide la Hoja de Trabajo 6-T-3 a tu profesor(a) y escucha lo que cuenta Antonio Moreno sobre Ciudad Rodrigo.

Ejercicio 21

Tu vecino/a, que no entiende nada español, va a pararse en el Parador de Ciudad Rodrigo, camino de Portugal. Quiere saber lo más importante acerca de esta ciudad. Escríbele un breve resumen en tu propio idioma para que lo lleve consigo.

Gramática Viva

Busca en el texto las frases siguientes:

Fue repoblada hacia 1100 por Alfonso VI . . .
La ciudad está enclavada sobre una colina a orillas del Águeda . . .

Estudia en la Sección de Gramática la formación y el uso del participio pasado antes de hacer los ejercicios en la Hoja de Gramática 6-G-1.

Vocabulario

el castro	hilltop castle
el escudo	shield, coat of arms
enclavado	perched
el sitio	siege
las murallas	battlements, city walls
el foso	moat
plateresco	plateresque: an architectural style used in 16th century Spain
el carnaval	festival in February immediately prior to Lent
el claustro	cloister
caprino	goat meat
ovino	mutton
ferias ganaderas	cattle fairs
tallas	carving, sculptures
mantas de tiras	blankets made from strips of material
charro	refers to Campo Charro, the area surrounding Ciudad Rodrigo

ii   Bradford on Avon

BRADFORD ON AVON
The hub of six counties, greets you . . .

Tucked into the western corner of Wiltshire, the little town of Bradford on Avon straddles the river on the southern edge of the Cotswold Hills only 8 miles from Bath. With a hilly aspect the whole town directing its gaze towards the meandering river amid the mellow radiance of the local stone.

Just a few of the many things to see in
BRADFORD ON AVON
Saxon Church of St. Laurence
dating from about AD700
Tithe Barn
168 feet long with massive timber roof
Chapel on the Bridge
circa. Norman
Chapel of St. Mary, Tory
River Avon and Barton County Park
Ancient Packhorse Bridge
Town Bridge with its Chapel
circa 13th century
Weavers Cottages and
Clothiers Houses
The Hall
Jacobean Country House
Belcombe Court
Kennet & Avon Canal
now open from Bath to Devizes
19th Century Cloth and Woollen Mills
Holy Trinity Church

Overlooked by sunny terraces of weavers cottages (reached by narrow passages and steps) this lovely old town has a colourful continental air with quaint streets and flower-bedecked shops.

The 'broad ford' across the River Avon was replaced in medieval times by a sturdy stone bridge, complete with chapel for the use of pilgrims. The view from the bridge encompasses the hill above the town where the old weavers cottages are situated, and along the river bank 19th century cloth mills, all of local stone. Wool and cloth having been Bradford's staple industry for six centuries until its demise at the beginning of the present century. The old opulent and decorative clothiers' houses and the humble and functional weavers' cottages are a source of endless fascination for anyone with an eye for genuine old worlde charm, of which Bradford has an abundance.

Vocabulario

Saxon	sajón, sajona
tithe	diezmo, tributo que se pagaba a la Iglesia en la Edad Media.
chapel	la capilla
country park	parque natural
packhorse	el caballo de carga
weaver	el tejedor
clothier	el pañero, ropero
mill	la fábrica
ford	el vado
hub	el eje
tennis court	la cancha de tenis
sailing	la vela
rowing	el remo
canoeing	el piragüismo
(canal) lock	la esclusa
shooting	el tiro
lock-up	el calabozo
archery	la arquería
guided tours	visitas con guía
crafts	artesanía
antiques	antigüedades

Imaginémonos que la pequeña ciudad de Bradford on Avon en Wiltshire, Inglaterra, acaba de hacerse gemela con una población parecida en España, quizás con Ciudad Rodrigo. Dentro de poco un grupo de la población gemela española va a visitar Bradford on Avon, y las autoridades españolas han escrito pidiendo informes sobre la ciudad. Tú y tus compañeros/as, siendo los expertos en español de la comarca, vais a tener que ayudar a las autoridades de la ciudad.

Para hacer los ejercicios que siguen necesitarás las Hojas de Trabajo 6-T-4 y 6-T-5.

Ejercicio 22

Como es normal, por desgracia, sólo se pueden obtener folletos turísticos en inglés, y por eso, tenéis que resumir en español el contenido de los folletos que hay. Discute con tus compañeros de clase las cosas que vais a describir en una carta al alcalde. Luego cada uno de vosotros escribe la carta para ver quién escribe la más informativa.

Ejercicio 23

En las descripciones de Bradford on Avon y otros pueblos y ciudades de la región se emplean varias expresiones que son típicamente inglesas. ¿Cómo explicarías las siguientes a un hispanohablante que conozca muy poco la vida británica?

a Georgian city
duckpond
village green
stately home
tea rooms
garden centre

National Trust
a cottage
brass rubbing
tithe barn
jumble sale
fête

El 'jumble sale': ¿existe tal cosa en España?

¿Cómo explicar el 'tea room' inglés a un español?

Ejercicio 24

Los dos alcaldes han pedido que preparéis un programa para la visita. Los miembros del grupo querrán ver lo más importante de la ciudad, pero también les gustaría ver algo del paisaje y las ciudades y pueblos de la comarca además de tener algún tiempo libre para descansar, y conversar con las familias con las cuales estarán alojados. Llegarán en autocar desde el aeropuerto de Heathrow sobre las 16.00 del miércoles 16 de mayo y se marcharán el domingo 20 de mayo a las 15.00. El día de su llegada hay una reunión de los visitantes con sus familias y los dos alcaldes en el Priory Barn a las 20.00. Aparte de eso podéis sugerir lo que os dé la gana para el programa.

Trabajad en parejas o grupos para discutir y preparar el programa. Luego presentadlo a los otros miembros de la clase explicando vuestra selección de actividades. Os hará falta la Hoja de Trabajo 6-T-3.

Ejercicio 25

La alcaldesa de la ciudad española llama por teléfono, con varias preguntas. Tienes que apuntar lo que quiere saber para explicarlo al alcalde de Bradford on Avon (que puede ser tu compañero/a de clase, tu lector(a) o profesor(a)).

Luego tienes que preparar lo que vas a decir en respuesta a las preguntas para cuando tú llames a España.

Ejercicio 26

Ya habéis elaborado juntos el programa de la visita. Escribe una segunda carta a la alcaldesa española, mandándole el programa, con una explicación detallada de lo que habéis proyectado y por qué.

Ejercicio 27

Situaciones

1 Uno/a de los visitantes está alojado/a en tu casa. Pero hay ciertas cosas en el programa que no le gustan y empieza a quejarse . . .

2 Tu visitante no está acostumbrado/a a la comida británica, lo que plantea ciertos problemas . . .

Ejercicio 28

El alcalde de Bradford on Avon ha decidido que para las visitas en el futuro hay que haber un folleto sobre la ciudad en español. Claro que tú y tus compañeros de clase tenéis que producirlo. La sección 'Welcome to Bradford on Avon' es algo prolija y en un lenguaje bastante exagerado y florido y lo mejor será resumir su contenido, no traducirlo palabra por palabra.

Ejercicio 29

Ciudad Rodrigo y Bradford on Avon se parecen por su tamaño y su edad. Haz una comparación de las dos ciudades por su situación geográfica, su historia, su arquitectura, su respectiva esencia nacional, etc. ¿Hasta qué punto se parecen y en qué se diferencian?

y de postre . . .

Ejercicio 30

¡Date Prisa!

1 Tienes dos minutos para escribir todas las palabras que sabes acerca del esquí. ¡A ver cuántas sabes!

2 Ahora tienes un minuto para describir oralmente en qué consiste el taekwondo.

3 ¿De cuántas palabras te acuerdas que se pudieran emplear para describir una ciudad histórica?

Ejercicio 31

Palabras Asociadas

Primero sin diccionario y luego para mayor ayuda con él, trata de encontrar palabras asociadas con la palabra dada:

Por ejemplo: **esquí**→ esquiar, esquiador(a), esquiable

colección	*gimnasio*
jugar	*clavo*
boxeo	*pintar*
mejor	*tesoro*
prescindir	*arco*

Ejercicio 32

Anagramas

Estas palabras o frases son todas anagramas de palabras o frases importantes que han ocurrido en esta Unidad. El número de palabras en un anagrama es el mismo que en la frase original, pero no necesariamente el número de letras. Claro que faltarán los acentos.

NACOTOCELICES

NEGORRA

UMLALAR

PESCOGUI MOLISOJ

TORPEDO

COSAC

RILOSCUL

EVOMITONE

INOQUEMOS

SINO CEDES QUIETA

ALALPIC

QUE NURRATALPA

TOLTICO SIROFLUTE

RIOT

Ejercicio 33

Temas para seguir pensando, hablando y escribiendo

- Una aventura en las pistas
- Proyectos para una visita de un equipo de taekwondistas españoles a mi ciudad/pueblo
- Una breve historia de mi ciudad o pueblo
- Una ciudad histórica que me ha impresionado

UNIDAD 1 ¿De Madrid al cielo?

a Madrileños y barceloneses se sienten mutuamente maltratados

La controvertida rivalidad entre Madrid y Barcelona-Barcelona y Madrid es una realidad que sus habitantes manifiestan. El tópico funciona: el 34,4 por 100 de los madrileños y el 29,6 de los barceloneses creen firmemente que hay «poco» entendimiento entre ambos.

ALGUNAS preguntas – las relativas al carácter de madrileños y barceloneses – se han efectuado a lo ancho de toda nuestra geografía, lo que da como resultado que Madrid, vista por el conjunto de los españoles, aparece como una ciudad acogedora y «con ambiente», mientras que a Barcelona se la reconoce como «europea» y «moderna».

Más de la mitad de los madrileños se quejan de que, en Barcelona, se les trata peor que a los visitantes procedentes de otras ciudades, mientras que sólo un tercio de los barceloneses percibe ese «peor trato» cuando llega a Madrid. Al mismo tiempo, sólo una cuarta parte de los madrileños es consciente de tratar mal a los barceloneses; porcentaje que se repite, exactamente a la inversa.

Con respecto a los rasgos de carácter, los madrileños consideran que los habitantes de Barcelona son más trabajadores que ellos, pero les acusan de groseros, tacaños, antipáticos, falsos, deshonestos y orgullosos, en mayor o menor grado. Además, los madrileños manifiestan claramente estar satisfechos de sí mismos.

Por su parte, los barceloneses ven en los madrileños una esplendidez de la que ellos carecen, y piensan que ambos están equiparados en cuanto a amabilidad, simpatía y orgullo, mientras ven en sus 'rivales' acusados defectos de vagancia, deshonestidad y falsedad. Acerca de ellos mismos, los barceloneses tienen una actitud de autocrítica y sus respuestas han sido más moderadas y menos fanáticas que las de los madrileños.

En que no hay entendimiento se muestran tan de acuerdo unos como otros, aunque con matices: desde Barcelona, la opinión es ligeramente negativa

LAS RAZONES DEL ENFRENTAMIENTO	Se trata de dos poblaciones demasiado orgullosas	Existe rivalidad entre la capital económica (Barcelona) y la capital administrativa (Madrid)	Son las únicas ciudades españolas que por su tamaño pueden competir entre sí	Madrid es muy centralista	Barcelona envidia la capitalidad de Madrid
MADRILEÑOS	51,1	59,8	54,7	29,7	69,3
BARCELONESES	60,2	72,4	49,3	68,1	22,9

Porcentaje de madrileños y barceloneses que están de acuerdo en las siguientes afirmaciones como origen del tradicional «pique» entre las dos ciudades

La opinión que de los madrileños tienen de su alcalde, Juan Barranco, es:	
Muy buena	8,7
Buena	45,4
Regular	27,2
Mala	10,0
Muy mala	4,8
NS/NC	3.9

La opinión que los barceloneses tienen de su alcalde, Pasqual Maragall, es:	
Muy buena	16,6
Buena	42,8
Regular	27,4
Mala	7,1
Muy mala	3,6
NS/NC	2,6

Entre Madrid y Barcelona ¿qué ciudad le parece más...						
	acogedora	tranquila	moderna	monumental	europea	marchosa
Madrid	46,0	13,1	23,3	35,5	24,9	37,3
Barcelona	24,8	12,9	41,1	36,3	41,3	24,4
Ninguna	17,0	16,5	27,7	22,5	27,9	28,1
Las dos igual	9,9	53,8	3,7	2,2	2,6	2,4
NS/NC	2,3	3,8	4,1	3,4	3,3	7,8

▷

y desde Madrid se niega de plano ese entendimiento. Como causas del mismo se establece el orgullo de ambas y la diferencia entre capital administrativa y capital económica del país, papeles que han desempeñado, tradicionalmente, Madrid y Barcelona.

Como resultado, y casi con idéntica contundencia, los habitantes de una ciudad rechazan a los de la otra.

CUESTION DE TRATO
(Lo que piensan los barceloneses)

	Cómo tratan a los madrileños en relación con otros visitantes	Qué trato reciben los barceloneses en Madrid en relación con otros visitantes.
Peor	24,2	33,1
Igual	70,4	58,7
Mejor	1,7	2,3
NS/NC	3,6	5,9

¿Qué grado de entendimiento existe entre barceloneses y madrileños?

	Según los madrileños	Según los barceloneses
Mucho	1,7	2,9
Bastante	13,6	25,5
Algo	32,1	35,3
Poco	34,4	29,6
Nada	13,7	5,3
N/s N/c	4,6	1,4

En qué medida agrada a madrileños y barceloneses que la Olimpiada del 92 se celebre en Barcelona.

	Madrileños	Barceloneses
Mucho	33,3	50,3
Bastante	34,7	29,5
Algo	14,8	10,5
Poco	6,4	6,1
Nada	6,5	2,0
NS/NC	4,3	1,6

CUESTION DE TRATO
(Lo que piensan los madrileños)

Cómo tratan a los barceloneses en relación con otros visitantes	Qué trato reciben los madrileños en Barcelona, en relación a otros visitantes	
25,1	55,0	Peor
65,3	35,9	Igual
3,9	2,3	Mejor
5,7	6,8	NS/NC

(Responden españoles de todas las comunidades)
¿Dónde preferiría vivir?

Madrid	30,8
Barcelona	29,9
Ninguna de las dos	36,7
N/s N/c	2,6

por Aurora Moya. Isabel Zúñiga, Enrique Alcat y Ana Almargo
tirado de *Tiempo*, octubre 1988

Madrid: Plaza Manuel Becerra y Parque Eva Perón

Barcelona: el puerto, Las Ramblas y el monumento de Colón

Vocabulario

la encuesta	survey
encuestar	to interview for survey
el entendimiento	understanding
percibir	to perceive
el rasgo	trait
grosero	crude
tacaño	mean
el orgullo	pride
equiparado	equal
la vagancia	laziness
el matiz	shade (of colour or opinion)

Ejercicio 1

a Mira los cuadros y el texto para ver si las afirmaciones siguientes son verdad o mentira. Corrige las falsas.

1 La mayoría de los madrileños no cree que su ciudad sea demasiado 'centralista'.
2 Los barceloneses quisieran que su ciudad fuese la capital.
3 Más o menos la mitad de los habitantes de ambas ciudades piensan que hay otras ciudades que se pueden comparar con Madrid y Barcelona por su tamaño.
4 Ninguno de los dos alcaldes es popular en su propia ciudad.
5 A los madrileños por lo general no les molesta que los Juegos Olímpicos se celebren en Barcelona.
6 Los barceloneses reciben peor trato en Madrid que los madrileños en Barcelona.
7 Los madrileños más que los barceloneses opinan que los habitantes de las dos ciudades se entienden hasta cierto punto.
8 La mayoría de los españoles no quieren vivir ni en Barcelona ni en Madrid.

b Con la ayuda del cuadro *Entre Madrid y Barcelona ¿qué ciudad le parece más . . . ?*, busca otra evidencia sobre la relación de las dos ciudades.

Ejercicio 2

A Barcelona se la reconoce como europea y moderna.

Contesta a las preguntas según este modelo.

1 ¿Cómo se trata a los madrileños en Barcelona?
2 ¿A qué porcentaje de los barceloneses se les trata mal en Madrid?
3 ¿Cómo se les considera a los habitantes de Barcelona en cuanto al trabajo?
4 ¿De qué se les acusa a los barceloneses?
5 ¿Y a los madrileños?
6 ¿A quiénes se les atribuye más amabilidad, simpatía y orgullo?
7 ¿De qué se les acusa a los barceloneses?
8 ¿A quiénes se les acusa de tener más orgullo?

Ejercicio 3

Según la evidencia que acabas de leer, ¿en cuál de las dos ciudades preferirías tú vivir? ¿Se puede en efecto diferenciar de tal manera entre los habitantes de dos ciudades? Piensa en tu propia ciudad – o pueblo – y considera si hay diferencias entre ésta y una ciudad vecina. ¿Se puede decir que el carácter de los habitantes depende del tipo de ciudad? Vuelve a leer las características que los madrileños y barceloneses se atribuyen unos a otros: ¿qué características atribuirías tú a los habitantes de tu ciudad? ¿Y a la ciudad vecina?

b Todo Madrid más barato.

Descuentos para mayores de 65 años y menores de 18 en el abono de transportes

EL PAÍS, Madrid

Los mayores de 65 años y menores de 18 años cuentan desde ayer con descuentos del 66% y del 33%, respectivamente, en la tarjeta de abono mensual de transporte. El abono para jubilados costará 1.000 pesetas al mes para cualquier tipo de viajes en transporte público (metro, autobús y ferrocarril de cercanías), mientras que los jóvenes menores de 18 años pagarán una cuota que oscila entre las 2.000 y las 3.000 pesetas, según las demarcaciones territoriales.

La tarjeta de abono, que se solicita en los estancos y que hay que renovar mensualmente, mantiene en 1987 el mismo precio que el año pasado: 3.000 pesetas para la zona A (municipio de Madrid), 3.500 para la B1 (Pozuelo, Alcorcón Leganés, Getafe, Coslada, San Fernando de Henares, Alcobendas), 4.000 para la B2 (Majadahonda, Las Rozas, Fuenlabrada, Móstoles, Parla, Pinto, Torrejón, Mejorada, Tres Cantos) y 4.500 para la B3 (Colmenar Viejo, Torrelodones, Galapagar, Arganda, Brunete, Humanes, San Martín de la Vega).

120.000 usuarios

Unas 120.000 personas utilizan a diario el abono mensual, según datos facilitados por el Consorcio Regional de Transportes de Madrid. El número de tarjetas emitidas supera las 230.000, pero sólo la mitad de los usuarios se decide a renovar el abono mensualmente.

La Comunidad de Madrid calcula que unos 180.000 usuarios están perdiendo dinero a la hora de viajar por Madrid. El objetivo del consorcio regional, que espera reactivar la emisión de tarjetas con la nueva medida, es llegar a una cifra media de 300.000 usuarios que utilicen el abono.

El número de tarjetas emitidas, que en diciembre de 1986 fue de 42.500, bajó ostensiblemente en febrero de 1987 (17.000 nuevas tarjetas) y ha experimentado un ligero aumento a finales de año. El número de abonos mensuales se ha mantenido a lo largo del año en torno a los 70.000 para el municipio de Madrid, 20.000 para la zona B1, 15.000 para la zona B2 y 10.000 para la zona B3.

Ejercicio 4

Lee el anuncio y el artículo y rellena los espacios en blanco con la palabra adecuada:

1 Te convendrá un Abono si . . . .
2 La validez de un Abono Transporte es de . . . .
3 Si tienes menos de 18 años pagarás un . . . . . . % menos que los adultos.
4 Para los jubilados con Abono no hay restricciónes de . . . .
5 Yo, que tengo 48 años y vivo en Alcobendas tendría que pagar . . . . . . ptas.
6 Mi hija, que tiene 16 años sólo paga . . . . . . ptas.
7 La abuela, que está jubilada y vive en Colmenar Viejo, paga . . . .
8 El . . . . . . % de los que compran un Abono lo renuevan.
9 Las autoridades desean que unos . . . . . . se sirvan del Abono.

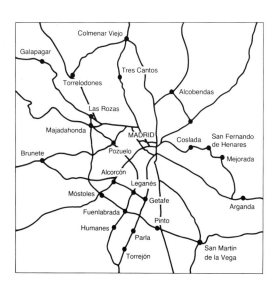

Ejercicio 5

Expresa en tus propias palabras las siguientes frases tiradas de los dos textos:

1 Elija el Abono transportes que más le convenga.
2 Puede viajar sin límite.
3 Ahorrando todavía más en su gasto.
4 Solicite su tarjeta en cualquier estanco.
5 Los mayores de 65 años y menores de 18 años.
6 Cuentan con descuentos de 66%.
7 Según las demarcaciones territoriales.
8 120.000 usuarios.
9 El número de tarjetas emitidas supera las 230.000.
10 El número de tarjetas ha experimentado un ligero aumento.

c El peatón contra el coche

Vocabulario:

la directriz	directive
la calzada	roadway
la peatonaliza-ción	pedestrianisation
el coraje	courage
formalizarse	to be formed
forzosamente	by necessity
el paso elevado	flyover
la época del desarrollismo	period of development
la posguerra	post-war period
en aras de	on the altar of
el enclave	the district
la glorieta	roundabout, round square
la grúa	crane

«Yo creo – dice Jiménez Cañas – que, de todos los proyectos, el más decidido, el que ha exigido más coraje político, es el de la remodelación de la plaza de Atocha.» Esta plaza se formaliza por el encuentro de varias calles, rematadas por la plaza con el importantísimo edificio de la estación. La consecuencia era que por la plaza tenían que pasar forzosamente muchos vehículos cuyo destino no era esa zona, convertida de paso. La idea del paso elevado, que se terminó en 1968, fue muy coherente con la época del desarrollismo. En un momento en que el coche se convertía en símbolo y ambición de las familias españolas, que dejaban atrás las penurias de la larga posguerra, sacrificar una plaza, un monumento o un jardín en aras de una mejor circulación parecía lo lógico. Así pues, se hizo el «scalextric» y el encanto del enclave desapareció bajo el ruido infernal, la perspectiva imposible y el humo de los tubos de escape pasando a cinco metros sobre las cabezas de los desventurados peatones.

«Era un verdadero desastre, algo que además era vivido así, como desastre, por la práctica totalidad de los madrileños. Así que hubo que tomar la difícil decisión de desmontarlo, sin agravar por ello el problema del tráfico. «Atocha es la gran puerta de Madrid, el rediseño de la glorieta ha sido una actuación importantísima, probablemente una de las actuaciones urbanísticas más importantes de Europa.»

Además de importante, la de Atocha ha sido una operación muy del gusto de los madrileños, que día tras día acudieron a contemplar, sin especial nostalgia, cómo las gigantescas grúas se iban llevando poco a poco los puentes elevados.

tirado de *Cambio 16*, febrero 1987

Atocha sin 'scalextric'

Ejercicio 6

Un(a) amigo/a tuyo/a es concejal de una ciudad y le interesan mucho las reformas que acaban de cumplir en Madrid. Ya lo adivinas. . . . quiere una traducción del texto sobre la reforma de Atocha.

Ejercicio 7 🔲

Escucha lo que dice esta comentarista acerca de las reformas de Atocha y la Puerta del Sol, y resume lo que dice, prestando atención a los siguientes puntos:

- el scalextric
- los resultados de los cambios políticos
- el nuevo aspecto de Atocha
- la diferencia para el tráfico
- la renovación de la Puerta del Sol
- la polémica sobre el alumbrado

El problema de la congestión – ¿que hacer?

Lee esta carta escrita en desesperación por un madrileño a su concejal municipal.

Hermanos del Moral, 11
28019 Madrid

Muy señor mío:

Soy un ciudadano que vive en Madrid (zona sur) y que tiene que trasladarse al trabajo todos los días en la zona norte. Mi dilema cada mañana es el siguiente: ¿cojo o no cojo mi coche? Sé que yendo a trabajar con mi coche supone ahorro de tiempo y energías, aunque no de dinero.

¿Qué pasa con los transportes públicos en Madrid? Es verdad que quizás no sean tan caros como en otros países de la Comunidad Económica Europea, pero son ineficientes, lentos e incómodos. No debe olvidar, señor concejal, que pago mis impuestos y no veo mejoras en el terreno de los transportes públicos en absoluto.

El sistema de circulación de los autobuses por Madrid es totalmente anárquico. Esperando en una larga cola, preguntas al que está enfrente a qué hora es el siguiente autobús y lo máximo que te puede contestar es que acaban de pasar tres al mismo tiempo o que llevamos 45 minutos esperando. ¿Qué se puede esperar de la eficacia de estos trabajadores en sus puestos de trabajo?

Supongo que el tema de los transportes públicos es un círculo vicioso. Los autobuses circularían mejor si la grúa y el sistema ORA fueran más eficaces. Los madrileños burlamos las normas porque sabemos que en muchos de los casos no se hacen cumplir por parte de las competencias encargadas. Si antes de sancionar una norma jurídica se pensara en las posibles consecuencias ¡todos seríamos más respetuosos con ellas!

No sé si hay suficiente vigilancia policial, pero lo que sí sé es que a las horas punta cuando todo el caos del tráfico madrileño está presente, no se ve por ningún sitio la presencia de agentes de circulación. ¿Dónde están?

Desgraciadamente yo no tengo la solución a este grave problema madrileño, pero lo que sí sé es que hay que hacer algo y pronto para no morir bien asfixiados por la contaminación o enterrados todos en un manicomio.

Atentamente

Lopez Molino

Federico López Molino

Vocabulario

la ORA	la organización que pone multas a los conductores por aparcar en sitios prohibidos
la grúa	remolcador que se lleva los coches aparcados en sitios prohibidos

Ejercicio 8

a Haz una lista de todas las cosas de que se queja este ciudadano de Madrid.

b De las quejas que hace, ¿cuántas son relevantes a la ciudad en que o cerca de la cual tú vives? ¿Hay soluciones posibles que hayas visto en operación en algún sitio en tu propio país o en otro? ¿Qué se ha hecho en tu ciudad o región específicamente? ¿Qué medida tomarías tú para controlar la invasión del coche? ¿Es práctico prohibirlo en los cascos urbanos? ¿Cómo se pueden mejorar los transportes públicos? Y el pobre peatón ¿qué se puede hacer para que su vida sea un poco más cómoda y menos peligrosa? ¿Cuál es el problema mayor, los atascos o la polución? ¿Cómo te imaginas el centro de una ciudad grande como Madrid o Londres para el año 2030 o 2050?

Madrid por los ojos y las palabras de un sociólogo: 'Hacia una ciudad crispada'

Se dice que ningún sociólogo es capaz de expresarse en una palabra donde puedan caber diez. Lee este artículo y luego haz los ejercicios que siguen.

a LOS cambios que se están experimentando en la sociedad española en los últimos años tienen una proyección muy especial en la ciudad de Madrid. El espacio físico de la ciudad está sometido a una serie de transformaciones profundas que son índice de las mutaciones sociales que se están dando.

b Como cualquier otra ciudad europea, Madrid ha ido frenando su crecimiento hasta el punto de llegar a tener un saldo migratorio negativo, que ronda los cien mil habitantes durante el período 1981–86, mientras que el descenso en el número de nacimientos llevaba a que el aumento de su población, en todo el Area Metropolitana, estuviera por debajo de las veinte mil personas anuales, lo que contrasta fuertemente con el crecimiento de las décadas pasadas.

c A pesar de su bajísimo crecimiento de población todavía hay un fuerte potencial de aumento de viviendas y edificios debido al incremento de los que viven solos que ha de pasar del 9,3 por ciento actual a cotas superiores al 15 por ciento y a la disminución del tamaño familiar, que es muy elevado (3,4 miembros por familia).

d Ese crecimiento inmobiliario que ha de venir tenderá a afirmar más el desarrollo suburbano de la ciudad en viviendas unifamiliares y pisos a la vez que mantendrá la revalorización del centro experimentada los últimos años.

e La saturación de las zonas de oficinas, en todo el eje de la Castellana, ha de llevar necesariamente a un desarrollo de las mismas en los municipios limítrofes a la capital. Para ello se están preparando los parques empresariales de Alcobendas, Majadahonda y las Rozas, de forma que la fuerte demanda que se está experimentando en este tipo de actividad tenga su salida, al igual que ocurre en otras ciudades, en las zonas de la periferia. Este proceso viene acompañado de un aumento del espacio industrial, que actualmente se encuentra bastante saturado y que tenderá a localizarse en los nuevos polígonos que se están preparando en zonas cada vez más alejadas, fundamentalmente en la extrema periferia del Suroeste de la ciudad.

f La reestructuración de las actividades va a afirmar el desarrollo de los servicios de índole personal: restaurantes, peluquerías, gimnasios, clubs deportivos y el consumo de manifestaciones culturales van a seguir aumentando como lo ha venido haciendo durante los últimos años, mientras que el comercio se sigue concentrando en unidades cada vez mayores que pasan de la tienda al supermercado y de éste al *híper*, de forma que la actividad de compra de los madrileños se concentra en el tiempo y en el espacio, la compra diaria es sustituida por la semanal y ésta se realiza de forma concentrada en un único lugar al que se accede en muchos casos en coche.

Esos cambios en el espacio que se están produciendo llevan también a un cambio notable en las relaciones sociales que se dan en la ciudad.

g La vida en la calle, que ha constituido un signo diferencial de Madrid frente a otras ciudades europeas, tiende a sufrir un fuerte debilitamiento, el aumento del tiempo dedicado a ver la televisión, así como la transformación comercial y el incremento de la delincuencia están influyendo poderosamente en un retraimiento hacia el hogar y, por lo tanto, en una pérdida progresiva de las relaciones locales y de barrio.

h Ese sistema de relaciones sociales basado en la proximidad se ve sustituido en parte por otro que se apoya en ciertas formas de consumo. Los que no se ven en la calle intentan relacionarse en el restaurante, en el gimnasio o en cualquiera de las manifestaciones culturales que han experimentado un vertiginoso desarrollo en estos años, limitadas únicamente por los presupuestos comunitarios o municipales.

por Jesús Leal Maldonado
tirado de *Cambio 16*, junio 1988

Ejercicio 9

Cada una de estas frases resume un párrafo del texto. Tienes que apuntar el número que corresponde con la letra.

1 Aunque haya menos gente, harán falta más casas.
2 La gente ya no se reúne en la calle tanto como solía hacer hace poco.
3 La gente tiende a reunirse ahora en restaurantes, clubs, u otro establecimiento al interior.
4 La gente tiende a hacer la compra en un solo sitio una vez por semana.
5 Los cambios de los últimos años en el ambiente de Madrid reflejan los cambios generales en la sociedad española.
6 Se construirán más oficinas y fábricas en las afueras de la ciudad.
7 Se irán creando más viviendas tanto en las afueras como en el centro.
8 Madrid ya no crece tanto como antes.

Ejercicio 10

Interpreta las frases siguientes con palabras o frases más sencillas:

Por ejemplo: Madrid ha ido frenando su crecimiento.

Madrid ya no se hace más grande.
Madrid casi ha cesado de agrandarse.

1 Ahora tiene un saldo migratorio negativo.
2 Hay un fuerte potencial de aumento de viviendas.
3 Debido a la disminución del tamaño familiar.
4 Ese crecimiento inmobiliario tenderá a afirmar más el desarrollo suburbano de la ciudad.
5 Mantendrá la revalorización del centro.
6 Los municipios limítrofes a la capital.
7 Tenderá a localizarse en nuevos polígonos.
8 La actividad de la compra de los madrileños se concentra en el tiempo y en el espacio.
9 Un signo diferencial de Madrid frente a otras ciudades europeas.
10 La transformación comercial y el incremento de la delincuencia.
11 Un retraimiento hacia el hogar.
12 Los presupuestos comunitarios o municipales.

Ejercicio 11

Contesta en español a las preguntas siguientes:

1 ¿En qué se parece Madrid a cualquier otra ciudad europea?
2 ¿Qué cifra se da para el número anual de nacimientos en los últimos años?
3 ¿Por qué tendrá que aumentarse el número de viviendas?
4 ¿En cuáles de las ciudades cercanas de Madrid construirán oficinas?
5 ¿Dónde se localizarán la mayoría de las fábricas construidas en la afueras?
6 ¿Cuáles son los 'servicios personales' que se desarrollan?
7 ¿Cómo va la mayoría de la gente al hipermercado?
8 ¿Hasta ahora qué actividad ha distinguido a Madrid de otras ciudades europeas?
9 ¿Cuáles son las causas de que la gente no pase tanto tiempo en la calle?
10 ¿Qué ha tenido 'un vertiginoso desarrollo' recientemente?

Vista aérea de Madrid: la Plaza Mayor se ve claramente en el centro

Ejercicio 12

a Una joven española, Dolores, casada con un inglés, Derek, está en conversación con otra señora española algo mayor, Noli. Los tres acaban de volver recientemente a España después de vivir, Dolores tres o cuatro años y Noli muchos, en Inglaterra. Escucha lo que dicen Dolores y Noli acerca de los cambios que han notado en Madrid y lo que echaban de menos en su 'exilio'.

Completa las frases:

1 La gente tiene como más miedo de . . . .
2 Cuando se marchó en el 83, se . . . .
3 Ahora la gente está más concienciada de que hay . . . .
4 En Inglaterra echaba Dolores de menos . . . .
5 Sentía necesidad de pasar por Londres . . . .
6 Londres parece . . . .
7 Según Noli las tiendecitas pequeñas españolas . . . .
8 Dolores se queja de que en Inglaterra hay que tener el estómago . . . .
9 Noli echó de menos el tiempo madrileño aunque el invierno puede ser
. . . .
10 La lluvia es muy necesaria puesto que en Madrid ahora . . . .
11 Otra cosa que Noli echa de menos son . . . .
12 Te sentabas en una cafetería, una terraza y . . . .
13 Todos contentos . . . .
14 Y ahora en cambio . . . .
15 No puedes . . . .

b Escucha ahora lo que opina otra madrileña sobre la vida de Madrid, apuntando lo más importante de lo que dice bajo los siguientes títulos:

- la compra
- las actividades culturales
- contacto con la vida cultural extranjera
- la educación
- el tráfico
- la polución
- el contacto social

Ejercicio 13

Prepara un discurso de unos cinco minutos que darás a la clase sobre un aspecto de tu propia ciudad o región. Puede tratarse de algún proyecto de 'revalorización' del centro o una 'urbanización' de un trecho del campo o del litoral. Tienes que presentar los argumentos en pro y en contra y luego decir qué punto de vista apoyas. Al terminar recibirás las preguntas de tus compañeros de clase y tu profesor(a) o lector(a).

Ejercicio 14

¡CONCURSO! El joven planificador del año

Imagínate que el concejo municipal de Madrid ofrece becas para estudiar las reformas que se han llevado a cabo y los proyectos que se proponen durante los próximos años en Madrid y otras ciudades españolas. Los jóvenes que deseen acogerse a estas oportunidades deberán presentar un trabajo individual sobre algún aspecto de la circulación del tráfico urbano.

Lo que escribes puede ser una redacción corriente de unas 300 palabras como siempre o podría formar la base de un proyecto relacionado a este tema. ¡Ojalá lo de la visita a Madrid fuese verdad, pero quizás tu profesor(a) te regale un paquete de caramelos!

 ## El metro, metro a metro

DEBIDO a mi profesión de cobrador de recibos a domicilio, soy un asiduo usuario del «metro», en cuyas escaleras, pasillos, andenes y vagones me paso muchas horas a lo largo del día.

Algunas personas que se ven obligadas a utilizar con frecuencia este medio de transporte acostumbran a lamentarse de lo aburridos que les resultan los reiterados viajes. A mí, por el contrario, el «metro» me parece un lugar fascinante y maravilloso. Lo que más admiración me causa es lo heterogéneo y variopinto de su ambiente. En el «metro» no existen dos estaciones iguales. Si yo me dedicara a describir con minuciosidad los múltiples detalles en los que se diferencian entre sí, tendría que redactar un folleto de cientos y cientos de páginas, lo cual no me resulta posible por ahora. Por lo tanto y, con el fin de darle una somera idea al lector de lo que quiero decir, voy a limitarme a tratar de las estaciones de la línea cuatro, que es la que utilizo con mayor persistencia.

Acostumbro a tomar el «metro» en la estación de «Alfonso XIII», notable por su solera y señorío. Esta es elegante, distinguida, tranquila. Se ven en ella más chicas con faldas que con vaqueros y en su quiosco de periódicos, llamado «La boutique de la Prensa», se vende más el «ABC» que «El País». En los andenes se tropieza uno con pocos psicópatas inestables y todavía con menos lábiles neurovegetativos. Los viajeros acostumbran a hablar en un tono de voz suave y mesurado, y cuando el tren que acaba de llegar no sale, porque aún persiste el disco rojo, no sacan la cabeza por la puerta para mirar de un modo impertinente hacia la entrada del túnel.

Más sencilla, informal, rústica y campechana, la estación de «Prosperidad» suele estar poblada de escolares de ambos sexos que se dirigen a sus respectivos colegios y de obreros con tartera, que se encaminan a sus distintos puestos de trabajo. Maníacos se ven muy pocos y apenas esquizofrénicos. Cuando uno va en dirección a «Argüelles» y desciende por las escaleras mecánicas no es raro que vea algún que otro par de monjas, con esas faldas semicortas que llevan ahora. El color del vestuario de las señoras es rosa pálido y el de los caballeros, el azul azafata. Cuando uno regresa en dirección a «Esperanza» y asciende por las escaleras mecánicas, tiene muchas posibilidades de ver a alguna que otra minifaldera, de ancha pelvis y bien torneadas pantorrillas, las cuales como mejor son observadas es dejando por debajo un intervalo de cuatro peldaños y medio, si es que no se interpone entre ellos algún inoportuno imbécil.

La estación de «Diego de León», más húmeda, triste, anticuada, sombría y silenciosa es ya harina de otro costal. Las señoras visten de marrón o de violeta y los caballeros, de gris. Abundan los viajeros calvos con una mancha oscura en la cúspide del cráneo como la del líder soviético Mijail Gorbachov.

La estación «Avenida de América» es una auténtica joya, un patrimonio artístico, un tesoro nacional, refinado deleite, un puro y auténtico gozo de vivir. Resplandeciente de luz, colmada de aromas naturales y de harmonía – con «hache», por favor, señor cajista –, está plagada de preciosas jóvenes nórdicas de dieciocho años de edad y de coeficientes mentales superiores a doscientos veintiséis. Viejas indígenas hay pocas y las pocas que hay tratan – por pudor – de hacerse lo menos visibles que pueden.

La estación de «Goya», amén de por las reproducciones de los huecograbados del genial pintor, se caracteriza por la gran cantidad de hombres con trajes de espiguilla y la gran cantidad de mujeres con vestidos color café que pululan por sus andenes. De vez en cuando, se ve a alguna que otra turista oriental – china, japonesa, filipina, vietnamita, o tailandesa – de agraciado rostro y exótico perfil.

En la estación de «Velázquez» los viajeros que esperan tienen el pelo más rizado, son más barrigudos y más cerrados de barba que en la estación de «Serrano». En la estación de «Serrano», aunque tienen el pelo menos rizado, son menos barrigudos y menos cerrados de barba que los viajeros de la estación de «Velázquez», resultan más notoriamente maníaticodepresivos. En la estación de «Colón» el personal es lacónico, adusto, reservado, muy culto y muy conservador. Las jóvenes pasajeras, aunque esbeltas y de destacada estatura, suelen ser más escurridas de pechos que las de la estación de «Alonso Martínez». La estación de «Alonso Martínez», por su conexión con «Aluche», huele ya a Casa de Campo, a tortilla de patatas, a modistilla madrileña y a fiestas de San Isidro.

A la estación de «Bilbao», pese a sus horrorosos azulejos, hay que darle de comer aparte. Pocas estaciones existirán a lo largo de toda la línea con la misma personalidad que ella.

La estación de «San Bernardo» es la sobriedad, la serenidad, el sosiego, la ecuanimidad, el puro eclecticismo. No se ve en ella a un sólo señor sin corbata ni una sola señora sin peinado de peluquería. La estación de «San Bernardo» es tal vez la más civilizada, culta y europea de todas las estaciones de la línea cuatro del «metro» de Madrid.

Y llegamos, por fin, a la última estación de la línea, la estación de «Argüelles». Está variopinta, cosmopolita, multitudinaria, universitaria, internacional, abierta a todas las doctrinas, a todas las tendencias y a todas las ideas; no hay cabida en ella para un proselitismo determinado. Se ven a muchos estudiantes de Agrónomos, con libros de bolsillo, adquiridos en librerías finas. Las jóvenes pasajeras que transitan por los andenes se caracterizan por ser rubias y tener racionalmente sublimado el complejo de Electra. La estación de «Argüelles», cúspide, clímax, orto, cenit, cresta de la ola de la circulación madrileña, no se parece en absoluto a ninguna de las demás estaciones del «metro» madrileño.

Se puede transbordar por ella a la línea tres, bien en dirección a «Moncloa», o bien en dirección a «Legazpi». Podría ocuparme un poco de tales estaciones, pero eso ya sería dar un radical salto de ejes, cambiar de coordenadas, mudar de parámetros; eso ya sería trasladarse a otro continente, adentrarse en otro sistema planetario, en otra galaxia, en otro Universo.

por Gonzalo Vivas
tirado de *Cambio 16*, suplemento *Monóxido*,
agosto 1988

Ejercicio 15

En cada uno de los grupos de palabras tomadas del texto, una no cabe por su sentido y contexto. Identifica la palabra que no va y di lo que las otras tienen en común. Aprende el significado de las que no conozcas. ¡Es probable que tengas que recurrir al diccionario para hacer este ejercicio!

1 escaleras, pasillos, horas, andenes, vagones.
2 igual, heterogéneo, variopinto, cosmopolita, multitudinario.
3 elegante, suave, mesurado, inestable, distinguido.
4 sencillo, distinto, informal, rústico, campechano.
5 pelvis, pantorrilla, barba, calvo, pecho.
6 marrón, violeta, oscuro, azul, rosa.
7 esbelto, escurrido, rizado, barrigudo, reservado.
8 triste, sombrío, resplandeciente, húmedo, silencioso.
9 cúspide, climax, orto, cenit, cresta.
10 agraciado, maníático-depresivo, psicópata, esquizofrénico, maníaco.

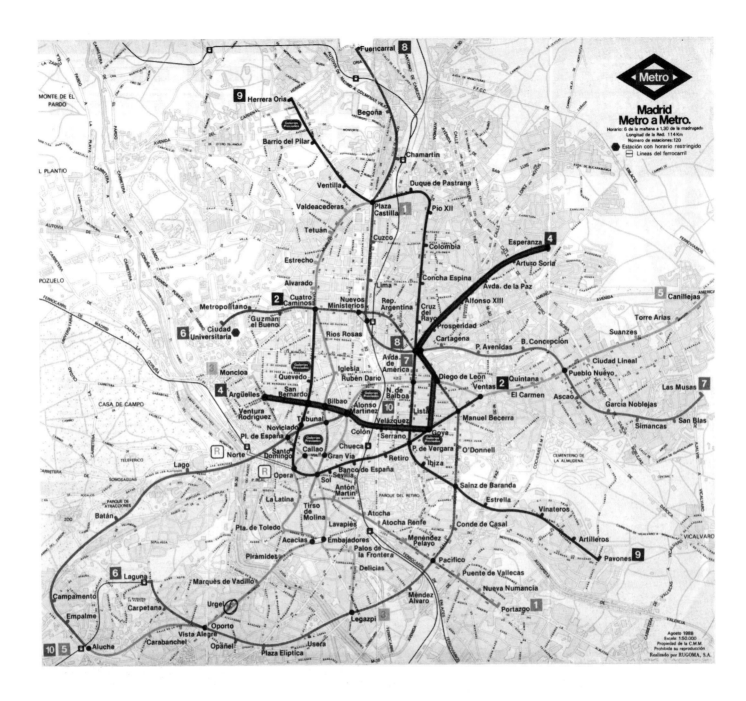

Ejercicio 16

Sigue la Línea 4 en el texto y el plano del Metro, y presenta un pequeño esbozo del carácter de cada vecindad servida por la línea. ¿Cómo serían las calles, las tiendas, los inmuebles, el ambiente, la gente de cada barrio?

Ejercicio 17

De la misma manera sigue el itinerario de una línea de autobús por tu propia ciudad o región. Empleando frases tomadas del artículo, describe la gente y el ambiente en las paradas principales.

Busca en el texto las frases siguientes:

Se vende más el 'ABC' que 'El País'.
De vez en cuando se ve a alguna que otra turista oriental...

Encontrarás ejercicios para practicar esta forma del pasivo en la
Hoja de Gramática 7-G-1.

Ejercicio 18

¿Ciudad o campo?

Escucha otra conversación entre Noli y Dolores que hablan de las ventajas
e inconvenientes de vivir fuera de Madrid, en El Escorial.

El Escorial – el monasterio y el pueblo

1 ¿Por qué decidieron vivir en El Escorial?
2 ¿Qué aspectos de la vida allí les gustan?
3 ¿Qué pasa allí los fines de semana?
4 ¿Cómo es el teatro de El Escorial?
5 Según Dolores, ¿cuáles son las dificultades de criar una familia en el
pueblo?
6 ¿Qué maneras hay de desplazarse entre Madrid y el Escorial?
7 ¿Qué ignoran algunos de sus amigos que dicen que viven muy lejos?
8 ¿Por qué están todos contentos de la guardería de los niños?
9 ¿Qué ocurrió cuando hizo viento?

y de postre . . .

Ejercicio 19

Desde mi helicóptero, volando por encima de Madrid, veo algo que empieza con:

F   que forma parte del alumbrado público.
G   que se te lleva el coche.
C   a la parada del autobús.
O   alguien con un carnet que se acerca a tu coche.
C   a las horas punta en Cibeles.
P   en una gran nube debajo de mí.
Z   un barrio residencial.
A   varios gamberros están asaltando a una señora.
A   alguien ha dejado caer su billete mensual de transportes.
A   el tráfico no se mueve.
C   está haciendo un discurso en el Ayuntamiento.
PS han reemplazado el scalextric en Atocha.
G   la plaza circular delante de la estación de Atocha.
V   hay miles de ellas por toda la ciudad.
M   hay más de tres millones.

Ejercicio 20

Temas para seguir pensando, hablando y escribiendo

- Los problemas de vivir en el campo.
- Barcelona debería ser la capital de España.
- Un habitante típico de mi ciudad o pueblo.
- El futuro de los transportes públicos.
- La sociología – la ciencia que solucionará todos nuestros problemas.
- La sociología – el arte de justificar el hacer lo que no se debe hacer.
- ¿Hay conflicto entre la estética y el tráfico en nuestras ciudades?
- Los tiempos cambian.
- La nostalgia por el pasado: ¿puede ayudarnos a planificar el futuro?
- La ciudad en que más me gustaría vivir.
- Retrato de mi barrio.

UNIDAD 8 España . . . ¡no es diferente!

a Mano dura contra la droga blanda

La Administración responde a las propuestas de legalización con mano dura.

Mano dura contra la droga blanda

Los expertos se oponen al Gobierno en la persecución policial de los consumidores

A quienes se las prometían muy felices, tras la despenalización del consumo de drogas en 1983, se les vienen ahora negros nubarrones. Cuatro ministros, cuatro, cual caballos de la apocalipsis —Sanidad, Justicia, Interior y Asuntos Sociales—, anuncian el fin del libertinaje con un plan para penalizar el consumo de drogas en lugares públicos.

Julián García Vargas, ministro de Sanidad y animador principal de la idea, jugaba al escondite tras sus declaraciones. Según su asesora, Carmen Arredondo, «no quiere hacer declaraciones de momento». De modo que, escondida la mano, falta por saber el tamaño de la piedra lanzada.

De entrada, heroinómanos y porreros parece que irán a parar al mismo saco de la clandestinidad. Una iniciativa, por otra parte, que ya ha sido llevada a la práctica por el alcalde de Toledo, el aliancista José Manuel Molina García.

En la segunda patria del Greco, son multados hasta con quince mil pesetas todos aquellos que sean sorprendidos consumiendo drogas o arrojando utensilios (jeringuillas, cucharillas y demás menaje) en lugares públicos. Alianza Popular, en una circular interna, pretende extender este modelo a los más de dos mil ayuntamientos que rige.

La voluntad ministerial de «causar incomodidades» a los consumidores de drogas afectaría, en todo caso y según datos del Plan Nacional sobre Drogas, a los cien mil heroinómanos, ochenta mil cocainómanos y más de millón y medio de asiduos al *porro* que existen en España.

Pocos días antes de las declaraciones de García Vargas, diversas plataformas de especialistas en materia de droga —desde la Plataforma Alternativa sobre drogas hasta al grupo catalán IGIA, pasando por la asociación judicial Francisco de Vitoria— hacían pública su propuesta de estudio de la legalización parcial de las drogas.

Una coincidencia que hace cundir la sospecha de que tras las palabras del ministro Vargas hay el propósito de salir al paso de esta iniciativa, sin plan articulado alguno a la vista.

«Yo creo que han sido unas manifestaciones desafortunadas, más que algo coordinado, pensado», explica Manuel Caña, responsable de CC.OO. de la policía local y miembro de la Plataforma Alternativa.

Para otros, como el sacerdote Enrique de Castro, que se las ve a diario con la toxicomanía galopante en el arrabal madrileño del Pozo del Tío Raimundo, las declaraciones del ministro demuestran que «al final se va a penalizar al más débil, al consumidor, que por el hecho de consumir ya está de hecho penalizado».

«Además, ¿qué se entiende por lugar público? —se pregunta Enrique de Castro—. Yo ahora aconsejo a los chicos que no se droguen en sus casas para que éstas sean un lugar seguro, un santuario. Por lo menos que la heroína no entre en casa. ¿Qué van a hacer si no pueden drogarse en otro sitio?»

EL EFECTO «LEY SECA». Pero además de la repercusión que esta medida tendría sobre el colectivo socialmente más marginal, el de los heroinómanos, la persecución del consumidor tendría un efecto *ley seca* sobre los consumidores de drogas blandas, criminalizándolos.

«No todos los que se drogan son delincuentes —explica Manuel Caña—, es más, se asocia droga con delincuencia, con lumpen y chorizos, lo que en parte es cierto, pero si se pudiera conocer el número de políticos, de ejecutivos y gente corriente que se droga nos íbamos a llevar una sorpresa.»

Y en el paraíso de la desmemoria quizá convendría recordar las declaraciones de Felipe González en 1979 calificando al porro de «bastante sano», el reconocimiento de Luis Yáñez de haber fumado algún porro o la anécdota del grupo de periodistas y diputados que, la misma tarde del 26 de abril de 1983 en que se despenalizó el consumo de drogas, fue-

Carmena y García Vargas, posturas enfrentadas.

CARLOS QUIROGA

La persecución del consumo público criminaliza a los jóvenes.

ron a fumarse unos petardos en los jardincillos frente a las Cortes, para festejarlo.

Cuando se les pregunta a porreros militantes —jóvenes de discoteca cubiertos de cueros— cunde la indignación:

«¡Lo que tenían que hacer es colgar a los heroinómanos! —espeta León, un chaval de dieciséis años del Barrio del Pilar—. El porro es como tomarse unas copas pero la heroína es una mierda. Si hasta te da asco verlos. Yo tengo dos vecinas que se pinchan. An-

tes estaban buenísimas y ahora están hechas unas cerdas.»

Lo que parece claro es que una presión sobre los consumidores incrementaría las dificultades *técnicas* de distribución en la calle y, con el riesgo, vendría el encarecimiento.

«La represión lo único que hace es aumentar el precio de las drogas», argumenta Manuela Carmena, dirigente de Jueces para la Democracia. En los países como Francia, donde se ha impuesto una legislación represiva, no se ha logrado reducir el consumo.

En la calle, hacerse con tres porros sale por quinientas pesetas, mientras que el gramo de cocaína está en doce mil. Por su parte, un heroinómano viene a gastar entre cuatro y diez mil pesetas diarias. El elevado precio de las drogas duras está en la base misma de la actividad delictiva de muchos drogadictos: costearse un vicio de diez billetes diarios no está al alcance de casi ningún bolsillo. Más aún si ese bolsillo lleva una eternidad criando telarañas en el paro.

El reproche unánime de cuantos disienten de las pretensiones gubernamentales de endurecimiento es que «la solución no pasa por detener a los camellos de poca monta o a los consumidores, sino por desarticular las redes mafiosas».

por Manuel José Fajardo
tirado de *Cambio 16*, noviembre 1988

El vocabulario de la droga

la droga blanda	soft drugs
la droga dura	hard drugs
el drogadicto ⎱ el toxicómano ⎰	drug addict
el heroinómano	heroin addict
el cocainómano	cocaine addict
el porro	'pot'
el porrero	'pot' smoker
la jeringuilla	syringe
el narcotraficante	drug trafficker
drogarse	to take drugs
legalizar ⎱ despenalizar ⎰	to legalize
penalizar	to penalise, make illegal
inyectarse ⎱ pincharse ⎰ (slang)	to inject oneself
una inyección	injection
el SIDA	Aids
el 'camello'	drug pusher
el 'caballo' (slang)	heroin
doparse	to take 'dope', drugs

Ejercicio 1

¿Sí o no? Corrige las observaciones falsas.

1 En 1983 el gobierno español legalizó ciertas drogas.

2 Ahora varios ministros del gobierno piensan que esto fue un error de juicio.

3 Si el gobierno cambia la ley, habrá leyes distintas para los consumidores de la droga blanda y los de la droga dura.

4 En Toledo el gobierno nacional ha prohibido el consumo de la droga en sitios públicos.

5 Los expertos sobre la drogadicción piensan que los ministros del gobierno han pensado bien y correctamente sobre la legalidad de la droga.

6 El cura, Enrique de Castro, opina que los adictos a quienes conoce deberían tomarse la droga en casa.

7 La propuesta ley haría criminales de los consumidores de la droga blanda.

8 Se sabe que no se droga ningún diputado de las Cortes.

9 A León le da igual tomarse el porro o la heroína.

10 Si se volviera a penalizar la droga blanda se haría más cara.

11 Con los precios actuales de la droga en las calles de España, cualquiera puede costearse este vicio.

12 Los que no están de acuerdo con proyectos del gobierno dicen que es necesario destruir las organizaciones distribuidoras de la droga y no penalizar a los consumidores.

Ejercicio 2

Explica en tus propias palabras las frases siguientes, luego escoge seis de ellas y haz tus propias frases.

se las prometían muy felices

la apocalipsis

jugaba al escondite

la clandestinidad

la segunda patria del Greco

a los más de dos mil ayuntamientos

que hace cundir la sospecha

la toxicomanía galopante

el arrabal

una ley seca

para festejarlo

hacerse con tres porros

costearse un vicio de diez billetes diarios

las pretensiones gubernamentales de endurecimiento

los camellos de poca monta

Busca estas frases en el texto:

Yo ahora aconsejo a los chicos que no se droguen en sus casas para que éstas sean un lugar seguro.

Por lo menos que la heroína no entre en casa.

Teniendo en cuenta estas frases, estudia en la Sección de Gramática la formación del presente del subjuntivo y sus usos en el párrafo 48 y haz la Hoja de Gramática 8-G-1.

Artistas, escritores y famosos confiesan sus relaciones con la droga

Algunos tienen la sinceridad de proclamar sus experiencias. Otros niegan la evidencia. También hay quienes muestran su desprecio por el mundo de los estupefacientes. Lo cierto es que la cocaína está instalada entre la *gente guapa* y en los circuitos más concurridos de la noche. Estas son las respuestas a las tres preguntas de la encuesta.

1. – ¿Considera un acto reprobable esnifar cocaína de vez en cuando?

2. – ¿En las reuniones sociales, fiestas privadas y lugares de diversión que usted frecuenta ha visto consumir coca?

3. – ¿Ha probado usted alguna vez cocaína? ¿Le importaría hacerlo?

Pepe Sancho. (*Actor.*) **1.** «Creo que "esnifar" coca es un acto

Pepe Sancho

social casi imprescindible. En todas las fiestas y lugares no se ve más que un constante ir y venir al baño, un toma y daca . . .»

2. «Claro que he visto "esnifar". La gente no se corta ni con un serrucho y, a veces, ves a doce, quince o dieciocho personas en cualquier sala prestigiosa de Madrid reunidas en el servicio. Es algo que está a la orden del día.»

3. «La tomé hace más de quince años en Costa Rica y no me interesó, ya que me quitó el sueño. La coca no es algo que me estimule, al revés, me produce dolor de cabeza.»

Alejandra Grepi. (*Actriz.*) **1.** «No me parece ni bien ni mal. Cada uno hace lo que quiere con su cuerpo. Me parecería mal si eso fuese un medio de vida, algo necesario para vivir o actuar.»

2. «No he visto directamente "esnifar", aunque a las reuniones sociales a las que acudo, especialmente en discotecas, observo frecuentemente a grupos de chicos o chicas ir juntos al baño . . .»

3. «Nunca he probado, pero no me importaría. La verdad es que no me llama la atención; de hecho, no he fumado nunca en mi vida.»

Alejandra Grepi

Lola Flores

Lola Flores. (*Cantante.*) 1. «Todo lo que sea droga es horroroso. Los adultos pueden consumirla en un momento de depresión, pero lo peor son los jovencitos. Dentro de diez años no habrá muchachos de treinta. De la droga a la muerte hay un solo paso. Coca ha habido toda la vida, pero la adicción a ella debe desaparecer.»
2. «Sé que lo hacen, pero yo no lo he visto "esnifar" nunca. Intuyo que muchísimos amigos míos lo hacen, pero no delante de mí.»
3. «Yo la probé por primera vez cuando era muy jovencita, con temor y con miedo, mientras actuaba en Barcelona con Manolo Caracol. Pero la coca no es el "caballo". No me gustó y no la seguí tomando porque yo no necesito ninguna droga para darme marcha.»

tirado de *Tribuna*. diciembre 1988

Vocabulario

reprobable	reprehensible
imprescindible	essential
un toma y daca	give and take, ie you try some of mine and I'll try some of yours
coca = cocaína	
intuir	to suspect

Ejercicio 3 🔲

Lee lo que responde cada uno de estos personajes a las tres preguntas, haciendo apuntes y calificando las respuestas con:

sí/no *más o menos, probablemente*
sí/no *bastante seguro*
sí/no *cierto*
sí/no *categóricamente, enfáticamente*

Ahora escucha lo que dicen estos personajes respondiendo a las mismas preguntas, usando las mismas categorías.

1 Massiel
2 María Jiménez
3 Juanjo Rocafort
4 Nelsy Chelala
5 José Sacristán

¿Cuántos piensan que el acto de esnifar cocaína es reprobable y cuántos no? ¿Cuántos la han visto consumir? ¿Cuántos admiten haberla probado y cuántos estarían a favor o en contra de tomarla?

Ejercicio 4

Discusión

¿Qué opináis vosotros de lo que han dicho estos personajes? ¿Cómo contestaríais vosotros a las tres preguntas? ¿Creéis que la gente de la vida pública esté más susceptible a las drogas que la 'gente corriente'? ¿Debería estar legalizada la droga blanda? ¿Qué medidas se deberían tomar contra los narcotraficantes? ¿Cómo se puede ayudar a los drogadictos? ¿Hay centros de socorro en tu ciudad? Si supieras que un(a) hermano/a tuyo/a era toxicómano/a, ¿qué harías? ¿Cuáles son los peligros de la drogadicción?

Gramática Viva

📺 A ver cuántos negativos encuentras en el texto *Artistas, escritores y famosos confiesan sus relaciones con la droga*. Luego lee el párrafo en la Sección de Gramática sobre el negativo y completa la Hoja de Gramática 8-G-1.

Ejercicio 5

Escoge una de las siguientes tareas escritas:

1 ¿Qué medidas se pueden tomar contra los narcotraficantes?
2 ¿Se hace lo suficiente por los drogadictos?
3 El alcohol y el tabaco son drogas también.

Un drogadicto se pica – este chico no ha dicho que *no* a las drogas

b El lado duro de la igualdad

"Se ha dicho que las mujeres debemos conquistar la mitad del cielo; en Asturias tenemos que conquistar además la mitad del infierno". Esta frase abre un documento sobre el conflicto de la incorporación de mujeres al trabajo en las minas de Hunosa. Otras mujeres se enfrentan también a la incorporación en trabajos considerados *viriles* por su dureza: peonas, barrenderas, bomberas.... No tienen el brillo de las ejecutivas. Son las que conquistan *el infierno*.

Comenzaba 1987 cuando Ana Álvarez, junto a tres compañeras, fue escoltada por la Guardia Civil por primera vez en su vida. No se trataba de una delincuente ni de una política. Simplemente, una mujer que había ganado unas oposiciones y quería ponerse el mono y faenar entre la abundante mugre que se extiende por el lavadero de carbón de Sovilla, en la cuenca asturiana del Caudal. "Un trabajo sucio, desagradable y a veces muy duro", según sus propias palabras.

A su alrededor, varias decenas de paisanos y paisanas intentaban impedir como fuera que las cuatro mujeres ocupasen su puesto de ayudantes mineras de exterior, tras haberlo ganado en competencia con otros hombres y mujeres. A Ana Álvarez, 33 años, licenciada en Filología Hispánica, casada y con una hija de tres años, le impresionó el rostro de las mujeres de edad avanzada que se oponían con furor a que ejerciese su derecho al trabajo. "No sentía odio hacia ellas, sino lástima por lo que representaban: una vida de asumir la desigualdad".

El problema era sencillo, y como suele ocurrir, justos pagaban por pecadores. Hay paro. En muchas familias de las cuencas mineras se pasan necesidades. En ese contexto, la conciencia colectiva refuerza el papel simbólico de la mujer como miembro de la unidad familiar que no se concibe como individuo independiente. Para los que intentaban impedir la incorporación de Ana y sus compañeras era inconcebible que una mujer ocupase un puesto de trabajo mientras hubiese padres de familia en paro. Más aún si estaba casada y su marido trabajaba. La mujer, en casa, con la pata quebrada...

Pero tal argumento encerraba otros prejuicios. Entre las feministas asturianas se recuerda como un hito histórico el día en que una de las nuevas mineras se paró delante de una asamblea de mineros, les hizo callar a gritos y les espetó: "El día en que uno de vosotros, casado con una mujer que trabaje, se vaya de la mina, yo también renuncio". Cuentan que se hizo el silencio.

Ana opina que el argumento del paro sólo fue esgrimido cuando las primeras mujeres pasaron las pruebas físicas, destrozando el primer argumento utilizado: las mujeres no valen para esto.

Pero valían. Más de un año y medio después los mineros no amenazan con la huelga ni los convecinos pinchan las ruedas del coche de alguna compañera, pero todavía han sufrido improperios, y las malas caras y habladurías permanecen. Los compañeros las han aceptado y ya los sindicatos han abandonado la postura de ambigüedad, cuando no de rechazo, sobre su incorporación. Sin embargo, varios datos muestran que la igualdad entre sexos en la mina queda aún lejos.

En una convocatoria reciente, la empresa (Hunosa, perteneciente al Estado) reservaba, como era habitual, un número de puestos para hijos de empleados fallecidos en el ejercicio de su trabajo. Una hija de minero muerto se presentó. Dijeron que la prioridad absoluta era sólo para ellos, y en todo caso para los maridos de las hijas de fallecidos. Volvieron las protestas, y la solución fue salomónica: la prioridad absoluta para nadie. Un nuevo motivo de queja sobre las mujeres que quieren optar a un puesto de trabajo en libre competencia, a bella los candidatos a la prioridad perdida culpan ahora por la decisión de la empresa.

Las mineras de Hunosa están convencidas de haber logrado una gran conquista, aunque varias cosas han quedado en el camino. Piensan que si no se hubieran organizado y presionado no lo habrían conseguido, ya que tanto la empresa como los sindicatos dieron largas a las primeras solicitudes, presentadas en 1984. Además, un artículo de la Carta Social Europea las impide trabajar dentro de la mina, lo que les resta posibilidades. Están hartas de todo el follón, y varias de ellas se niegan a volver a hablar con la Prensa. Ana Álvarez está orgullosa de haber conseguido su trabajo, aunque muchas veces sea "desagradable".

Las mineras, las obreras, las mozas de carga de Renfe... necesitan, aseguran, demostrar que pueden hacer el doble que un hombre para que sus compañeros se crean que realmente valen para el trabajo. Sin embargo, la mujer se ha incorporado en otros tiempos a otras profesiones que demandan gran esfuerzo físico. Por ejemplo, han tenido una presencia tradicional en el trabajo agrícola en algunas zonas, como en Galicia, donde el 60% de las mujeres ocupadas trabaja en el campo, según datos de 1985. A finales del pasado siglo había más de 1.300.000 mujeres registradas como trabajadoras por más de 6.000.000 de hombres. Una trabajadora por cada cuatro hombres y medio. Actualmente se calcula que hay una mujer trabajadora por cada dos hombres y medio.

por César Diaz
tirado de *El País Semanal*, octubre 1988

Ejercicio 6

Contesta en español a las siguientes preguntas:

1 ¿Por qué escoltaba la Guardia Civil a Ana Álvarez?
2 ¿Cómo había conseguido Ana su puesto en las minas?
3 ¿Por qué no sentía Ana rencor hacia las viejas mujeres que le gritaban?
4 ¿Por qué no toleraban estas mujeres que una mujer trabajara en tal puesto?
5 ¿Bajo qué condiciones dijo una de las nuevas empleadas que renunciaría a su empleo?
6 ¿Qué tuvieron que hacer las nuevas empleadas para convencer a los dudosos de su validez en este trabajo?
7 ¿Qué evidencia hay de la mala voluntad de los habitantes de la comarca al principio?

Vocabulario

escoltar	to escort
mugre	muck
ayudantes mineras de exterior	auxiliary surface miners
el odio	hate
el pecador	sinner
con la pata quebrada	with a broken leg, ie there she stays
el prejuicio	prejudice
el hito	landmark
espetar	to 'lecture'
esgrimir	to fence, fend off
amenazar con	to threaten with
la huelga	strike
el improperio	offensive remark
la convocatoria	job advert
fallecer	to die
dar largo	to hedge, not face up to
la Carta social	Social charter
el peón	labourer

8 ¿Hasta qué punto ha mejorado la situación?

9 En la mina de Hunosa ¿para quiénes hay puestos de trabajo reservados?

10 ¿De qué manera causó esto un problema y cómo se resolvió?

11 ¿Cómo afectó este juicio la actitud de los convecinos hacia las mujeres?

12 Según las mineras, ¿quiénes han sido responsables de los progresos que se han hecho en el empleo de las mujeres en tales puestos?

13 ¿Qué tienen que demostrar las mujeres en un trabajo que exige gran esfuerzo físico?

14 ¿Cuál es la proporción actual de mujeres trabajadoras en relación con hombres?

Ejercicio 7

Discusión

¿Qué observaciones se hacen en el artículo que ilustran las desventajas que sufren las mujeres en el trabajo? ¿Cómo reaccionáis vosotros a estas observaciones? ¿Hay diferencia entre la situación de la mujer frente al empleo, especialmente en este tipo de trabajo, entre España y otros países? ¿Habéis encontrado vosotras, las chicas de la clase, evidencia de prejuicio laboral? ¿Qué se puede hacer para remediar la situación que se describe en el artículo?

Gramática Viva

Busca esta frase en el texto:

el día que uno de vosotros . . . se vaya de la mina, yo también renuncio.

Ahora estudia el párrafo 48 de la Sección de Gramática y completa la Hoja de Gramática 8-G-2, ejercicio **a**.

Ejercicio 8

a Escucha lo que dice Casilda acerca de la mujer en su país. Apunta lo esencial de lo que dice sobre

1 la situación general en la sociedad española
2 la mujer en el trabajo
3 las responsabilidades de la familia y el trabajo
4 la imagen popular y la realidad de la mujer española.

b Escucha lo que dice Marisol acerca de la mujer y el trabajo y rellena los espacios en blanco con lo que falta:

El hecho de que la mujer trabaja también . . . . . . es lo que ha dado lugar a. . . . . . Parece ser que al . . . . . . de la incorporación de la mujer al trabajo . . . . . . se pensó que muchos de los . . . . . . iban a cambiar. Pero este cambio fue más en . . . . . . que. . . . . . Sí que es verdad que muchos hombres ayudan a las mujeres en . . . . . . de la casa pero muy pocos toman . . . . . . por ellos mismos. Esto es consecuencia de la . . . . . . cuando eran niños en sus familias. A veces el hecho de que el hombre . . . . . . en casa es . . . . . . de la mujer. Se oye a veces estos . . . . . . : "prefiero hacerlo yo en vez de . . . . . . a mi marido; tarda mucho tiempo . . . . . .".

c Escucha hablar a Marisol sobre la mujer y el trabajo. Toma notas y luego compara lo que dice con lo que dijo Casilda en **a**.

c Retrato del nuevo español

Nació cuando el país comenzaba a perder de vista el hambre y el terror de la guerra civil. Mayo del 68 le confirmó que España no podía seguir siendo diferente al resto de Europa. El nuevo español es más neurótico, solitario y ríe menos que el de antes, si bien se ha hecho más hogareño y se siente más feliz.

El nuevo padre

SI el bisabuelo de cualquier nuevo español levantara la cabeza es seguro que, a fuerza de sobresaltos, volvería a postrarla eternamente. No comprendería el comportamiento en casa del bisnieto varón, distribuyéndose, más o menos a la par, las tareas domésticas con la mujer. Se asombraría ante el afán de su descendiente por trabajar, por hacer dinero y gastar, que es la religión consumista del tiempo presente.

El bisabuelo sufriría el definitivo impacto mortal al contemplar, por ejemplo, el culto al cuerpo de su bisnieto, el armario lleno de ropas con colores de dudosa hombría, las colonias para oler bien, los aceites para tener tersa la piel, las lámparas de rayos para mantener un sempiterno bronceado . . . En fin, llegaría a la conclusión de que España había degenerado y caído en un relajamiento afeminado de las buenas costumbres.

Seguramente es en el hogar donde más nítidamente puede advertirse la variación en las formas de conducta del nuevo español. La actividad de la mujer fuera de casa ha transformado el comportamiento del hombre en el domicilio familiar y, por supuesto, en el ámbito del trabajo profesional. Ya quedaron lejos los tiempos en los que el mayor esfuerzo, cruzando el umbral hogareño, consistía en quitarse los zapatos y buscar las pantuflas. *«Sin que la estructura machista se haya debilitado notablemente, hay una cierta redistribución en las tareas domésticas. El hombre suele fregar los cacharros, mientras la mujer continúa cocinando. El hombre no suele coser»*, señala **Jesús Ibáñez**, profesor de la Facultad de Sociología de la Universidad Complutense de Madrid. **Lorenzo Díaz,** sociólogo y periodista, afirma que *«gracias a las feministas los hombres nos hemos convertido en unos cocinillas».*

La actual configuración doméstica ha afectado también al rol familiar. La tarea de educar a los hijos no corresponde axiomáticamente a las madres, en contra de lo que ocurría antes. En los colegios se observa que cada vez acuden más padres interesándose por la marcha escolar de sus vástagos. **Bernabé Tierno Jiménez,** psicólogo y psicopedagogo, constata, tras veinte años de experiencia profesional, que *«el español va adaptándose a los nuevos tiempos; va madurando, de suerte que el hombre de hoy se ha abierto a una nueva forma de relacionarse con su mujer y sus hijos, a quienes ve más como compañera y amigos».*

En opinión de **Bernabé,** ahora existe más diálogo entre el padre y el hijo. *«Hay un aspecto que evidencia que el varón español está en proceso de cambio: ahora duda si está preparado para educar a sus hijos, ante lo cual intenta prepararse»,* manifiesta **Bernabé Tierno,** quien añade que el atareado nuevo padre de familia *«aunque sólo sean dos minutos, intenta hablar con su hijo todas las noches».*

Padre menos estricto

La *foto* familiar callejera de ahora poco tiene que ver con la de hace unos años. Antes era impensable contemplar el espectáculo del *macho* español arrastrando el carrito del bebé o con el *canguro* colgado a la espalda. No obstante, producto del atavismo o del derecho consuetudinario, o quizá por la misma legislación vigente, en caso de divorcio, los hijos se quedan aún con la mujer, si bien comienza a apuntarse la elección contraria.

El padre español es menos estricto que el europeo, en contra de lo que pudiera pensarse. Transmite menos normas de comportamiento que otros vecinos del continente. Sólo en lo referido al sexo, con un 13 por 100 frente a un 11 por 100, estamos por encima de la media europea.

Otra característica del nuevo español: es más hogareño. *«El capitalismo de consumo* – dice el filósofo **Javier Sádaba** – *lo lleva a casa».* El nivel de *confort* en cualquier domicilio ha aumentado considerablemente. Tampoco conviene olvidar que *callejear* resulta hoy un dispendio poco aconsejable en tiempos de recesión.

El profesor **Rafael López Pintor** apunta otra diferencia, la que existe entre el domingo del nuevo español y el de sus padres. *«Ahora la gente tiende a quedarse en casa. Con el vídeo tiene en casa hasta el cine. Cuelga la corbata en vez de sacarla para ir a misa. Se viste de «sport». Justo lo contrario que antes».*

Este retraimiento puertas adentro, y el mucho tiempo consumido en el trajín profesional diario, explica que el español contemporáneo sea *«menos amigable»,* en palabras del profesor **López Pintor;** *«con más relaciones, pero menos intensas»,* dice **Juan Déz de Nicolás;** *«un urbanita solitario»,* afirma **Lorenzo Díaz** quien asegura que alrededor del 9 por 100 de la población en las grandes ciudades vive solo.

tirado de *Tiempo*, mayo 1987

Ejercicio 9

Haz un resumen del artículo bajo los títulos siguientes:

1 lo que no comprendería el bisabuelo
2 los cambios en la actitud del hombre español hacia las faenas domésticas
3 los cambios en el rol del marido y padre de familia
4 cómo pasa sus ratos libres el español contemporáneo
5 las relaciones personales

Vocabulario

a fuerza de sobresaltos	out of sheer astonishment
asombrarse	to be astonished
consumista	consumerist
el culto	cult, worship
la hombría	virility
el relajamiento	relaxation
el umbral hogareño	the threshold of the home
un cocinilla	dabbler
axiomáticamente	automatically, by right
el varón	male
el atavismo	tradition, convention
consuetudinario	customary
la legislación vigente	prevailing legislation
hogareño	homely, home-loving
callejear	to walk the streets
el dispendio	frittering, squandering of money
el trajín . . . diario	the daily grind

Ejercicio 10

Un(a) amigo/a tuyo/a que no sabe nada español pero que tiene un fuerte interés por la sociología te ha pedido que le escribas en tu propio idioma un resumen de los puntos principales del artículo.

Gramática Viva

Busca en el texto la frase siguiente:

Sin que la estructura machista se haya debilitado notablemente, hay una cierta redistribución en las tareas domésticas.

Esta frase también se puede expresar así:

Hay una cierta redistribución en las tareas domésticas pero la estructura machista no se ha debilitado notablemente.

Ahora completa la Hoja de Gramática 8-G-2, ejercicio **b**.

Ejercicio 11

Discusión: El papel respectivo de los dos sexos.

¿Hasta qué punto se puede diferenciar el papel de cada sexo? ¿Hay diferencia entre la virilidad y el machismo? ¿Qué ha conseguido el movimiento feminista en los últimos años en España, y en tu país? ¿Qué queda todavía por conseguir? ¿Ha cambiado o va cambiando en realidad la actitud de la mayoría de los hombres hacia las mujeres? ¿Existe la posibilidad de una contrarreacción masculina? ¿Qué entiendes por *feminismo*? ¿. . . y *feminidad*? ¿Que entiendes por *sexismo*? ¿Son sexistas algunas de estas preguntas?

Ejercicio 12

Seguid discutiendo los temas siguientes y luego cada uno escoge un título y escribe una carta al periódico apoyando o rechazando una de estas observaciones hechas por un(a) de sus periodistas:

- *'¡Viva la diferencia!' Ya no queda justificable esta observación en cuanto a los papeles de los dos sexos.*

- *El siglo 20 habrá presenciado el triunfo de la mujer y la caída del hombre en la civilización occidental.*

- *Sí, las mujeres han progresado, pero queda tanto por hacer.*

- *¿Cómo organizarías la vida doméstica para que la mujer y el hombre desempeñaran los papeles que les convinieran mejor y que produjeran la máxima armonía y eficacia en el hogar?*

- *Claro que las oportunidades tienen que ser iguales para ambos sexos, pero no se puede negar que hay ciertos trabajos que la mujer hace mejor que el hombre, y al revés.*

Ejercicio 13

Situaciones

1 Una de las chicas de la clase se presenta a la entrevista para un puesto de trabajo. El jefe (uno de los chicos) tiene ideas muy tradicionales sobre el rol de la mujer en la sociedad. ¡Desarrollad la escena!

2 ¡Al revés! El chico se presenta, la chica es la jefa.

3 ¡Otra discusión con el abuelo! Tienes que convencerle de que las chicas deberían tener las mismas oportunidades que los chicos.

4 ¡Y otra! El abuelo se burla de que su nieto cuide el bebé y lave los platos, mientras que su mujer sale a trabajar. Tienes que defender tu punto de vista.

d España – ¿multilingüe o monolingüe?

CATALUNYA

DILLUNS, 21

12,00 Universitat oberta. 12,30 Segona vegada. 13,30 Mag-Magazine. 14,30 T/N. 15,05 El Temps. 15,10 Bona cuina. 15,15 Magnum. 16,05 Guerra de sexes. 16,50 Universitat oberta. 17,15 Caputxeta de pics. 17,40 Dibuixos animats. 18,00 Els germans Hardy. 18,45 Batman. 19,10 L'illa de les... 19,45 Filiprim. 20,30 T/N. 21,00 El Temps. 21,15 Filiprim. 21,20 Bona cuina.

DIMARTS, 22

12,00 Universitat oberta. 12,30 Segona vegada. 13,30 Mag-Magazine. 14,30 T/N. 15,05 El Temps. 15,10 Bona cuina. 15,15 Magnum. 16,05 Guerra de sexes. 16,50 Universitat oberta. 17,15 Caputxeta de pics. 17,40 Dibuixos animats. 18,00 Els investigadors. 18,30 Oh Bongonia! 19,15 L'illa de les... 20,30 T/N. 21,00 El Temps. 21,15 Filiprim. 21,20 Bona cuina.

DIMECRES, 23

12,00 Universitat oberta. 12,30 Segona vegada. 13,30 Mag-Magazine. 14,30 T/N. 15,05 El Temps. 15,10 Bona cuina. 15,15 Magnum. 16,05 Guerra de sexes. 16,50 Universitat oberta. 17,15 Caputxeta de pics. 17,40 Dibuixos animats. 18,00 Els germans Hardy. 18,50 Popeye. 19,00 H.ª de Catalunya. 19,15 Motor a fons. 20,30 T/N. 21,00 El Temps. 21,15 Lotto 6/49.

DIJOUS, 24

12,00 Universitat oberta. 12,30 Segona vegada. 13,30 Mag-Magazine. 14,30 T/N. 15,05 El Temps. 15,10 Bona cuina. 15,15 Magnum. 16,05 Guerra de sexes. 16,50 Universitat oberta. 17,15 Caputxeta de pics. 17,40 Dibuixos animats. 18,00 Musical. 18,30 Cinc i acció. 20,30 T/N. 21,00 El Temps. 21,15 Filiprim. 21,20 Bona cuina.

DIVENDRES, 25

12,00 Universitat oberta. 12,30 Segona vegada. 13,30 Mag-Magazine. 14,30 T/N. 15,05 El Temps. 15,10 Bona cuina. 15,15 Magnum. 16,05 Guerra de sexes. 16,50 Universitat oberta. 17,15 Caputxeta de pics. 17,40 Dibuixos animats. 18,05 Els germans Hardy. 18,35 Batman. 19,15 L'illa de les...

DISSABTE, 26

10,00 Sardanes. 10,30 Universitat oberta. 12,30 El rei Artur. 13,00 Cinc i acció (R). 14,15 Oh Bongonia! (R). 15,00 T/N. 15,20 El Temps. 15,25 Bona cuina. 15,30 Dibuixos animats. 16,00Dit i feu. 17,30 Futbol america. 19,00 La gran vall. 20,00 Futbol. (20,30 T/N. 21,05 El Temps.

DIUMENGE, 27

11,00 Signes dels temps. 11,30 Matinal a TV3. 13,00 Esports. 14,30 Gol a gol 1. 15,00 T/N. 15,30 El Temps. 15,35 Història de Catalunya. 15,50 Ballesta. 16,20 Tarda de... 18,00 Basquet. 19,30 Gol a gol 2. 20,00 Mediterrania. 20,30 T/N. 21,00 El Temps. 21,05 Trenta minuts.

EUSKADI

EUSKAL TELEBISTA-1

ASTELEHENA, 21

13,30 Kirolez Kirol (R). 14,00 Gaur Egun. 14,20 Switch. 15,10 Ibiza 92 (I) (R). 18,10 Poli. 18,20 Marrazki bizidunak. 19,10 Golde Debalde. 19,40 Magnum. 20,30 Gaur Egun. 21,00 Dallas. 21,50 Ezbaian.

ASTEARTEA, 22

13,35 Batman (R). 14,00 Gaur Egun. 14,20 Switch. 15,10 Ezbaian (R). 18,00 Poli. 18,10 Marrazki bizidunak. 19,05 Tximeleta Uhartea. 19,30 Pausoka.

ASTEAZKENA, 23

13,35 Marrazki bizidunak (R). 14,00 Gaur Egun. 14,20 Switch. 15,10 Katu Kale (R). 18,10 Poli. 18,20 Marrazki bizidunak. 19,10 Teletxip. 19,40 Robin Hood. 20,30 Gaur Egun. 21,00 Zinea. 22,40 Hemen eta Munduan. 23,20 Gaur Egun.

OSTEGUNA, 24

13,35 Marrazki bizidunak (R). 14,00 Gaur Egun. 14,20 Switch. 15,10 Hemen eta Munduan (R). 18,10 Poli. 18,20 Marrazki bizidunak. 19,10 Gilen Tell. 19,40 Dena eta Ezer Ez. 20,30 Gaur Egun. 21,00 Laino. 22,05 Ehundegitik Aginera.

OSTIRALA, 25

13,30 Banan Banan (R). 14,00 Gaur Egun. 14,20 Switch. 15,10 Laino (R). 18,10 Poli. 18,20 Marrazki bizidunak. 19,05 Ongitirabilibira. 19,35 Altxorraren Irlarako Itzuleta. 20,30 Gaur Egun. 21,00 Ibiza 92 (II). 22,00 Farenheit. 23,00 Gaur Egun.

LARUNBATA, 26

10,40 Gilen Tell (R). 11,05 Golde Debalde (R). 11,35 Tximeleta Uhartea (R). 12,00 Pausoka (R). 13,00 Atmia. 14,00 Gaur egun. 14,15 Denbora Pasa. 14,45 Batman. 16,10 Zinea. 16,35 Marrazki. 17,00 Sport Auto. 18,00 Farenheit. 19,00 Sekretu Diplomatikoak. 19,50 Futbola: R. Madrid-At. Bilbao. 22,00 Gaur Egun. 22,15 Pelikula.

IGANDEA, 27

10,52 Egi Bidean. 11,00 Meza. 12,00 Kirolak Zuzenean. 13,30 Bai Horixe. 14,00 Gaur Egun. 14,15 Dokumentala. 15,10 Harriketarrak. 15,25 Zinea. 17,30 Tarzan. 18,15 Ongitirabilibira. 18,45 Teletxip (R). 19,15 Harrfarin eta Andere King. 20,05 Cincinnati. 20,30 Gaur Egun.

EUSKAL TELEBISTA-2

LUNES, 21

13,48 Coralito. 14,30 T.B. 15,10 Final Feliz. 18,00 ETB 1. 20,25 El valle de la muerte. 20,55 Bai Horixe. 21,05 Los Beverly ricos. 21,30 T.B. 22,00 Cine 2. 23,35 Amazonas.

MARTES, 22

13,48 Coralito. 14,30 TB.15 Final feliz. 15,55 Bai Horixe. 18,00 ETB 1. 20,25 El valle de la muerte 20,55 Bai Horixe. 21,05 Farrington. 21,30 T.B. 22,00 El otro punto de vista. 23,35 Amazonas.

MIERCOLES, 23

13,48 Coralito. 14,30 T.B. 15,15 Final feliz. 15,55 Bai Horixe. 18,00 ETB 1. 20,30

Grande esperanzas. 20,55 Bai Horixe. 21,05 Mary. 21,30 T.B. 22,00 Iñigo en directo. 23,35 Amazonas.

JUEVES, 24

13,48 Coralito. 14,30 T.B. 15,15 Final feliz. 15,55 Bai Horixe. 18,00 ETB 1. 20,25 Grandes esperanzas. 20,55 Bai Horixe. 21,05 Newhart. 21,30 T.B. 22,00 Detrás del Sirimiri. **23,00** Segundos fuera. 23,35 Amazonas.

VIERNES, 25

13,48 Coralito. 14,30 T.B. 15,15Final feliz. 15,55 Bai Horixe. 18,00 ETB 1. 19,30 A toda maquina. 20,30 Bai Horixe. 21,05 Dos tontos en apuros. 21,30 T.B. 22,00 Entre amigos. 23,50 Amazonas.

SABADO, 26

14,00 Newhart (R). 14,30 T.B. 14,45 Segundos fuera (R). 15,15 El botánico. 16,00 Mary (R). 16,25 Sueño contigo. 17,05 Farrington (R). 17,25 Marrazki. 18,20 El otro punto de vista (R). 19,50 Todas las criaturas de la tierra. 20,40 Corre por tu vida. 21,30 T.B. 21,45 Hemen eta Munduan. 22,25 Dr. Livingstone, supongo.

DOMINGO, 27

14,00 Palabra de ley. 14,30 T.B. 14,45 Sport Auto. 15,40 Iñigo en directo (R). 17,20 La familia en guerra. 18,10 Marrazki. 18,20 Detrás del Sirimiri (R). 19,20 Musical. 20,25 El mundo que nos rodea. 21,30 T.B. 21,45 Sesión de domingo.

GALIZA

LUNS, 21

12,05 Camiño de luz. 13,00 Vivir aqui. 13,30 Kun-fú. 14,30 T.X. 15,00 Deportes. 15,30 Amazonas. 16,15 Sesión continua. 17,30 Dibujos animados. 18,00 Guillermo Tell. 18,30 Arestora. 20,00 Dallas. 21,00 T.X. 21,30 Europa. 22,00 Longametraxe. 23,30 Xente nosa. 00,00 T.X.

MARTES, 22

12,05 Camiño de luz. 13,00 Vivir aqui. 13,30 Kun-fú. 14,30 T.X. 15,00 Deportes. 15,15 Amazonas. 16,00 Sesion continua. 17,30 Dibujos animados. 18,00 Guillermo Tell. 18,30 Arestora. 20,00 Dallas. 21,00 T.X. 21,30 Contrafío. 23,00 O valedor. 23,45 T.X. 00,05 Nacer de novo. 00,150 tragaluz.

MERCORES, 23

12,05 Camiño de luz. 13,00 Vivir aqui. 13,30 Kun-fú. 14,30 T.X. 15,00 Deportes. 15,15 Amazonas. 16,00 Sesion continua. 17,30 Dibujos animados. 18,00 Guillermo Tell. 18,30 Arestora. 20,00 Dallas. 21,00 T.X. 21,30 Os forxados. 22,15 Mesa reservada. 23,30 T.X. 23,5° 0 tragaluz.

XOVES, 24

12,05 Camiño de luz. 13,00 Vivir aqui. 13,30 Kun-fú. 14,30 T.X. 15,00 Deportes. 15,15 Amazonas. 16,00 Sesion continua. 17,30 Dibujos animados. 18,00 Guillermo Tell. 18,30 Arestora. 20,00 Dallas. 21,00 T.X. 21,30 Gran Casino. 22,45 George e Mildred. 23,45 Extramuros. 23,45 T.X. 00,05 0 tragaluz.

VENRES, 25

12,05 Camiño de luz. 13,00 Vivir aqui. 13,30 Kun-fú. 14,30 T.X. 15,00 Deportes. 15,15 Amazonas. 16,00 Sesion continua. 17,30 Dibujos animados. 18,00 Guillermo Tell. 18,30 Arestora. 20,00 Dallas. 21,00 T.X. 21,30 Venres Show. 23,00 Hitchcock. 23,45 T.X. 00,05 0 tragaluz.

SABADO, 26

12,00 Os Pitufos. 12,30 Saúde e consumo. 13,00 O home e a cidade. 14,00 Parlamento. 14,30 T.X. 15,30 Cinema de tarde. 17,00 Tres por catro. 18,15 Cincinatti. 18,45 Espacio aberto. 20,00 Tempo de xogo. 22,00 T.X. 22,30 Galicia no mundo. 23,15 Telecinema. 00,10 Cuadrilátero.

DOMINGO, 27

12,02 Misa. 12,30 Pinocho. 13,00 Tempo de xogo. 14,30 T.X. 15,30 Fauna. 16,00 He-Man. 16,20 A toda máquina. 17,20 Vaia familia. 18,05 Supersport. 19,15 Cine. 21,00 T.X. 21,30 Enfoques. 22,00 EN xogo.

La Coruña

Gallego

Bilbao

Vascuence

Catalán

Barcelona

Portugués

Castellano

Madrid

Valenciano

Valencia

Lisboa

Alicante

Sevilla

Los idiomas de la
península ibérica

El idioma que vas aprendiendo y que fuera de España se suele llamar *español*, es en efecto el *castellano*, es decir, el idioma de Castilla, o la parte central de España. Como se ve en el mapa hay otras lenguas habladas en otras regiones del país. Quizás la principal de las 'otras' lenguas de España sea el *catalán*, la lengua de Cataluña, en el noreste de España, cuya capital es Barcelona. Al sur de esta región, el *valenciano* es una variante del catalán.

En el norte, desde el extremo occidental de la frontera con Francia hasta la raya con Cantabria más allá de Bilbao, se habla el *euskera* o el *vascuence*, es decir, el idioma del País Vasco. Este idioma es muy viejo y no está relacionado con los otros idiomas de la península ibérica que tienen sus raíces en el latín.

En el extremo noroeste, en Galicia, se habla *gallego*. Este idioma se parece bastante al portugués, el cual hace un total de cinco idiomas hablados en la Península entera.

Durante la dictadura de Franco se fomentaba el castellano por encima de los demás idiomas, que se prohibían por decreto. Sin embargo, desde la democracia, y sobre todo desde la creación de las autonomías regionales en 1978, los otros idiomas se están fomentando, pero esto trae los problemas que se ventilan en los siguientes extractos.

Lengua Catalana

LENGUA CATALANA

Cine

A raíz de la creación en agosto del 86 de una Subcomisión de Calificación de Películas, el cine catalán parece haberse relanzado. Dos subcomisiones, una del Ministerio de Cultura y otra de la *Generalitat*, formadas, sin embargo, por las mismas personas, subvencionan, por separado, los proyectos.

Largometrajes	Largometrajes en el resto de España
1977: 21 (2 en catalán)	125
1978: 32 (8 en catalán)	104
1979: 13 (2 en catalán)	87
1980: 31 (1 en catalán)	118
1981: 39 (9 en catalán)	137
1982: 35 (13 en catalán)	146
1983: 33 (10 en catalán)	99
1984: 16 (5 en catalán)	75
1985: 17 (2 en catalán)	75
1986: 20 (18 en catalán)	—

Por otra parte, el ICC (Instituc del Cinema Catalá), S A, agrupación que integra diferentes técnicos de la profesión, produce ahora para TVE *Vida privada*, dirigida por Francesc Betriu. Se realiza primero el rodaje en castellano, pero están previstas las dos versiones.

Televisión

— TV3 inició sus emisiones regulares el 16 de enero de 1984 En la actualidad emite noventa horas semanales.

— Circuito Catalán de TVE: Se inició en septiembre del 64 con una hora mensual de programación. El ascenso del circuito cata-

lán se produce a partir del mes de octubre de 1977 cuando el informativo diario *Miramar* pasa a realizarse en catalán, y entre la programación se cuentan *Giravolt, Personatges, Teatre Català*. En la actualidad emite treinta y cinco horas a la semana en catalán, y para abril está prevista una nueva ampliación en los horarios de desconexión del circuito catalán.

En octubre del 86, el Estudio General de Medios (EGM) realizó un análisis de índices de audiencia en las únicas horas de competencia directa entre el circuito catalán y TV3.

Horas de circuito catalán por la Primera Cadena	Indice de audiencia (%)
TVE	
13,30 a 13 h.	8,3
14 a 14,30 h.	14,8
14,30 a 3 h.	16,4
TV3	
13,30 a 14 h.	1,9
14 a 14,30 h.	4,0
14,30 a 15 h.	13,6

La Iglesia

Según datos oficiales de julio de 1986, un 77 por ciento de las misas se celebran en catalán, contra un 23 por ciento en castellano.

Un 65,8 por ciento de parroquias imparten el catecismo sólo en catalán, contra un 34,2 por ciento en castellano. Para ello se usa un 61,8 por ciento de libros de texto en catalán, contra un 38,1 por ciento en castellano.

Parecidas proporciones se reproducen en la administración de sacramentos (bautismos y bodas) y en los funerales.

En cuanto a las publicaciones periódicas eclesiásticas (episcopales, parroquiales, etcétera), un 81,5 por ciento son en catalán, 10,1 por ciento en castellano y 8,4 por ciento bilingües.

El capítulo de movimientos ju-

veniles, *scouts* y otros, es significativo: un 94,9 utilizan sólo el catalán, el 1,2 por ciento el castellano, y el 3,8 por ciento son bilingües.

En comunidades asistenciales y sanitarias, el uso exclusivo del catalán llega al 66,8 por ciento.

Significativo dato: en los centros docentes (seminarios, facultades, institutos de estudios) vinculados directamente a los obispos, el uso del catalán es prácticamente absoluto, mientras que en los que dependen de órdenes religiosas solamente llega al 50 por ciento.

Enseñanza

— *Digui-Digui*. Cursos para aprender a hablar en catalán que utilizan un novedoso sistema *multi-media*, con programas de presencia en todos los periódicos e, incluso, en la mayoría de semanarios. Se emite por TV3 y por el circuito catalán de TVE.

— Cursos de catalán con subvenciones para adultos.

— Según cifras facilitadas en junio de 1986 por el Servicio de Enseñanza del Catalán de la *Generalitat*:

En el curso 84-85, de las 2.646 escuelas públicas y privadas de Cataluña, un 22 por ciento imparte la enseñanza totalmente en catalán;

un 29 por ciento está en una etapa progresiva hacia su catalanización; y un cuatro por ciento sigue el modelo de líneas paralelas. En total son 1.453 escuelas, que presentan el 55 por ciento; el resto, 1.193, el 45 por ciento, imparten sólo las horas obligatorias de catalán, y asignaturas en esta lengua.

Un 24,5 por ciento de las escuelas públicas, parcialmente en catalán. Un 37,7 por ciento, progresivamente en catalán. Un 21,8 por ciento, totalmente en catalán. Un 38 por ciento de las escuelas privadas, parcialmente en catalán. Un 26,8 por ciento, progresivamente en catalán. Un 22,9 por ciento, totalmente en catalán.

Ejercicio 14

¿Qué evidencia hay de un incremento en el uso del catalán en el cine en los últimos años? ¿En qué parte del día se 'desconecta' la Primera cadena de televisión Nacional Española (TVE) para emitir en catalán? ¿Cómo se llama la cadena que siempre emite en catalán? ¿En qué aspecto de la iglesia se emplea más el catalán y dónde menos? ¿Qué porcentaje de las escuelas de Cataluña dan clase enteramente en catalán? ¿Cómo es la situación en las otras?

Vocabulario

el rodaje	shooting (of film)
asistenciales	social services
docente	teaching
la lucha	struggle
acogedor(a)	welcoming
plantear un problema	to pose a problem
innegable	undeniable
empeñarse	to persist
hacer gala de	to make a show of, a fuss about
autonosuyas	play on *autonomías*
de capillita	parochial, narrow-minded

Lo de dentro visto desde fuera

Ventajas del español

Lo cierto es que en la edad de los grandes conjuntos resulta innegable que entender, escribir y hablar español es un baza, una ventaja y una suerte, porque se trata, obviamente, del segundo idioma internacional, cuya importancia mundial va creciendo (además de ser para nosotros, los hispanistas, el primer idioma por su belleza); así pues, es una lástima que algunos, en la propia España, se empeñen en hacer gala de idiomas merecedores de todo respeto por su pasado, eso sí, pero perfectamente desconocidos fuera de las *autonosuyas*, donde corren, por tanto, el riesgo de encerrarse, sin dar señas del sentido de un porvenir más amplio que el del espíritu de capillita.

Michel Royer
Le Vesinet (Francia)

La lengua de Valencia

Acabo de leer el *Especial Valencia* publicado en el número 836 de su excelente revista, y me ha interesado mucho.

Sin embargo, me gustaría hablar más de la capital del *país trencat,* me gustaría expresar en esta carta cómo me duele lo que pasa actualmente allí.

Me recibieron muy bien en aquella ciudad y su región: hice unos intercambios escolares y un cursillo en la Universidad, me alojé sucesivamente en casa de una profesora amiga y en un colegio mayor y de allí sólo son buenos recuerdos los que conservo, pero esta manera de imponer el valenciano y, sobre todo, de politizar la lucha entre los dos idiomas (valenciano-castellano), me sabe muy mal a mí.

Dentro de pocos años ya no se hablará castellano desde Port-Bou a Alicante y ya no habrá intelectuales hispanoparlantes que acudan a esta parte tan agradable y tan acogedora de España.

Sueño con volver a Valencia, con pasar allí unos meses como profesora de francés, pero lo que me importa, además de promocionar el estudio de mi propia lengua, es perfeccionar la lengua que enseño a diario: el castellano, y no sé si verdaderamente podré conseguirlo.

Señor director, dígales a los partidarios de las lenguas regionales que sus pretensiones nos plantean muchos problemas a los profesores de español en el extranjero, porque si es difícil hablar y escribir correctamente el español, ¿qué va a ser de nosotros si además tenemos que practicar el vascuence, el gallego, el catalán y el valenciano?

Por suerte, CAMBIO16 todavía está escrito en castellano y no sabe qué alegría tengo cuando llega a mi casa, es como si España llamara a mi puerta.

Annie Herguido.
Perigueux. Francia.

Ejercicio 15

Lee las cartas escritas por dos hispanófilos franceses:

1 Annie Herguido conserva buenos recuerdos de su estancia en Valencia menos uno: ¿cuál es?

2 ¿Qué aspecto de este problema le disgusta en particular?

3 ¿Qué tipo de persona cesará de ir a la costa este si no se resuelve el problema?

4 ¿Por qué le interesa especialmente la lengua que se habla en aquella región?

5 ¿Qué llamamiento hace a los que quieren imponer el valenciano como lengua?

6 ¿Qué importancia atribuye Michel Royer al conocimiento del castellano?

7 ¿Qué expresiones emplea para subrayar la falta de visión de los que quieren fomentar los idiomas regionales?

Ejercicio 16

Discusión

¿Hasta qué punto se puede justificar la insistencia en que las lenguas regionales se empleen en todas las circunstancias, incluso cuando el hablante de dicho idioma se encuentra fuera de su 'territorio regional'? ¿Es realidad o sentimentalismo esperar que un idioma regional florezca en un país cuyo idioma nacional oficial sea de importancia nacional? ¿Se deben tomar en serio los idiomas regionales? Siendo éste el caso, ¿cuál sería la mejor manera de fomentarlos? ¿Hasta qué punto se pueden separar el idioma y la cultura general de tales regiones? ¿Sería verdad decir que el afán por un idioma tal como el euskera o el catalán sea un afán poco disfrazado del separatismo? ¿Existen casos parecidos en tu propio país? ¿Qué opinas de ellos?

 Ahora pide a tu profesor(a) las Hojas de Trabajo 8-T-1 y 8-T-2.

y de postre . . .

Ejercicio 17

Sinónimos

Busca a la izquierda la palabra o frase que tiene el mismo sentido que la de
la derecha:

mugre	usual
fallecer	vascuence
odio	desempleo
escoltar	compañia
asombrar	casero
hombría	suciedad
consuetudinario	idioma
hogareño	morir
lengua	sorprender
empresa	aborrecimiento
euskera	acompañar
paro	masculinidad

Ejercicio 18

Temas para seguir pensando, hablando y escribiendo

- ¿Cuál es peor, el alcohol o el *porro*?
- Di que no al alcohol.
- Si se suprimieran las drogas corrientes pronto se descubrirían nuevas.
- Los riesgos de fumar.
- ¿Por qué necesita doparse la humanidad?
- El hombre contemporáneo es un cocinillas pero es mejor así.
- La mujer en el año 2050.
- Hay que preservar las lenguas regionales.
- ¿Debería haber una sola lengua universal?
- ¿Para que aprender idiomas?
- El valor del español como lengua mundial.

UNIDAD 9 *Hacia una sociedad interconectada*

La informática en la oficina

DURANTE estos últimos años y gracias a los avances de la electrónica, telecomunicaciones e informática, han surgido cantidad de servicios que prácticamente han revolucionado la gestión empresarial y nuestro diario vivir. Hasta hace poco estas repercusiones se observaban principalmente en oficinas y fábricas, pero ya han comenzado a extenderse al hogar. La verdad es que caminamos hacia la sociedad interconectada.

Los nuevos servicios están relacionados fundamentalmente con las telecomunicaciones y el procesamiento de información; es decir, el teléfono y el ordenador. En la oficina y la industria, se trata de que los directivos trabajen con mayor eficacia y optimicen los recursos a su disposición, tomen decisiones correctas y planifiquen su estrategia comercial en base a una información mejor y más exhaustiva. A estos efectos se ha desarrollado una amplísima gama de equipos (microordenadores, fotocopiadoras, redes diversas, facsímiles, modems, PABXs, etc) y software y sistemas (software a medida, standard, hojas electrónicas, correo electrónico...), con inmediatas repercusiones sobre diversas áreas indstriales y de servicios de nuestra sociedad. Todo ello constituye un excelente soporte para lo que comienza a llamarse la «oficina electrónica».

Entre los servicios puestos a punto en estos últimos años, varios han sido implantados en las redes telefónicas públicas con conmutación o télex, mejorando estos sistemas de distribución automatizada de información. Entre éstos, pueden citarse el télex, telefax, comunicación de datos, videotelefonía y videoconferencia, videotex y teletexto.

Un reciente informe de Dataquest subraya que «los mercados de telecomunicaciones europeos, crecerán en un 9 por cien anual durante los próximos cinco años, generando ingresos de más de 100.000 millones de dólares para 1992». El informe agrega que, dentro de este panorama habrá diferentes marcas entre diversos sectores de la industria. Las centralitas telefónicas públicas y privadas se moverán lentamente, mientras que las comunicaciones móviles, facsímil y comunicaciones de datos, experimentarán un explosivo crecimiento. Los facsímiles, alcanzarán los 4.300 millones de dólares desde los 1.600 millones en 1987 y los japoneses reforzarán su control sobre el mercado.

tirado de *Cambio 16*, noviembre 1988

Vocabulario

la gestión empresarial	business management
los directivos	managers
la gama	range
software a medida	tailor-made software
puesto a punto	developed
subrayar	to underline
el ingreso	income/turnover
agregar	to add
la centralita telefónica	telephone exchange
experimentar	to undergo
reforzar	to reinforce

Lee el texto con la ayuda del vocabulario.

Ejercicio 1

a Explica las siguientes palabras y expresiones del Texto A:

telecomunicaciones
la gestión empresarial
el ordenador
estrategia comercial
fotocopiadora

modem
correo electrónico
oficina electrónica
telex
ingresos

b Busca en el texto las palabras o expresiones que equivalen a éstas:

la ciencia de los ordenadores
el almacenamiento y la difusión de la información
gente que dirige una empresa
computador pequeño
máquina para mandar fotocopias a larga distancia
programaciones de computador diseñadas para las necesidades específicas de
*   una empresa*
sistema nacional de servicios telefónicos
teléfono en que se puede ver al interlocutor
unidad monetaria de Estados Unidos
dominación del sector comercial

Ejercicio 2

Inventa frases para utilizar todas las palabras del Ejercicio 1**a**

Por ejemplo: *Las telecomunicaciones han revolucionado el mundo de las*
*   oficinas.*

Ejercicio 3

Rellena los espacios en blanco con las palabras más apropiadas sacadas del
Texto A.

En los últimos cinco o diez años ha habido una revolución . . . . . . en las
oficinas y fábricas del mundo occidental. Además del . . . . . . que ha hecho
mucho más fácil y eficaz el trabajo de la oficina y de la industria, se trata de
otros . . . . . . que tenemos a nuestra disposición. Ahora se puede tomar
decisiones y planificar . . . . . . disponiendo de una . . . . . . mejor y más
completa. Una gama muy extensa de nuevos equipos se está utilizando
cada vez más para que el trabajo de los . . . . . . sea más eficaz. Muchos de
estos nuevos recursos están . . . . . . por medio de las redes telefónicas
públicas. Todo esto está generando . . . . . . enormes para las compañías que
han puesto a punto los nuevos sistemas de distribución . . . . . . de
información.

Ejercicio 4

Traduce a tu propio idioma el último párrafo del Texto A.

Gramática Viva

 En el segundo párrafo del Texto A, verás que se usa varias veces el
subjuntivo después de la expresión *se trata de que* . . . . Para saber por qué
se usa así, véanse las Secciones de Gramática 51–60, y luego pide a tu
profesor(a) la Hoja de Gramática 9-G-1.

b La chapuza de las carreteras

AUTOVIAS SIMILARES A AUTOPISTAS. Ante la disyuntiva de autovías o autopistas, el Gobierno apostó por las primeras, descalificando absolutamente la realización de autopistas, demasiado caras. El resultado dado hasta ahora por las escasas autovías en servicio ha inducido al MOPU a realizar autovías «similares a las autopistas».

Las autovías, a diferencia de lo que ocurre en las autopistas, hacen los enlaces con otras carreteras al mismo nivel, llevando el trazado de cruces peligrosos. Permiten, además, el acceso a las fincas que bordean la autovía, y admiten todo tipo de tráfico, desde tractores a animales de carga. El resultado es que los pocos kilómetros de autovía ya en funcionamiento no han supuesto un descenso de accidentes en esos trazados. A la autovía de Valladolid a Palencia se la sigue llamando «la carretera de la muerte», por

Otro atasco

la cantidad de *puntos negros* que presenta su trazado. Ahora, después de su apertura, el MOPU piensa convocar un concurso de 800 millones para realizar en esa vía enlaces a distinto nivel que permitan reducir la peligrosidad.

OPCIONES SIMILARES. Otro argumento que ha llevado al MOPU a evolucionar desde las autovías hacia las «autovías similares a las autopistas» es que el coste de ambas opciones ha comenzado a ser similar. En las primeras autovías se ha utilizado la carretera ya existente como una de las dos calzadas de la autovía. Pero con este sistema, inevitablemente, desaparece la carretera local, con lo que el tráfico que el MOPU denomina «de agitación» (y que incluye los pequeños desplazamientos entre localidades, el tráfico agrícola, etc.) no tiene más remedio que invadir la autovía, obstaculizando el tráfico de largo recorrido.

Ante el peligro que esto supone en las últimas autovías con aprovechamiento de la carretera actual como una de las calzadas de la autovía, se ha decidido la construcción de vías de servicio para ese tráfico que se ha denominado «de agitación». Con ello, el precio de las autovías se ha disparado aún más.

El cambio de postura del MOPU se ha hecho patente desde el momento en que su ministro, Javier Sáenz de Cosculluela, ha admitido que el siguiente Plan General de Carreteras, que se inciará en el año 1992, sí contemplará la realización de autopistas.

Al parecer, Obras Públicas ya ha encargado a la Empresa Nacional de Autopistas (ENAUSA) el estudio del proyecto de una autopista que una Madrid y Toledo.

por Javier Arce
tirado de *Cambio 16*, octubre 1988

Lee el texto con la ayuda del vocabulario.

Gramática Viva

En el Texto B se encuentran 12 ejemplos del perfecto. Estudia la Sección de la Gramática 44, y pide a tu profesor(a) la Hoja de Gramática 9-G-2.

Ejercicio 5

Explica en español las siguientes palabras y expresiones que se refieren a las carreteras.

autovía	*trazado*
autopista	*carretera de la muerte*
enlace	*punto negro*
carretera	*calzada*
acceso	*de agitación*
tráfico	*largo recorrido*
kilómetro	*vía de servicio*
accidente	

Ejercicio 6

Haz un resumen en tu propio idioma del Texto B de unas 150 palabras. Luego – sin mirar el texto – vuelve a traducir tu resumen al español.

Vocabulario

la disyuntiva	dilemma
la autovía	dual-carriageway
apostar por	to bet on
descalificar	to disqualify
escaso	scarce
MOPU	*Ministerio de Obras Públicas*
el enlace	junction, intersection
el trazado	plan, route
convocar un concurso	to call for bids, throw open to tender
evolucionar	to shift
la calzada	road surface, carriageway
de agitación	local traffic
el desplazamiento	journey
de largo recorrido	long distance
se ha disparado	has shot up

Ejercicio 7

Discute las siguientes preguntas y sugerencias con tus compañeros. Luego escribe veinte o treinta palabras sobre cada uno.

1 ¿Cuál es mejor, una autovía o una autopista? ¿Por qué?
2 ¿Cuál es más costoso, una autovía o una autopista? ¿Por qué?
3 ¿Cuál es más importante, el tráfico local o el tráfico de largo recorrido?
4 ¿Cuál es el factor más importante en la planificación de las carreteras y de los transportes públicos, el coste o la seguridad?
5 ¿Cómo solucionarías el problema de la falta de dinero para pagar la infraestructura y las carreteras que necesitamos?
6 Las carreteras contra los ferrocarriles.
7 La velocidad excesiva en las carreteras causa muchos accidentes.
8 En Gran Bretaña se debería introducir el peaje en las autopistas.
9 No se debería permitir que los grandes camiones de recorrido largo viajasen en las carreteras.
10 Es más cómodo y más rápido viajar en tren o en avión.

Ejercicio 8

Imagina que quieren construir una nueva autopista que pasará por el jardín de tu casa. Escribe una carta al periódico o al Ministerio dando tus opiniones sobre este proyecto.

El caos aéreo

Iberia – otra vez víctima de huelgas

Escucha este reportaje sobre los problemas de la línea aérea española, Iberia, con la ayuda del vocabulario.

Vocabulario

el sindicato	trade union
poner patas arriba	to turn upside down
sembrar	to sow
dispar	different, unequal
poner coto a	to limit, put a stop to
reivindicativo	claiming
sin previo aviso	without warning
anular	to cancel
hacer gala	to vaunt, glory in
precisar	to need
privativo de	peculiar to
la mecha	wick

Ejercicio 9

¿Verdad o mentira? Corrige las frases mentirosas.

1 La industria aérea funciona muy bien en España.
2 Con las huelgas los sindicatos han obtenido lo que pedían.
3 A los pasajeros les gustan las huelgas.
4 La línea aérea siempre avisa a los pasajeros de la suspensión de vuelos.
5 Iberia tiene muchos sindicatos.
6 Se organizan las huelgas para anular los vuelos.
7 Sólo hay huelgas de líneas aéreas en España.
8 En otros países se trata bien a los víctimas de las huelgas.
9 Iberia ha aprendido a controlar los sindicatos.

Ejercicio 10

Escucha otra vez, y apunta todas las palabras

a que describen a los grupos de trabajadores aéreos.
b que refieren a las líneas aéreas.

Ejercicio 11

¿Alguna vez has sido víctima de las huelgas aéreas? Cuenta a tus compañeros lo que ocurrió. ¿Cuánto tiempo tuviste que esperar? ¿Con quién viajabas? ¿Qué hiciste mientras esperabas?

cii *Yo no me bajo en la próxima, ¿y usted?*

Escucha este reportaje y contesta a las preguntas. Se trata de los habitantes de un pequeño pueblo cerca de Cuenca cuyos habitantes se quejan de que RENFE reduce el número de trenes en la línea Aranjuez – Cuenca.

Ejercicio 12

Escucha el reportaje con atención y contesta a las preguntas siguientes.

1 Según Felipe del Río, ¿cómo tendrán que viajar los habitantes de Cuevas de Velasco?
2 ¿Por qué tienen que coger el tren algunas personas que viven en Cuenca?
3 ¿Cómo van a sufrir los jóvenes?
4 ¿Cuáles son los problemas de Julia Casero?
5 ¿Cuántos trenes diarios había antes de la reducción de trenes?
6 ¿Cuál es el otro cambio que afecta a los pasajeros?
7 ¿Por qué se eliminaron los trenes de la zona central de España?
8 Según Alberto García, ¿cuál es la dificultad de RENFE?

Ejercicio 13

Vuelve a escuchar el reportaje y rellena los espacios en blanco de estas
frases.

1 Felipe del Río es . . . . . . de Cuevas de Velasco.
2 Hay gente que tiene . . . . . . aquí donde cultiva distintos productos.
3 Julia Casero podía ir a Madrid para . . . .
4 Si sus vecinos la llevan en coche, Julia tiene que pagarles la . . . .
5 Los habitantes del pueblo protestan porque RENFE . . . . . . el número
de trenes.
6 El . . . . . . era el único medio de transporte público.
7 La dispersión de los pueblos ha impedido la existencia de . . . .
8 Ahora los pasajeros tienen que avisar al . . . . . . para bajarse en la
próxima . . . .
9 Levantan el brazo en el . . . . . . para poder subir al tren.
10 La . . . . . . decidió reducir el número de trenes regionales.

ciii *Pedro Piqueras, presentador de Telediario*

Escucha esta entrevista, en la que habla Pedro Piqueras; nació en Albacete,
y después de trabajar en la radio llegó a ser presentador de telediarios.

Ejercicio 14

Estas frases tienen varias terminaciones posibles. Escoge la que mejor
convenga según la entrevista. ¡Sólo se permite oírla una vez!

1 Pedro Piqueras es *soltero/padre/viudo/piloto*.
2 Ha viajado por todo el mundo como *presentador de radio/piloto/agente
de viajes/corresponsal*.
3 Cree que la gente debería *leer más/leer los periódicos/ver más televisión/
viajar por el mundo*.
4 Pedro Piqueras da noticias *de España solamente/del extranjero/de todo
el mundo/de las tertulias radiofónicas*.
5 La TV no debe emitir *opiniones/noticias/programas/informativos*.
6 Más que nada, Pedro Piqueras se considera *busto parlante/accidental/
profesional/periodista*.
7 Para Pedro Piqueras el periodismo es *monótono/negativo/interesante/
demasiado cambiante*.
8 Cuando trabaja, Pedro se viste *bien/muy mal/para salir/ante las
cámaras*.

Pedro Piqueras

d Televisión por encargo

Una nueva industria trabaja intensamente pensando en la televisión privada. Se ofrecen creativos, cámaras, platós o salas de edición en vídeo. Forman parte de un mercado que comienza a florecer a la sombra del proyecto de TV privada aprobado en abril del año pasado. Las empresas de servicio y las productoras de televisión se disputan el negocio de la imagen. En algunos casos, el propietario es además el guionista y el cámara. En otros, se rifan a profesionales de *TVE* que realizan el trabajo en el más absoluto anonimato.

La televisón privada, ¿una visión del futuro?

CHICHO Ibáñez Serrador – que de televisión sabe un poco – decidió crear su propia productora (Prointel), cuando el concurso *Un, dos, tres* le quedaba grande a la vieja y entumecida estructura de *TVE*. No ha sido el primero – ni será el último – ejemplo de programa realizado para el Ente Público, pero sin que este último juegue un papel activo en la elaboración. **Mercedes Milá** sólo necesitaba de *TVE* un estudio de Torrespaña para ofrecer *Jueves a jueves*. De lo demás se encargaba su compañero y productor **José Sámano**. **Pedro Ruiz** optó por ese sistema de arrendamiento técnico, bien asesorado por **Hugo Stuvens**. Y hasta el propio **Jesús Quintero** realiza desde la semana pasada el programa *El perro verde* en un plató de la empresa Atanor, a la que paga su «flamante» productora Babilonia el alquiler correspondiente. A *TVE* le cobra después varios millones por el producto terminado.

El sistema de productoras independientes se hace viejo en la mayoría de las televisiones occidentales, mientras que en España decenas de empresas relacionadas con la industria audiovisual todavía se defienden gracias a los anuncios de televisión y a los alquileres de su equipos técnicos. Sin embargo, las perspectivas son inmejorables y al mercado español se van incorporando Hachuel, con Tesauro-Televisión; Berlusconi, a través de Videotime España, y los veteranos estudios Molinare de Londres.

«La televisión – dice **Ramón Colom**, jefe de proyectos y programas de Tesauro – la hacen los creativos, si disponen de un clima adecuado. La estructura de *TVE* no es la idónea, porque existen demasiados controles que aplastan a los creativos.

por Javier del Castillo
tirado de *Época*, septiembre 1988.

Lee el texto con la ayuda del vocabulario y, si es necesario, de un diccionario.

Vocabulario

plató	studio floor, set
el guionista	scriptwriter
el cámara	cameraman
rifar	(here) to poach
el Ente Público	public body (TVE)
asesorar	to advise
las perspectivas	prospects
idóneo	ideal
los creativos	creative people
aplastar	to squash

Ejercicio 15

En clase, explica a tus compañeros en español las siguientes palabras y expresiones del Texto D. Luego escucha también las definiciones que te ofrecen ellos; después de discutirlas, tenéis que escribir las definiciones más adecuadas, en menos de doce palabras. Luego cada estudiante de tu clase tiene que inventar instantáneamente una frase que utilice la palabra que tú le propones.

televisión privada
creativos
vídeo
la productora de televisión
el guionista
el concurso

el estudio
arrendamiento técnico
la productora independiente
la industria audiovisual
el anuncio
el equipo técnico

Ejercicio 16

Traduce a tu propio idioma la introducción y el segundo párrafo del Texto D.

Ejercicio 17

- ¿Qué piensas tú de la televisión británica?
- ¿Prefieres la BBC o la ITV?
- ¿Te gustan los anuncios, o crees que estropean los programas?
- ¿Cómo debería financiarse la televisión?
- ¿Crees que un sólo hombre debería poder controlar una productora de televisión?

Escribe unas cien palabras, dando tus opiniones sobre estas cuestiones y haciendo una comparación de las dos principales productoras británicas.

e Decisión salomónica en el contrato de RENFE

EL asunto está más bien decidido. La red española de ferrocarriles se convertirá al ancho de vía internacional desde Port Bou hasta Sevilla en una primera fase para extenderse al resto de las líneas paulatinamente. El suministro del material de alta velocidad se concederá a Francia y el de locomotoras de gran potencia a Alemania, quien con toda probabilidad se hará cargo de las empresas españolas Ateinsa y Maquinista. Unicamente cambios de última hora, relacionados con la lucha contra el terrorismo y las presiones insalvables del Gobierno francés podrían alterar la decisión del ejecutivo español.

Más de seis meses de informes, consultas, viajes, de resistencia a las presiones de los medios informativos y de los suministradores, de los embajadores, de los especialistas en relaciones públicas y *marketing*, han puesto a prueba los nervios de los protagonistas en la decisión del importantísimo contrato de Renfe para la implantación en España de la alta velocidad y del ancho de vía internacional.

Las propuestas de Renfe son conocidas: una primera consistente en poner patas arriba toda la red ferroviaria para cambiar el ancho, considerada impracticable por irrentable y caótica. Otra segunda consistiría en dotar de ancho internacional a una pequeña red – posiblemente Madrid-Euskadi-Cataluña-Valencia y Sevilla – que obligaría a Renfe a contar con dos parques de material no intercambiables y que, por tanto, haría disminuir notablemente la rentabilidad de la explotación ferroviaria.

UNA PROPUESTA RAZONABLE. Los trenes que circulasen por esa nueva red de ancho internacional no servirían para el resto del territorio, haciendo más difícil la amortización del material.

La tercera posibilidad, calificada por los expertos como «la más razonable» y que, por otra parte, no obligaría a Transportes a comprometerse desde ya mismo en un plan de implantación, no es más que una fórmula mixta de las dos propuestas anteriores, es decir, en una primera fase establecer el nuevo ancho en las líneas y trayectos que se construyan de nueva planta. Y, posteriormente, y en torno a esas obras nuevas, ir extendiendo el ancho – y la alta velocidad – como una mancha de aceite, a todo el país.

El proceso puede durar décadas, pero permitirá, en primer lugar, amortizar el material actual. El país no está para derroches y hay mucho material, trenes y tendidos, que están prácticamente nuevos. Y, por otro lado, la lenta implantación del ancho internacional hará más fácil el estudio pormenorizado en cada caso concreto de las características o reformas que se deben aplicar en cada tramo. Según los expertos, a partir de ahora, lo lógico sería que cada trayecto nuevo de línea que se construya sea realizado con tecnología del siglo XXI y no con técnicas del XIX. Y lo moderno, ferro-

La nueva cara de Renfe ▷

viariamente hablando, es la alta velocidad. No sería muy cuerdo transformar los viejos tendidos ferroviarios al ancho internacional sin adecuarlos ya a una velocidad comercial superior a 200 kilómetros por hora.

Así que el ancho «a la europea» se irá aplicando únicamente en los nuevos tramos de alta velocidad. El primero, Madrid-Córdoba-Sevilla. El segundo, Madrid-Zaragoza-Barcelona-frontera francesa. Y a partir de este gran eje Barcelona-Sevilla comenzaría la construcción, muy ordenada y científicamente calculada, de las demás líneas de alta velocidad con ancho internacional. Sería como una lenta expansión tentacular.

España será el primer país que en la construcción de sus nuevas líneas de alta velocidad haga compatible la circulación de trenes de alta velocidad con transportes de mercancías y trenes convencionales.

por Cruz Sierra
tirado de *Cambio 16*, diciembre 1988

Lee el texto con la ayuda del vocabulario.

Vocabulario

ferroviario	railway (adj)
el ancho de vía	railway gauge
paulatinamente	gradually
el suministro	supply
hacerse cargo de	to take over
poner a prueba	to put to the test
poner patas arriba	to turn upside-down
irrentable	not viable
la amortización	payment of debts
el derroche	waste
pormenorizado	detailed
cuerdo	sensible
el eje	pivot

Ejercicio 18

Haz un resumen en tu propio idioma de los aspectos más importantes de este artículo, usando no más de 200 palabras.

Ejercicio 19

Busca las palabras del Texto E que corresponden a los siguientes sinónimos.

cuestión
poco a poco
poderoso
cambiar
introducción
proyecto

despilfarro
vía
detallado
de aquí en adelante
sensato
adaptar

 ## Ejercicio 20

Pide a tu profesor la Hoja de Trabajo 9-T-1 para hacer una traducción de tu propio idioma al español.

f ¡Ser director de El País *no hay quien lo aguante!*

– *Usted ha recorrido varias redacciones. ¿Cuál ha sido la más dura?*

– La más dura, sin duda, ha sido *El País*.

– *¿Por qué?*

– Porque *El País* es una empresa muy grande y la competencia es tremenda, feroz, desaforada.

– *¿De qué forma sufrió usted esa ferocidad?*

– Es que yo llegué aquí como jefe de sección de economía, algo que no había ocurrido nunca, y eso levantó muchos recelos y muchas suspicacias.

Por ejemplo, tuve que compartir mesa durante una semana con el anterior jefe de sección, al que yo venía a sustituir.

– *¿Por qué piensa usted que la profesión de periodista se suele adjetivar como canallesca?*

– Eso pasa con todas las profesiones. Lo que ocurre es que, en la nuestra, cuando somos canallescos lo somos más que nadie.

– *¿Se ha sentido alguna vez, profesionalmente hablando, canallesco?*

– Supongo que sí, como todo el mundo, aunque no recuerdo ahora en qué ocasión. Tu primera misión en el periodismo es vender. Pero, en *El País*, seguimos una estricta disciplina. Además, sabes también que en nuestro Libro de Estilo tenemos casi la obligación de enseñar las entrevistas al entrevistado para que las corrija. Aunque no somos perfectos, aunque tenemos nuestras filias y nuestras fobias, intentamos ser honestos.

– *¿Qué predomina más en usted, las filias o las fobias?*

– En ese sentido, cuanta más

Joaquín Estefanía, director de *El País*

responsabilidad tienes procuras ser menos arbitrario. En este momento yo tengo mucho menos derecho a ser arbitrario, porque ejerzo un poder de representación que no es mío.

– *¿De quién es, entonces?*

– Lo que quiero decir es que ahora me tengo que reservar mucho más que antes, que no puedo escribir un artículo poniendo a parir a no sé quién, porque mucha gente lo interpretaría como si fuera la opinión del periódico. Juan Luis Cebrián, por ejemplo, desde que no es director ha escrito un par de artículos tremendos, en los que pedía la reforma de la Constitución o daba un auténtico varapalo a los sindicatos y al Gobierno. Y estoy seguro que si Juan Luis ha escrito eso con tanta libertad es precisamente porque ahora ya no es el representante de *El País*, sino él mismo.

– *¿Cree usted en eso que se dice de que la prensa es el cuarto poder?*

– Yo lo desmitifico mucho eso. Nuestro periódico refleja la realidad, pero no transforma el mundo.

– *¿A qué aspira usted después de este cargo?*

– Lo tengo muy claro. Quiero ser director de *El País* durante un tiempo prudencial, tener un cargo administrativo, o ser redactor, o dar clases en la Facultad de Periodismo. Lo único que yo soy es periodista y es lo que quiero seguir siendo.

– *¿Existe alguna razón para que usted no quiera ser director de esta casa durante bastante tiempo?*

– ¡Hombre, es que esto, a la larga, no hay quien lo aguante!

por Lola Díaz
tirado de *Cambio 16*, febrero 1989

Ejercicio 21

Lee esta entrevista y luego contesta a las preguntas. Se trata del nuevo director de *El País*, Joaquín Estefanía, que habla de su trabajo.

1 ¿Por qué dice Estefanía que *El País* es el periódico más difícil en que ha trabajado?
2 ¿Cuál fue la primera responsabilidad de Estefanía al llegar a *El País*?
3 ¿Por qué le fue difícil compartir una mesa al llegar?
4 Según Estefanía, ¿por qué se dice que el periodismo es una profesión canallesca?
5 *El País*, ¿cómo trata de controlar a sus periodistas?
6 Este control, ¿cómo afecta las entrevistas?
7 Estefanía, ¿por qué tiene ahora menos oportunidad de expresar sus opiniones?
8 ¿Por qué han sido tan buenos los artículos de Cebrián?
9 ¿Cuáles son las ambiciones de Estefanía?
10 ¿Por qué no quiere ser director durante mucho tiempo?

Ejercicio 22

Vuelve a leer la entrevista y busca las palabras que corresponden a las siguientes definiciones.

puesto de redactor de un periódico
departamento que tiene la responsabilidad de asuntos económicos
persona que escribe artículos y reportajes para un periódico
persona a quien se le hace una entrevista
cambio para mejorar una institución u organización
el conjunto de todos los periódicos y revistas
puesto de responsabilidad
persona responsable de la redacción

Ejercicio 23

Escribe en estilo indirecto todo lo que dijo Joaquín Estefanía, cambiando todos los verbos al pasado cuando es necesario. (Véanse las Secciones de Gramática 38, 39, 40, 41 y 44.) Empieza así:

Joaquín Estefanía dijo que la redacción más dura que había recorrido había sido la de El País . . .

g El camino/El coronel no tiene quien le escriba

Ejercicio 24

Con tus compañeros de clase, lee estos dos trozos sacados de novelas muy conocidas, y discute los efectos que han tenido los transportes y comunicaciones sobre la vida de todo el mundo.

A veces, Daniel, el Mochuelo, pensaba que su valle era como una gran olla independiente, absolutamente aislada del exterior. Y, sin embargo, no era así; el valle tenía su cordón umbilical, un doble cordón umbilical, mejor dicho, que le vitalizaba al mismo tiempo que le maleaba: la vía férrea y la carretera. Ambas vías atravesaban el valle de sur a norte, provenían de la parda y reseca llanura de Castilla y buscaban la llanura azul del mar. Constituían, pues, el enlace de dos inmensos mundos contrapuestos.

En su trayecto por el valle, la vía y la carretera se entrecruzaban una y mil veces, creando una inquieta topografía de puentes, túneles, pasos a nivel y viaductos. La vía del tren y la carretera dibujaban, en la hondonada, violentos y frecuentes zigzags; a veces se buscaban, otros se repelían, pero siempre, en la perspectiva, eran como dos blancas estelas abiertas entre el verdor compacto de los prados y maizales. En la distancia, los trenes, los automóviles y los blancos caseríos tomaban proporciones de diminutas figuras de «nacimiento» increíblemente lejanas y, al propio tiempo, incomprehensiblemente próximas y manejables. En ocasiones se divisaban dos y tres trenes simultáneamente, cada cual con su negro penacho de humo colgado de la atmósfera, quebrando la hiriente uniformidad vegetal de la pradera. ¡Era gozoso ver surgir las locomotoras de las bocas de los túneles! Al Mochuelo le agradaba aquello más que nada, quizá, también, porque no conocía otra cosa. Le agradaba constatar el paralizado estupor de los campos y el verdor frenético del valle y las rachas de ruido y velocidad que la civilización enviaba de cuando en cuando, con una exactitud casi cronométrica.

adaptado de *El camino*
por Miguel Delibes

– El avión es una cosa maravillosa – dijo el coronel. -Dicen que puede llegar a Europa en una noche.

– Así es – dijo el médico, abanicándose con una revista ilustrada.

– Pero no deja de tener sus peligros – dijo el coronel. -La humanidad no progresa en balde.

– En la actualidad es más seguro que una lancha – dijo el médico. – A veinte mil pies de altura se vuela por encima de las tempestades.

– Veinte mil pies – repitió el coronel, perplejo, sin concebir la noción de la cifra.

– Hay una estabilidad perfecta – dijo el médico. Además, en el mar hay barcos anclados en permanente contacto con los aviones nocturnos. Con tantas precauciones es más seguro que una lancha.

El coronel lo miró.

– Por supuesto – dijo. – Debe ser como las alfombras.

tirado de *El coronel no tiene quien le escriba*
por Gabriel García Márquez

Ejercicio 25

Situaciones

Practica las siguientes situaciones con tus compañeros de clase. En cada caso damos unos ejemplos de preguntas o temas que podréis abarcar.

1 entrevista con un viajero que acaba de oír que se ha suspendido su vuelo a Londres.

- ¿adónde viajaba, y por qué?
- ¿cuánto tiempo lleva esperando?
- ¿cómo va a viajar ahora?
- ¿qué opina de los trabajadores de las líneas aéreas?

2 entrevista con una persona que vive cerca de la ruta de una nueva línea de ferrocarril, proyectada para trenes de alta velocidad.

- ¿por qué protesta en contra de la línea proyectada?
- ¿cómo va a afectar su casa?
- ¿por qué no quiere mudar de casa?
- ¿cómo va a continuar su cruzada en contra de la línea?

3 entrevista en la radio con un(a) famoso/a cantante de música pop.

- ¿qué efecto tiene en su vida la fama que ha conseguido?
- ¿a qué atribuye el buen éxito de sus discos?
- ¿cómo va a progresar su carrera de aquí en adelante?
- ¿está contento de ser famoso/a? (las ventajas y desventajas)

4 entrevista con una secretaria bastante vieja que ha tenido que adaptarse a las nuevas máquinas y a los grandes cambios que ha habido en el trabajo de una oficina.

- su trabajo, ¿es más fácil, o más difícil hoy en día?
- ¿cuáles han sido los mayores cambios en su trabajo?
- ¿cuáles son las máquinas más útiles y por qué?
- ¿cuáles de las novedades han hecho más difícil su trabajo, y por qué?

Ejercicio 26

Reportaje

Lee el texto elegido, y cuenta a tus compañeros de clase los elementos más importantes del texto.

1 Telefónica: los coletazos de un monopolio
2 ETB mejora en castellano
3 Televisiones en guerra
4 Los esclavos de la pantalla

y de postre . . .

🖎 Pide a tu profesor(a) la Hoja de Trabajo 9-T-2.

Ejercicio 27

Discute los siguientes temas con tus compañeros, o escribe sobre uno de ellos una redacción de unas 300 palabras.

1 El teléfono es el invento más útil dentro del mundo de las comunicaciones . . . .
2 La televisión ha destruido el arte de la conversación.
3 El Gobierno debería dar subvenciones suficientes como para mantener los transportes públicos.
4 ¿No deberíamos apoyar los transportes públicos más bien que los coches privados que suelen viajar medio vacíos?
5 Libertad de la prensa, sí. Pero abuso del derecho a la privacia, nunca.
6 El Gobierno debería hacer ilegales las huelgas en los transportes públicos.

Ejercicio 28

Busca las palabras que se definen en las siguientes frases. La primera letra de cada una te dará las letras de una palabra muy importante para el tema de esta Unidad.

1 Carretera de dos carriles que no tiene cruces.
2 Vía que lleva el tráfico de una ciudad a otra.
3 El facsímile es una máquina de . . . . . . electrónico.
4 Aparato para hacer rápidamente cálculos muy complicados.
5 Ciencia de la clasificación y difusión de datos.
6 España va a adoptar el ancho de vía . . . .
7 El Ministerio de . . . . . . Públicas es el que es responsable para las carreteras.
8 Igual que el número 4.
9 Aparato para conectar un computador con la red telefónica.
10 Pedro Piqueras hacía diarios hablados en Radio . . . .
11 Las autopistas no tienen enlaces al mismo . . . .
12 Ante el peligro que esto supone en las . . . . . . autopistas . . . .

UNIDAD 10 — Una vida sana

a ¿Llevas una vida sana?

¿Llevas una vida sana?

El culto al cuerpo es un valor en alza, pero el ritmo de vida actual es tan intenso que no nos permite ocuparnos de nuestro bienestar físico.

El agotamiento y el estrés suelen estar a la orden del día y, en ocasiones, puede ocurrir que, repentinamente, algo nos avise de que estamos al borde de la catástrofe si no ponemos con decisión los medios para atajarla.

1 Aunque resulte más cómodo usar el ascensor, ¿tienes como norma subir o bajar las escaleras andando?

2 A lo largo del día, ¿haces las cosas con parsimonia y lentitud?

3 Cuando te acuestas por la noche, ¿consigues dormirte habitualmente en seguida, sin desvelarte?

4 A pesar de las nuevas normas de circulación, ¿te gusta conducir el coche fuera de los límites de velocidad establecidos?

5 Si fumas, ¿has intentado dejar de hacerlo en más de una ocasión sin éxito?

6 ¿Consideras que hacer ejercicio físico sólo sirve para perder el tiempo?

7 Cuando tienes tiempo libre, ¿prefieres dedicarlo a caminar, a ver la televisión?

8 ¿Has comprobado que casi siempre que engordas ha sido por llevar una vida demasiado sedentaria?

9 ¿Podrías afirmar, sin mentir, que bebes como máximo una copa de cerveza o similar al día?

10 Si te arrastra el cansancio o tus nervios se disparan, ¿echas mano de algún medicamento?

11 Cuando vas de vacaciones, ¿sueles llevarte siempre tus toallas y sábanas «para evitar contagios»?

12 ¿Has tomado en ocasiones alguna bebida alcohólica junto con un tranquilizante o similar?

13 Al conducir, ¿usas el cinturón de seguridad sin ninguna sensación de ridículo?

Valora con dos puntos cada respuesta afirmativa lograda con pregunta impar, y con otros dos, cada negativa conseguida con pregunta par. Suma los puntos.

RESULTADO DEL TEST

De 0 a 6 puntos: Vas por la vida arrastrándote; sin querer te estás matando. Le niegas a tu cuerpo los cuidados que necesita. Te empeñas en querer demostrarte que eres fuerte y que puedes aguantar todos los excesos habidos y por haber. Lo único que estás consiguiendo es acabar con tu vitalidad. Eres muy rebelde; necesitas mentalizarte para tratar de lograr un estilo de vida más sano.

De 8 a 12 puntos: Debes cuidar algo más tus costumbres. A veces cometes excesos que, a la larga, perjudicarán tu salud. Empieza ahora a proporcionar a tu cuerpo esos cuidados físicos que tanta pereza te dan. Verás cómo te lo agradeces.

De 14 a 20 puntos: Estás de enhorabuena: sabes cuidar de tu salud, dando a tu cuerpo los cuidados que necesita. Sin embargo, no olvides que también hay que cuidar la mente. Por eso, si un día necesitas alegrar tu espíritu, no te importa hacerlo con unas copas y unos buenos amigos porque conoces la forma de contrarrestar el pequeño exceso, para mantenerte en equilibrio.

Más de 20 puntos: En lo que se refiere a tu salud, no pasas una. Siempre estás pendiente de lo que te conviene y de lo que te perjudica. Vives en una continua zozobra por temor a que te contagien cualquier cosa. Tu preocupación es exagerada.

por Antonio Arias, tirado de *Mía*, septiembre 1988

Ejercicio 1

a Lee y contesta a las preguntas del 'test'. ¿Cuántos puntos ganas? ¿En qué grupo estás? ¿Cómo podrías mejorar tu modo de vivir?

b Compara tu total con el de tus compañeros/as de clase y de tu profesor(a). ¿Quién lleva la vida más sana? ¿Quién toma más riesgos en cuanto a su salud? ¿Quién se preocupa demasiado?

c Lleva el test a casa. Explica a los miembros de tu familia lo que significan las preguntas y elicita sus respuestas. ¡Tendrás que explicarles el significado de su total! ¿Quién de tu familia tiene el estilo de vida más sana? Compara a los miembros de tu familia con los de tus compañeros.

d Ahora extiende la encuesta a otras personas que conoces – tus profesores/as, amigos/as en otras clases, compañeros/as de fuera del colegio, etc. Cuando hayas recopilado los 'resultados', por lo general, ¿cómo se cuidan la salud la mayoría de tus amigos? Compara sus respuestas con los amigos de tus amigos: ¿quién tiene los amigos más sanos?

Vocabulario

el agotamiento	exhaustion
atajar	to stop, forestall
con parsimonia	steadily, economically
desvelarse	to stay awake
arrastrar	to drag, pull down
disparar	(here) to be on edge
par/impar	even/odd (numbers)
empeñarse en	to persist in
habidos y por haber	that there have been and can still be
mentalizarte	to put yourself in the frame of mind
perjudicar	to prejudice
contrarrestar	to redress
no pasas una	you're very fussy
la zozobra	anxiety

b En diez minutos: gimnasia de iniciación

Ejercicio 2

¡Si Simón lo dice, hazlo, y si no lo dice, pues no lo hagas!

a Lee con cuidado la serie de ejercicios, prestando atención especialmente a las instrucciones. Cuando tú y tus compañeros las entendáis todas, empezad a trabajar en parejas. Uno/a da las instrucciones al otro/a, que tiene que obedecer si le dices que Simón lo dice, y no si Simón no le dice nada. Continuad hasta que se equivoque, cambiad de rol, y seguid.

b Ahora seguid haciendo los ejercicios, pero *uno/a* solamente grita las instrucciones a toda la clase. La persona que gane seguirá dando las instrucciones hasta que os canséis.

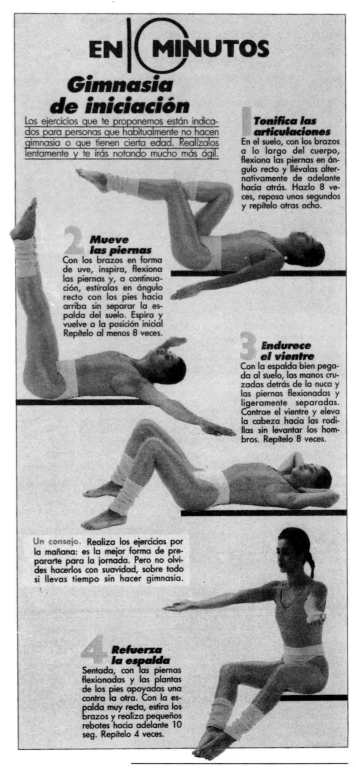

EN 10 MINUTOS

Gimnasia de iniciación

Los ejercicios que te proponemos están indicados para personas que habitualmente no hacen gimnasia o que tienen cierta edad. Realízalos lentamente y te irás notando mucho más ágil.

1 Tonifica las articulaciones
En el suelo, con los brazos a lo largo del cuerpo, flexiona las piernas en ángulo recto y llévalas alternativamente de adelante hacia atrás. Hazlo 8 veces, reposa unos segundos y repítelo otras ocho.

2 Mueve las piernas
Con los brazos en forma de uve, inspira, flexiona las piernas y, a continuación, estíralas en ángulo recto con los pies hacia arriba sin separar la espalda del suelo. Espira y vuelve a la posición inicial. Repítelo al menos 8 veces.

3 Endurece el vientre
Con la espalda bien pegada al suelo, las manos cruzadas detrás de la nuca y las piernas flexionadas y ligeramente separadas. Contrae el vientre y eleva la cabeza hacia las rodillas sin levantar los hombros. Repítelo 8 veces.

Un consejo. Realiza los ejercicios por la mañana: es la mejor forma de prepararte para la jornada. Pero no olvides hacerlos con suavidad, sobre todo si llevas tiempo sin hacer gimnasia.

4 Refuerza la espalda
Sentada, con las piernas flexionadas y las plantas de los pies apoyadas una contra la otra. Con la espalda muy recta, estira los brazos y realiza pequeños rebotes hacia adelante 10 seg. Repítelo 4 veces.

por María Jesús R Monasterio
tirado de *Mía*, octubre 1988

Ejercicio 3

a Rellena los espacios en blanco en las instrucciones, escogiendo de entre las palabras siguientes. No todas son necesarias ni aptas.

invierte	*adelanta*	*da*
flexiona	*endurece*	*lleva*
gira	*vuelve*	*mueve*
empieza	*balancea*	*realiza*
repítelo	*contrae*	*reposa*
aumenta	*haz(lo)*	*estira*

b Al terminar esta tarea, vuelve a escribir las instrucciones para que se den a más de una persona, es decir, en plural.

El vocabulario del ejercicio

tonificar	to tone up
flexionar	to flex, bend
reposar	to rest
repetir (i)	to repeat
mover (ue)	to move
inspirar	to breathe in
espirar	to breathe out
estirar	to stretch
endurecer	to harden
contraer	to contract, pull in
elevar	to raise
realizar	to carry out
invertir (ie, i)	to reverse
girar	to turn
aumentar	to increase
adelantar	to put forward
balancear	to swing
saltar	to jump
tocar	to touch
mantener recto	to keep straight
volver	to return
cruzar	to cross
practicar	to practice

EN 10 MINUTOS

Gimnasia sin agujetas

Si has decidido hacer ejercicio con el nuevo año, es conveniente que empieces por movimientos suaves. Te ayudarán a tonificar el cuerpo y a no estar cansada.

1 Brazos arriba
De pie, con las piernas juntas, el brazo izquierdo hacia arriba. En esta posición los brazos hacia atrás con golpecitos muy suaves. 10 veces e la posición.

2 Hacia delante
los brazos hacia delante y giros del tronco hacia el lado derecho, a la posición inicial y al lado izquierdo. Realízalo unas 10 veces.

Un consejo: haciéndolos sólo 10 veces y cuando ya tengas un poco de práctica el número de repeticiones.

3 Tronco flexionado
un pie a la vez que flexionas el tronco en ángulo recto. los brazos bien estirados hacia delante y hacia atrás.

4 Saltos y balanceos
Colocada en la posición de la foto, dos veces los brazos y, con el impulso, un salto cambiando la posición de las piernas. 10 saltos.

Próximo lunes
Estrechar cintura

Ejercicio 4

Decidid entre vosotros las instrucciones que daríais para estos ejercicios.

📓   Ahora pide a tu profesor(a) la Hoja de Trabajo 10-T-1 y la Hoja de Gramática 10-G-1.

c El azúcar

A granel o en forma de terrones, el azúcar nos resulta muy familiar. Pero ¿sabes que está presente en estado natural en ciertos alimentos? A continuación te explicamos en detalle todo lo que debes saber sobre él.

Simple o complejo

Podemos dividir los azúcares o hidratos de carbono en dos grandes grupos:

• Los complejos o de digestión lenta son asimilados pausadamente por el organismo por lo que el efecto sobre el hambre es mucho más permanente. Son básicamente los almidones: patatas, pan, legumbres.

• Los simples o de absorción rápida son los que provocan una mayor necesidad de ingerir nuevamente azúcares. En este grupo habría que incluir la fruta, le leche y, especialmente, todos los compuestos de la sacarosa.

1 El azúcar aumenta el apetito.

2 Los dulces de régimen no engordan.

3 El azúcar aporta minerales y vitaminas.

4 El exceso de azúcar es nefasto.

5 La miel tiene menos calorías que el azúcar.

6 El azúcar moreno es mejor para la salud que el blanco.

7 Un sorbete contiene menos azúcar que un helado.

8 El pan integral tiene más valor energético que el blanco.

9 La manzana es la fruta menos dulce.

a Falso. No presenta ninguna diferencia particular en relación con el blanco. Los dos están constituidos por sacarosa: un 99,6% el azúcar blanco y entre un 85 y un 99,5% el moreno.

b Verdadero. El pan blanco está hecho únicamente con harina, agua, sal y levadura. El integral, sin embargo, además de otros componentes, contiene azúcar y materias grasas; por lo tanto, es más energético que el pan blanco: 400 calorías por 100 g de pan integral, frente a las 225 del pan blanco.

c Falso. Contiene de 10 a 15 g de glúcidos por 100 g, igual que la pera, el albarico-que, el melocotón, la nectarina, las cerezas y el mango. Una manzana mediana (entre 150 y 200 g) contiene de 18 a 25 g de glúcidos, el equivalente de cuatro azucarillos. Por eso es muy importante que en un régimen no consumas más de dos piezas de fruta al día.

d Verdadero. El azúcar y en general todos los productos azucarados, como los bollos, los pasteles o los bombones, no son indispensables para una nutrición equilibrada. En realidad lo único que aportan es energía, por lo que suministran lo que se ha venido en llamar **calorías vacías.** Es más, la miel, siempre considerada como un alimento rico, sólo proporciona por cada 100 g, 3 proteínas, 0,8 g de hierro, 0,04 g de vitamina B y 3 g de vitamina C.

e Falso. Los helados cremosos son más calóricos porque tienen ingredientes como leche o materias grasas, que no lleva el sorbete. Pero la cantidad de azúcar es muy parecida: alrededor de un 20% del producto.

f Verdadero. La miel es un alimento muy energético, rico en glúcidos (300 c cada 100 g), pero todavía lo es más el azúcar (400 c por 100 g). Además, como la miel endulza más que el azúcar, se necesita menos cantidad para edulcorar, con lo que todavía se consumen menos calorías ingiriéndola.

g Falso. Entre este tipo de alimentos hay que diferenciar los que están hechos a partir de fructosa (son, sobre todo, los especiales para diabéticos), cuya aportación de calorías es algo menos que la de los derivados de la sacarosa... Pero al fin y al cabo son azúcares, y por lo tanto desaconsejados para quienes quieren adelgazar. Sólo los edulcorantes denominados de síntesis (sacarina, glutamato monosódico) no añaden calorías.

h Verdadero. Es totalmente errónea la creencia de que el dulce bloquea el hambre. Por el contrario, después de comer algo que contenga azúcar, el organismo parece reclamar una nueva dosis de alimentos (por lo general también dulce).

i Verdadero. Si se toma con moderación, el azúcar es útil o incluso necesario. No hay que olvidar que es un potente energético y que su consumo beneficia a los más jóvenes. Sin embargo, si el azúcar se toma en exceso (se ha llegado a una media de consumo de 1 kg por semana y persona en los países industrializados), puede ser muy perjudicial: provoca caries dentales, obesidad, arteriosclerosis y, sobre todo, diabetes.

tirado de *Mía*, septiembre 1988

Ejercicio 5

Aquí tienes nueve observaciones acerca del azúcar, algunas de las cuales son verdaderas y las otras falsas, seguidas de las respuestas del experto. Tienes que ordenarlas para que correspondan con la observación apropiada.

El vocabulario de la dieta

la dieta	diet
el régimen	
hacer dieta	to diet
adelgazar	to slim, lose weight
engordar	to put on weight
la anorexia nerviosa	anorexia nervosa
cuidarse la línea	to watch one's figure
los 'michelines'	'spare tyre'
la obesidad	obesity
las calorías	calories
la grasa	fat
la proteína	protein
el peso	weight
pesar	to weigh
la fibra	fibre
sentir hambre	to feel hungry
el metabolismo	metabolism
las enfermedades cardíacas	heart disease
el infarto	heart attack

Ejercicio 6

Explica el significado de las frases siguientes:

el azúcar a granel
un terrón de azúcar
el azúcar moreno
el pan integral
las materias grasas
los helados cremosos son más calóricos

una nutrición equilibrada
la miel es un alimento muy energético
el dulce bloquea el hambre
el organismo parece reclamar una nueva dosis de alimentos
un potente energético
puede ser muy perjudicial

Escoge cinco de ellas e inventa una frase completa que la contenga.

Ejercicio 7

a Busca un régimen de adelgazar en un libro, revista o periódico de tu propio país, explica a la clase en qué consiste, el objectivo del régimen, y las razones por qué te gustaría probarlo o no. O si quieres, un régimen que hayas probado y el éxito que hayas o no hayas tenido con él.

b Comparad los varios regímenes que habéis traído a clase. ¿Cuál sería el más atractivo? ¿El menos severo? ¿Cuántas calorías te permite cada uno? ¿Cuántos kilos te promete perder en cuánto tiempo? ¿Sería costoso comprar el alimento correcto? ¿Hay avisos sobre las contraindicaciones que pueda haber? A tu parecer ¿sería eficaz cualquiera de estos regímenes?

Ejercicio 8

¿Para qué hacer una dieta? Discutid entre vosotros las razones y el valor de comer a dieta, o por lo menos comer una dieta equilibrada.

Caramelos, galletas – todo azúcar

Ejercicio 9

a Escribe una carta a una revista en la que ha aparecido una dieta que acabas de seguir durante unas semanas. No estás satisfecho/a porque has perdido muy poco peso, has tenido algunos malos efectos y además la comida que has tenido que comprar te ha costado bastante. Tienes que quejarte al redactor de todo esto y avisar a los otros lectores para que no adopten esta dieta.

b Escribe un artículo para una revista explicando la importancia que atribuyes a una dieta equilibrada.

Ejercicio 10

Trabajando en parejas, haced diálogos de las situaciones siguientes:

a Tu padre pesa demasiado para su edad, come, bebe y trabaja demasiado. Tú estás muy preocupado/a por su salud. Tienes que convencerle de la necesidad de controlarse más pero él no quiere renunciar a ninguna de sus malas costumbres.

b Tu hermana o mejor amiga no come nada a causa de una preocupación irracional por su línea. Tú temes que se ponga anoréxica y tienes que convencerle para que coma más y explicarle las consecuencias si no.

c Estás cenando en casa de unos buenos amigos, pero estás siguiendo un régimen porque has empezado a engordar. Ya te has quitado dos o tres kilos, pero los padres de tu amigo/a se porfían en ofrecerte mucha más comida de la que necesitas ¡y no quieres volver a poner esos kilos! ¿Cómo vas a declinar firme pero cortésmente lo que te ofrecen?

 Ahora pide a tu profesor(a) la Hoja de Trabajo 10-T-2.

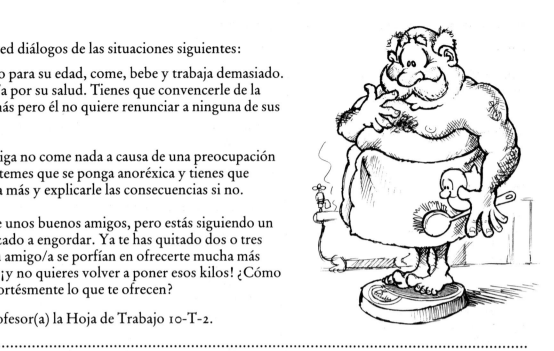

d El tabaco

Texto i

Fuma demasiado y quiero que deje el tabaco

Tengo 21 años y salgo desde hace tiempo con un chico de 22. El problema es que fuma mucho y no sé qué hacer para que abandone ese hábito. Lo he intentado todo, pero es inútil. Me preocupa mucho que el tabaco le produzca alguna de las enfermedades de las que tanto se habla, como cáncer de pulmón, y, aunque no ceso de repetírselo, no me hace caso. Por favor, dígame si hay algún sistema con el que pueda ayudarle a dejar de fumar de manera definitiva.

RESPUESTA

Para que tu novio deje de fumar, ha de ser él mismo quien adopte la resolución. Hoy en día, casi todo el mundo conoce los negativos efectos que entraña el uso abusivo del tabaco pero teniendo en cuenta que, en la mayoría de los casos, se fuma por ansiedad, la repetición insistente de los peligros a los que está sometido no hace más que aumentar la tensión y el miedo del fumador, y por lo tanto, más ganas le darán de encender el próximo cigarrillo.

Algunas personas abandonan el tabaco guiadas de un repentino impulso de miedo, o por presiones externas, pero generalmente recaen

> **❝ Ha de guiarse por sus propias convicciones ❞**

en el hábito cuando cede la presión o el temor desaparece. Por eso es importante que la decisión sea meditada y que se establezca un cuidadoso plan de deshabituación, eligiendo preferentemente una época sin muchos agobios de trabajo, en la que se sienta relajado.

Es conveniente dedicar un tiempo previo a observar cómo funciona su adicción, ya que cada fumador utiliza el tabaco de manera muy diferente: como sedante para reducir sus sentimientos de miedo en los momentos de crisis o de ansiedad; como placer, recreándose en aspirar el humo; o sin tregua, encendiendo un pitillo detrás de otro sin siquiera darse cuenta de lo que hace. Esta observación permitirá conocer cuáles son los momentos más peligrosos en los que aumenta la probabilidad de encender un pitillo. En principio será útil que tenga siempre a mano un paquete de chicles o caramelos sin azúcar para los momentos más tensos. Puede también valerse de alguna técnica de relajación para que no decaiga su voluntad.

Por último, no es aconsejable que estés todo el día encima de él, repitiéndole que lo deje. Pues sabe de sobra lo preocupada que estás. ∎

tirado de Mía, septiembre 1988

Texto ii

Tabaco

MANUEL VICENT

Después de un tiempo de meditación he decidido abandonar el tabaco. Nunca volveré a aspirar el aroma de un cigarrillo por la mañana a la hora del café, y en la alegre sobremesa, y en el crepúsculo de la ciudad junto a la copa con los amigos. He sido derrotado. Hasta ahora yo sólo fumaba por solidaridad con los pobres, los negros, las mujeres y los albañiles. Me he pasado al otro bando. Cuando ya no existen derechas ni izquierdas, hoy el tabaco se ha constituido en una de las claves para descifrar la ideología: la clase dominante no fuma, los explotados siguen apurando con avidez todas las colillas. Me he ido con los poderosos. A cambio de eso las encuestas me prometen que dentro de algunos años seré un viejo sonrosado, totalmente saludable, si antes no me aplasta un coche.

por Manuel Vicent
tirado de El País, febrero 1988

Texto iii

El tabaco

Antonio Gala

Para los ingleses Sir Walter Raleigh fue el introductor del tabaco en Europa; para los españoles, llevaba un siglo introducido. Para los ingleses, Raleigh fue un descubridor de nuevas tierras; para los españoles, un pirata. En el momento de subir al cadalso le preguntaron cuál era su último deseo; contestó que fumarse una pipa, y así lo hizo. A una reina española, la mujer de Carlos III, la surtían desde Cuba del tabaco más fuerte, que era su predilecto. Murió de una enfermedad de pulmón a la edad de treinta y cinco años, no sé si producida por su vicio, o porque —casada a los catorce— tuvo trece hijos, o simplemente porque estaría de Dios. Lo cierto es que de América nos mandaron el tabaco, y de tu Norteamérica nos mandan su desprestigio.

La nicotina había sido hasta hoy una droga con no muy mala prensa. Tiene —se afirmaba— efectos breves que no perturban la actividad normal; facilita la producción de endorfinas en el cerebro, que proporcionan una sensación placentera; ayuda a concentrarse y a tolerar el dolor. Además, el que fuma regula su acción de una forma instintiva: si da chupadas cortas y rápidas, envía al cerebro dosis bajas con un efecto estimulante; si da chupadas profundas y espaciadas, dosis altas con efectos sedantes. Todo eso, sin embargo, nada importa ya. La bronquitis crónica, la afección pulmonar obstructiva, los trastornos cardiocirculatorios, el infarto, el cáncer de pulmón y el de laringe, por citar sólo algunas estridencias, se relacionan íntimamente con el consumo de tabaco. Se asegura que él (antes un evidente vínculo de sociabilidad: *¿un cigarrillo? ¿me da fuego?*) ha facturado para el otro barrio, en cincuenta años, a más gente que todas las guerras de este siglo juntas. En el Reino Unido —donde Raleigh y su pipa— provoca el tabaco cinco veces más muertes que los accidentes de tráfico y —ya es decir— que el alcohol. En USA, sus muertes anuales superan a las ocasionadas por el abuso de las drogas legales e ilegales; son siete veces más que las de accidentes automovilísticos y un centenar de veces las del SIDA. El porvenir del tabaco lo veo, pues, oscuro.

No tanto por enemigo público número uno, cuanto por haberse convertido artificialmente en signo de mala educación y de inferior cultura. Es una estupidez, pero en las formas de morir también ejercen las modas su influencia.

En mi tiempo, los niños ansiaban afeitarse, usar pantalón largo, alardear de novias, escupir por el colmillo y fumar. Es decir, los niños ansiaban ser mayores. Creo que yo no. Y no es porque desease permanecer siempre niño, porque no me gustaba; pero tampoco me convencían tales atributos de la mayoría, entre los que —tan evidente como inexplicable— estaba el de fumar. Yo aspiraba a otros privilegios. Por ejemplo, salir de noche solo. Mi primera práctica en tal sentido se conecta con el tabaco. Te lo explico. Mi aversión a él acaso procedía de la medrosa arqueta que cada noche debía traerle a mi padre después de cenar. Mi padre se hacía sus propios cigarrillos. Mezclaba picaduras de hebra y al cuadrado, guardadas dentro del arca en paquetes de colores brillantes, oropeles y etiquetas inglesas. Con meticulosidad desmoronaba los paquetes de tabaco y los revolvía tras limpiarlos de palitos e impurezas. La noche que cumplí los doce años, al sentarnos a cenar, le dije en alto al ama: "Dame una llave, porque voy a salir". Nadie pronunció la menor palabra. La cena transcurrió normal. Después de mi aventura diaria en busca de la arqueta, durante la que supuse que en el comedor se conjuraba contra mí, el ama me tendió con sencillez la llave de la casa. Me fui al cuarto de baño, me empapé el pelo, me lo peiné y me lo repeiné, entre asombrado y compungido por la indiferencia en que mi arriesgada petición caía. Traté de darles tiempo para reflexionar. Volví a despedirme al comedor. Besé a mis padres. Nada: mi padre, impertérrito, liaba sus pitillos. Y salí, ¿qué otra cosa cabía? Anduve un poco, me metí por una bocacalle y me senté en la acera con las lágrimas saltadas. Estaba claro: no me querían: habían dejado salir, de noche, solo, a un niño. Un niño que no sabía para dónde tirar en una calle solitaria de octubre, mojada y sin entrañas. Regresé, por mantener el tipo, dos horas después, interminables. Durante ellas imaginaba el calor de la casa, su suave luz rosada, y a mi padre, con las gafas caídas, mezclando su tabaco. Aquel tabaco —símbolo del hogar y de mis fantasmas, de comedor a despacho y viceversa— estropeó mi primera libertad.

De los cigarrillos de matalahuva de la infancia, que comprábamos a las arropieras, salté a uno rubio, que mi padre me ofreció mediada una corrida de toros en Valladolid. Toreaban tres amigos suyos, pero al tercero no lo vi porque me mareó el tabaco. "Si no quieres, no te tragues el humo. Puedes, incluso, no fumar". Pero fumé. Por agradecimiento, supongo. Luego, ya por solidaridad: en Sevilla, los universitarios fumábamos *Ideales,* unos petardos duros como patas de bancos, apuntalados con estacas y envueltos en papel color yema de huevo. Yo no los dejaba en los ceniceros para que me amarilleasen antes el dedo índice izquierdo, que ostentaba como un trofeo. Mis compañeros me llevaban tres o cuatro años, lo que a esa edad es mucho, y ya sí deseaba parecer mayor. Estaba harto de que me trataran como a una mascotilla.

Hoy leo en un diario —dentro de una década te haría reír desde la primera a la última página— que muchos niños de ocho o diez años se reúnen para drogarse, y emplean principalmente pegamento. Ignoro en qué consiste tal droga, y si es mejor o peor que el tabaco. Cada época tiene sus adicciones, sus rebeldías y sus vías de escape: de escape de cuanto esa misma época les impone a sus víctimas. La batalla del tabaco no sé si la ganarán los organismos sanitarios o las compañías tabacaleras. Será cuestión de costumbres y de dinero. Pero sospecho que tú no fumarás. Tú irás por otro lado. El tabaco será para ti como para mí el rapé o el soconusco: una reliquia colombina. Te habrán convencido, a fuerza de campañas, de que es una solemne tontería asesina quemar un pequeño cilindro y echar el humo por narices y boca; un juego aburrido al que ya nadie, salvo los inadaptados, jugará. Si eres un inadaptado entonces, Tobías, enhorabuena: fuma (ya sabes, chupada corta o larga según las circunstancias) y acuérdate de mí. (Olvidaba decirte que mi padre murió, en efecto, de un cáncer de pulmón. Pero ese cáncer lo liberó de una arterioesclerosis cerebral, que lo había transformado —a él, tan rectilíneo y lúcido— en un trágico mueble. ¿Cómo acertar, Tobías?)

© Antonio Gala, 1986

por Antonio Gala
tirado de *El País Semanal,* junio 1986

Ejercicio 11

1 ¿Cuáles son los placeres y efectos benéficos proporcionados por el tabaco, según los escritores?
2 Haz una lista de los daños físicos que puede causar.
3 ¿Qué estadísticas se dan acerca de las muertes causadas por el tabaco?
4 ¿Qué contraste se hace entre la aceptabilidad social del tabaco antes y ahora?
5 ¿Qué implicaciones hay acerca de la división social entre los que han dejado de fumar y los que siguen fumando? En tu opinión y experiencia, ¿se pueden justificar estas alegaciones?

El tabaco: ¿placer inofensivo o droga pésimo?

Ejercicio 12

Contesta *sí* o *no* a las observaciones que siguen. Si tu respuesta es *no*, ¿cuál sería la observación correcta?

Texto i

1 La chica ha hecho muy poco para disuadir a su novio de fumar.
2 Se preocupa de que todos piensen que es de la clase obrera si sigue fumando.

Texto ii

3 El escritor ha renunciado de fumar porque es lo que 'se hace' en la buena sociedad.
4 Implica que el uso del tabaco más que la política es lo que determina las clases sociales.

Texto iii

5 Si tu cerebro produce endorfinas tendrás dolor de cabeza.
6 El tabaco capacita la concentración.
7 Puedes controlar el efecto del tabaco según la manera de fumar.
8 El tabaco ha matado en el siglo XX menos gente que todas las guerras habidas en ella.
9 El porvenir del tabaco es seguro.
10 La opinión pública más que los peligros de su uso acabará con el tabaco.

Ejercicio 13

Discusión: ¿Estás en pro o en contra de fumar?

- el placer – la ayuda a la concentración o los nervios – el derecho de hacer lo que se quiere: una libertad civil?
- el daño que causa – el fumar 'pasivo' – el estorbo a otros – el olor – acortar tu vida – el peligro del incendio
- ¿Tienen derecho las autoridades de prohibir que se fume en sitios públicos?
- ¿No tiene cada uno derecho de matarse a su gusto?
- ¿No es verdad que las autoridades médicas siempre exageran los peligros?

HUMOR

—¿Es ese el enfermo?

Gramática Viva

Estudia en el párrafo 63 de la Sección de Gramática el imperativo de la segunda persona.

Ejercicio 14

Teniendo en cuenta lo que acabas de estudiar en las Secciones C y D, ¿qué recomendaciones harás a un amigo para que se mantenga lo más sano posible? Haz una lista de diez cosas que tiene que hacer y diez que no.

Por ejemplo:	*sí*	*no*
	come fibra	no comas demasiado azúcar

Ahora haz una lista parecida dirigida a todos tus amigos:

Por ejemplo:	comed fibra	no comáis demasiado azúcar

Ejercicio 15

Trabajad en parejas haciendo diálogos de las situaciones siguientes:

1 Como la chica del Texto C tienes un(a) amigo/a que fuma mucho. Tú tienes que disuadirle/la y él/ella no quiere . . .

2 Estás en un departamento de no fumadores en un tren. Un pasajero está fumando y no quiere parar. Tú le pides que cese, pero él/ella insiste. Primero le/la tratas con cortesía, pero . . .

Ejercicio 16

a Escribe una carta al periódico lamentándote de la falta de posibilidades de escaparte del humo ajeno en los sitios públicos. Haz algunas sugerencias para remediar el problema.

b *El decálogo del no fumador.* Escribe diez frases que disuadan a la gente joven de fumar. ¡Tienes que poner las razones además de las recomendaciones!

c ¡Los fumadores contraatacan! Escribe una defensa del tabaco.

e La medicina preventiva

Los chequeos: aspecto importante de la salud

Ejercicio 17

Escucha la cinta y rellena los espacios en blanco con las palabras que faltan:

1 Se trata de evitar los . . . . . . antes de que aparezcan.

2 Las . . . . . . y los . . . . . . pueden conseguirlo.

3 El objetivo es que lleguemos a la . . . . . . en las mejores condiciones . . . . . .

4 El *check-up* es un sistema para atajar la aparición de . . . . . . a través de . . . . . . rutinarias.

5 Los *check-up* han sido propiciados por los . . . . . técnicos.

6 Más vale . . . . . . que curar.

7 Se trata de un estudio sistemático y exhaustivo de todos los . . . . . y . . . . . vitales.

8 Permite efectuar un . . . . . precoz de determinadas . . . . . que a la larga podrían ser . . . .

9 Pueden pasar desapercibidos por falta de . . . . . aparentes.

10 El chequeo aporta los . . . . . necesarios para establecer con suficiente . . . . . la posibilidad de que aparezcan . . . . . orgánicas.

11 Si se . . . . . y trata correctamente a un . . . . . se habrá evitado la aparición de una posible . . . .

12 Nos permiten disponer de un estudio . . . . . de nuestra persona, y nos indican si tenemos . . . . . o . . . . . especial a un determinado mal.

Ejercicio 18

Vuelve a escuchar la cinta y con la ayuda de las frases que has completado en el Ejercicio 17 escribe un resumen en tu propio idioma de su contenido.

Un día de éstos – o – una visita al dentista

El lunes amaneció tibio y sin lluvia. Don Aurelio Escovar, dentista sin título y buen madrugador, abrió su gabinete a las seis. Sacó de la vidriera una dentadura postiza montada aún en el molde de yeso y puso sobre la mesa un puñado de instrumentos que ordenó de mayor a menor, como en una exposición. Llevaba una camisa a rayas, sin cuello, cerrada arriba con un botón dorado, y los pantalones sostenidos con cargadores elásticos. Era rígido, enjuto, con una mirada que raras veces correspondía a la situación, como la mirada de los sordos.

Cuando tuvo las cosas dispuestas sobre la mesa rodó la fresa hacia el sillón de resortes y se sentó a pulir la dentadura postiza. Parecía no pensar en lo que hacía, pero trabajaba con obstinación, pedaleando en la fresa incluso cuando no se servía de ella.

Después de las ocho hizo una pausa para mirar el cielo por la ventana y vio dos gallinazos pensativos que se secaban al sol en el caballete de la casa vecina. Siguió trabajando con la idea de que antes del almuerzo volvería a llover. La voz destemplada de su hijo de once años lo sacó de su abstracción.

– Papá.

– Qué.

– Dice el alcalde que si le sacas una muela.

– Dile que no estoy aquí.

Estaba puliendo un diente de oro. Lo retiró a la distancia del brazo y lo examinó con los ojos a medio cerrar. En la salita de espera volvió a gritar su hijo.

– Dice que sí estás porque te está oyendo.

El dentista siguió examinando el diente. Sólo cuando lo puso en la mesa con los trabajos terminados, dijo:

– Mejor.

Volvió a operar la fresa. De una cajita de cartón donde guardaba las cosas por hacer, sacó un puente de varias piezas y empezó a pulir el oro.

– Papá.

– Qué.

Aún no había cambiado de expresión.

– Dice que si no le sacas la muela te pega un tiro.

Vocabulario

la dentadura postiza	denture
el yeso	plaster
la fresa	(here) drill
un puente	denture
pegar un tiro a alguien	to shoot someone
el sillón de resortes	dentist's chair
la muela	tooth
hincharse	to swell
hervir	to boil
el cabezal	headrest
afirmar los talones	to dig in one's heels
la mandíbula	jaw
la anestesia	anaesthetic
las pinzas	pinchers, tweezers
la cordal	double tooth
el gatillo	forceps
los riñones	kidneys
el crujido	cracking, crunching
la escupidera	spitoon
sudoroso	sweating
jadeante	panting
la guerrera	tunic
haga buches	wash it out
es la misma vaina	it's all the same

Sin apresurarse, con un movimiento extremadamente tranquilo, dejó de pedalear en la fresa, la retiró del sillón y abrió por completo la gaveta inferior de la mesa. Allí estaba el revólver.

– Bueno – dijo –. Dile que venga a pegármelo.

Hizo girar el sillón hasta quedar de frente a la puerta, la mano apoyada en el borde de la gaveta. El alcalde apareció en el umbral. Se había afeitado la mejilla izquierda, pero en la otra, hinchada y dolorida, tenía una barba de cinco días. El dentista vio en sus ojos marchitos muchas noches de desesperación. Cerró la gaveta con la punta de los dedos y dijo suavemente:

– Siéntese.

– Buenos días – dijo el alcalde.

– Buenos – dijo el dentista.

Mientras hervían los instrumentos, el alcalde apoyó el cráneo en el cabezal de la silla y se sintió mejor. Respiraba un olor glacial. Era un gabinete pobre: una vieja silla de madera, la fresa de pedal y una vidriera con pomos de loza. Frente a la silla, una ventana con un cancel de tela hasta la altura de un hombre. Cuando sintió que el dentista se acercaba, el alcalde afirmó los talones y abrió la boca.

Don Aurelio Escovar le movió la cara hacia la luz. Después de observar la muela dañada, ajustó la mandíbula con una cautelosa presión de los dedos.

– Tiene que ser sin anestesia – dijo.

– ¿Por qué?

– Porque tiene un absceso.

El alcalde lo miró en los ojos.

– Está bien – dijo, y trató de sonreír. El dentista no le correspondió. Llevó a la mesa de trabajo la cacerola con los instrumentos hervidos y los sacó del agua con unas pinzas frías, todavía sin apresurarse. Después rodó la escupidera con la punta del zapato y fue a lavarse las manos en el aguamanil. Hizo todo sin mirar al alcalde. Pero el alcalde no lo perdió de vista.

Era una cordal inferior. El dentista abrió las piernas y apretó la muela con el gatillo caliente. El alcalde se aferró a las barras de la silla, descargó, toda su fuerza en los pies y sintió un vacío helado en los riñones, pero no soltó un suspiro. El dentista sólo movió la muñeca. Sin rencor, más bien con una amarga ternura, dijo:

– Aquí nos paga veinte muertos teniente.

El alcalde sintió un crujido de huesos en la mandíbula y sus ojos se llenaron de lágrimas. Pero no suspiró hasta que no sintió salir la muela. Entonces la vio a través de las lágrimas. Le pareció tan extraña a su dolor, que no pudo entender la tortura de sus cinco noches anteriores. Inclinado sobre la escupidera, sudoroso, jadeante, se desabotonó la guerrera y buscó a tientas el pañuelo en el bolsillo del pantalón. El dentista le dio un trapo limpio.

– Séquese las lágrimas – dijo.

El alcalde lo hizo. Estaba temblando. Mientras el dentista se lavaba las manos, vio el cielorraso desfondado y una telaraña polvorienta con huevos de araña e insectos muertos. El dentista regresó secándose las manos. «Acuéstese – dijo – y haga buches de agua de sal.» El alcalde se puso de pie, se despidió con un displicente saludo militar, y se dirigió a la puerta estirando las piernas, sin abotonarse la guerrera.

– Me pasa la cuenta – dijo.

– ¿A usted o al muncipio?

El alcalde no lo miró. Cerró la puerta, y dijo, a través de la red metálica.

– Es la misma vaina.

tirado de la colección *Los funerales de la Mamá Grande* por Gabriel García Márquez.

Ejercicio 19

1 ¿Qué evidencia hay que la tecnología dental del consultorio de este dentista es muy primitiva?
2 ¿Qué hace suponer que el alcalde no se cuida los dientes como debería?
3 Según la evidencia del cuento, ¿cómo describirías las relaciones entre el alcalde y el dentista?
4 ¿Qué detalles evidencian esta relación?
5 En esta situación ¿cuál de los dos hombres tiene la ventaja?
6 ¿Qué detalles lo demuestran?
7 ¿Es de suponer que ésta sería la situación normal?

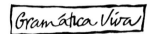

Ejercicio 20

Busca en el cuento las frases siguientes:

Siéntese
Séquese las lágrimas

¿Qué le dice el médico o el dentista a una persona a quien trata de *usted* cuando quiere que haga las acciones siguientes?

levantarse	*decir 'ah'* (!)
acostarse (!)	*abrir la boca*
incorporarse	*cerrar los ojos*
ponerse cómodo/a (!)	*enseñarle la lengua*
lavarse las manos	*enjuagarse la boca* (!)
quitarse la camisa	*cortarse las uñas*

¿Y cómo lo diría tuteando?

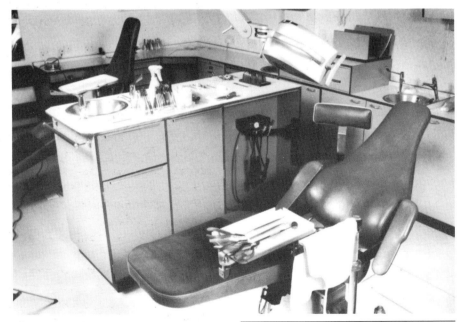

¿El sillón de horror?

Ejercicio 21

a Estás discutiendo con tu hermano mayor, a quien no le gusta ir al dentista. Él busca pretextos de no ir y tú tienes que convencerle de la necesidad de visitas regulares.

b Tu dentista quiere sacarte una muela porque dice que ya no vale, pero no estás convencido/a y tratas de persuadirle a que te ponga un empaste. Si lo saca te hará falta un diente postizo y no lo quieres.

y de postre . . .

Ejercicio 22

Crucigrama

Horizontales

2 Tripas
5 Revisión médica
8 Donde una parte del cuerpo se une a otra
9 Si tienes demasiado, eres gordo
10 No muy bien
11 Late
12 Tumor maligno
13 Hacer mejor
14 Dorso
17 Respiras con ellos
18 Régimen
21 Cuando saben lo que tienes
23 Dientes
24 Mujer cuyo sistema produce demasiado azúcar
25 Fuerza de gravitación
26 Poner peso
27 Tu forma visual
28 Organo situado junto al estómago
29 ¡Si los tienes eres demasiado gordo!

Verticales

1 Los usas para levantar cosas
3 Las necesitas para andar
4 Tienes que cuidarla
5 Sin él no puedes pensar
6 Instrumento musical dentro del cuerpo
7 Glándula que secreta la orina
15 Enfermedad
16 Perspira mucho
19 Perder peso
20 Cambio de materia y de energía entre el organismo vivo y el medio exterior (definición del diccionario)
22 Demasiado gordo
26 Extiende

Ejercicio 23

¡Date Prisa!

a Tienes dos minutos para apuntar cuantas palabras sabes acerca del tabaco.

b Otros dos minutos para apuntar todas las instrucciones que sabes para los ejercicios físicos.

Ejercicio 24

Sigue pensando, hablando y escribiendo

- Los ingleses, ¡qué raza tan malsana!
- Sólo tienes un cuerpo ¡cuídalo!
- Una semana completa de dieta: comidas suculentas pero no engordadoras.
- El futuro del NHS en Gran Bretaña.
- Un día en la vida de un(a) médico.
- El tabaco, ¿vaca gorda para el Gobierno o clavo de ataúd para sus súbditos?
- 'Las bocas que he conocido.' Confesiones de un(a) dentista.

UNIDAD 11 ¡*Verde, que te quiero!*

a *Un mundo feliz, al fin*

PARECE ser que cada vez que algún ciudadano se refresca los alerones con un golpe de desodorante en spray, está poniendo su granito de arena en la definitiva destrucción del universo.

Los clorofluoruros carbonados que entran en la composición de sprays y de circuitos cerrados de aire acondicionado son los culpables del deterioro de la capa de ozono. Sin ozono, se acaba el oxígeno y sin oxígeno se acaba todo lo demás.

España pretende que la Comunidad Europea reduzca la producción de clorofluoruros carbonados al 15 por ciento de lo que se está produciendo hoy y que la medida sea adoptada por Estados Unidos, Canadá y Japón. Mucho nos tememos que no vaya a ser fácil conseguirlo.

El aerosol es un invento muy reciente. Pero se ha metido en la vida cotidiana tan intensamente que resulta difícil comprender como se las arreglaba la humanidad antes de su

El peligro doméstico

aparición. ¿Cómo ha sido capaz el ser humano de vivir sin sprays, sin televisión, sin teléfono y sin automóviles?

En los años 60 vivíamos bajo la amenaza de la guerra nuclear. En cualquier momento, el mal humor de un sólo señor podía desencadenar una catástrofe planetaria. Ahora ya sabemos que una posible catástrofe nuclear no es nada comparado con lo que inevitablemente va a suceder, producto de la utilización, llamada pacífica, de la energía nuclear. Los deshechos y residuos radiactivos conservan su efecto nocivo durante cientos y miles de años, por mucho que los enterremos o los tiremos al mar.

En los últimos 50 años el deterioro ambiental ha sido mayor que en los previos 4.000. Haría falta un milagro para que en los próximos 50 el deterioro progresivo pueda no sólo reducirse sino simplemente frenarse.

Si el ser humano ha sido capaz de llegar a este punto, de poner en marcha un mecanismo sin prever las consecuencias últimas, lo más probable es que no cambie y siga adelante, inventando el ozono artificial, los bosques artificiales, los animales artificiales al servicio del hombre artificial – ya inventado – que no necesita ventilar el alerón con un spray.

por Carmen Rico-Godoy
tirado de *Cambio 16*, marzo 1989

Lee el texto con la ayuda del vocabulario. (Muchas de las palabras científicas son muy parecidas a la versión inglesa.)

Vocabulario

los alerones	armpits (slang)
la capa	(here) layer
la medida	measure
cotidiano	daily
arreglárselas	to manage, get by
desencadenar	to unleash
el deshecho	waste
nocivo	harmful
enterrar	to bury
frenarse	to brake, slow down
prever	to foresee

Ejercicio 1

a Explica las siguientes palabras y expresiones del Texto A:

el desodorante
la definitiva destrucción del universo
el aerosol
una catástrofe planetaria
los residuos radiactivos
el deterioro ambiental
el ser humano
el hombre artificial

b Busca en el texto las palabras que equivalen a estas definiciones.

gas que se usa en los aerosoles
sistema para mantener una temperatura razonable en un edificio
parte de la atmósfera que consiste en un gas que nos protege de los efectos
    nocivos de los rayos del sol
gas esencial que sostiene la vida de los animales
conflicto en que se usa la bomba atómica
manera de producir la electricidad mediante una central atómica
consecuencia desagradable de una cosa
acontecimiento increíble que no se puede explicar con razones científicos

Ejercicio 2

Vuelve a estudiar el Texto A y luego completa estas frases según lo que acabas de leer.

1 En lugar de abandonar las actividades que afectan el . . . . . . inventaremos . . . .
2 Los clorofluoros carbonados que se usan en la fabricación de . . . . . . están destruyendo . . . .
3 En los años recientes el hombre ha causado mucho más . . . . . . que antes, y va a ser casi imposible . . . .
4 Al usar un aerosol, contribuyes a . . . .
5 La guerra nuclear pudiera haber sido causada por . . . . . . , pero ahora producimos muchos . . . .
6 España espera que los países del oeste adopten la medida de reducir . . . .
7 Hasta hace poco lográbamos vivir sin . . . .

Probablemente te darás cuenta de que cada una de estas frases corresponde a uno de los párrafos del Texto A. Ahora tienes que ponerlos en el orden correcto y traducirlas a tu propio idioma para tener un resumen del texto.

Ejercicio 3

Gramática Viva

Repaso: los verbos

Haz una lista de todos los verbos que se usan en este artículo y analiza cada uno.

Por ejemplo: *parece* – tercera persona al singular del presente del verbo *parecer*

Verás que aquí hay gran variedad de tiempos: explica en cada caso por qué se usa aquel tiempo. (Véanse las Secciones de Gramática 34–46.)

Ejercicio 4

Imagina que vives en el siglo XXI: se abandonó el uso de las sustancias nocivas al medio ambiente hace cincuenta años. Describe los efectos que producían en el siglo XX los clorofluoruros, los materiales radiactivos y otras sustancias nocivas. ¿Por qué tendrás que usar el imperfecto y el pretérito? (Véanse las Secciones de Gramática 38 y 39.)

b La contaminación no tiene fronteras

EL pequeño planeta azul en el que vivimos es muy vulnerable, pero no parece que tengamos aun clara conciencia de ello. Desde hace unos veinte años comenzamos a interesarnos por los problemas del medio ambiente; sin embargo, continuamos causándole daños irreversibles. El aire, el agua, la tierra, nuestros alimentos están contaminados, en gran medida por nuestra culpa. Hemos hecho del desarrollo industrial, en desmedro de la calidad de vida, el índice de la civilización de los pueblos. Destruimos los bosques, dando paso a la desertificación y a las inundaciones. El tabaco, las chimeneas inadecuadas y los componentes nocivos de algunos materiales contaminan los lugares en que vivimos y trabajamos. Ya no es posible desatender las advertencias de los científicos más competentes del mundo entero. Es hora de medir las consecuencias de nuestros actos cotidianos si no queremos que las generaciones futuras estén condenadas a vegetar en un planeta moribundo.

En un principio el aire era puro, pero ha dejado de serlo desde que la cantidad de gases contaminantes que se evacuan a la atmósfera supera con creces la capacidad de absorción de la naturaleza. El equilibrio ecológico se ha roto y las

¡Qué bien es respirar aire fresca . . .

amenazas se multiplican: efecto de invernadero, adelgazamiento de la capa de ozono, cambios climáticos, aumento del nivel del mar. ¿A qué se deben estos fenómenos? El proceso de industrialización incrementa el consumo de energía, pero ninguna fuente energética es totalmente inocua. El fuego es un plasma, es decir un gas a alta temperatura en el que se producen violentas reacciones químicas, en particular la formación de óxidos de carbono, de azufre y de nitrógeno, así como todo tipo de moléculas, algunas muy tóxicas. Dado que la madera contiene cloro, un simple fuego de chimenea

despide dioxina (substancia que el accidente de Seveso[1] hizo tristemente célebre en el mundo entero) en cantidades que, aun siendo ínfimas, vienen a sumarse a otras substancias nocivas, sobre todo si las habitaciones están mal ventiladas. El uso de combustibles fósiles (carbón, petróleo, gas natural) está cada vez más difundido y su demanda no cesa de aumentar. Las actividades industriales, los transportes y la calefacción producen contaminantes atmosféricos en cantidades que pueden parecer insignificantes en relación con el volumen de aire que rodea la Tierra pero cuyos efectos nocivos son considerables.

por France Bequette
tirado de *El Correo*, marzo 1989

Ejercicio 5

Verdad o Mentira

¿Cuál de estas frases son correctas, y cuáles no, según el significado del Texto B?

1 La Tierra no corre ningún peligro.
2 Nos preocupamos por el medio ambiente desde hace dos decenios.
3 Juzgamos el nivel de civilización de un país según su estado de industrialización.
4 El humo del tabaco tiene efectos nocivos para la capa de ozono.
5 Los científicos nos advierten del peligro desde hace muchos años.

6 La naturaleza puede seguir absorbiendo los agentes contaminantes.
7 El fuego es un gas a alta temperatura.
8 La madera, al quemarse, echa sustancias nocivas.
9 No está incrementando el uso del petróleo.
10 Las actividades humanas producen pocos contaminantes.

Ahora corrige las frases incorrectas. Hecho esto, si quieres, puedes usar las diez frases para escribir un resumen del texto.

Ejercicio 6

Haz un resumen en tu propio idioma del Texto B, usando no más de 100 palabras.

Ejercicio 7

Haz una lista de todas las palabras de los Textos A y B que tienen que ver con el medio ambiente. Luego, en clase, explica en español cada palabra que te toca.

Ejercicio 8

a Busca en el Texto B las palabras que se relacionan con las palabras siguientes: en cada caso se trata de una palabra cuyo significado ha sido modificado añadiendo un prefijo o un sufijo.

causar   clima
desierto   energía
adecuado   formar
ciencia   viento
absorber   significar

b Ahora tienes que hacerlo al revés: a ver si encuentras la palabra simple que está a la raíz de cada una de éstas . . .

irreversible   industrialización
inundación   totalmente
desatender   tristemente
moribundo   atmosférico
adelgazamiento   considerable

Ejercicio 9

Tu profesor(a) tiene seis hojas que contienen cada una uno de los párrafos que siguieron el tema del artículo *La contaminación no tiene fronteras*, hablando de varios aspectos de la polución. Tienes que elegir por lo menos uno de estos párrafos. Léelo con la ayuda de un diccionario, apuntando todas las palabras nuevas. Luego cada miembro de la clase tiene que dar a los demás su lista de palabras nuevas. Pero – ¡tened cuidado de escoger el significado más apropiado de cada palabra!
Al terminar, cada uno da a la clase un resumen oral, en términos sencillos, del contenido de su párrafo: los demás tienen que tomar notas, que se usarán para escribir una versión del artículo entero. Al final tenéis que decidir cuál de los siguientes títulos conviene mejor a cada párrafo:

1 El efecto invernadero   4 El desmonte
2 Impurezas en el aire   5 Dar juntos la batalla
3 El basurero planetario   6 Los gestos cotidianos

Vocabulario

en desmedro de	to the detriment of
la desertificación	process of causing land to become desert
la inundación	flood
desatender	to disregard
la advertencia	warning
medir	to measure
cotidiano	daily
moribundo	dying
con creces	increasingly
efecto de invernadero	greenhouse effect
adelgazamiento	diminishing
inocuo	harmless
el azufre	sulphur
el cloro	chlorine
ínfimo	minute
difundido	widespread

. . . y beber agua pura!

ci *Podríamos extinguirnos*

Ejercicio 10

Escucha esta entrevista con José Luis Sanz, profesor de paleontología de la Universidad Autónoma de Madrid. Luego vuelve a escuchar y haz frases correctas de estas frases mezcladas.

José Luis Sanz es	*un fenómeno que se repite muchas veces*
Sanz ha participado en	*la naturaleza*
El estudio de los saurios ofrece	*diversas excavaciones*
Se relaciona la extinción de los saurios	*en la desaparición de los saurios*
La desaparición de las especies animales es	*una información científica*
Los bruscos cambios climáticos influyeron	*con la posible extinción de los hombres*
El hombre manipula y destruye	*a la naturaleza*
Tenemos los medios para	*extinguirnos*
Podríamos	*evitar la extinción*
El hombre no puede sustraerse	*científico*

cii *Los rojos se vuelven verdes*

Ejercicio 11

Escucha el reportaje dos veces. La primera vez, trata de comprenderlo en términos generales y después escribe un resumen en tu propio idioma – ¡no hay límite de palabras! La segunda vez, escoge una palabra de cada pareja de las listas siguientes. La primera lista consiste en palabras más o menos sinónimas, mientras que en la segunda se ponen palabras que, al oírlas, se parecen un poco unas a otras. En cada caso, se oye sólo una de las palabras.

a *aeroplano/avión*
zona/región
lago/pantano
polucionados/contaminados
reserva/depósito
ocultado/escondido
causada/provocada
furor/descontento
organización/grupo
continuamente/sin cesar

b *resolver/disolver*
área/aire
harta/alta
especialidad/especialista
tecnológicos/técnicos
desconocer/reconocer
siguiente/según
coste/costa
rublos/rubios
solución/selección
la riegan/la arriesgan
redactores/reactores
en serio/en serie
reacción/redacción
naturales/nacionales

Ejercicio 12

¿Verdad o mentira?

(¡No te olvides de corregir las mentiras!)

1 La zona de Kasbi tiene muchos lagos.
2 Explosionó un depósito de alta radiactividad en 1956.
3 Después de la explosión de Chernobil se produjo una nube de polución radiactiva.
4 En la ciudad de Kiev, a la gente les gusta la energía nuclear.
5 Alrededor de Chernobil hay una zona de 100.000 kilómetros de diámetro afectada por alta radiactividad.
6 Trabajan diez mil personas en el trabajo de descontaminación.
7 Los soviéticos arrancan la tierra contaminada y la tratan como residuos de alta radiactividad.
8 Los soviéticos riegan la tierra contaminada todas las semanas.
9 La sociedad Atommash producirá ocho reactores atómicos al año.
10 A los antinucleares no les gustan los recursos naturales.

 Covadonga

Escucha con cuidado este reportaje en el que se trata del Parque Nacional de Covadonga, primero de los parques nacionales que se establecieron en España para proteger algunos de los espacios naturales del país.

Ejercicio 13

Completa estas frases, escogiendo entre las dos posibilidades que se ofrecen en cada caso. Verás que se usan muchos números.

1 Hace 60/70 años, concretamente el 23/22 de julio de 1918/1919, se establecía por ley el primero de los Parques Nacionales Españoles.
2 Se fundó el Parque de Yellowstone en 1862/1872.
3 El agua constituye uno de los principales factores ecológicos/tecnológicos de este parque nacional.
4 El río Cares limita el parque por el este/oeste.
5 La especie arbórea más importante del parque es el haya, que se encuentra desde los 800/8.000 metros hasta los 1.500/1050 metros de altitud.
6 Algunas hayas llegan hasta los 40/14 metros de altura.
7 Los bosques defienden los suelos, protegiéndolos de la erosión/polución y creando una rica capa húmica/húmeda que favorece un rico sotobosque y la propia regeneración natural.
8 En el río Cares, los salmones saltan contra/con la corriente.
9 Las águilas recorren los picachos nevados/los bosques de haya.
10 Covadonga ha sido el cementerio/cimiento sólido sobre el que se ha asentado toda una política proteccionista.

Covadonga – primer parque nacional de España

civ El Sirius *intercepta un barco que realiza vertidos tóxicos*

Ejercicio 14

Escucha este reportaje, apuntando los números que se usan y las palabras a las cuales refieren.

Ejercicio 15

Vuelve a escuchar el reportaje y luego escribe un resumen en español o en tu propio idioma. Después, escribe unas 50 palabras sobre por lo menos uno de estos temas. Si lo preferís, podéis discutirlos en clase, quizás antes de escribir.

- Greenpeace – ¿la organización más sensata del mundo?
- El problema de los residuos tóxicos: ¿cómo deshacernos de ellos?
- Los efectos de las sustancias nocivas vertidas al mar.
- Los intereses comerciales: mayores vándalos del mundo.
- Los métodos de Greenpeace . . .

Luego habla o escribe en contestación a estas preguntas:

1 ¿Conoces algún caso en que Greenpeace trabaja en tu país?
2 ¿Qué opinión tiene el Gobierno de tu país de Greenpeace?
3 ¿Hay algún caso en tu país en que se vierten residuos tóxicos a un río o al mar?

(Tu profesor(a) te hablará de algunos casos contenciosos en los años recientes en que Greenpeace se ha enfretado con una empresa o un gobierno.)

d Agobiados por el ruido

Madrid – una de las ciudades más ruidosas del mundo

DESDE que a principios del siglo XVIII Bernardino Ramazzini, médico italiano que dio origen a la medicina laboral, estudiara la «sordera de los caldereros», los trastornos auditivos han ido en aumento hasta convertirse en uno de los principales problemas en las grandes concentraciones urbanas.

Madrid, tan sólo superada por Tokio, es una de las ciudades más ruidosas del mundo. La contaminación acústica que sufre la capital es según los expertos tan peligrosa para la salud como la contaminación atmosférica. El incremento de las enfermedades auditivas en los últimos años tiene una relación directa con el incremento de los ruidos por encima de los límites aconsejados, que según la Organización de Cooperación y Desarrollo no debieran sobrepasar los 70 decibelios.

De todos los ruidos que produce la gran ciudad, el tráfico rodado representa el 80 por ciento de la contaminación acústica. En el caso de Madrid el ruido producido por el tráfico rodado ha ido aumentando al ritmo de un decibelio por

Las discotecas – otro peligro para el oído

ticamente inexistente en esta materia, las deficiencias en las viviendas que no están convenientemente preparadas para hacer frente al ruido y la insuficiencia de las ordenanzas municipales sobre insonorización de locales e industrias, dejan desprotegido al habitante de las grandes ciudades.

Otras zonas especialmente castigadas por los ruidos son las poblaciones próximas a los aeropuertos. Cada vez que un avión aterriza o despega en el aeropuerto de Barajas, en Madrid, los habitantes de Alcobendas, San Sebastián de los Reyes, Coslada y Torrejón deben resignarse a soportar las vibraciones de los cristales de sus viviendas y a esperar que la lámpara que cuelga del cielo raso acabe de una vez por todas de estrellarse contra el suelo. Al cabo de varios años de soparter una situación semejante no es de extrañar que se presenten dificultades auditivas, trastornos de carácter, irritabilidad, neurosis y depresiones.

«Alrededor del 35 por ciento de los niños que estudian en el colegio San Esteban de Coslada, situado a 2 kilómetros de las pistas de aterrizaje de Barajas, se ven afectados en su rendimiento escolar» según Cristina Recoder, ex directora de este centro.

Manuel Valero, portavoz de la Coordinadora de Ciudadanos Agobiados y Cabreados explica que «no se puede seguir considerando todo esto como un mal necesario. Nosotros estamos luchando por la existencia de una legislación adecuada y severa».

Mientras tanto, el culto al ruido como atributo de los tiempos modernos se extiende incluso a dominios musicales: más de un rockero lleva camino de emular a Beethoven, aunque sólo sea en su sordera.

por Edgardo Oviedo
tirado de *Cambio 16*, noviembre 1988

año, llegándose a más de 70 en algunas calles.

En las zonas especialmente ruidosas el 60 por ciento de la población padece perturbaciones del sueño que con frecuencia provocan depresiones y trastornos en el carácter.

Los excesos acústicos de la capital de España son sólo un símbolo del desmadre sonoro nacional. Una legislación prác-

Lee el texto con la ayuda de un diccionario.

Ejercicio 16

Escribe un resumen en español de 40 palabras del segundo párrafo del Texto D, luego otro de 40 palabras en tu propio idioma del párrafo 'Otras zonas . . . . . . neurosis y depresiones.'

Ejercicio 17

Busca en el texto los sinónimos de estas palabras. No están en el orden debido.

ciudades	*exceder*	*vulnerable*	*el techo*
en exceso de	*a comienzos*	*enfermedades del*	*estorbos*
excedida	*confrontar*	*oído*	*causan*
unas leyes	*la polución*	*los automóviles*	*parecida*
el personaje	*el aumento*	*el ruido nocivo*	*continuar*
vecinas		*casas*	
		al paso de	

Ejercicio 18

Notarás que el Texto D contiene muchos participios pasados. Haz una lista de ellos, luego al lado de cada uno escribe el infinitivo del verbo. Luego despues de estudiar las Secciones de Gramática 35 y 44, pide a tu profesor(a) la Hoja de Trabajo 11-G-1.

Ejercicio 19

Contesta a estas preguntas, o discútelas en clase.

1 ¿Hay mucho ruido en tu pueblo/ciudad? ¿De dónde viene?
2 Tu pueblo, ¿tiene otros problemas parecidos?
3 ¿Prefieres vivir en el campo o en la ciudad? ¿Por qué?
4 ¿Vives cerca de un aeropuerto? ¿Te gustaría o no?
5 ¿Te gusta oír música muy fuerte en la discoteca?
6 ¿Cómo se puede reducir el ruido de los motores, de los aviones etcétera?

e La marea colonial

JERINGUILLAS, tubos con sangre y semen convenientemente clasificados, agujas con y sin protección, medicamentos, guantes, inhaladores, goteros ... Toda una gama de desechos sanitarios y de laboratorio sorprendió a Pilar de la Casa cuando paseaba por la playa de El Chinarral, en la bahía de Algeciras, a mediados del mes pasado.

No le hubiera extrañado encontrar los residuos domésticos que ya forman parte del paisaje habitual de esta bahía, de cerca de treinta kilómetros. Pero el peligro que entrañaban los nuevos hallazgos la dejaron estupefacta. ¿De dónde podía salir una cosa así?

Entre el resto de la población de la Bahía, que se reparte en cuatro municipios (Algeciras, San Roque, La Línea y Los Barrios), también cundió la alarma. Razones no faltaban. La aparición de este estercolero sanitario superaba hasta límites desconocidos el nivel habitual de contaminación de la bahía, una de las más hermosas del Sur español y, también, una de las más castigadas por el desarrollo industrial acelerado de los sesenta.

BASURERO MARINO. En aquella mañana de septiembre los dedos del vecindario no dudaron al señalar al culpable: un vecino que se divisa al fondo de la bahía. Gibraltar.

Había ocurrido otras veces, pero casi siempre se trataba de desperdicios domésticos. A los peculiares métodos que tiene Gibraltar para desprenderse de sus basuras, se sumaba ahora una avería en el incinerador de basuras. Con los residuos sanitarios hicieron entonces lo mismo que con los demás: tirarlos al mar. El viento se encargó de redondear la faena.

Un factor añadido a la polución originada por las empresas asentadas en la bahía como Acerinox, Cepsa, Interquisa o las dos centrales térmicas de la Compañía Sevillana. Entre unas y otras han destrozado el entorno ambiental, aunque aún hay quien se atreve a desenfundar su cuerpo en la playa de Guadarranque, utilizando por sombrilla las chimeneas.

En la zona, es un secreto a voces que por el Estrecho no sólo navegan barcos y submarinos. También salen a la mar las barcazas con que Gibraltar lleva sus residuos a las aguas profundas del Estrecho. Los ecologistas algecireños aseguran que incluso conocen sus nombres.

Sin embargo, con la aparición de los residuos sanitarios cundió el pánico. Tras varias denuncias presentadas por la Asociación Gaditana para la Defensa y Estudio de la Naturaleza (Agaden) un informe de la Sociedad General de Residuos de Algeciras sobre el asunto explica cómo «da la casualidad de que las autoridades de los *llanitos* sólo tienen incineradores de basuras con capacidad para eliminar tan sólo el 40 por ciento de las basuras que producen. Siempre

¿Te gustaría bañarte aquí?

en el supuesto de que la instalación esté en perfecto estado, lo que no suele ocurrir porque está largas temporadas averiada».

La basura restante, cerca de toneladas a la semana, las autoridades gibraltareñas se la quitan de encima fácilmente: al agua. «Si sopla levante y coincide con el vaciado de la planta de incineración, la playa de Algeciras vuelve a tener inquilinos de desecho. Si sopla poniente, se recibe un *goteo* permanente de basura y el resto se lo lleva mar adentro», señala el informe.

El viceconsulado británico de Algeciras respondió la pasada semana asegurando que el incinerador que se encontraba fuera de servicio había sido reparado y que se habían iniciado investigaciones para averiguar los vertidos sanitarios, que según las leyes gibraltareñas, no deberían haberse producido.

Preguntado por *Cambio 16*, el Ministro Principal de la colonia, Joe Bossano, admitió que se trata de un problema grave, muy difícil de resolver, «que se ha incrementado enormemente desde la apertura de la verja». Sin que se le haya buscado solución alguna.

por Liz Perales
tirado de *Cambio 16*, octubre 1988

Lee el texto – sin diccionario si puedes – y haz los siguientes ejercicios.

Ejercicio 20

En cada uno de estos grupos de palabras sobra una. Búscala, y explica por qué no pertenece al grupo. A veces, desde cierto punto de vista, todas tienen algo en común; explica esto también.

1 jeringuillas/tubos con sangre/píldoras/inhaladores/goteros
2 Algeciras/Gibraltar/La Línea/Los Barrios/San Roque
3 contaminación/polución/basura/residuos domésticos/arena
4 Gibraltar/Cepsa/Interquisa/Sevillana/Acerinox
5 barcazas/chimeneas/incineradores/desechos/vertedero
6 Joe Bossano/Pilar de la Casa/los llanitos/los gibraltareños/el viceconsulado británico

Ejercicio 21

Contesta a estas preguntas.

1 ¿Cómo reaccionó Pilar de la Casa al ver lo que había en la playa?
2 ¿Qué habría pensado si hubiera visto solamente residuos domésticos?
3 ¿Por qué serán peores los desechos sanitarios?
4 ¿Cómo reaccionó la población de la Bahía?
5 ¿A quiénes echaron la culpa?
6 ¿Qué hicieron la Agaden y la Sociedad General de Residuos?
7 ¿Qué trató de hacer el viceconsulado británico de Algeciras?
8 ¿Qué iban a hacer las autoridades gibraltareños para encontrar los culpables de los vertidos sanitarios?
9 ¿Cuál fue la contestación de Joe Bossano a las quejas?
10 ¿A qué atribuía los problemas de la basura gibraltareña?

Ejercicio 22

Situaciones

Si fueras español, ¿qué le dirías tú a un llanito? Y, siendo al revés, ¿qué le dirías a un español? Con dos o tres compañeros, organiza un diálogo en que se representen los siguientes personajes:

1 Pilar de la Casa
2 un habitante de la Línea
3 un llanito que trabaja en una de las barcazas de basura
4 Joe Bossano
5 El viceconsulado británico de Algeciras

NOTICIAS
Contaminación

L A cada vez más frecuente contaminación ambiental de las grandes ciudades produce efectos tóxicos en el organismo.

De las sustancias contenidas en el aire polucionado dos perjudiciales son el ozono y el dióxido de nitrógeno, pues en excesivas cantidades, como sucede en el aire contaminado, se combinan con las grasas del cuerpo originando mutaciones celulares que favorecen la aparición de enfermedades como el cáncer, la arteriosclerosis y el envejecimiento prematuro.

Hay mecanismos de defensa contra estas reaccio-

ELIO BUGALLO

Un mal de nuestro tiempo.

nes adversas; uno de los factores principales de protección es la vitamina E, que está contenida en los aceites vegetales, cereales, huevos, verduras y nueces principalmente; se recomienda una dosis diaria entre 12 y 15 Unidades Internacionales, por lo que si la alimentación es pobre en los productos mencionados no hay más remedio que suplirla medicamentosamente.

Ejercicio 23

Reportaje

Lee el texto elegido, y cuenta a tus compañeros de clase los elementos más importantes del texto.

1 La ría Guernika busca protección
2 Madrid no respira por falta de lluvias
3 El Fantasma del 'Casón' Ronda
4 La invasión de los bárbaros

y de postre . . .

Ejercicio 24

Contaminación

Lee este artículo, y luego tradúcelo a tu propio idioma.

Ejercicio 25

Discute los siguientes temas con tus compañeros, o escribe sobre uno de ellos una redacción de unas 300 palabras.

- El desarrollo técnico: o sea la maldición de la Tierra.
- ¿Cómo se resolverán los problemas del efecto invernadero?
- ¿Qué harías tú si fueras Presidente del Parlamento Mundial?
- En pro y en contra de Greenpeace.
- Cómo yo solucionaría los problemas de polución en mi pueblo/ciudad.
- El sistema ecológica: nuestra posesión más importante.

Ejercicio 26

Busca las palabras que se definen en las siguientes frases. La primera letra de cada una te dará las letras de una palabra muy importante para el tema de esta Unidad.

1 Mezcla de gases que respiramos los animales.
2 Greenpeace usa frecuentemente unas . . . . . . neumáticas.
3 Muchos científicos temen el . . . . . . invernadero.
4 El gas esencial para la vida es el . . . .
5 En las playas de Algeciras, hasta se encontraban . . . .
6 El . . . . . . nos protege de los rayos nocivos del sol.
7 Los . . . . . . se usan mucho en los sprays.
8 Medicamento que usan los asmáticos.

◁ tirado de *Cambio 16*, octubre 1988

JUAN BALLESTA

Ejercicio 27

Palabras mezcladas: después de encontrarlas, inventa una frase para usar
cada palabra.

notamicancion

ocurroforlulo

elogicao

detervero

oxcito

veranodeferecinto

nozeodopaca

fersamota

colupino

negrecepea

a | Maggie nos quiere

LA primera ministra británica, que a esas horas llevaba ya veinte en España, se lo dijo a un grupo de estudiantes que casualmente pasaba por allí:

– A mí me gustan mucho los españoles.

Ellas entendieron perfectamente tan espontánea confesión de cariño, pronunciada en genuino inglés: todas eran alumnas del colegio británico. En sospechosa rueda de casualidades habían decidido pasear, aquella tarde, por el mismo lugar donde Margaret Thatcher, en presunta ruptura del protocolo, decidió pisar suelo de Madrid. Entre la Cibeles y Neptuno.

Había escuchado con paciencia a los portavoces de una diseminada oposición que insistían en hablar de cierta controvertida roca.

Y es que, en el viaje de la Thatcher, estaba todo atado y bien atado: desde los paseos espontáneos hasta el vehículo oficial. La *premier* británica podría haber utilizado un blindado del parque móvil español, pero prefirió traerse su coche: un precioso Jaguar verde, con volante a la izquierda, expresamente preparado para circular por el continente. Sabía a lo que venía. A romper hostilidades, a limar asperezas y, lo más importante, a abrir un mercado hasta ahora reacio a

Dos primeros ministros: ¿se quieren o no?

los productos ingleses. Inglaterra quiere vender coches, ordenadores, ropa ... Por eso el programa incluía una exposición donde diez empresas británicas presentaban sus más avanzadas tecnologías informáticas y la inauguración en Madrid de la tienda Marks & Spencer, prestigiosa firma de Londres.

SE GUSTAN

Margaret Thatcher y Felipe González dejaron muy claro que se querían agradar. Parecía el mensaje principal del encuentro: se gustan. A pesar de Gibraltar (que queda para mejor ocasión), a pesar de sus opiniones, tan opuestas, sobre el futuro del continente.

Europa, su unidad y su de-

fensa, fue el gran asunto de la visita. No está claro que las posturas española y británica se hayan aproximado, ni siquiera un milímetro. Pero González y Thatcher conocen hoy mejor sus respectivos puntos de vista. Ambos los expresaron con meridiana claridad.

Gibraltar, naturalmente, estaba allí en todo momento, como los fotógrafos. A pesar de que Margaret Thatcher hubiera querido borrarlo de la agenda. A pesar de que Felipe González tenga otras prioridades y a pesar de que cuando España remueve este asunto Marruecos suele remover otro – Ceuta y Melilla – hoy felizmente tranquilo.

Margaret Thatcher, con su histórico viaje, ha abierto una puerta, pero la pesada cortina del peñón sigue cerrada. Mientras, se practica la más sedosa de las diplomacias. Tan sedosa que ha despertado las críticas abiertas de Adolfo Suárez («Conozco a la Thatcher, y cuando elogia a alguien es porque le está sacando algo») y las críticas soterradas de otros líderes de la oposición. No las harán públicas hasta dentro de un mes, cuando también haya pasado por España la Reina de Inglaterra. Nobleza obliga. Luego, cabe presumir, se echarán en tromba sobre lo que hoy, en voz baja, empiezan a llamar «concesiones a Gran Bretaña».

por Carlos Santos
tirado de *Cambio 16*, enero 1989

Ejercicio 1

a Explica las siguientes palabras y expresiones del Texto A:

cariño　　　　　　　*inauguración*
rueda de casualidades　*agradar*
el protocolo　　　　　*el Peñón*
hostilidades　　　　　*la diplomacia*
exposición　　　　　　*el líder*

b Busca en el texto las palabras que equivalen a estas definiciones:

presidente del gobierno
persona que habla por parte de los demás
partido política que se opone al partido que lleva el poder
cuando una persona famosa da una vuelta por medio de la gente
coche de lujo construido en Gran Bretaña
hacer la paz con un viejo enemigo
actitud hacia las cuestiones políticas
opinión sobre un asunto determinado
lista de todos los asuntos que hay que discutir
jefes de los partidos que no están en el poder

Ejercicio 2

Traduce los dos últimos párrafos a tu propio idioma.

Ejercicio 3

¿La Verdad? . . . Bueno, casi . . . Cada una de las siguientes frases lleva una palabra equivocada. Tienes que reemplazarla para hacer una frase correcta. Si puedes, hazlo sin volver a mirar el texto.

1 Al escribirse este artículo, Margaret Thatcher llevaba ya veinte días en España.
2 La primera ministra habló en español con unas alumnas del colegio británico.
3 Rompiendo el protocolo, dio un paseo con la Cibeles y Neptuno.
4 La primera ministra viajó por España en un Jaguar muy costoso.
5 A los españoles no les gustaban demasiado los coches ingleses.
6 Marks & Spencer inauguró una nueva exposición en Madrid.
7 Margaret Thatcher y Felipe González se querían parecer.
8 Hablaron poco de Europa durante la visita.
9 Margaret Thatcher quería poner la cuestión de Gibraltar en la agenda.
10 Los líderes de la oposición criticarán a Margaret Thatcher antes de la visita de la Reina de Inglaterra.

Vocabulario

la casualidad	coincidence, chance meeting
la ruptura	break
diseminado	scattered
controvertido	controversial
un (coche) blindado	a bullet-proof car
el parque móvil	motor-pool
limar asperezas	to smooth things over
reacio	reluctant (to accept)
agradar	to please
meridiano	dazzling
borrar	to erase
sedoso	silky, smooth
elogiar	to praise
soterrado	veiled, hidden

Margaret Thatcher saluda al rey de España

b *Los problemas de Gibraltar*

Lee el texto siguiente; se trata de un artículo que apareció poco antes de la apertura de la verja que separó Gibraltar de España de 1969 a 1985.

España y el Reino Unido conversarán sobre los problemas de Gibraltar

El Peñón: la piedra más grande en el zapato

Las autoridades españolas están dispuestas a levantar todas las restricciones en la frontera de la colonia británica de Gibraltar si prospera una serie de negociaciones secretas que llevan a cabo representantes de Madrid y Londres desde el pasado mes de abril.

El Reino Unido hizo una primera oferta de cara a la completa apertura de la verja que separa a España de la colonia para llevar a cabo una aplicación adelantada sobre las medidas de circulación en vigor entre los países de la CEE. El Gobierno de Madrid consideró insuficiente la petición porque no iguala en derechos a los españoles residentes en la colonia y envió una contraoferta a Londres.

Los ministros de Asuntos Exteriores de España y el Reino Unido, Fernando Morán y sir Geoffrey Howe, respectivamente, hablarán del tema durante la sesión de la Asamblea General de la ONU en Nueva York a finales de este mes, y si se llega a un acuerdo, España lo considerará una revitalización de los acuerdos de Lisboa sobre Gibraltar, bloqueados desde 1982.

Las tensas relaciones hispano-británicas a raíz de la guerra de las Malvinas, han mejorado, y el Reino Unido pretende un acuerdo bilateral sobre el Peñón antes de que sea efectiva la adhesión de España a la CEE.

tirado de *El País*, septiembre 1984

Ejercicio 4

Cambia los verbos al pasado, visto que todo esto ocurrió ya hace varios años. Tendrás que utilizar no sólo el pretérito y el imperfecto, sino también el pluscuamperfecto. (Véanse las Secciones de Gramática 38, 39 y 45.)

Ejercicio 5

Imagina que hoy mismo se han levantado todas las restricciones en la frontera de Gibraltar. Eres reportero de radio; tienes que describir lo que ves al abrirse la verja. Después, si quieres, puedes escribir un reportaje en español de unas 50–80 palabras contando lo que ha ocurrido, o en el estilo de un buen periódico, o en el estilo de un periódico popular.

Ejercicio 6

Traduce a tu propio idioma la versión del artículo que escribiste en el Ejercicio 4.

Ejercicio 7

Rellena los espacios en blanco con una de las palabras de la lista que sigue el texto. Sólo se puede usar cada palabra de la lista una vez, pero ¡ten cuidado, porque sobran varias palabras!

En el año 1969, no habiendo logrado persuadir al . . . . . . Británico para que entrase en negociaciones sobre la . . . . . . de Gibraltar, el General Franco mandó cerrar la . . . . . . que separa a España de la . . . . . . británica. Como consecuencia, la economía de Gibraltar tanto como la del así llamado

Campo de Gibraltar ha . . . . . . mucho. Sin las posibilidades normales de . . . . . . económica entre Gibraltar y La Línea, los habitanes de ambos lugares no han . . . . . . tanto, sin este contacto, como en la época anterior. Al morir Franco las cosas tenían que mejorarse, pero el . . . . . . de normalización ha sido muy . . . . hace varios años se abría la . . . . . . en Navidad, ... la circulación sólo de españoles y de . . . . Por fin, en el año 1983 se llegó a un . . . . . . para establecer un . . . . . . permanente para españoles y gibraltareños. Luego las . . . . . . del año 1985 llevaron a una completa . . . . . . de la verja a partir del mes de . . . . . . de 1986. Y ahora Gibraltar, y hasta cierto . . . . . . La Línea, reciben a miles de turistas, en la . . . . . . británicos, que dejan sus playas de la Costa del Sol para pasar unas . . . . . . horas en esta antigua colonia británica que tanto ha obstruido las buenas . . . . . . entre España y Gran Bretaña.

proceso	*Gobierno*	*colonia*
soberanía	*desde*	*punto*
lento	*verja*	*acceso*
mayoría	*cuantas*	*problema*
Parlamento	*sufrido*	*circulación*
negociaciones	*apertura*	*gibraltareños*
permitiendo	*febrero*	*acuerdo*
prosperado	*frontera*	*relaciones*

ci *Capital francés: España es rentable*

Vas a oír un programa de noticias económicas en que se habla de los progresos económicos hechos por España en los últimos años.
Desde los perfumes a los automóviles, pasando por la moda o las grandes cadenas de alimentación, el dinero francés obtiene una alta rentabilidad con sus inversiones en nuestro país . . .

Ejercicio 8

He aquí varias parejas de frases; en cada caso, sólo una de las dos es correcta, según lo que nos cuenta Ana García. Escoge la frase correcta, y corrige la falsa.

1 a En España ha habido un gran mejoramiento en la productividad.
  b Sin embargo, la inflación causa muchos problemas.
2 a Los franceses invierten mucho dinero en España.
  b Muchos productos que se compran en España son de origen francés.
3 a Todos los españoles conducen un coche francés.
  b En España a veces se toma leche francesa al desayuno.
4 a En la oficina es probable que todos lleven algún producto francés.
  b El aire acondicionado suele ser francés.
5 a A los franceses les interesa mucho vender sus productos alimenticios en España.
  b El Camembert y el Cabrales son quesos franceses.

La invasión de los franceses

6 a De 1986 a 1987 los franceses invirtieron el doble de dinero en
España.
b Los franceses invirtieron más en España en 1987 que en el año
posterior.

7 a Los franceses trajeron más de 50,000 millones de francos en 1988.
b Los franceses trajeron más de 50,000 millones de pesetas en 1988.

8 a Los franceses destinan más dinero a empresas de seguros que a las
manufacturas.
b Los franceses han destinado la mitad de su dinero a empresas de
seguros.

9 a Los alemanes proveen menos a la sociedad española que los
franceses.
b Los franceses proveen menos a España que los alemanes.

10 a Francia es el mayor cliente de España.
b Francia compra la quinta parte de lo que produce España.

Ejercicio 9

Escribe un resumen en tu propio idioma de lo que nos cuenta Ana García.
Si quieres puedes basarlo en las frases correctas que escogiste haciendo el
Ejercicio 8.

cii La España ocupada

A los españoles no les gusta a todos el nivel de inversión extranjero que ven
hoy en día. Ahora Antxon Sarasqueta nos habla de algunos de los
problemas.

Ejercicio 10

He aquí varias frases que oirás en el reportaje *La España ocupada*. Tienes
que reconocerlas, pero no están en el órden debido. Todas tienen una letra;
sólo tienes que escribir la letra para cada número, así, por ejemplo: 1 c, 2 f
etc. Notarás también que en cada una falta una palabra. Si quieres, escucha
la cinta otra vez para sacar las palabras que faltan. Estúdialas bien y luego
vuelve a escuchar la cinta.

a No se ha producido una . . . . . . nacional suficientemente competitiva.
b La apertura española ha sido un auténtico . . . . . . para las inversiones
extranjeras.
c Entre las . . . . . . primeras empresas del mundo, sólo hay diez españolas.
d El sector del . . . . . . está por completo en manos de industria extranjera.
e La mayor parte de éstas corresponden al sector energético y . . . . . . , con
una masiva intervención estatal.
f Las razones que han provocado esta situación no están sólo en el . . . . . .
estructural y la debilidad del capital español.
g El esfuerzo de la industria española es creciente, pero insuficiente para
. . . . . . globalmente la participación y competencia.
h Hay factores políticos y . . . . . . que han influido decisivamente en las
limitaciones de la industria nacional.

Ejercicio 11

Escucha el reportaje con cuidado, y busca las palabras que tienen los siguientes significados:

caída de rocas o de nieve
empresa que tiene sucursales en muchos países
algo que se relaciona a los aviones
dinero que invierten los individuos particulares
conjunto de posibles clientes en muchos países
material para cuartos de baño
lo que gasta una empresa en los sueldos de sus trabajadores
las empresas que construyen coches
los sectores que producen lo que la gente come y bebe
conjunto de todas las empresas fabricadoras del país
prensa, radio y televisión de otros países
personas que compran y consumen los efectos de consumo
sistema político-económico
período de problemas económicos que afectó a todo el mundo en 1973
el sistema económico de España

El trienio europeo de España

EL 12 de junio de 1985, con la firma en el Palacio Real de Madrid del pacto de adhesión a la Comunidad, España culminó un largo esfuerzo. La firma operó como una catarsis de cierta visión intencional del español dominada por el complejo de inferioridad respecto a los pueblos del norte de los Pirineos.

Desde junio de 1985 e institucionalmente desde el 1.º de enero de 1986 España como Estado Nación se sitúa dentro del marco en que se encuentran las relaciones entre los Estados europeos en fase de integración.

España, y su sociedad, sus nacionales, se sitúan en el nivel al que venían secularmente aspirando.

En enero de 1986 ya en las instituciones se desarrolla una vida internacional normalizada. Se trata de una adquisición de dimensión histórica.

¿Cómo hemos transitado durante estos tres primeros años dentro de la Comunidad?

Económicamente nuestro país ha presenciado la inversión de sus balanzas comerciales anteriores con los países miembros. El aumento de las importaciones ha sido superior al de las exportaciones.

Algunos de los temores en los que participábamos negociadores y opinión ilustrada no se han, por el contrario, cumplido. Se suponía que la introducción del IVA iba a significar un latigazo al aumento de precios entre el 1,5 y el 3 por ciento. La reducción de la inflación, compatible con un crecimiento superior al Comunitario y con recomienzo de la recuperación del empleo, ha superado lo que esperábamos.

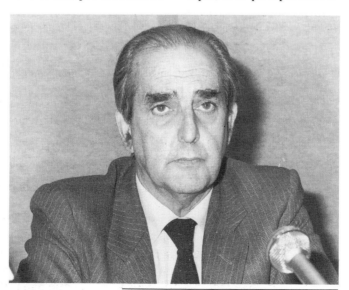

Fernando Moran, ex-ministro de asuntos exteriores

Menos mesurables son los efectos de la modernización en hábitos y estructuras españolas de esta inmersión en la competencia europea. Integración en Europa y modernización de estructuras responden a un mismo reto.

Políticamente la entrada en la Comunidad no ha significado la homologación de nuestras instituciones y modos de comportamiento políticos. Esta homologación se produjo antes y como consecuencia de nuestro propio proceso constituyente.

Lo que proporciona la pertenencia a la Comunidad es una confianza propia y ajena de la que tan necesitada ha estado nuestra sociedad. En el terreno de la política exterior la participación en la cooperación política permite la consecución de algunos de nuestros objetivos nacionales.

Proporciona un ámbito y la fiabilidad de perseguir los objetivos comunes y propios desde una fracción superior de poder e influencia.

El gesto decisivo es menos mesurable. Se trata de participar en un proyecto común al que desde hace mucho nos sentíamos solidarios no siendo, cuando permanecíamos fuera, capaces de llevarlo a cabo. Esta disminución política tiene unos efectos psicológicos y culturales enormes. Por primera vez los españoles ni se sienten distintos ni están obligados a acentuar sus supuestas diferencias. España no ha perdido. Durante mucho tiempo, si no siempre, personalidades históricamente tan fundadas como la española, la francesa o la británica, permanecerán como referencias insoslayables. Pero estas personalidades son totalmente compatibles con la dirección europea común. El español se siente como tal seguro en este proyecto por cuya consecución llevamos ya tres años trabajando. La sensación general de comodidad que siente, de manera progresiva, el español en Europa es la comprobación de que el largo esfuerzo para hacernos admitir correspondía a nuestro destino.

por Fernando Moran
tirado de *Cambio 16*, febrero 1989

Vocabulario

la adhesión	joining
el complejo de inferioridad	inferiority complex
el marco	frame
la inversión	inversion, investment
un latigazo	whipping, lash
el reto	challenge
la consecución	achievement
insoslayable	inevitable

Lee este texto con la ayuda del vocabulario. Se trata de un artículo escrito en febrero 1989 por Fernando Morán, ex-Ministro de Asuntos Exteriores de España, para celebrar los tres años que llevaba España entonces como miembro de la Comunidad Europea.

Ejercicio 12

Este artículo se compone de tres secciones: la introducción, una sección sobre los progresos económicos, y otra sobre los progresos políticos. Escribe un resumen de cada sección – digamos de unas 50 palabras cada una.

Ejercicio 13

Completa las siguientes frases según el significado del texto.

1 Se firmó el pacto de adhesión a la Comunidad el . . . .
2 Desde entonces los españoles ya no tenían . . . . . .
3 España se hizo miembro de la Comunidad Europea el . . . .
4 A principios de 1986, en las instituciones españolas se desarollaba . . . .
5 En los últimos tres años, España ha exportado menos de lo que ha . . . .
6 Contra lo que se suponía, la introducción del IVA no trajo . . . .
7 En efecto, la inflación se ha . . . . . . , y el desempleo también . . . .
8 El gran reto para España ha sido integrarse y modernizar . . . .
9 Antes de 1986, ya se habían homologado . . . .
10 Ya que pertenecen a la Comunidad, los españoles ahora se sienten más . . . .
11 Además en el terreno de la política exterior, pueden conseguir . . . .
12 En efecto, como miembro de la Comunidad, España tiene ahora más . . . .
13 Desde hace muchos años, España se sentía . . . . . . con el proyecto común.
14 Una nación tan individual como los españoles puede todavía integrarse muy bien con la . . . .
15 Por fin España ha conseguido lo que esperaba despúes de tres años de . . . .
16 Los españoles se sienten muy cómodos siendo miembros de la Comunidad: sin duda era esto . . . .

Al terminar este ejercicio, tendrás una serie de frases que resumen las principales ideas del artículo. Si quieres, tradúcelas a tu propio idioma.

Ejercicio 14

Haz listas de todas las palabras y expresiones que

a refieren a la economía
b refieren a la política

Luego compara tus listas con las de tus compañeros. Repartiendo las palabras entre todos los miembros de la clase, inventa una definición en español de cada palabra o expresión. Si queréis, podéis apuntar las definiciones.

e *España está de moda*

EN Olivia Valera, la discoteca en boga de París, todas las noches arrancan por rumbas y sevillanas a cuyo ritmo se contonean los parisinos, algunos de ellos vestidos con ropas que evocan las prendas tradicionales andaluzas. Diez mil italianos se han inscrito en cursos universitarios de su país para aprender español, uno de los tantos síntomas del idilio iniciado no hace mucho con los ciudadanos de la otra península mediterránea. En la londinense King's Road, los escaparates de tiendas exclusivas exhiben modelos de Sybilla y Pedro Morago; y en una de las calles más caras de Londres, South Molton Street, Adolfo Domínguez vende sus propias creaciones, que también gozan del éxito en un punto tan distante como Tokio. Varios artistas *pop* europeos han empezado a cantar sus canciones en castellano. En la lejana Argentina, los telespectadores se emboban con la serie española *Turno de oficio* que continúa el fervor despertado por otras series y representaciones teatrales y cinematográficas de la *madre patria*. Neoyorquinos y parisinos han descubierto recientemente con arrobamiento y entusiasmo la ingente riqueza creativa de la pintura española de las últimas centurias.

España está de moda por primera vez, quizás, en los últimos cuatro siglos. Y por motivos bien diferentes. Lo decía el semanario francés *Paris Match* pocos meses atrás: «España arrasa en Francia y en Europa. Sus diseñadores de moda, su música, su pintura, su cine, se han puesto de moda en el Continente y es difícil que alguien los desbanque de esa posición». O la revista norteamericana *Newsweek*: «La vieja España somnolienta se ha convertido en el país más caliente de Europa, no desde el punto de vista climático, sino financiero.» Es que este país, subrayaba hace unos días el prestigioso *International Herald Tribune*, «está montado en la cresta de una notable ola de prosperidad que muestra pocos indicios de quebrarse».

«Vigorosa», «joven», «dinámica», «alegre y divertida», «próspera», «creativa», son algunos de los piropos que la prensa internacional echa a España. Muchos parecen azorados, descubriendo un nuevo y desconocido país que renace de una hibernada siesta de siglos, donde hay algo más que burros y panderetas, toros y castañuelas, dramas pasionales de navaja y marqueses rostrilargos.

Para desencanto de algún trasnochado viajero romántico, España ha dejado de ser una reserva etnográfica del *tercermundismo* europeo. Pese a sus inevitables rémoras y contradicciones, hoy, este viejo país seduce al mundo con su cultura y su vitalidad apoyadas en una ola de prosperidad sorprendente.

La economía española creció el año pasado el doble que las otras economías europeas y el ritmo continúa este año, sostenidamente. La peseta se ha convertido en una de las monedas fuertes del mundo. España presidirá la CEE este año. Empresarios y financieros hacen llover sobre España, desde el exterior, capitales millonarios en inversiones (a un ritmo que, incluso, resulta preocupante), como palpable demostración de la confianza extranjera en el futuro del país.

El futuro de España no tendrá que esperar mucho, esta vez. En el horizonte más próximo está el *año mágico* de este país, 1992, con sus cuatro acontecimientos que seguramente marcarán históricamente una nueva era en la vida española: los Juegos Olímpicos en Barcelona, la Feria de Sevilla en celebración del Quinto Centenario del Descubrimiento de América, Madrid declarada capital cultural de Europa. Y un Mercado Común sin barreras, descomunal desafío para el que España se prepara vertiginosamente.

Paco Herrera coloca sus banderillas en la plaza de toros, Fréjus, Francia

por Ricardo Herres
tirado de *Cambio 16*, junio 1988

Gramática Viva

Ejercicio 15

Lee el texto con la ayuda de un diccionario si lo necesitas. Luego explica cuáles son los elementos españoles que están de moda en el extranjero, y por qué atraen a los extranjeros. Tienes que inventar por lo menos diez frases que contengan una de las siguientes expresiones: *querer, saber, poder, deber, interesar, gustar, encantar.* (Véase la Sección de Gramática 68.) He aquí varias posibilidades:

Por ejemplo: A muchos parisinos les gusta/encanta/interesa bailar rumbas y sevillanas, pues van a la discoteca Oliva Valera.
Muchos parisinos van a Olivia Valera porque quieren aprender a/saber bailar rumbas y sevillanas.
Los parisinos a quienes les gusta bailar flamenco pueden/deben ir la discoteca de Olivia Valera.

Ejercicio 16

Busca en el texto y haz una lista de todos los adjetivos que se usan para describir a España o un elemento de su vida y cultura o de sus productos y economía. Luego busca y apunta otras expresiones lisonjeras.

Por ejemplo: . . . la ingente riqueza creativa . . .
. . . el país más caliente de Europa . . .

Luego inventa una frase para utilizar cada adjetivo y cada expresión.

Por ejemplo: España es un país muy vigoroso.
En este momento, España es el país más caliente de Europa en el sentido financiero.

Ejercicio 17

Usa las siguientes preguntas para estimular una conversión sobre España.

¿Has estado alguna vez en España?
A ti, ¿te gusta estudiar el español?
¿Te gusta el baile flamenco? Y, ¿la música?
¿Sabes bailar flamenco? ¿Te gustaría aprender?
¿Tenéis lector(a) español(a)? ¿Sabe bailar flamenco? ¿Sabría enseñároslo?
   ¿Por qué no se lo pedís?
¿Tienes alguna prenda española? ¿Qué te gusta de la moda española?
¿Conoces alguna canción o disco en español?
¿Te gusta la música pop española? Y, ¿la clásica?
¿Te gustan las películas o la televisión españolas?
¿Conoces las obras de los grandes pintores españoles? ¿Te gustan?
¿Qué piensas tú de la España de hoy?
¿Te gustan los españoles?
Y, ¿les gustan a todos tus compatriotas? ¿Qué piensan y dicen de los españoles tus amigos que no estudian el español?

El flamenco – ahora se baila en muchos países

El otro árbol de Guernica

Lee el siguiente extracto, en que Santi, un joven de doce años, es evacuado de Bilbao durante la Guerra Civil. En Bélgica trata de mantener el orgullo que tiene por su patria, a pesar de uno de los maestros de su colegio:

Fue en la clase de historia y cuando el asistente (el profesor estaba enfermo) empezó a hablar de Felipe II y del duque de Alba. El asistente puso a Felipe II y al duque de Alba que no había por dónde cogerlos y Santi escuchó atenta y respetuosamente, porque le parecía muy bien que los belgas mirasen la historia con ojos de belgas y no con ojos de españoles. Pero entonces el asistente, de algún modo, empezó a irse por las ramas y a hablar del Descubrimiento de América y de la guerra civil y a decir que España era un país de bestias y que no había dado nada al mundo. A juzgar por lo que decía el asistente, en Madrid y en Barcelona, en Sevilla y en Bilbao, y en toda España, se vivía poco menos que en taparrabos y no había tranvías ni nada; sólo toreros y curas y bailadoras. Daba la impresión de que no había ni escritores, ni obreros, ni maestros, ni médicos, ni gente buena y culta preocupada por el progreso y por la libertad y por la justicia, ni ningún español, del norte o del sur, de aquí o de allá, de éste o del otro bando, que fuese de fiar. Sugirió también que las mujeres eran todas como esclavas, como zánganas o como algo peor.

Santi pensó en su país en guerra, en su madre, en don Segundo y en su amor a la libertad y a la cultura y a la justicia y no pudo más y se puso en pie. Estaba de nuevo como mareado. Notó que la sangre se le subía a la cabeza y que el suelo temblaba bajo sus pies.
  – Eso es mentira, monsieur – dijo.
Lo dijo con voz alta y grave, mirando al asistente. Santi sabía que España no era un país perfecto, sino que tenía cosas buenas y cosas malas y no consideraba justo que aquel señor sólo hablase de las malas y se pusiera a despotricar a diestro y a siniestro poniéndolo todo por el suelo. Porque Santi tenía sus ideas sobre el particular: los españoles podían decir que tal y cual sobre España y sobre Felipe II y sobre la leyenda negra y sobre la guerra y sobre lo que fuese, que para eso eran cosas suyas y luchaban y sufrían por ellas; pero que los extranjeros se convirtiesen en jueces de España le parecía a Santi que era como si invadiesen y pisoteasen las intimidades de Vizcaya y de Castilla, de Galicia y de Cataluña, de Andalucía, de Extremadura y de todas las tierras y las gentes de España . . .

adaptado de *El Otro Árbol de Guernica*
por Miguel de Castresana

Vocabulario

puso . . . que no había por donde cogerlos	tore them to pieces
irse por las ramas	to digress
el taparrabos	loin-cloth
el zángano	sponger, idler
despotricar	to rant
a diestro y a siniestro	left and right
poner por el suelo	to run down
la leyenda negra	the 'black legend', invented to run down Spain
pisotear	to trample on

Ejercicio 18

Este texto presenta unas opiniones muy distintas sobre cómo era España. Escribe un resumen de 60–80 palabras en español de lo que pensaba el asistente de España en los años treinta. Usa el imperfecto. Luego haz una comparación de lo que opinaban los extranjeros de España entonces con lo que opinan ahora. Sin duda encontrarás muchas ideas en el Texto E, y sabrás inventar frases de varios tipos.

Por ejemplo: Entonces pensaban que España era un país soñoliento, pero ahora creen que es un país moderno y dinámico.
En la opinión de los extranjeros, en los años 30 España estaba atrasada, pero ahora es un país próspero.

[Gramática Viva]

Ejercicio 19

Busca en el texto todas las frases que contengan ejemplos del imperfecto del subjuntivo (véase la Sección de Gramática 49.)

Por ejemplo: . . . le parecía muy bien que los belgas **mirasen** la historia con ojos de belgas . . .

Cópiales y tradúcelas a tu propio idioma. Luego pide a tu profesor la Hoja de Gramática 12-G-1.

Ejercicio 20

¿Crees que España merecía la crítica del asistente? ¿Te parece bien que Santi haya contradicho así al asistente? (Le castigaron después.) Habla con tus compañeros sobre los prejuicios y opiniones erróneas que tiene o tenía mucha gente de España y de los españoles. ¿Qué piensan los españoles de tu país?

Ejercicio 21

Situaciones

Imagina que te han invitado a participar en un programa de radio, y que eres una de las personas siguientes: un(a) compañero/a de clase puede ser entrevistador(a) de Radio Nacional de España.

1 Director(a) de una empresa que ha beneficiado de la entrada en la CEE
2 Director(a) de una empresa que ha sufrido de la entrada en la CEE
3 Cliente de un supermercado español que acaba de comprar varios productos franceses
4 El Presidente del Gobierno Español, después de una reunión con 'la Thatcher'

Ejercicio 22

Reportaje

Lee el texto elegido, y cuenta a tus compañeros los elementos más importantes del texto.

1 Gibraltar, centro financiero
2 España será el asilo de Europa en el año 2000
3 España quiere ser la anfitriona perfecta de Europa
4 Los militares españoles estrenan en Angola el casco azul

y de postre . . .

Ejercicio 23

Discute los siguientes temas con tus compañeros, o escribe sobre uno de ellos una redacción de unas 300 palabras.

- En pro y en contra de la CEE
- El poder político de la CEE
- España – ¿ha beneficiado o no el ser miembro de la CEE?
- Gibraltar – piedra en el zapato – ¿para España o para el Reino Unido?
- Gibraltar – la solución
- España, un país que ha recuperado su prestigio

Ejercicio 24

Sopa de Letras

Encontrarás 20 palabras que habrás leído en esta Unidad.

```
S  D  R  E  L  A  C  I  O  N  E  S
O  R  O  A  R  R  E  U  G  E  X  U
C  O  M  U  N  I  D  A  D  O  P  E
I  E  X  T  R  A  N  J  E  R  O  S
T  S  E  U  R  O  P  E  A  M  R  I
I  P  A  C  T  O  M  O  D  A  T  F
L  A  X  A  N  A  U  D  A  M  A  G
O  N  D  A  D  I  N  U  M  O  C  A
P  A  R  I  S  I  N  O  P  A  I  S
O  L  L  O  R  R  A  S  E  D  O  Q
I  M  P  O  R  T  A  C  I  O  N  A
```

UNIDAD 13 — ¡También hablamos español!

a Latinoamérica gana, pierde hispanoamérica

HACE cinco meses, cuando recibió un grado honoris causa en una universidad de Estados Unidos, el ex presidente colombiano Belisario Betancur pronunció un discurso sobre la universidad en América. Allí empleó repetidamente, a manera de sinónimos, las palabras Estados Unidos, Norteamérica, América y USA. También, y con igual propósito, Suramérica, Nuevo Mundo, Nuestra América, América Latina e Iberoamérica. La única que no utilizó en este último caso, a pesar de que Betancur es un viejo y condecorado amigo de España, fue la expresión Hispanoamérica.

Las preguntas son dos. Primera: al fin, ¿cómo se llaman estas gentes? Segunda: ¿por qué se ha ido perdiendo el uso de un nombre que reconoce la profunda influencia de España en América?

BAUTIZO DE BABEL. Hace poco, en una breve nota en *Diario 16*, el columnista Secondat comentaba: «No es una cuestión intrascendental reivindicar el rótulo *Hispanoamérica*. Los que hablan de *Latinoamérica* pretenden infravalorar la aportación histórica española.» Después de que durante siglos los términos *América Hispánica* e *Hispanoamérica* se utilizaron como una de las más socorridas denominaciones de esta parte del mundo, ambas expresiones se han ido esfumando y la pelea parece perdida. Hay quienes piensan en España que no se trata de una mera minucia semántica (¿hay acaso meras minucias semánticas?), sino de un nombre en trance de agonía que debe ser resucitado a propósito del V Centenario del Descubrimiento.

La verdad es que no resultaba difícil que el rótulo que reconoce la impronta española se extraviase en esa torre de babel nominalista que ha acompañado la suerte de América. Aún se debate si es justo que el continente que pisó Colón hace 496 años y un mes no refleje el nombre de su descubridor. Descubridor, pero mal bautista: pensando que había arribado al patio trasero del Asia, lo llamó las Indias. Indios fueron también llamados sus habitantes nativos, que, por supuesto, nunca tuvieron una denominación autóctona única para los naturales del continente. En 1502 el navegante italiano Américo Vespucio cayó en cuenta de que «aquella tierra no era isla, sino continente» y resolvió bautizarla «Nuevo Mundo».

Pero este primer nombre original que recibió el flamante territorio de la patata, el tomate y el tabaco no duró mucho tiempo. En 1507 un joven poeta francoalemán, protegido por el marqués de Lorena, propone en el capítulo noveno del libro *Cosmographiae Introductio* que se llame «América, es decir, la tierra de Americus». Y el Nuevo Mundo quedó rebautizado.

Más adelante, los países colonizados por España empiezan a hacerse a un nombre más específico: *Hispanoamérica*. Y en el siglo pasado, el proceso independentista le agrega un nuevo piso a la torre. Es un elemento diferenciador que dice que no hay una América, sino dos. La del Norte y la del Sur. No se trata de un concepto geográfico, sino de una noción política y cultural para identificar a los países que se hallan al sur de los Estados Unidos. Sin embargo, la noción geográfica termina por prevalecer sobre la cultural. A poco andar se introduce una tercera partición, la de América Central, y Suramérica (de ahí los sudacas) pasa a ser tan sólo la parte del continente que empieza donde termina el istmo de Panamá. Para muchos, América deja de ser un nombre en singular y se convierte en un conjunto: «las Américas». Varias. Por lo menos tres.

SE IMPONE LO LATINO. Poco a poco, y sin consultar diccionarios, se ha ido imponiendo el término *latino* para expresar a esa vasta masa de orígenes principalmente hispánicos, pero no solamente hispánicos, que comparte problemas, ilusiones y sentimientos de identidad comunes. La expresión *Latinoamérica*, consagrada por los documentos de la ONU, no es un homenaje al pasado, sino al presente. Con su uso extensivo, el patronímico *hispanoamericano* está en peligro de quedar convertido en anacronismo. Lo paradójico es que el bastión donde perdura con mayor fuerza la denominación de *hispánicos* es la comunidad de habla castellana en los Estados Unidos. Cualquiera que sintonice la radio o la televisión que unen a esos 20 millones de ciudadanos con apellidos españoles podrá escuchar la palabreja. Radio WADO, de Nueva York, se precia de estar «al servicio de la comunidad hispana». También se refieren a los hispánicos casi todos los canales de televisión en español, como el canal 41 de Nueva York, que prefiere de manera definitiva la expresión *hispánicos* por encima de la fórmula *latinos*.

por Daniel Samper Pizano
tirado de *Cambio 16*, noviembre 1988

La llegada de Colón al Nuevo Mundo

Lee el texto con la ayuda del vocabulario.

Ejercicio 1

a Explica las siguientes palabras y expresiones del Texto A:

la universidad　*el navegante*
la influencia　*el país colonizado*
el siglo　*la partición*
la denominación　*el diccionario*
la Torre de Babel　*ONU*
el continente　*el habla castellana*
el indio

b Busca en el texto las palabras que equivalen a estas definiciones:

una de dos o tres palabras que tienen el mismo significado
continente compuesto de Estados Unidos, Canadá y parte de Méjico
continente compuesto de todos los países entre e incluyendo Colombia y
*　Tierra del Fuego*
conjunto de países americanos donde se habla principalmente el español
conjunto de países americanos donde se hablan español, portugués y francés
fiesta o festival en que se conmemora un acontecimiento ocurrido hace un
*　siglo, dos siglos etc.*
primera persona que pisa tierra que no se conocía antes
trozo de tierra rodeado completamente por agua
trozo de tierra estrecha, entre dos océanos, mares, o ríos
algo que pertenece al tiempo en que se halla

Ejercicio 2

Traduce el último párrafo a tu propio idioma.

Ejercicio 3

¿Verdad o Mentira?

No olvides corregir las frases erróneas.

1 Belisario Betancur realizó sus estudios universitarios en Estados Unidos.
2 Betancur era presidente de Colombia.
3 España no ha influido mucho en Hispanoamérica.
4 La palabra *Latinoamérica* no reconoce el valor de la aportación histórica española.
5 El autor cree que va a desaparecer la palabra *Hispanoamérica*.
6 Colón fue el primer hombre que pisara América.
7 Los habitantes nativos de América se llamaban indios al principio.
8 Un poeta escogió el nombre de América.
9 Panamá es parte de América del Sur.
10 Se usa el término latino para referir a todos los habitantes de América del Sur.
11 Unos 20 millones de cuidadanos estadounidenses hablan español.
12 El canal 41 de Nueva York es de habla castellana.

Vocabulario

reivindicar	to claim
el rótulo	title
esfumar	to fade out
la impronta	stamp, mark
nominalista	to do with names
bautista	name-giver
autóctono	native
el patronímico	name of a country
sintonizar	to run into

Ejercicio 4

Contesta a estas preguntas y discute con tus compañeros de clase los problemas del nacionalismo británico.

1 ¿Cómo se llama tu país?
2 ¿De qué nacionalidad eres?
3 Tu país, ¿consiste en una sola nación?
4 ¿Cuáles son las naciones del Reino Unido?
5 ¿Hay alguna diferencia entre Gran Bretaña y el Reino Unido?
6 ¿Cuáles son las Islas Británicas?
7 ¿Cómo reacciona un escocés, un irlandés o un galés si le llaman inglés?
8 ¿Te consideras inglés(a)/escocés(a)/galés(a)/irlandés(a) más bien que británico/a? O sea, ¿eres patriota? ¿De qué país?
9 El Reino Unido, ¿de verdad está unido? ¿Por qué (no)?
10 ¿Crees que deberíamos tener, por ejemplo, un equipo de fútbol *británico*?

b Estamos en guerra

por Luis Fernando Veríssimo
tirado de *Monóxido 16*, septiembre 1988

¿SE han imaginado una guerra en Hispanoamérica? ¿Una guerra de verdad, ejército contra ejército? Sería el caos. En el momento de la movilización, cada ejército, por reflejo condicionado, derribaría a su propio gobierno.

—¿General? Habla el presidente.

—Ordene usted, señor presidente.

—¿Cómo va nuestra guerra, general?

—Muy bien, señor presidente. La tropa ya marcha sobre la frontera.

—Imbécil. ¡La tropa acaba de penetrar a mi palacio!

—¡Imposible!

—Hay aquí un coronel que pretende entregarme aquel ultimátum impreso con el que ustedes ya me derrocaron en 1937, en 1952 y en 1961. ¿Qué clase de broma es ésta, general?

—Póngame con el coronel, señor presidente.

—¿Hola?

—Hola, coronel. ¿Qué historia es ésta?

—¿Quiere decir, general, que no veníamos a derrocar al gobierno?

—¿Acaso dije yo que fueran a derrocar el gobierno, coronel?

—No, pero...

—Coronel... ¿alguien más mencionó que debía derrocar el gobierno?

—No, mi general. Pero...

—Entonces ofrézcale disculpas al señor presidente, y váyase de inmediato a la frontera, coronel.

—Sí, mi general. Es que cuando vino la orden de movilización general, pues todos pensamos naturalmente que...

—Pues pensaron mal, coronel. Estamos en guerra.

—¿Guerra, mi general?

—Guerra. Usted seguramente ya ha oído hablar

de guerras, coronel. Nuestro ejército contra un ejército enemigo. Trincheras, disparos, cañones, bum-bum... ¿comprende ahora, coronel?

—¿Quiere... quiere decir que vamos a tener que disparar contra extranjeros?

—¿Tiene alguna objeción, coronel?

—No sé... Pelear aquí, contra gente nuestra, es una cosa. Ahora: pelear contra gente de fuera... No sé. Puede ser hasta falta de ética, general.

—Coronel, ¿le he pedido acaso su opinión? Usted ha sido formado en ciencias políticas, coronel. No tiene que vacilar en asuntos militares. Limítese a cumplir órdenes. Salga ya mismo para la frontera.

—Sí, señor. Solamente quisiera comentarle una cosa.

—¿Qué cosa?

—Nuestros tanques sólo tienen combustible suficiente para llegar al Palacio Presidencial, derrocar el gobierno y regresar al cuartel.

—¿Cómo dice?

—Mi general conoce el nuevo reglamento. En el

último golpe militar algunos de los muchachos abusaron, se pasearon por la ciudad en los tanques, molestaron por ahí... Ahora los tanques sólo reciben combustible suficiente para un golpe. Ni una gota más. Va a ser difícil llegar hasta la frontera.

—Muy bien coronel, regresen al cuartel.

—¿General? Espere... el señor presidente quiere hablar con usted.

—Hola, señor presidente. Fue un malentendido. Yo...

—Está bien, está bien. Tengo buenas noticias. No necesitamos preocuparnos más por la guerra. El gobierno enemigo fue derrocado por un golpe militar. ¡El ejército de ellos también se equivocó! Vamos a hacer una cosa. Usted me derroca, se toma el poder y discute la paz con los generales enemigos. ¿No le parece una buena solución? Además, ya estamos a tiempo de que me derroquen. Hace meses que no se produce un golpe militar aquí.

—Cierto, señor presidente.

—Solamente una cosa, general.

—¡Ordene, señor presidente!

—¡Este ultimátum impreso no lo acepto más. Está roto, sucio, grasoso, hasta tiene manchas de comida!

Ejercicio 5

Traduce las siguientes palabras *sin* la ayuda de un diccionario:

el reflejo condicionado	*vacilar*
derribar	*cumplir*
derrocar	*el cuartel*
ofrecer disculpas	*el reglamento*
la orden de movilización	*una gota*
las trincheras	*un malentendido*
disparos	*grasoso*
pelear	

Ejercicio 6

En cada una de estas frases hay unas palabras equivocadas. Corrígelas, y tendrás un resumen del cuento.

1 El general llama por teléfono al Presidente.
2 Quiere saber cómo va a la frontera.
3 En realidad, la tropa está delante del palacio.
4 El general pretende entregar un impreso al coronel.
5 El general pregunta al coronel cómo va.
6 Dice que en realidad no debían derrocar al coronel.
7 El coronel tiene que pedir disculpas al presidente.
8 El coronel malentendió la orden de derrocar el gobierno.
9 El general le explica qué es una trinchera.
10 El ejército tenía que luchar contra su gente.
11 Por eso tienen que volver ya mismo de la guerra.
12 Hay un problema: sólo tienen un tanque para llegar al Palacio Presidencial.
13 Es porque la última vez que salieron golpearon a los muchachos.
14 Por eso no pueden regresar al cuartel.
15 Pero ya no hace falta, pues el gobierno enemigo ha derrocado su ejército.
16 Por fin, el ejército tiene que derribar al presidente.
17 Tienen que discutir la guerra con los soldados enemigos.
18 El presidente dice que ya está a tiempo de que se derroque.
19 Al presidente no le gusta el último impreso porque no quiere comerlo.

Ejercicio 7

Escribe esta historia en forma de cuento sin diálogo, o sea, utilizando el estilo indirecto, empezando así:

Un día, el presidente de Bolonia llamó por teléfono al general, y le preguntó cómo iba la guerra . . .

Tendrás que usar en muchos casos el imperfecto (véase la Sección de Gramática 39) y en algunos el pluscuamperfecto. No olvides usar las interrogaciones con acento, por ejemplo:

. . . le preguntó $\begin{cases} \text{qué} \\ \text{por qué . . .} \\ \text{cómo} \end{cases}$

c ¡¡¡No!!!

Los golpes militares y las dictaduras no son realmente para reírse . . . En octubre de 1988 hubo un plebiscito en Chile. Quince años antes había habido un golpe militar en que asesinaron al presidente chileno, Salvador Allende, y a centenares de personas que se opusieron al golpe. Como consecuencia de este golpe, Chile sufrió quince años de la dictadura de Augusto Pinochet. Por fin se organizó el plebiscito de 1988: el pueblo Chileno tenía que votar *Sí* para apoyar a Pinochet o *No* para rechazarle. Como varios periódicos y revistas españoles, *Cambio 16* publicó su consejo para el pueblo chileno . . .

Ejercicio 8

Explica las siguientes palabras en español.

asesinar	la patria	vox populi, vox Dei
la democracia	el usurpador	las urnas
el presidente	legitimarse	el lustro
el franquismo	aplastar	el pucherazo
la guerra civil	el caudillo	el baldón

Ejercicio 9

Este artículo dice un poco más de lo que parece. Contesta a estas preguntas explicando, si puedes, un poco de lo que implican las palabras.

1 ¿En qué sentido se puede decir que Pinochet 'asesinó' la democracia chilena?
2 ¿Qué hizo *Cambio 16* en reacción al golpe chileno?
3 ¿Por qué era difícil publicar sus reacciones en 1973?
4 ¿Cómo reaccionaron la mayoría de las publicaciones españolas?
5 ¿Por qué hizo *Cambio 16* lo que hizo?
6 ¿Por parte de quién tomó Pinochet el poder?
7 ¿Por qué organizó Pinochet las elecciones del 1988?
8 ¿Cuál sería la consecuencia para los chilenos si Pinochet sigue en el poder?
9 ¿Cuál es la ambición de Pinochet?
10 ¿Por qué recomienda al pueblo chileno que no acepte a Pinochet?
11 Según *Cambio 16*, ¿cómo se explicaría un voto de *Sí*?
12 ¿Qué más teme el autor del artículo?
13 ¿En qué sentido cree el autor que el pueblo chileno esté dispuesto a votar *No*?
14 En realidad, ¿qué merece Pinochet?

Ejercicio 10

1 ¿Sabes algo de la historia de Allende y de Pinochet?
2 ¿Qué opinas tú de Pinochet? Y, ¿de los dictadores en general?
3 ¿Qué sabes de otros dictadores?
4 ¿Qué efectos suele tener la dictadura?
5 ¿Cuáles son las ventajas de la democracia?
6 Los chilenos, ¿deberían tener fe en la democracia?

¡¡¡NO!!!

HACE ahora quince años, cuando el general Pinochet y sus militares asesinaron a la democracia chilena, al presidente Salvador Allende y a centenares de chilenos, esta revista, entonces muy joven, lloró a los muertos y condenó a sus asesinos.

No era fácil, en aquellos tiempos del franquismo, en los que la mayoría de las publicaciones españolas, con muy pocas excepciones, callaron o incluso aplaudieron con ferocidad. Pero se hizo. Era un deber ineludible e imperioso para quienes soñábamos con la democracia en España.

Y no hemos olvidado. Tenemos muy presente aquella guerra civil apresurada que el general de gafas negras se inventó, como siempre, «por el bien de la Patria», reducida, como siempre, a él mismo y a los suyos.

Ahora, el usurpador quiere legitimarse. Quiere que el pueblo chileno le diga que sí, que desea que lo sigan aplastando, quizás con bota más leve y mano más suave. Quiere, nada menos, que ser eterno Caudillo de Chile por la gracia de Dios. Vox populi, vox Dei.

Pues no. La sangre no se borra con votos. Las urnas no pueden legitimar la usurpación del Estado, perpetuada a lo largo de tres lustros.

Quienes conocemos y amamos al pueblo chileno sabemos que, si vota «Sí» sin sospecha de pucherazo, será porque aún sigue sobrecogido por el terror que le han venido inoculando desde hace quince años.

Sabemos y deseamos que, a poco que haya recuperado su vigor y decisión, como parece, votará *¡NO!* con todas sus fuerzas. Es lo menos que se merece ese baldón de la historia de la Humanidad que se llama Augusto Pinochet.

Ricardo Utrilla

por Ricardo Utrilla
tirado de *Cambio 16*, octubre 1988

Vocabulario

ineludible	unavoidable
vox populi, vox dei	the voice of the people is the voice of God
las urnas	ballot-boxes
el lustro	period of five years
el pucherazo	vote-rigging
el baldón	insult, disgrace

Ejercicio 11

Imagina que eres chileno/a y que tus compañeros también lo son. Antes de las elecciones estáis hablando de cómo pensáis votar. En el artículo encontraréis algunas ideas en pro y en contra de votar a Pinochet.

di Pinochet, derrotado por su pueblo, se aferra al poder

Augusto Pinochet al momento de votar

Ejercicio 12

Vas o oír un reportaje hecho dos o tres días después del plebiscito chileno de octubre 1988. Empieza con el mensaje final de Salvador Allende, que dio poco antes de morir luchando en el Palacio de la Moneda. Lee las preguntas del Ejercicio 13, escucha con atención, y toma algunas notas en español o en tu propio idioma.

Ejercicio 13

Usando tus apuntes, contesta a estas preguntas en español.

1 ¿Cuál fue la actitud de Salvador Allende al morir?
2 ¿Qué le prometió Allende al pueblo chileno?
3 ¿Cuál fue el resultado del plebiscito?
4 ¿Cuándo se celebró la victoria en la alameda O'Higgins?
5 ¿En qué consistía el Comando del *No*?
6 ¿Cómo reaccionó Patricio Aylwin ante la multitud que rodeó el Palacio de la Moneda?
7 ¿Cómo terminó la fiesta?
8 ¿Cómo murieron dos jóvenes?
9 ¿Cómo atropellaron a otro joven?
10 ¿Cuáles fueron las palabras de Lucía Pinochet?
11 ¿Cuál será el futuro de la oposición victoriosa?
12 ¿Cuándo deberá Pinochet abandonar el poder?
13 ¿Qué fue lo que asombró tanto a los enviados especiales y a los observadores extranjeros?
14 ¿Cuántos votaron por el *No*, y cuántos por el *Sí*?
15 ¿En qué sentido fue sorprendente la votación de las mujeres?
16 ¿Cuál es la decisión que debe tomar el ejército chileno?
17 En cuanto al futuro de Chile, el reportero, ¿es pesimista o optimista? ¿Por qué?
18 ¿Qué ha ocurrido en Chile desde este episodio?

Ejercicio 14

Escribe 80 palabras, preferiblemente en español, sobre lo que ha tenido que sufrir el pueblo chileno bajo la dictadura de Pinochet. Si no recuerdas nada, escucha otra vez el reportaje, o pide la transcripción a tu profesor(a).

Vocabulario

la alameda	avenue
colmar	to fill
la sede	headquarters
el apagón	blackout
balear	to shoot
la muletilla	pet phrase
erizado	bristling
la trampa	pitfall
aferrarse a	to cling on to
soslayar	to evade
el varapalo	beating, setback
el acosado	the pursued
la sensatez	good sense

dii *Santa María de Iquique*

Escucha la cinta y pide a tu profesor(a) la Hoja de Trabajo 13-T-4.

e *El corrupto poder militar en Paraguay sobrevive a Stroessner*

El socio y consuegro del dictador paraguayo Stroessner terminó con 35 años de tiranía. Pero continua vigente el régimen controlado por contrabandistas de toda laya y traficantes de droga. La oposición democrática quiere diálogo, elecciones libres y una transición política con apoyo internacional. La tarea más difícil es liquidar a las mafias políticas y militares.

EL general se derrumbó al amanecer. Había prometido no huir, pero lo pillaron con las maletas hechas. Los jefes militares, que habían sido la base fundamental de su régimen, lo abandonaron uno tras otro. Arrestado en una unidad militar, el viejo tirano bebe vaso tras vaso de *terere*, la infusión de yerba mate helada que ayuda a combatir el sofocante calor húmedo de Paraguay.

El «tiranosaurio» – como lo bautizó el escritor Roa Bastos – pasa revista a quienes se han unido para terminar con la más larga dictadura de América Latina, 35 años sólo superados en el mundo por los 43 años del nortecoreano Kim Il Sung. Primero fueron los curas, después los norteamericanos y por último los compadres de uniforme. Los demás nunca contaron para poner en peligro al régimen.

DICTADURA UNICA. La de Stroessner ha sido una dictadura con características únicas. Su centro han sido las Fuerzas

Armadas, por tradición histórica la institución más orgánica e identificada con la nación. Paraguay fue devastada en el siglo pasado por la guerra de la Triple Alianza (Argentina, Brasil y Uruguay) que literalmente arrasó con su población e infraestructura. En la década de los años treinta, otro conflicto con Bolivia, la Guerra del Chaco, aumentó el atraso y el poder de las castas militares unidas a los terratenientes.

Stroessner ascendió al poder por un golpe de Estado en 1954 y pronto se dio a la tarea de organizar, con germánica pulcritud (es hijo de inmigrantes alemanes), un aparato totalitario cuyas metástasis pronto llegaron hasta el último rincón del Paraguay.

El dictador fue entregando el control de sectores enteros de la economía a los espadones amigos. Quedó a cargo del aparato político-burocrático-represor el Partido Colorado, propiedad absoluta del general Alfredo Stroessner.

El dictador se convirtió en un obstinado vigía de Occidente, campeón del anticomunismo y defensor de la religión. Sin importar los matices, los opositores democráticos, las protestas del campesinado sometido a condiciones infernales de explotación, y los siempre rebeldes estudiantes, fueron encarcelados, atrozmente torturados, desaparecieron o marcharon al exilio (casi un millón) cargando con el sambenito de ateos y comunistas.

Estados Unidos y la Iglesia

Alfredo Stroessner saluda a los periodistas

Católica premiaron estos afanes con un apoyo sólido. Cuando comenzó la apertura del Concilio Vaticano II y la radicalización de sectores católicos hacia posiciones sociales más avanzadas y democráticas, la Iglesia se transformó en el principal obstáculo de la dictadura y la verdadera dínamo de la oposición.

Este siniestro aparato ha funcionado aceitado permanentemente por una corrupción que linda con el disparate. El 70 por ciento del comercio exterior paraguayo es el contrabando. Cada general-sátrapa controla un renglón ilegal: bebidas, cigarrillos, relojes, aparatos electrónicos, café, ganado y un muy próspero etcétera.

El más próspero, después de Stroessner y su familia, de estos empresarios hampones es el general Andrés Rodríguez, conocido como *el mago del ahorro* ya que con un sueldo de

sólo 50.000 pesetas mensuales, ha logrado una fortuna de casi 5.000 millones de dólares (unos 600.000 millones de pesetas).

UNA FLOR EXOTICA. El general Rodríguez se alió con los tradicionales y fue imponiendo en el alto mando a sus amigos y socios en el negocio del contrabando y el tráfico de drogas. Stroessner quiso jubilar a su socio y amigo y éste, preso de un súbito ataque de democracia, lo derrocó. ¿Y el futuro? Los partidos políticos se han integrado en un acuerdo nacional y proclaman su decisión de facilitar un amplio diálogo con las Fuerzas Armadas y hasta con las facciones del Partido Colorado para que el proceso se encauce en una transición política hacia elecciones libres.

«No será un proceso fácil ni inmediato. Necesitamos varios meses para organizar comicios y una transición democrática que durará años porque también hay que reconstruir la economía», señala el líder de la oposición (socialdemócrata), Euclides Acevedo.

La democracia ha sido una flor exótica en Paraguay. La caída de un Stroessner que ya estaba agotado es un paso adelante, pero hay un largo camino por recorrer y una siniestra trama de intereses que será muy difícil de controlar por las fuerzas de renovación.

por Juan Carlos Algañaraz
tirado de *Cambio 16*, febrero 1989

Vocabulario

la laya	type
pillar	to catch
el terrateniente	landowner
la pulcritud	neatness
el espadón	boastful soldier
la vigía	lookout, guard
el sambenito	disgrace
hampón	bully
encauzar	to channel
los comicios	elections
la trama	interweaving, plot

Ejercicio 15

Para completar las siguientes frases tienes que escoger la palabra que mejor convenga de las alternativas que se ofrecen.

1 El *amigo/colega/pariente/suegro* de Stroessner terminó con 35 años de dictadura.

2 Cuando lo pillaron, ya había *cogido/hecho/abandonado/cerrado* sus maletas.

3 Stroessner fue derrumbado en efecto por *los curas/los norteamericanos/ los soldados paraguayos/Kim Il Sung*.

4 Paraguay ha sufrido mucho por *las guerras/su población/Argentina/ Bolivia*.

5 Los militares paraguayos estaban aliados con los *Brasileños/Uruguayos/ Bolivianos/terratenientes*.

6 Stroessner entregó el control de sectores de la economía a sus *políticos/ colegas militares/represores/burócratas*.

7 El dictador se hizo enemigo *de la religión/del anticomunismo/de los opositores democráticos/de Estados Unidos*.

8 La actitud de la Iglesia hacia la dictadura fue cambiado por *Estados Unidos/el Concilio Vaticano/los demócratas/los generales*.

9 La dictadura de Stroessner era muy *corrupta/linda/próspera/siniestra*.

10 El general Andrés Rodríguez era *millonario/mago/afortunado/ conocido*.

11 Rodríguez derrocó a Stroessner porque esté quería *aliarse con los tradicionales/negociar contrabando/jubilarle/imponerse en el alto mando*.

12 La democracia en Paraguay va a tener *un largo camino por recorrer/ pocas dificultades/flores exóticas/muchos intereses*.

Ejercicio 16

Escribe un resumen de unas cien palabras de este artículo.

Ejercicio 17

Busca en el Texto E todas las palabras que tienen algo que ver con la dictadura: haz una lista de ellas, y explica cada una en español.

Ejercicio 18

En el Texto E hay varias parejas de palabras que tienen significados opuestos, por ejemplo *dictadura – democracia*. Busca otras parejas como ésta. Luego, busca en el texto la palabra que tiene el significado opuesto al de las siguientes palabras.

el anochecer	*fascistas*
el frío	*cooperación*
la seguridad	*legítimo*
la paz	*pobre*
bajó	*moderno*
la debilidad	*el pasado*
primero	*dificultar*
ateísmo	*la subida*
celestial	*atrás*
libertado	*corto*

f *Buenos Aires a media luz y sin agua por el colapso de energía*

Vista aérea de Buenos Aires

LA mitad de los ciudadanos argentinos vive en penumbra desde hace semanas. La otra mitad, en cambio, se tuesta al sol estos días de verano en las playas de Brasil y Uruguay. Contado así, parecen dos aspectos aparentemente contradictorios. Pero esta situación tan extraña es la consecuencia de los programas antiinflacionarios del Gobierno, que contemplan altísimas tasas de interés para el dinero en efectivo y no consiguen evitar que el dólar sea barato. Con esta política se estimula la especulación, y la fuga de divisas obliga al Gobierno a estrangular a las deficitarias e impopulares empresas del Estado.

En Argentina sobra el dinero para importar coches lujosos y alquilar suntuosísimas casas de veraneo en Punta del Este, la playa de los millonarios suramericanos, pero falta para mantener las obsoletas centrales térmicas de electricidad, para que sus teléfonos funcionen o, simplemente, para arreglar las destrozadas aceras de sus ciudades.

Sobre todo Buenos Aires, la otrora orgullosa capital del país, ahora es una ciudad sin luz en la que hay barriadas enteras que ni siquiera tienen agua. La televisión sólo transmite cuatro horas diarias y las pequeñas industrias establecen turnos laborables por la noche porque es la única hora en que no hay cortes de electricidad.

Estos días de oscuridad han servido en cambio para iluminar problemas ocultos en un país estancado, cuyo producto interior creció el año pasado tan sólo un 0,5 por ciento. Su nivel económico, por tanto, fue un 5 por ciento inferior al de 1980. Las cifras que manejan los empresarios indican que el producto industrial cayó entre un 5 y un 7 por ciento en 1988. La producción de las empresas automotrices, por ejemplo, es la misma que hace veinticinco años.

La deuda externa es ya de 56.000 millones de dólares y además, el país acumula 2.000 millones de dólares de atrasos en el pago de los intereses. Por otra parte, en el sector estatal, la falta de inversión obligará a gastar más de lo que se pretendía ahorrar con la paralización de las obras públicas.

PLAN AUSTRAL. En aquel entonces, no hacía mucho que el Gobierno había lanzado el llamado *Plan Austral*. Un nuevo diseño económico cuyo objetivo era frenar la enloquecida escalada de los precios. Dentro de las medidas de austeridad de este Plan, se paralizó la central nuclear de Arucha II, cuya terminación estaba prevista para 1987. El año pasado, en una reedición de aquel programa antiinflacionario puesto en marcha con la llegada de Raúl Alfonsín al poder, se promovió otra iniciativa conocida como el *Plan Primavera*. Este nuevo Plan congeló todos los gastos destinados a las obras públicas y las dejó en manos de los créditos externos.

Dentro del país, todo parece amarrado con alambre y clavado con alfileres. Para evitar la inflacionaria emisión de dinero, el Estado argentino se ha convertido en el principal especulador interno. Mantiene el dólar devaluado, lanza títulos al mercado, y las tasas de interés son las más altas del mundo: para el ahorrador, entre el 11 y el 13 por ciento al mes; para el tomador de fondos, entre el 14 y el 15 por ciento.

Entre agosto y diciembre de 1988, los que apostaron en esta peculiar *ruleta argentina* ganaron el interés que habrían obtenido en países de monedas estables en tres años (alrededor del 40 por ciento). Además, los depósitos a siete días se consideran inversiones a largo plazo. Y el crédito brilla por su ausencia. Además, ¿quién puede atreverse a pedir préstamos con semejantes tasas de interés?

por Norma Morandini
tirado de *Cambio 16*, enero 1989

Ejercicio 19

¿Vocabulario?

Antes de buscar las siguientes palabras en el diccionario, trata de adivinarlas. Ponemos las palabras tal y como vienen en el texto. ¡Un punto por cada palabra correctamente adivinada! A ver quien saca más en tu clase.

penumbra	*estancado*
se tuesta	*automotrices*
antiinflacionarios	*la deuda*
tasas de interés	*atrasos*
se estimula	*estatal*
la especulación	*diseño*
la fuga	*enloquecida*
divisas	*escalada*
estrangular	*una reedicón*
deficitarias	*se promovió*
suntuosísimas	*congeló*
centrales térmicas	*devaluado*
otrora	*ruleta argentina*
cortes de electricidad	*estables*

Pistas:

1 Tienes que decidir, mirando el contexto, si la palabra que adivinas es adjetivo, sustantivo, verbo etc.

2 Muchas palabras que en inglés empiezan con *sc-*, *sp-*, *st-*, en español empiezan con *esc-*, *esp-*, *est-*.

3 En algunos casos hay palabras compuestas de dos palabras que ya conoces.

4 En muchos casos las palabras se parecen a la forma inglesa, pero con una ortografía más sencilla.

5 En algunos casos reconocerás la palabra quitándole un prefijo o un sufijo.

6 Casi siempre, el contexto te ayudará a comprender la palabra.

'Nos han desalojado'

Ejercicio 20

Resume en cincuenta palabras lo que viene en el Texto F sobre al menos uno de los siguientes temas:

- El nivel de vida de ricos y pobres en Argentina
- Los problemas de la inflación, y la estrategia antiinflacionaria del gobierno argentino
- Buenos Aires antes y después
- La deuda externa de Argentina
- Las empresas estatales de Argentina

Ejercicio 21

Situaciones

a Imagina que eres reportero de radio o televisión española: haz unos apuntes para tu reportaje y luego grábalo para mandar a tu redactor.

1 Eres testigo/a de un golpe militar
2 Asistes a la fiesta callejera para celebrar el fin de una dictadura

b Con un(a) compañero/a, imaginad que sois:

1 Un habitante rico y un habitante pobre de Buenos Aires: cada uno tiene sus quejas . . .
2 Presidente de un país y el general que viene a derrocarle
3 Soldado chileno y un ciudadano que trata de convertirle a la democracia
4 Cristobal Colón y Amerigo Vespucci: cada uno de vosotros quiere que el Nuevo Mundo lleve su nombre

Ejercicio 22

Reportaje

Lee el texto elegido, y cuenta a tus compañeros los elementos más importantes del texto.

1 La contradanza de Alan García
2 La violencia domina las elecciones salvadoreñas
3 Se reabre el diálogo guerrilla-gobierno en Colombia
4 Diálogo de sordos entre Gorbachov y Fidel Castro

y de postre . . .

Ejercicio 23

La peste del siglo XX

Rellena los espacios en blanco con una de las palabras de la lista que sigue el texto. Sólo se puede usar cada palabra de la lista una vez, pero ¡ten cuidado, porque sobran palabras!

«MENOS mal que hay aire . . . . . . por todos lados», se conformaba el ministro en la sala de . . . . . . del Acapulco Plaza, donde se encontraban reunidos los 20 ministros de . . . . . . de América Latina, más España y Portugal, que discutieron durante una semana las . . . . . . en materia judicial que cada país tiene en marcha.

El tema de cómo perseguir y . . . . . . los delitos del narcotráfico, «la peste del siglo XX», como la definía Múgica, es el que centró la . . . . . . de los presentes, ya que en torno a la rectangular . . . . . . estaban sentados representantes de las dos partes en . . . . . .: los países que producen droga (Bolivia, Colombia, Perú) y los países que la consumen o la . . . . . .

(España).

«Si los países productores claman ayuda internacional para salir del . . . . . ., los países que sufren el tráfico también pueden pedir a cambio una acción erradicadora de la . . . . . .», señala el ministro español.

El otro gran tema de moda en la reunión de . . . . . . de Justicia en Acapulco ha sido la

reciente aprobación en Estados Unidos de la pena de . . . . . . para los grandes traficantes. Ni el ministro colombiano, ni el gobernador del estado de Guerrero, donde se encuentra Acapulco, ni el . . . . . . español, son partidarios de esa pena.

«Soy abolicionista por educación y por cumplimiento de la norma constitucional», añadió el ministro español. ▷

Discusiones sobre el narcotráfico

..... sobre la Seguridad del Estado. Para el ministro colombiano, y el propio secretario general de la ....., Javier Pérez de Cuéllar, «el tráfico de drogas fomenta la ..... y el terrorismo». Múgica, por su parte, considera que eso, en España al menos, no es cierto, y no quiso pronunciarse sobre sí esa premisa es ..... en Colombia o, por el contrario, lo que fomenta es la ..... de los cuerpos policiales y el Ejército.

REGISTRO UNICO CENTRAL.

Las conclusiones finales más importantes fueron la ..... de que se adecúen las legislaciones de cada estado para poder ..... los bienes de los traficantes (ya se hace en España), que haya una comunicación ..... de antecedentes penales, y por último se cree un registro central único de condenas por tráfico. Así, cada ..... estará perfectamente informado sobre cualquier ciudadano del mundo que haya alguna vez en su vida tenido un ..... con la droga.

por 'R.O.'
tirado de *Cambio 16*, noviembre 1988

«Creo que es una ..... innecesaria», puntualizaba Múgica, quien destacaba que con las recientes medidas introducidas en el ..... Penal español es suficiente para combatir el tráfico de ......

En efecto, la elevación de la pena de ..... 12 a 23 años, las multas de hasta 230 millones de ....., la confiscación del patrimonio adquirido por el tráfico de drogas y el decomiso de todo vehículo utilizado, «las consideramos ..... para la represión del tráfico».

Otro punto de desunión es el de las consecuencias de la

pesetas	*distribuyen*	*correcta*
cárcel	*conflicto*	*necesidad*
estupefacientes	*mesa*	*nacional*
ministerio	*atención*	*confiscar*
Código	*atacar*	*delincuencia*
pena	*habitación*	*ONU*
ministro	*reformas*	*internacional*
muerte	*justicia*	*problema*
ministros	*sesiones*	*estado*
producción	*acondicionado*	*droga*
subdesarrollo	*corrupción*	*suficientes*

Ejercicio 24

Discute los siguientes temas con tus compañeros de clase, o escribe una redacción de unas 300 palabras.

- La dictadura: ¿puede considerarse un mal necesario?
- Los problemas de integrar a las guerrillas al proceso de democratización.
- Si erradicamos la droga, ¿no destruiremos la vida y la cultura de muchos indios de Latinoamérica?
- Los indios de Hispanoamérica, ¿por qué no quieren celebrar el V Centenario? (Véase Hoja de Trabajo 13-T-1.)
- ¿Era justo invadir los países indios y someterlos en nombre del cristianismo?
- Los estadounidenses, ¿tienen el derecho a llamarse 'americanos'?

Ejercicio 25

Busca las palabras que se definen en las siguientes frases. La primera letra de cada una te dará las letras de una palabra que refiere a algo muy importante para el desarrollo de Hispanoamérica.

1 Este señor hizo los primeros mapas del Nuevo Mundo.
2 Los españoles no fueron los primeros hombres en el Nuevo Mundo, pues ya vivían allí los . . . .
3 Los presidentes de Chile viven en este palacio.
4 El presidente que, durante varios años, fue el salvador de Chile.
5 El . . . . . . de Stroessner duró 35 años.
6 Unos cuatrocientos años después del descubrimiento de las Américas, este país recibió el nombre del gran descubridor.
7 En 1992 se celebra el V . . . . . . del descubrimiento del Nuevo Mundo.
8 La . . . . . . causa muchos problemas en todos los países occidentales.
9 A los indios suramericanos no les gustan los . . . .
10 Stroessner se consideraba vigía del . . . . . . y campeón del anticomunismo.

UNIDAD 14 | *Los marginados*

a | *Hasta que el cuerpo aguante*

Los mexicanos contemplan con apatía y desesperación el hundimiento económico del país

JOSÉ COMAS

Detrás de la verja de la catedral metropolitana, en la plaza del Zócalo de la capital de México, los maestros de Chiapas y Oaxaca han extendido sus tiendas de campaña para permanecer allí en espera de que se les haga justicia. Los maestros protestan por la carestía de la vida y exigen democracia en el interior del Sindicato Nacional de Trabajadores de la Enseñanza (SNTE), que está controlado por los caciques del partido gubernamental.

José Landín, de 39 años, casado y sin hijos, explica que su sueldo mensual es de 80.000 pesos (no llega a 10.000 pesetas) y con rabia muestra su camisa y dice: "Esta camisa cuesta 5.000 pesos (unas 600 pesetas) y el pantalón 10.000 pesos (1.200 pesetas)". A su lado, un joven maestro de Chiapas dice que su Estado "vive en la ignorancia y la marginación. Es bastante productivo, pero todo va a los que tienen el poder. El pueblo está explotado".

René Castillo enseña en Chiapas, tiene 28 años y tres hijos y gana 114.000 pesos mensuales (no llega a 14.000 pesetas). Explica René que "tenemos que restringirnos para comer. Casi no bajamos al pueblo, porque es una gastadera. Comemos frijolitos, chile y tortilla, como los campesinos, porque no hay otra posibilidad".

Algunos precios: un bollo de pan cuesta 3 pesetas; un litro de leche, 34 pesetas; un litro de aceite de girasol, 95 pesetas. Por 24 pesetas se compra una cerveza en el supermercado y un kilo de azúcar vale 18 pesetas. Los mexicanos pagan 2,50 pesetas por un viaje en *metro* y 19 por un litro de gasolina.

Poco antes de las ocho de la noche, antes de que cierre sus puertas la céntrica librería, cuatro chicos llegan con un montón de pesos en metálico para cambiarlos en billetes. Enrique, 14 años; Eduardo, 13; Alfredo, 12, y Julio, 11, han terminado un día más su *jornada laboral,* que empezaron al terminar la escuela en la vecina ciudad de Netzahualcóyotl, que es hoy día un barrio más del gigantesco Distrito Federal de México. Los cuatro chicos vienen hasta el centro de la ciudad y allí se dedican durante seis horas todos los días a limpiar los parabrisas de los coches que se paran en el caos del tráfico.

SOBREVIVIR

El balance de cada día depende de "cómo esté el tráfico. Si se paran mucho los coches, es mejor para nosotros. El mejor día es el viernes y los fines de quincena, porque la gente ha cobrado y da más dinero". Al cabo del día han sacado de 500 a 600 pesos (de 60 a 72 pesetas), y uno de los cuatro asegura que él llega hasta 1.000 pesos diarios (120 pesetas).

Eduardo, Julio y Alfredo andan desharrapados y huelen un poco a mugre. Tienen en la cara costras y eccemas. Van a la escuela, y dos de ellos dicen que quieren ser doctores cuando sean mayores. Otro se inclina por ser bombero, y al cuarto le gustaría ser policía. No tienen problemas con sus familias, que les dejan "venir a trabajar" al centro. Tampoco con la policía, que "nos da *chance*, nos dicen vete *chavo*, que va pasar el presidente. Nada más que pasa nos volvemos".

A su edad ya aprenden en la calle el principio más elemental que preside hoy día la vida de muchos mexicanos: la lucha por la supervivencia cotidiana en medio de las duras condiciones económicas por las que atraviesa el país. A sus años ya han comprendido que "no me gusta el Gobierno, porque da muy caras las cosas. Sube todo". A uno de ellos sí que le gusta, "pero a veces es malo, porque suben tanto las cosas…". Otro, más crítico, asegura: "El Gobierno siempre roba y malgasta el dinero".

¿Hasta cuándo?. La pregunta que está hoy en la boca de todos es hasta cuándo podrá resistir el país sin producirse un estallido social ante el deterioro de la economía, el empobrecimiento de la población y los atropellos del poder.

El deterioro en la alimentación empieza a ser alarmante. Según un estudio de Demetrio Sodi, coordinador general de Abastos del Distrito Federal, "existen casos de alimentos cuyo crecimiento en el índice de precios alcanzó hasta 1.200% de 1982 a este año. La consecuencia de estas subidas de precios es el incremento de la desnutrición en amplias capas de la sociedad mexicana". Se calcula que un 5% de los niños nacidos en México muere en los primeros años de vida por enfermedades relacionadas con la desnutrición.

*por José Comas
tirado de* El País, *marzo 1987*

Estos niños no conocen otra casa que su chabola en la Ciudad de Mejico

Ejercicio 1

a Explica en español las siguientes palabras y expresiones del Texto A:

la tienda de campaña
la justicia
restringirse
un bollo de pan
el metro
en metálico
la jornada laboral
el caos del tráfico

la costra
la supervivencia
crítico
el deterioro
el atropello
el índice de precios
la desnutrición

b Busca en el texto las palabras que equivalen a estas definiciones:

alto coste de la vida
jefe de un partido político
la cantidad que se gana al mes
se exige mucho trabajo al pueblo, pero se le paga poco
persona que vive y trabaja en el campo
ventana delantera de un coche
dos semanas
muy mal vestido
persona cuyo trabajo consiste en apagar los incendios
substancia que se come

Ejercicio 2

Contesta a estas preguntas:

1 ¿Por qué protestan ciertos ciudadanos de Méjico?
2 ¿Qué es un maestro?
3 ¿Cuáles son los problemas económicos de José Landín?
4 ¿Por qué tienen que trabajar los chicos?
5 ¿Cómo ganan dinero?
6 ¿Por qué les gusta el viernes?
7 ¿Cómo son los chicos y cómo están vestidos?
8 ¿Cuál es la ambición de los chicos?
9 ¿Cuál es el principio que domina la vida de los mejicanos?
10 ¿Les cae bien el gobierno? ¿Por qué (no)?
11 ¿Qué teme el autor de este artículo?
12 Según el autor, ¿cuáles son los principales problemas sociales?
13 ¿Cuál ha sido el mayor nivel de crecimiento en el índice de precios?
14 ¿Por qué hay tanta desnutrición en la sociedad mejicana?
15 ¿Por qué mueren tantos niños?

Ejercicio 3

Traduce a tu propio idioma toda la primera sección (hasta *. . . en el caos del tráfico*).

Ejercicio 4

Pide a tu profesor(a) una sección del resto del artículo, y haz un resumen en español para tus compañeros de clase.

Ejercicio 5

Escribe un reportaje de unas 100 palabras sobre los métodos de ganar dinero que se pueda observar en las calles de tu pueblo o ciudad.

Vocabulario

la carestía de la vida	high cost of living
el cacique	boss
restringirse	to cut corners
una gastadera	waste of money
los frijolitos	kidney beans
chile	chili
la tortilla	corn-meal cake
el girasol	sunflower
la quincena	fortnight
desharrapado	ragged, shabby
mugre	dirt, filth
la costra	scab
la eccema	eczema
la supervivencia	survival
cotidiano	daily
el estallido	explosion
el atropello	abuse, excess
el índice de precios	retail price index
la desnutrición	malnutrition
la capa	layer

África: se acabó la esperanza

Desierto y super- población estran- gulan el futuro del continente

El desierto avanza. La auto-suficiencia alimenticia de África en el año 2000, objetivo de la Organización para la Unidad Africana (OUA), no ha dejado de alejarse cada vez más. Las condiciones económicas y políticas, el *orden* mundial, así como el predominio urbano local, han intensificado la depauperación progresiva de las comunidades campesinas, y de este modo las han situado en condiciones cada vez más precarias para luchar contra el avance del desierto.

La miseria rural es causa esencial en la desertización, y ésta no cesa de agravarse: círculo vicioso, espiral que desciende hacia "el infierno del desierto y del hambre".

El Senegal, por ejemplo, sólo ha producido entre 1983 y 1984 el 31% de sus necesidades de cereales; durante el último decenio no ha producido ni siquiera la mitad de los cereales que ha consumido.

En toda la región subsahariana este déficit agrícola se intensifica día a día. La desnutrición e incluso el hambre endémica se acrecientan al mismo tiempo que lo hace el volumen de la ayuda en alimentos y de las importaciones, lo que hace asimismo aumentar el nivel de dependencia. Para pretender a estas alturas que la ley del libre mercado, el liberalismo económico, permitiera al Sahel salir adelante hace falta ser tan ignorante como Reagan y tan ambiguo como sus consejeros.

UN MUNDO EN VENTA

Hace un cuarto de siglo que África se vio obligada a saldar, sin tener el menor medio para revalorizarlos, sus recursos minerales: hierro, cobre, bauxita, cobalto, uranio, etcétera. Cuando este continente esté en condiciones de construir sus propios complejos industriales, que le pertenezcan al ciento por ciento, sus mejores minerales estarán ya agotados. Quedarán solamente las arcillas.

Asimismo, se acentúa otra degradación, tan grave como la anterior, de su patrimonio básico: los suelos africanos cada vez se empobrecen más, se degradan más, hasta llegar a veces a la ruina definitiva, debido a las erosiones y a la desertificación, que los campesinos, inermes, no tienen ni la fuerza ni los medios para combatir eficazmente. Y así resulta que el clima – lo sabemos desde hace poco – está también aridificado.

El Sáhara estuvo durante mucho tiempo poblado de rebaños bovinos y de ganaderos: los grabados rupestres lo demuestran. Los elefantes del Ejército de Aníbal pasaron los Alpes, pero parece que sus antepasados habían atravesado el Sáhara consumiendo a razón de 400 kilos de hierba o de follaje al día. Los ejércitos marroquíes que llegaron hasta Tombuctú, e incluso bastante más allá, habían podido franquear, sin grandes dificultades, ese obstáculo, entonces menos temible.

El comercio transahariano debió de florecer incluso después de la llegada de los portugueses a las costas de África, hasta que el tráfico marítimo acabó por reemplazarlo.

La sequía es una desgracia que se agrava desde hace varios milenios. Saber si va a continuar acrecentándose en los próximos decenios – ya que desde 1968 hay un acelerado proceso en este sentido – es una cuestión que debaten los estudiosos. El período de sequía de 1968 a 1973 no carecía de precedentes históricos. Sin embargo, los años 1983 y 1984 fueron incluso más terribles que los años 1968–1973, ya que entonces la zona forestal había sido dañada relativamente menos.

"La autosuficiencia alimenticia y la conservación de los bosques constituyen hoy en día las apuestas determinantes y necesarias ambas para la vida de una parte del planeta", escriben Jean Clement y Sylvain Strasfogel en un estudio sobre la deforestación y el avance del desierto.

La conferencia mundial Sylva, en febrero de 1986, señala el drama que representa la deforestación de Fouta-Djalon, que es la reserva de agua del África occidental: es ahí donde dos de sus grandes ríos – Níger y Senegal – tienen sus fuentes de nacimiento, uno cerca del otro. El río Senegal tenía un caudal histórico estimado en 24.000 millones de metros cúbicos. Pero en Bakel, en 1983, no tenía más de 7.000 millones. Incluso se han registrado algunos días sin paso de agua.

La desertificación, acerca de la cual se ha dado una alerta demasiado tardía, no supone solamente variaciones climáticas, una simple sequía. No se trata tampoco de un fenómeno natural inevitable: ha llegado el momento de poner al hombre cara a cara con sus responsabilidades.

por René Dumont
tirado de *El País*, marzo 1987

Lee el Texto B con un diccionario, y después haz los siguientes ejercicios.

Ejercicio 6

Escribe una versión de los dos párrafos desde *Hace un cuarto de siglo . . .* hasta *. . . está también arificado* imaginando que tienes que explicarlo en términos sencillos para una clase de alumnos de 11 años.

Ejercicio 7

Busca las palabras o frases que corresponden a las siguientes definiciones:

1. la capacidad de la gente de cultivar lo que necesita para comer
2. la tendencia de una comunidad de hacerse cada vez más pobre
3. la pobreza de los campesinos
4. el progreso hacia la pérdida de la vegetación
5. la falta de comida adecuada
6. zona que tiene varias fábricas
7. más seco que antes
8. atravesar
9. la falta total de agua
10. la pérdida de árboles

Ejercicio 8

Explica brevemente en español:

1 han intensificado
2 agravarse
3 círculo vicioso
4 se acrecientan
5 salir adelante
6 sus recursos minerales
7 la erosión
8 los rebaños bovinos
9 milenios
10 la conservación de los bosques

Ejercicio 9

Rellena los espacios en blanco con una de las palabras de la lista que sigue. Sólo puedes usar cada palabra una vez, pero ¡ten cuidado! porque no se necesitan todas las palabras.

Ciertas regiones . . . . . . de España también han sufrido una . . . . . . progresiva y, hasta cierto punto, una . . . . . . parcial. La falta de capacidad de . . . . . . entre los campesinos, y, en tiempos ya pasados, la . . . . . . y el . . . . . . hicieron que se explotaran excesivamente los bosques y los campos: así los suelos se . . . . . . y hubo mucha . . . . . . , de modo que muchas regiones se quedaron casi sin . . . . . . Como consecuencia, y con la . . . . . . , que en muy pocas zonas se solucionaba con sistemas de . . . . . . intensivo, hubo mucha . . . . . . ; así, estas regiones se vieron sin . . . . . . naturales para sostener sus poblaciones, y en tiempos recientes, muchos abandonaron sus pueblos para acudir a los . . . . . . de las ciudades. Así es que en algunos sitios se puede leer en un letrero: 'Se vende pueblo' . . .

desnutrición	agrícolas	obstáculo
autosuficiencia	árboles	dañado
recursos	sequía	erosión
empobrecieron	hambre	agotados
desertificación	el avance	hierro
desaforestación	regadío	follaje
depauperación	despojo	planeta
la ruina definitiva		
complejos industriales		

c América Latina reclama soluciones para el problema de su deuda

Vocabulario

la deuda	debt
el foro	forum, discussion
BID	Banco Internacional de Desarrollo
crediticia	to do with credit
el deudor	debtor
sostenido	sustained
inaugurarse	to inaugurate
la asamblea	assembly
ejercer	to exercise
otorgar	to authorise
polarizar	to polarise
aportar	to contribute
el poder de veto	power of veto
el préstamo	loan
el comunicado	statement
UNCTAD	Naciones Unidas para el Comercio y el Desarrollo
entablar	to set up
el acreedor	creditor
enfocar	to focus

Escucha con atención este artículo en forma de diario hablado, con la ayuda de las siguientes palabras.

Ejercicio 10

Haz un resumen en tu propio idioma de cada sección.

Ejercicio 11

Completa las siguientes frases como mejor puedas:

1 Los países Latinoamericanos se muestran insatisfechos con . . . .
2 Los participantes en la Conferencia de la ONU . . . .
3 El presidente del BID y el secretario del Tesoro estadounidense . . . .
4 Estados Unidos quiere . . . .
5 El comunicado emitido por los países latinoamericanos afirmó que . . . .
6 Costa Rica concluyó que . . . .
7 El ministro de Finanzas de México advirtió que . . . .

Escucha la cinta y pide a tu profesor(a) la Hoja de Trabajo 14-T-2.

d Tener o no tener

"P ese a la recuperación económica y al tirón general del conjunto del país, nos estamos dejando en la cuneta a varios millones de españoles", comentaba recientemente con pesar un ministro socialista. En España hay ocho millones de ciudadanos a los que se puede considerar técnicamente como pobres, es decir que obtienen unos ingresos inferiores a la mitad de la renta per cápita, según datos de Cáritas Española.

– "Dios aprieta, no ahoga, pero te deja colgado", se lamenta Juan Pérez Ortega, mientras en su habitáculo, "peor que una cueva", según él mismo, en un extrarradio metropolitano, ruge desde el casete a pilas *Carmen*, de Paquiro: "Pero ella se fue de mi lado/ Dejándome tan sólo el recuerdo/ Carmen/ Carmen dime dónde estás que quiero verte...". Carmen, su mujer, que desde hace cuatro años trabaja en una barra de alterne, se ha marchado de casa otra vez. Juan está parado y ella *colgada* de la heroína. Los tres hijos, por los caminos de Cáritas.

La pobreza es pobre hasta en datos. No se sabe exactamente cuántos ciudadanos españoles están afectados. Tampoco cuántos de ellos son atendidos por los servicios sociales de administraciones y organizaciones privadas. Lo indiscutible es que "ser pobre es considerado por muchos que lo son, y por la mayoría de los que no lo son, como algo desagradable", como ha escrito con ironía y agudeza el profesor John K. Galbraith.

– "Me quedé parado otra vez. Comenzamos a acumular recibos y, cuando llevábamos un año sin poder pagar el alquiler, nos desalojaron", explica Juan García, ciudadano adscrito a la pobreza de siempre y al desempleo en más de seis ocasiones. Sus tres hijos son la Carmen, que tiene ahora 13 años, la Juani, que tiene ocho, y el Antonio, el pequeño, de seis años. Una de tantas veces Juan Pérez robó para obtener víveres.

Pagó el delito con 12 días de cárcel. Cuando los hijos llegaron a la organización benéfica que les cobija desde hace dos años, estaban "completamente desnutridos y desatendidos higiénicamente", dicen los profesores de la escuela. "En el recreo, Antonio se quedaba absorto mirando los bocadillos de sus compañeros". Juan mide 1,85 de altura. Carmen le ha

▷

vuelto, con los brazos pinchados. Juan García tiene una cueva y es carne de estadística.

La estadística es dura. Los ocho millones de españoles situados por debajo del umbral de pobreza que contabilizaba Cáritas en 1984 son los que ingresan "la mitad del ingreso medio per cápita, es decir unas 12.647 pesetas/mes" para dicho año, partiendo de que la renta media anual era de 303.516 pesetas.

Estos ocho millones pueden reducirse o aumentarse, entre cinco y 12 millones, según concluye un estudio oficioso que maneja la administración, y que incorpora el elemento subjetivo: el número de personas que tienen la *sensación* de estar en situación de pobreza.

Aproximadamente uno de cada siete hogares, "cerca del 15% de las familias españolas viven un estado de extrema necesidad", como indica Luis Vila, director de Investigación de la Dirección general de Asuntos Sociales del Ministerio de Trabajo.

La familia Tortajada es una de ellas:

Josep Rocamora: trabajador durante 70 de sus 83 años, ahora marginado

– "Estas latas me las dan en los pueblos por donde pido", explica Juan Tortajada al enseñar su despensa. Tiene 37 años, lleva parado desde que tenía 23, cuando cerró la panadería en la que trabajaba. Vive en un cuchitril a 15 minutos de la Rambla barcelonesa, en compañía de su madre, de un hermano mayor, también parado, y de su hija pequeña, de cinco años.

Hace diez meses que debe el alquiler, 3.000 pesetas mensuales. Su madre, Antonia, comparte la habitación con su hijo mayor. Se alumbra con una vela: "No tenemos luz desde toda la vida".

La pobreza es vieja. Y también es viejo el interés por ella. Pero desde las antiguas preocupaciones, muchas veces teñidas de espíritu benéfico, hasta una auténtica política social han pasado muchos siglos.

El moderno Estado del Bienestar hace un gran esfuerzo para satisfacer las necesidades básicas. Entre 1960 y 1975, en los países de la Organización para la Cooperación y el Desarrollo Económico (OCDE) "los gastos sociales aumentaron más aún que los gastos públicos en general, y casi doblaron en su ritmo de crecimiento al Producto Interior Bruto (PIB)", como ha escrito el profesor Demetrio Casado.

por Xavier Vidal-Folch
y Alex Rodríguez
tirado de *El País*, marzo 1987.

Lee este artículo sin usar el diccionario, si puedes.

Ejercicio 12

Contesta a estas preguntas:

1 ¿En qué sentido son pobres ocho millones de españoles?
2 ¿Cómo es la casa de Juan Pérez Ortega?
3 ¿Quién es Carmen, y dónde está?
4 ¿Se sabe cuántos pobres hay en España?
5 ¿Por qué tuvo Juan García que dejar su casa?
6 ¿Cuántas veces se ha quedado sin trabajo?
7 ¿Por qué tuvo que ir a la cárcel?
8 ¿Cómo estaban Antonio y sus hermanos al llegar a la escuela benéfica?
9 ¿Más o menos cuántos pobres hay en España, según el estudio?
10 ¿De verdad son pobres todos los que se consideran pobres? Explica.
11 Según Luis Vila, ¿qué proporción de las familias españolas son pobres?
12 La familia Tortajada, ¿cómo obtiene algo de comer?
13 ¿Dónde viven los Tortajada?
14 ¿Cuáles son los otros problemas que tienen?
15 ¿Qué es el 'Estado del Bienestar'?

Ejercicio 13

Traduce a tu propio idioma los dos primeros párrafos del Texto D.

Ejercicio 14

Habla con tus compañeros de clase sobre el tema de la pobreza en tu propio país. Podéis usar las siguientes preguntas:

1 ¿Se ven personas pobres en tu pueblo o ciudad? Si no, ¿dónde?
2 ¿Por qué son pobres? ¿Cómo se sabe que lo son?
3 ¿Dónde viven? Y, ¿si no tienen casa?
4 ¿De dónde sacan el dinero? ¿En qué lo gastan?
5 ¿Crees que hay alguna diferencia entre varias regiones del país?
6 ¿Cuáles son estas diferencias, y por qué existen?
7 ¿Cuáles son las organizaciones caritativas de tu país?
8 ¿Crees que el gobierno hace todo lo que debe para los pobres?

Ejercicio 15

Escribe un reportaje de unas 100 palabras sobre las manifestaciones de la pobreza que se pueda observar en tu pueblo o ciudad.

 # Suráfrica – ejército de sombras

Lee este artículo con la ayuda de un diccionario si lo necesitas.

Unos 22 millones de negros soportan en Suráfrica la condición de servir de mano de obra barata a cinco millones de blancos con derecho a voto y mando. Este segundo y último capítulo sobre ese trágico país nos habla de su vida, de lo que son y no han podido ser, encerrados en la estrechez de sus guetos.

Domingo por la tarde en Soweto, Langa, Guguleto, Nyanga, Crossroads o Zwelethemba. Domingo por la tarde en cualquiera de las *locations* especialmente habilitadas en los bordes de las ciudades blancas, grandes o pequeñas, que necesitan trabajadores para sus fábricas, sus granjas o su servicio doméstico. Domingo por la tarde, y absolutamente nada que hacer, excepto beber y caminar por las calles polvorientas. En Zwelethemba – la *township* de Worcester, en la península de El Cabo –, el sol cae en vertical y familias enteras se cobijan en

La vida dura de las townships

el interior de sus viviendas de ladrillo. Las familias, así como las viviendas, son similares en todas las *townships*. Ésta se caracteriza porque en unos pocos barracones han sido metidos todos los viejos que no tienen de qué vivir y de los que cuidan algunas mujeres de la vecindad. Una anciana depauperada y enferma yace a la sombra de los urinarios comunitarios. Como muchas otras de aquí, trabajó en las fábricas de conservas durante años, soportando la humedad y el cansancio, y ahora ni siquiera disfruta de una pensión. Mucha de la gente que vive en Zwelethemba, cuyo nombre, en khosa, significa "un lugar para la esperanza", ha estado empleada en las granjas de los alrededores. Antiguamente les pagaban por el *tot system*; es decir, les daban su sueldo en licor, utilizando como medida el *tot*, que aún se usa en los bares. Se dice que en algunas granjas todavía se paga así, pero eso no puede probarse, porque los granjeros – privilegios de ser bóer, de pertenecer al grupo pionero del *afrikanerismo* – tienen carta blanca para hacer lo que quieren de puertas adentro.

En las *townships* se encuentran también viejas mujeres que durante toda su vida trabajaron como sirvientas en las casas blancas. La mujer blanca: alguien que desde que se levanta hasta que se acuesta dispone de negras que hagan las cosas por ella y negros que le lleven los paquetes. Las negras lo hacen todo. Dado que su trabajo no está protegido por ley alguna, pueden ser puestas en la calle en cualquier momento y sustituidas por otras menos respondonas y más jóvenes. Más de 5.000 – lo que es muy poco, pero es algo – están

▷

afiliadas a la South African Domestic Workers Union (SADWU), y cuando tienen, además, de razón, un mucho de valor, se enfrentan con sus amas amparadas por los abogados del sindicato. Cuando se gana un pleito, ese triunfo se convierte en una bandera; pero la mayoría de las mujeres ni siquiera se atreve a protestar. Cuando son viejas – y envejecen muy pronto –, abandonadas por todos, sin saber ya ni siquiera dónde están sus hijos, se convierten en parte de esa masa anónima, vagabunda, que duerme en los parques de Johanesburgo o en las entradas de los comercios. Algunas son recogidas por la African Women Organization, que las manda a varios hogares de Soweto, en donde pueden aguardar la muerte en compañía y con un mínimo de comida y cuidados.

por Maruja Torres
tirado de *El País Semanal*, enero 1987

Ejercicio 16

¿Verdad o Mentira?

¡No olvides corregir las frases incorrectas!

1 Los negros viven en lugares como Soweto para trabajar allí.
2 Suelen pasar los domingos bebiendo o caminando.
3 Todos los *Townships* son similares.
4 En Zwelethemba todas las mujeres de la vecindad viven en unos barracones.
5 Una vieja pobre duerme a la sombra de los urinarios comunitarios.
6 Muchas mujeres africanas trabajan en las fábricas de conservas.
7 La mayoría de los habitantes de Zwelethemba eran campesinos.
8 Recibían licor además de su salario.
9 Los afrikaners pueden hacer lo que quieran.
10 Muchas mujeres negras tenían criadas blancas.
11 Las mujeres blancas pasan todo el día trabajando.
12 A las negras se les puede despedir en cualquier momento.
13 Cinco mil mujeres negras están afiliadas a un sindicato.
14 El sindicato las ayuda a enfrentarse.
15 Las criadas negras se animan mucho cuando ganan un pleito.
16 Muchas viejas han perdido contacto con sus hijos.
17 Algunas duermen a la sombra de los árboles o de los comercios.
18 A muchas les ayuda la *African Women Organization*.
19 Esta organización las manda a morir en Soweto.
20 Allí, al menos, no mueren de hambre.

Ejercicio 17

Escribe un resumen en no más de 100 palabras de la situación que existe en Suráfrica, según lo que acabas de leer.

Ejercicio 18

Explica en español el significado de las siguientes expresiones:

apartheid	*township*	*afrikanerismo*
locations	*tot system*	*SADWU*
		AWO

Gramática Viva

Ejercicio 19

Imagina que vivimos en el siglo XXI – y que ya se ha solucionado el problema del *apartheid*. Escribe una versión histórica, usando el pretérito, el imperfecto etcétera, de cualquiera de los dos párrafos. (Véanse las Secciones de Gramática 38 y 39.)

f *Indios de Guatemala – el 'fuego verde' perdido*

El mercado de Chichicastenango

Ejercicio 20

Rellena los espacios en blanco con la frase que mejor convenga de las que siguen; necesitarás todas las frases.

a Más de 60% de los ocho millones de habitantes de Guatemala son indios. Descienden de los forjadores del imperio maya, pero no forman una unidad étnica, ya que están fragmentados en 23 grupos, con sus propias lenguas. . . . . . . Como a sus antepasados, 'les han robado el fuego verde'. Han perdido la tierra y sus frutos.

b La tarde va cayendo en la ciudad de Chichicastenango un miércoles, víspera del día del mercado. Menudas figuras con trajes policromos caminan por la carretera y los senderos con pesados fardos a sus espaldas, en los que llevan las telas, enseres, frutas, chiles o pescados que tratarán de vender a los otros indígenas o a las escasas decenas de turistas que se acercan al lugar. . . . . . . El indígena también lo hace al comprar los camarones o los pucheros de barro. Siempre con voz suave y la sonrisa en la boca, se adquiera algo o no. Sorprende el casi silencio que envuelve la plaza, a pesar del gentío.

c Al atardecer todo acaba, y los indios recogen sus tenderetes y lo que han podido vender y vuelven a sus aldeas. . . . . . . Pero como todo indio guatemalteco, viven fundamentalmente de la tierra, del maíz, producto basico no sólo de su alimentación.

d Tierra, cosecha y hombre forman una simbiosis ancestral. . . . . . . 'Les robaron el fuego verde', explica el escritor guatemalco y premio Nobel de Literatura Miguel Ángel Asturias.

e Y todavía no lo han recuperado. El dominio y concentración de la tierra condena a la proletarización al indígena. . . . . . .
O a abandonar el campo y deplazarse a la ciudad, a Guatemala – donde se concentra la cuarta parte de la población del país – en busca de un difícil trabajo, ya que el desempleo afecta a más de la mitad de la población activa – o simplemente huyendo de las zonas donde periódicamente combaten Ejército y guerrilla.

f En Guatemala es palpable el culto oficial que existe hacia el indigenismo. María, una exiliada guatemalteca, dice que con ello se pretende rescatar la cultura indígena, pero con el fin de convertirla en un mito. . . . . . . En definitiva, quedan destruidas las bases estructurales de la cultura indígena', afirma. Hay quien opina que, a la vuelta de una generación, el mundo indígena habrá sufrido un quizá irreversible deterioro en sus formas de ser.

Frases:

1 Entre las hipótesis barajadas sobre el misterioso hundimiento del Imperio maya y el abandono de sus ciudades, la más plausible parece la del agotamiento de la tierra, esquilmada por el cultivo tradicional de siembra con palo y quema de los rastrojos tras la cosecha.

2 'Al mismo tiempo se destruye su enraizamiento, su forma de trabajo y de vida, la tierra, que, en definitiva, es el aspecto más importante de una cultura.

3 A trabajar por la comida y el alojamiento para el gran terrateniente o a poder cultivar, a cambio de sus brazos, un pañuelo de tierra pobre y marginal.

4 Al amanecer empieza la actividad en un mercado que es quizá el más pintoresco del continente americano, y en el que el regateo es algo obligado, no sólo para el turista.

5 Entre el 90% y el 95% de ellos son analfabetos, y en su inmensa mayoría campesinos, en un país en el que 200 familias poseen el 98% de la tierra fértil.

6 Son buenos comerciantes y artesanos.

Así tendrás el texto completo de *Indios de Guatemala – el fuego verde perdido*, artículo escrito por Jesús Estévez y tirado de *El País Semanal*, enero 1987.

Ejercicio 21

Completa las siguientes frases:

1 La mayoría de los guatemaltecos son . . . .
2 Casi todos los indios no saben . . . .
3 La mayoría de la tierra está en manos de . . . .
4 Los campesinos llegan al mercado . . . .
5 En el mercado, todos los clientes tratan de obtener precios . . . .
6 Los indios siempre hablan . . . .
7 Los indios ganan su vida . . . .
8 En tiempos de los indios maya, la tierra . . . .
9 Ahora, otra vez, los indios tienen que . . . .
10 Los que tienen tierra propia sólo . . . .
11 Por eso, muchos indios . . . .
12 Otros dejan sus aldeas a causa de . . . .
13 Sin tierra, los indios no pueden mantener . . . .
14 Se teme que desaparezca al fin . . . .

Ejercicio 22

Situaciones

Tu profesor(a) te dará la Hoja de Trabajo 14-T-3. Encontrarás cuatro extractos de otras secciones de los reportajes y artículos que has estudiado en esta unidad. Escoge uno y lee lo que dice el personaje: tú tienes que ser aquella persona, y un compañero tiene que inventar preguntas para entrevistarte.

a una mujer de la *African Women Organization*
b Don, un chaval de Nyanga
c Antonio Arjona Frías, malagueño parado
d Josep Rocamora Alfaro, de 83 años, natural de Barcelona

Ejercicio 23

Reportaje

Lee el texto elegido, y cuenta a tus compañeros los elementos más importantes del texto.

a The lost boys
b In the camps of despair
c Together we can help prevent a catastrophe
d Global jolt

y de postre . . .

Ejercicio 24

Haz frases correctas de estas frases mezcladas. Así tendrás un resumen de los problemas que se describen en esta Unidad.

En Guatemala los indios . . .	. . . tienen deudas enormes.
En Suráfrica, las mujeres negras pasan . . .	. . . muchos pobres en el campo y en las ciudades.
En Latinoamérica, muchos países . . .	. . . tratan de ganarse la vida como mejor puedan.
En España, sigue habiendo . . .	. . . el proceso de desertificación.
A causa del desempleo, muchos mexicanos . . .	. . . no tienen suficiente tierra para sustentarse.
En muchos países africanos, la raíz de la pobreza es . . .	. . . toda su vida trabajando para las mujeres blancas.

Ejercicio 25

Discute los siguientes temas con tus compañeros de clase, o escribe una redacción de unas 300 palabras.

- El *apartheid* – una verdadera abominación de la inhumanidad.
- ¿Por qué, en tantos países desarrollados, sigue habiendo pobres?
- Los países industriales están arruinando el clima, y por eso la tierra, de los países subdesarrollados.
- Los países ricos no deberían ayudar a los países pobres.
- Los países pobres no deberían gastar el dinero que no tienen.
- Los países ricos deberían dejar de reclamar el pago de los préstamos a los países pobres.

Ejercicio 26

¿Cuáles son estas palabras? Usa la primera letra de cada una para formar una palabra importante de esta Unidad.

UDDEA	*ZANAGROINOIC*
OMOCINECO	*ARRUL*
FIRACA	*PECURERACION*
RICARUSAF	*MATERINACOLIA*
EGLANU	*ACAXOA*

¡Viva el Rey!

ai *El encuentro de dos monarquías europeas*

El Rey de España y Su Majestad británica se besan

El fin de un periodo de susceptibilidades y desconfianzas

SI los reyes representan a sus naciones y su oficio consiste mayormente en sacar lo mejor de ellas para que unas y otras colaboren en hacer cosas buenas del mejor modo posible, entonces puede decirse que el Rey y la Reina que el lunes 17 se besaron en la explanada de El Pardo, saben ganarse sus sueldos. Sobre todo el que menos sueldo tiene, que es el Rey de España. Un Rey modesto que, para más *inri* de contraste con su inmensamente rica colega, presenta declaración de la renta y paga sus impuestos como cualquier hijo de vecino.

Fue lo que los ingleses llaman *kissing cousins*. Besos entre familiares. Una ceremonia con la que se cierra una etapa de incómoda distancia contemporánea, recortada contra un fondo histórico de conflictos y alianzas. La susceptibilidad también juega su papel en la memoria de los pueblos, y en ese sentido la distancia entre españoles y británicos a lo largo del siglo XX pesaba mucho más que la cercanía, casi siempre conflictiva, de los siglos XVI y XVII.

LIMAR ARISTAS. La desconfianza británica tenía mucho más que ver con la ausencia española de los campos de batalla europeos en las dos guerras mundiales. En la primera España se dedicó a enriquecerse. En la segunda, fue la aliada ideológica del enemigo. Estas eran las aristas que había que limar, mucho más que los restos de aquel naufragio llamado Armada Invencible o de la controversia entre dos Iglesias.

En cuanto al punto de vista español, con nombrar a Gibraltar está dicho todo. Pero ahora, en esta reunión histórica en la que la corona británica se encuentra por primera vez en España, se dice de otro modo. Así, la Reina de Gran Bretaña y de Irlanda del Norte se ha referido al Peñón como a un «malentendido histórico», subrayando que las relaciones entre España y el Reino Unido son las de «socios y aliados» que «comparten una ley y un propósito político».

También manifestó la Reina su alegría en ser ella, precisamente, quien rompiera la melancolía que hasta ahora embargaba las relaciones hispanobritánicas. El protocolo de su visita está, de hecho, impregnado de detalles elocuentes. En primer lugar, la corona británica no suele devolver una visita antes de que hayan pasado tres años. En esta ocasión tan sólo han pasado dos desde que el Rey de España fuera vitoreado en el palacio de Westminster. Por otro lado, tampoco es habitual una visita tan prolongada. Cuando la reina de Inglaterra viaja a un país que no es de la Comunidad Británica, el viaje no pasa de los dos días. En esta ocasión son cinco. La visita a tres ciudades —Madrid, Sevilla y Barcelona— también supera el número de dos tradicional en el protocolo.

Y por último la visita a don Juan de Borbón en su residencia madrileña. Ahí están las deferencias en las que puede leerse la alegría por reunir a las familias en territorio español y el agradecimiento por los esfuerzos que el Rey de España en persona ha puesto en el cuidado y la preparación de este viaje.

El Rey de España quería enseñar personalmente su país a la reina Isabel y estar a su lado en todo momento. Quería pasearla por España, alterando, *donjuancarleando* el hábito isabelino de majestuosa quietud.

Los trabajos para que todo terminara bien se iniciaron esta primavera, entre La Zarzuela, La Moncloa y el Ministerio español de Asuntos Exteriores. De ahí resultó un borrador que a través de la embajada española en Londres llegó al palacio de Buckingham, de donde salió la orden para que el Foreign Office y la embajada británica en Madrid se pusieran a trabajar. Un equipo encabezado por Ken Scott, ex embajador británico en Yugoslavia y actual secretario de la Reina, recorrió palmo a palmo todos los pasos del viaje y previó todos los minutos y encuentros a lo largo de cinco días, nueve recepciones y 14 actos públicos. Un buen número de funcionarios españoles y británicos se han dejado las pestañas para evitar que a alguien se le pusieran los pelos de punta en el momento menos pensado.

Gracias a todo ello la reina Isabel estuvo como en su casa. Ahora comienza el futuro de las dos coronas con mayor pasado.

**Eduardo Chamorro
y Victor Steinberg**

Acercamiento entre dos monarquías emparentadas.

tirado de *Cambio 16*, octubre 1988

La Familia Real española con los príncipes de Gales en las escaleras del palacio de Marivent

Vocabulario

para más *inri* **de contraste**	in humble contrast
como cualquier hijo de vecino	like any ordinary citizen
está dicho todo	enough said, that says it all
las deferencias	respects
el borrador	draft
recorrió palmo a palmo	covered inch by inch
se han dejado las pestañas	took great care, bent over backwards

Ejercicio 1

Cada una de las frases siguientes resume una frase o un párrafo del texto. Tienes que ponerlas en el orden del texto.

1 A Gran Bretaña le gustaba poco que España no participara en las guerras mundiales.
2 El Rey fue el guía personal de la Reina.
3 La frialdad de este siglo entre los dos países estorbaba las relaciones mucho más que la historia de conflictos de siglos anteriores.
4 El trabajo de un(a) monarca consiste en representar a su país lo mejor posible y en esta ocasión los dos monarcas lo hicieron con éxito.
5 A la Reina Isabel le gustó mucho ser la monarca británica que restauraba las relaciones cordiales entre los dos países.
6 La Reina no quiso que el problema de Gibraltar fuera un obstáculo a las buenas relaciones e hizo cuanto pudo para ablandar el asunto.
7 La visita a España rompió con las costumbres normales de las visitas reales británicas a otros países.
8 El modo de vivir del Rey de España es más 'normal' que la de la Reina de Inglaterra.

Ejercicio 2

Explica el significado de las frases siguientes:

ganarse el sueldo
presentar declaración de la renta
cualquier hijo de vecino
una etapa
la susceptibilidad
la cercanía casi siempre conflictiva
la aliada ideológica
las aristas que había que limar
la controversia entre dos Iglesias
con nombrar a Gibraltar está dicho todo
un malentendido histórico
socios y aliados
comparten una ley y un propósito político
la melancolía que . . . embargaba las relaciones

vitorear
'donjuancarlear'
las dos coronas con mayor pasado

Ejercicio 3

Examina el texto con cuidado. ¿Es imparcial su tratamiento del papel y las circunstancias de los dos monarcas? ¿Y de las relaciones entre los dos países? ¿Qué consiguió la visita? Apunta los detalles que apoyen tu opinión. Si tú escribieras un reportaje, ¿lo escribirías así o de otra manera?

aii El Rey asigna un sueldo a los miembros de la Familia Real

En la Zarzuela se plantea para un plazo próximo la creación de la Casa del Príncipe, con la que don Felipe de Borbón abordará la nueva etapa que comienza tras su formación militar. Hasta ahora sólo cuenta con un sueldo mensual de 100.000 pesetas. Del presupuesto de seiscientos millones de la Casa de Su Majestad, se asignan las 700.000 pesetas que recibe la Reina y las 50.000 que cobra cada una de las Infantas.

Los Reyes de España disponen de un presupuesto anual de seiscientos millones de pesetas – cincuenta millones al mes – para atender a sus gastos privados. De ahí no tienen que pagar sus casas. Ni el sueldo de sus empleados. Ni los medios de transporte que utilizan. Diferentes organismos del Estado cubren estos y otros gastos oficiales, que permiten a don **Juan Carlos** ejercer las tareas de Jefe del Estado que le encomienda la Constitución.

El príncipe Felipe ya ha cumplido su formación militar

Asignaciones. El propio Rey no cobra un sueldo fijo mensual, sino que es el interventor de la Casa Real el que le suministra las cantidades que necesita. Rara vez es él mismo quien abona un gasto, pues no suele ir provisto de efectivo. Una vez realizada la compra o la con-

sumición en un restaurante, un funcionario de la Zarzuela se encarga más tarde de efectuar el pago.

Sin embargo, los restantes miembros de la Familia Real sí reciben unas cantidades concretas, equivalentes a un sueldo, y que se abonan con cargo a los presupuestos que el Parlamento español destina a la Casa del Rey. En la actualidad, el príncipe **Felipe**, además de su salario de 45.000 pesetas como cadete de la academia del Aire de San Javier, percibe una asignación mensual de 100.000 pesetas que le otorga el Rey.

A través de la intervención de la Casa Real, la Reina doña **Sofía** cobra 700.000 pesetas mensuales y 50.000 pesetas cada una de sus dos hijas. La infanta **Elena**, que trabaja en un colegio como profesora de inglés, gana además otras 75.000 pesetas, mientras que su hermana **Cristina** – que aún estudia Políticas en la Complutense – debe pagar todos sus gastos privados de esta asignación.

La cada vez mayor autonomía de las infantas **Elena** y **Cristina** ha comenzado a plantear también la necesidad de dotar a las dos hijas de don **Juan Carlos** de unos servicios propios, aunque no será tan inminente como la creación de la Casa del Príncipe. Otros familiares del Rey, en contraste con lo que ocurre en las res-

tantes monarquías europeas, no reciben asignaciones económicas del Estado. Don **Juan de Borbón**, conde de **Barcelona**, por ejemplo, que desempeña en ocasiones la representación tácita de la Casa Real, vive únicamente de la herencia que recibió de su padre, don **Alfonso XIII**, y que, de acuerdo con sus necesidades, ha ido materializando. Sólo dispone de un reducido número de empleados a su servicio, de los que al menos un cocinero sigue recibiendo su salario del Ejército, de cuya plantilla forma parte.

En España, el presupuesto que el Parlamento pone a disposición del Rey se incluye en una única cantidad global, que – a diferencia de otros organismos del Estado – no se distribuye en partidas definidas. Estos seiscientos millones son una cantidad pequeña, si se la equipara con las que se asignan a los distintos ministerios, y no supone más allá del 0,005 por 100 de los once billones que el Parlamento destina al funcionamiento del Estado. Comparada con la que reciben otros monarcas o jefes de Estado europeos, resulta también sumamente exigua.

La reina británica y su familia, por ejemplo, reciben una asignación de 1.188 millones de pesetas, justo el doble que la Casa Real española.

Don **Juan Carlos** y doña **Sofía** son, a pesar del denso

▷

aparato de representación que rodea todos sus actos, personas que aman la vida sencilla. Tras su coronación, a los pocos días de la muerte de **Franco**, prefirieron permanecer en su residencia del palacio de la Zarzuela – donde se habían alojado siendo Príncipes –, antes que trasladarse al mucho más pomposo Palacio Real de la plaza de Oriente, tradicional alojamiento de la Corona española desde el reinado de **Carlos III**, como algunas personas de su entorno les aconsejaron.

La Zarzuela, a pocos minutos del centro de Madrid, fue construido como pabellón de caza en el siglo XVIII y es actualmente un confortable palacio rodeado de 1.060 hectáreas de bosques en los que viven en libertad ciervos y jabalíes. Este privilegiado emplazamiento permite al Rey disfrutar de las ventajas de una vida al aire libre sin descuidar sus obligaciones oficiales.

tirado de *Tribuna*, mayo 1988

Vocabulario

Casa del Príncipe Prince's household

en un plazo más o menos cercano in the near future

Ejercicio 4

¿Verdad o mentira?

Corrige las observaciones falsas.

1 Don Juan Carlos y doña Sofía reciben 600.000.000 de pesetas al mes como presupuesto privado.
2 Del presupuesto privado sólo tienen que pagar las casas y los empleados.
3 Cuando el Rey va a un restaurante no suele pagar entonces puesto que no suele llevar dinero.
4 La Reina y los hijos reciben una cantidad regular y definitiva del gobierno.
5 Los hijos de los Reyes, Elena y Felipe, tienen también empleo pagado.
6 La otra Infanta, Cristina, tiene pagados por el Estado sus estudios universitarios.
7 La monarquía española difiere de la mayoría de las demás monarquías europeas en que sólo los miembros inmediatos de la Familia Real reciben pago del Estado.
8 Como porcentaje de los gastos del Estado el presupuesto que el Parlamento pone a la disposición del Rey es muy elevado.
9 La Casa Real británica recibe mucho más.
10 Los Reyes viven en el Palacio Real de Madrid para disfrutar de una vida de pompa.

Ejercicio 5

Sin mirar el texto, rellena los espacios en blanco con las palabras que faltan, pero ¡cuidado! no todos necesitan una palabra . . .

1 Los Reyes de España disponen . . . . . . un presupuesto anual . . . . . . atender . . . . . . sus gastos privados.
2 . . . . . . ahí no tienen . . . . . . pagar sus casas.
3 El Estado cubre estos gastos oficiales, que permiten . . . . . . don Juan Carlos . . . . . . ejercer las tareas de Jefe del Estado.
4 El Rey no suele . . . . . . ir provisto . . . . . . efectivo.
5 Un funcionario se encarga . . . . . . efectuar el pago.
6 Cristina debe . . . . . . pagar todos sus gastos privados pero su mayor autonomía ha comenzado . . . . . . plantear la necesidad . . . . . . dotar . . . . . . las dos hijas . . . . . . unos servicios propios.
7 Los Reyes prefirieron . . . . . . permanecer en su residencia de la Zarzuela.
8 Este privilegiado emplazamiento permite . . . . . . Rey . . . . . . disfrutar . . . . . . una vida al aire libre.

La Familia Real española

Ejercicio 6

Busca en el texto todas las palabras que se refieren

1 a la monarquía o Familia Real.
2 al dinero que recibe la Familia Real.
3 al Estado.
4 a la vivienda.

Ejercicio 7

a Escucha la discusión al asunto de la monarquía, apuntando primero todas las razones por las que Consuelo se opone a ella. Hecho esto, vuelve a escuchar concentrándote esta vez en todo lo que dice Marisol en defensa de la monarquía. ¿Quién sale la más convencedora?

b Apunta los detalles de las anécdotas que se refieren acerca del Rey Juan Carlos.

Ejercicio 8

Discusión

a ¿Cómo se explica la popularidad en sus respectivos países de las Familias Reales española y británica?

b Dado que hay monarquía, ¿cuál debe ser el rol del Monarca y la Familia Real del siglo XXI?

c ¿Estás a favor o en contra de la monarquía? Comenta sobre las observaciones que siguen y añade otros argumentos tuyos en pro o en contra:

– representa el país – añade algo de color y tradición – está encima de la política – puede fomentar las 'buenas causas' que no sean políticas – los 'Reales' son figuras que la gente puede admirar

– el dinero que cuesta – muchos privilegios para una sola familia – los 'Reales' merecen nuestra simpatía puesto que no pueden escoger su vida – la posibilidad de que una corona hereditaria no pueda garantizar un monarca adecuado – el jefe de Estado tiene que ser elegido, como en Francia o Estados Unidos

Ejercicio 9

Elige una de las siguientes tareas escritas:

1 Una carta personal a don Juan Carlos o a doña Sofía. La carta puede ser de aprobación o de crítica, o una mezcla equilibrada de las dos. (Se habla al Rey de 'Vuestra Majestad'.)
2 Un instituto en España te ha invitado a escribir un artículo para su revista haciendo una comparación entre la monarquía española y la británica (o de otro país monárquico de Europa).
3 Toma un punto de vista monárquico o antimonárquico y defiéndelo.

....

b Felipe González

Adolfo Suarez

El Presidente que llevó España desde la dictadura a la democracia fue Adolfo Suárez, jefe del partido *Unión de Centro Democrático* (UCD). Éste dimitió en enero de 1981, y fue reemplazado por Leopoldo Calvo-Sotelo. Durante este período de transición entre dos Presidentes, el *23 F* (febrero), ocurrió el famoso *tejerazo*, es decir el fracasado golpe de estado del coronel Antonio Tejero Molina. En octubre de 1982, se celebraron las terceras elecciones generales desde el establecimiento de la democracia, y éstas vieron la derrota de la UCD, que sólo ganó 11 escaños en el nuevo parlamento, y la victoria convencedora del PSOE (*Partido Socialista Obrero Español*). Fue una etapa muy significativa del desarrollo de la democracia en España. Los socialistas, bajo el liderazgo de Felipe González también ganaron las elecciones de 1986 y 1989, pero esta última vez escasamente. El líder de la oposición conservadora durante la mayor parte de esta época ha sido Manuel Fraga Iribarne. Su partido se llamó *Alianza Popular* (AP) hasta febrero de 1989, cuando se reorganizó bajo el nombre de *Partido Popular* (PP). El período máximo para cualquier gobierno es de cuatro años, cuando hay que haber elecciones.

Ejercicio 10

Escucha el discurso que hizo Felipe González la noche de su victoria electoral del 28 de octubre de 1982, y rellena los espacios en blanco con las palabras que faltan.

Quiero hacer un . . . . . . a las fuerzas políticas, a las instituciones, a las comunidades . . . . . . , a las diputaciones y a las ayuntamientos, a los . . . . . . , a las organizaciones empresariales, a los medios de . . . . . . , y en fin a todos los sectores de la vida . . . . . . para que se sientan integrados y presten su . . . . . . participativo en la tarea común de consolidar definitivamente la . . . . . . en España, superar la crisis . . . . . . , y concluir la construcción del estado de las autonomías. Todos ellos encontrarán por nuestra parte una actitud de . . . . . . y de . . . . . . para avanzar en la solución de los problemas de nuestra patria de acuerdo con los intereses y aspiraciones de la . . . . . . de los españoles. Ningún ciudadano debe sentirse . . . . . . a la hermosa labor de modernización, de progreso y de . . . . . . que hemos de realizar entre todos. La colaboración de cada español dentro de su ámbito es . . . . . . para lograr el objetivo de sacar a España adelante. Asimismo es necesario el esfuerzo de todos los . . . . . . civiles, militares, y fuerzas de orden público, cuya labor a servicio del pueblo y en pro de los intereses generales es . . . . . . y necesaria. Reiteramos aquí mismo nuestro . . . . . . de actuar internacionalmente en defensa de los intereses de España, por la paz entre las naciones, por la distensión y el . . . . . . y por la libertad de los pueblos que sufren violaciones de los . . . . . . humanos.

La Constitución española, aprobada por el . . . . . . y sancionada por el Rey en . . . . . . ha funcionado correctamente facilitando la alternancia en el . . . . . . que es uno de los principios . . . . . . de la democracia. Por ello, por encima del ánimo que pueda embargar a cada uno cabe decir con satisfacción que se han celebrado con limpieza las terceras . . . . . . generales y con ello quien gana más que un partido concreto es la democracia y el pueblo español.

Quiero esta noche hacer también un llamamiento a todo el pueblo español, llamamiento a la . . . . . . , llamamiento a continuar con este magnífico . . . . . . que durante el día 28 se dio ante las . . . . . . ; llamamiento a una serenidad tanto más necesaria en esos momentos para evitar cualquier tipo de equívoco, cualquier tipo de . . . . Tenemos un gran pueblo, el pueblo español, que se merece todo nuestro . . . . Gracias.

Ejercicio 11

Haz una lista de todas las palabras relevantes a la estructura política y económica del país, asegúrate de que entiendas su significado, y apréndelas.

Ejercicio 12

Traduce el primer párrafo a tu propio idioma.

Felipe González

Manuel Fraga Iribarne

Ejercicio 13

Busca en los párrafos dos y tres del texto las frases que corresponden a las siguientes:

the transfer of power
the essential principles of democracy
a particular party
an appeal for calm
at the polling booths
to avoid any sort of misunderstanding
the Spanish people

Ejercicio 14

Estudia atentamente el texto del discurso. ¿Por qué habla Felipe González en forma de un *llamamiento*? Y ¿por qué se dirige específicamente a ciertas instituciones y organizaciones? ¿Tienen algo en común estas organizaciones? ¿Qué recelos pudo haber tenido aquella noche? Busca e identifica frases en el texto que indican que pisaba con mucho cuidado.

....

c *Martínez el Facha*

tirado de *El jueves*, octubre 1988

Vocabulario

Pérfida Alvión	Gran Bretaña
Arzac	Juan María Arzak: bien conocido propietario de restaurante vasco
guelcome, su majeztaz, queréiz cayaros ahí atrá	welcome, su majestad, queréis callaros ahí atrás (Felipe González habla con acento sevillano)

Ejercicio 15

Busca en el texto la frase que corresponde a las siguientes:

nos lo quitaron deshonradamente
pillar a muchos países
lo hicimos en el nombre de Dios
preparar una demostración pública de nuestras opiniones
lo que pasa es difícil de aceptar
continuamos la lucha
haremos nuestro deber patriótico
la catástrofe del jefe de Estado chileno
burlarse de nosotros
los ladrones laboristas
roedores que viven en las alcantarillas
hacer lo que sea para complacerla
el General Franco
alguien siempre se atrae la atención

Ejercicio 16

Acabas de leer el episodio de *Martínez el Facha*, y quieres explicarlo a un amigo, pero has dejado la revista en casa. Cuenta el episodio, siguiendo estos ejemplos:

A Martínez le dio horror leer que la Reina de Inglaterra visitaba España. No sabía cómo se atrevían los socialistas, diciendo que los ladrones y piratas ingleses les habían arrebatado el Peñón de Gibraltar . . .

Ejercicio 17

a . . . *piratas* . . . *ladrones* . . . *arrebatar:* Martínez emplea un lenguaje muy agresivo, quizá según conviene a un buen fascista. ¿Cuántos ejemplos más encuentras de semejante lenguaje?

b ¿Qué actitud es revelada por las palabras, las acciones y hasta el aspecto físico de Martínez? ¿Hasta qué punto es una caricatura? ¿Podría existir en realidad? ¿Qué hubiera pasado si alguien opuesto a sus ideas hubiera actuado así en tiempos de Franco? En efecto, ¿ha sido diferente el resultado para Martínez? ¿Cómo se aprovecha de la democracia? ¿Qué han hecho sus amigos fascistas? ¿Nos dice algo la historia acerca del valor de las visitas reales? ¿Hubiera venido la Reina en la época de Franco?

Gramática Viva

Busca en los Textos A, B y C las frases siguientes y luego completa la Hoja de Gramática 15-G-1.

1 Ahí están las deferencias en las que puede leerse la alegría *por* reunir a las familias en territorio español. (Texto Ai)

2 Los acontecimientos son demasiado fuertes *para* él (Texto C)

3 Salió la orden *para que* el Foreign Office y la embajada británica en Madrid *se pusieran* a trabajar. (Texto Ai)

4 El propio Rey no cobra un sueldo fijo mensual *sino que* es el interventor de la Casa Real que le suministra las cantidades que necesita. (Texto Aii)

5 Una vez *realizada* la compra . . . en un restaurante, un funcionario . . . se encarga más tarde de la compra. (Texto Aii)

d *Derecho a la huelga: España no es diferente*

METRO DE PARIS. *Sólo hay ley de huelga para los servicios públicos.*

Derecho a la huelga: España no es diferente

La gran diferencia entre los conflictos sindicales españoles y los que se producen en el resto de Europa es que las organizaciones sindicales y patronales de este país no disponen aún de la experiencia negociadora de la que gozan los otros europeos. El marco legal es, sin embargo, similar al del resto de los países comunitarios.

EN España todavía no hay ley de Huelga, tal y como se establece en la Constitución. Pero en la mayoría de los países europeos tampoco, y se rigen mediante jurisprudencia y decretos gubernamentales. El PSOE se comprometió en su programa electoral de 1982 a promulgar una ley de huelga, y ha tardado hasta noviembre de 1986 en iniciar los trabajos para la elaboración del proyecto. La comisión encargada de ello está integrada por altos cargos de los Ministerios de Trabajo y de la Presidencia, así como por los catedráticos Federico Durán, de la Universidad de Córdoba, y Carlos Palomete, de la de Salamanca.

Razones de prudencia política, según fuentes del Ministerio de Trabajo, aconsejaron al Gobierno retrasar algunos años la elaboración de la ley. Así se concedía un tiempo de rodaje a los sindicatos y empresarios, mientras aprendían a negociar y pactar soluciones a los conflictos. Publicar una ley de huelga sin esa experiencia negociadora sería como poner en marcha una máquina sin engrasar. Mientras tanto, la regulación de la huelga se realiza mediante un decreto-ley de 1977 reformado por una sentencia del Tribunal Constitucional de 1981 y la jurisprudencia emanada desde entonces.

El punto flaco del ordenamiento jurídico actual de las huelgas es, sin duda alguna, el mantenimiento de los ser-

vicios mínimos para la comunidad. O, lo que es lo mismo, la garantía para el resto de los ciudadanos de otros derechos, como son el de tránsito por el territorio nacional (transportes públicos), seguridad (policía), sanidad (médicos) e incluso la normal circulación por las calles de las ciudades sin que la cotidiana manifestación de cada día enturbie aun más el tráfico viario.

El problema, en España y en el resto del mundo democrático, se resuelve mediante un pacto entre sindicatos y empresarios para la fijación de los servicios mínimos, aquellos que deben continuar funcionando durante el tiempo de la huelga. El resultado del pacto se presenta al Gobierno, quien lo legaliza mediante un decreto.

Sin embargo, los sindicatos españoles han demostrado cierta falta de atención y de respeto hacia los derechos del resto de los ciudadanos: se fijan huelgas en los transportes públicos en vísperas de vacaciones, se realizan huelgas en días, e incluso en horas, alternativos causando confusión entre los usuarios, y no se duda en convocar manifestaciones en el casco urbano a las horas de mayor tráfico.

En otros países con más experiencia sindical y negociadora se lleva a cabo la llamada autorregulación del derecho a la huelga. Los sindicatos realizan sus convocatorias de manera que se perjudique lo menos posible a los otros ciu-

dadanos. Al final, hasta los mismos trabajadores en huelga salen beneficiados por esta actitud, ya que la opinión pública no se enfrenta necesariamente con sus reivindicaciones e intereses.

En Alemania Federal, la huelga está aceptada, pero no regulada específicamente. Se hace referencia a ella en el artículo noveno de su Constitución y existe reiterada y abundante jurisprudencia. Las huelgas alemanas, para que puedan ser calificadas de lícitas, se deben someter a referéndum y alcanzar el 75 por ciento de los votos entre los trabajadores involucrados.

Los belgas tampoco tienen regulado su derecho a la huelga. En Bélgica está muy extendida la conciliación previa, bien a través de representantes sindicales o por vía de las llamadas Comisiones Paritarias Interprofesionales. En caso de no avenencia en el acto de conciliación, se da un preaviso, cuya duración no está reglamentada y que en la práctica es un plazo de reflexión de unos ocho días.

En Francia sólo existe ley de huelga para los servicios públicos. Destaca el papel de la jurisprudencia en la distinción entre huelgas legales y huelgas ilícitas o abusivas. Es obligatorio el preaviso de cinco días, con la exposición de los motivos del conflicto cuando sea en el sector público. En el sector privado es obligatoria la conciliación. Resulta normal que los convenios fijen el procedimiento para la conciliación o el plazo de preaviso a la huelga.

La jurisprudencia es la única norma legal para la regulación de la huelga en Holanda. No hay obligación legal de conciliación ni de preaviso, pero en la práctica sí se da. En Italia está legalizada hasta la llamada *huelga salvaje,* sin preaviso ni conciliación. En el artículo cuarto de la Constitución italiana se reconoce el derecho a la huelga y existen diversas leyes que la regulan.

En Gran Bretaña se sustituye la legislación sobre huelgas por una serie de inmunidades por delitos cometidos en situaciones de conflicto colectivo. En los servicios públicos, el ministro correspondiente puede imponer un *periodo de enfriamiento* de sesenta días o la celebración de un referéndum antes de la declaración de la huelga.

Aunque no puede hablarse de un derecho propiamente europeo de huelga, existen rasgos que se encuentran en todas las legislaciones, como son el mismo reconocimiento del derecho a la huelga, el efecto suspensivo que engendra sobre el contrato de trabajo y la condena de determinadas acciones colectivas que se juzgan como excesivas: huelgas políticas, de disminución del rendimiento, las huelgas salvajes (salvo en Italia) o las de solidaridad. ∎

El vocabulario de la huelga

la huelga	strike
el/la huelguista	striker
ponerse en huelga ir a la huelga	to go on strike
el sindicato	trade union
un tiempo de rodaje	a running-in period
el empresario	boss
el conflicto	dispute, conflict
negociar	to negotiate
la negociación	negotiation
la jurisprudencia	case law, legal precedent
la comisión	committee
el pacto	pact
la convocatoria	strike call
la reivindicación	claim, demand
reivindicar	to claim, demand
la conciliación	conciliation
el preaviso	warning, notice
la huelga salvaje	wildcat strike
la huelga de solidaridad	sympathy strike
el período de enfriamiento	cooling-off period

Ejercicio 18

Contesta a las preguntas:

1 ¿Existe una ley de la Huelga en la mayoría de los países europeos?
2 ¿Cuál es la situación respecto a tal ley en España?
3 ¿Por qué se le aconsejó al gobierno retrasar esta legislación?
4 ¿Cuál es el defecto principal de la legislación vigente?
5 ¿Dónde, según el artículo, se debería garantizar un servicio mínimo?
6 Explica cómo se resuelve este problema, tanto en España como en otros países.
7 Según el artículo, ¿cómo no han respetado estas normas los sindicatos españoles?
8 ¿Cómo se ha resuelto este problema en otros países?
9 ¿Por qué sacan beneficio los trabajadores de tales acuerdos?
10 Haz una comparación de la legislación en los diversos países que se citan. ¿Qué tienen en común y qué diferencias hay?

Ejercicio 19

¿Qué se hace con ello?

Busca en el texto el verbo que te hace falta para completar una frase.

Por ejemplo: ¿Qué se hace con una ley?   *Se promulga.*
   ¿Qué se hizo en este caso?   *Se promulgó.*

Di lo que se hace/se hizo con . . .

un artículo de la constitución
un tiempo de rodaje
las soluciones a un conflicto
la regulación de la huelga
un problema
el resultado de un pacto

las manifestaciones
las huelgas en Alemania
el derecho a la huelga en Bélgica
el procedimiento para la conciliación en Francia
un período de enfriamiento en Inglaterra

Ejercicio 20

Primero comprueba que sabes el significado de los siguientes sustantivos. Luego haz verbos de ellos, e inventa frases que los contengan. ¿Conoces algún sinónimo de cada verbo?

el establecimiento
el gobierno
la solución
la experiencia
la regulación
la garantía
la manifestación

la fijación
el respeto
la confusión
el prejuicio
el voto
la conciliación
la reflexión

la exposición
la legislación
el reconocimiento
el contrato
la condena
la acción

Ejercicio 21

Los que sufren las huelgas 📼

1 Francisco González, 30, profesor EGB parado.
2 Angel Gutiérrez López, 18, mensajero.
3 Amelia Ponce de León, 74, encargada de la limpieza en Westinghouse, jubilada.

Francisco González

4 María Pilar Mateo, 20, estudiante de primero de Magisterio.
5 Alberto Aquilera, 67, agricultor jubilado.
6 Juan José Gómez Moreno, 67, peón jubilado.
7 Cristina García, 20, opositora a Correos.
8 María Paz Barajas, 20, grabadora en la estación de Delicias.
9 Pedro Chaves, 21, transportista.

Escucha lo que dicen estos ciudadanos españoles acerca de las huelgas y
cómo se encuentran afectados por ellas. Para cada persona apunta los
siguientes detalles:

1 Aprueba las huelgas – ¿sí o no?
2 Cómo le afectan
3 Otros comentarios que hace.

- ¿Qué tienen en común la mayoría de las personas entrevistadas?
- ¿Tienen algo en común la mayoría de sus comentarios?
- ¿Cuántas están en pro y cuántas en contra de las huelgas?

Alberto Aquilera

Ejercicio 22

Escucha lo que cuenta Antonio acerca de las relaciones entre los sindicatos
y el gobierno en los últimos años, y haz un resumen en tu propia lengua
para tu compañero, que se interesa mucho por el sindicalismo.

Ejercicio 23

Situaciones

1 Eres representante de tu sindicato, y discutes con el jefe/la jefa las
razones por un incremento de sueldo para los empleados de la sección de la
empresa en que trabajas. El jefe/la jefa está de acuerdo con cierto
porcentaje de subida pero tú insistes en un dos o tres por ciento más, y
tienes que convencerle/la.

2 Las cosas no van bien en tu colegio y tú vas a ver al director/a la
directora con tu lista de reivindicaciones. El/la director(a) es lo suficiente
tolerante para no echarte fuera pero no está dispuesto/a a conceder todo lo
que le exiges.

3 Tú estás a favor del derecho a la huelga pero tu abuelo/a no – ¡o quizás al
revés! Tenéis que convenceros uno/a a otro/a.

María Paz Bajaras

Ejercicio 24

Discusión

¿Qué piensas tú de la huelga? ¿Es justificable estorbar la vida de otras
personas para conseguir tus reivindicaciones? ¿Por qué causas irías tú a la
huelga? Y ¿por qué causas no? ¿Hay demasiadas huelgas en tu país?
¿Trabajarías tú en una organización que tuviera un acuerdo de no ponerse
en huelga? Si tú fueras empresario/a de una fábrica ¿qué harías si tus
empleados se pusieran en huelga?

Ejercicio 25

Escribe unas 300 palabras sobre uno de los títulos siguientes:

1 La huelga, derecho humano fundamental.
2 Por qué yo nunca iría a la huelga.
3 Un ultimátum a mi jefe.
4 Un estudio sobre las huelgas de los últimos años en España o en mi propio país.

y de postre . . .

Ejercicio 26

Crucigrama sin pistas. He aquí el crucigrama completado: ¡a ver quién hace las mejores pistas!

Horizontales	Verticales
3	1
4	2
7	3
8	4
11	5
12	6
14	9
16	10
17	13
20	15
21	18
23	19
24	22
	23

The completed crossword grid reads:

- 3 REAL
- 4 MONARCA
- 7 ORO
- 8 LEY
- 10 HUMANO (F HUMANO)
- 12 BOLSA
- 14 PAPA
- 16 HUELGUISTA
- 17 GIBRALTAR
- 19/20 PACTO
- 21 INFANTA
- 23 MAJESTAD
- 24 HEREDERO

Ejercicio 27

Más temas para pensar, hablar y escribir:

- Si yo fuera Rey/Reina . . .
- Si yo fuera Primer Ministro/Primera Ministra . . .
- La Monarquía española.
- La Monarquía británica.
- No hay monarquía que valga.
- España democrática – un milagro moderno.
- La única diferencia entre la democracia y la dictadura es que se puede votar por un gobierno incompetente.
- En una democracia donde no haya la representación proporcional, se elige entre dos dictaduras.
- 'Yo tengo derecho a ponerme en huelga' 'Claro, pero ¿qué pasa con mi derecho a poder desplazarme?'
- España ya no es diferente.

ai *Treinta mil jóvenes se libran de la 'mili'*

Todo por la patria

Adiós a las armas		
Excluidos totalmente por enfermedad		
Exluidos temporalmente:		
Enfermedad		
Reclusos	38	
Prórroga por estudios		
Residentes en el extranjero		
Sostenimiento familiar		
Otro hermano en filas	34	
Objetores de conciencia		
Españoles que han cumplido la «mili» en el extranjero	80	
Suma de exclusiones		
Mozos del alistamiento 1988		

JESÚS está de enhorabuena. Ha conseguido que sea realidad el sueño de su vida: «librarse de la mili».

«No ha sido fácil conseguirlo, pero al final ha merecido la pena tanto sacrificio.» Jesús, que no quiere revelar cuáles son sus apellidos, hace unos meses consiguió un puesto de trabajo como ingeniero técnico en una fábrica. Pero tenía un problema: este año se le terminaban las prórrogas por estudios y debía cumplir con el deber constitucional de hacer el servicio militar. Por eso, decidió jugarse todo a una carta y fingió que estaba enfermo.

De pequeño, padeció una taquicardia y ahora, cuando tiene 24 años, todavía padece algunas molestias en el corazón. Pensó que si fumaba demasiado y practicaba mucho deporte podía provocar su vieja enfermedad y alegarla ante las autoridades militares. Y así fue. Pasó un examen médico y le declararon nulo para la «mili».

El ejemplo de Jesús es seguido por muchos jóvenes que no desean cumplir el servicio militar obligatorio. Así, este año, de los 360.122 mozos que se encuentran en la edad para hacer la «mili», un 8,5 por ciento (30.645 jóvenes) no van a ir a los cuarteles por razones de enfermedad.

De estos 30.000 jóvenes, 25.200 están excluidos totalmente del servicio militar, mientras que 5.445 tienen que pasar análisis médicos periódicos para concederles la exención definitiva.

Muchos de estos mozos real-mente padecen enfermedades graves, pero otros simplemente se inventan cualquier excusa: comen mucho para estar gordos y librarse de la «mili» por exceso de peso; se fuerzan la vista leyendo con poca luz y sin gafas; utilizan zapatos deformes para alegar pies planos; se autolesionan; se hacen los locos; se casan y tienen hijos o, simplemente, se buscan un *enchufe*.

«No es fácil superar los exámenes médicos. Hay que estar muy bien preparado porque los militares analizan todo concienzudamente. Pero siempre hay resquicios por donde se les puede engañar», explica a *Cambio 16* Serafín, otro estudiante universitario que ha seguido los pasos de Jesús.

«Está claro que la "mili" es una pérdida de tiempo y estoy dispuesto a hacer cualquier cosa para librarme de esta imposición que te quita un año de tu vida», concluye Serafín.

Al número de mozos excluidos del servicio militar por motivos de enfermedad hay que añadir las prórrogas por estudios (111.067 jóvenes), residentes en el extranjero (3.768), los que sostienen a su familia (3.274) y los objetores de conciencia (1.225).

Y a pesar de que las autoridades administrativas aseguran que casi todos los jóvenes van a hacer la «mili» en su lugar de origen, la realidad es bien distinta. Todavía más de 70.000 chavales, un 30 por ciento de los mozos que sortearon el domingo pasado, tendrán que cumplir el servicio militar fuera

▷

Los que no quieren hacer la 'mili'

de su casa y es posible que les toque en suerte realizarla en las islas Canarias, Baleares, Ceuta o Melilla.

«No sólo tienes que hacer la mili, sino que encima te pueden mandar a la otra punta de España, lejos de tus familiares y tus amigos, con los trastornos y traumas que esta decisión ocasiona», comenta Jesús. «Esto te causa tales problemas que motiva a algunos chavales a suicidarse.»

Durante los últimos cinco años han muerto 539 soldados, de los que 152 se han suicidado. Mientras las asociaciones juveniles aseguran que se trata de un porcentaje superior al re-

gistrado en la vida civil, el ministro de Defensa, Narcís Serra, cree que estas cifras se falsean. «El problema del suicidio es un problema de la juventud en general y no sólo de la Fuerzas Armadas.»

El rechazo a la «mili» cada año está más generalizado. Prueba de ello es el escaso número de soldados voluntarios. Así de los 254.509 jóvenes que en 1989 van a hacer la «mili» tan sólo hay 9.732 que se adscriben en el capítulo del voluntariado.

por José Manuel Huesa
tirado de *Cambio 16*, noviembre 1988

Vocabulario

estar de enhorabuena	to be celebrating
la prórroga	(here) postponement of call-up
fingir	to pretend
padecer	to suffer
la taquicardia	excessively fast heartbeat
la molestia	trouble
alegar	to adduce, quote (as a problem)
nulo	invalid
autolesionarse	to inflict injury on oneself
el enchufe	stringpulling
el resquicio	(here) crack, loophole
el chaval	lad, youngster
sortear	to draw lots
el trastorno	upset
el rechazo	rejection
adscribirse	to enrol

Ejercicio 1

a Explica en español las siguientes palabras y expresiones del Texto A i:

está de enhorabuena
el sacrificio
el ingeniero técnico
el servicio militar
enfermo
el corazón
el cuartel
el exceso de peso
las gafas
el examen médico
una pérdida de tiempo
las autoridades administrativas
suicidarse
el ministro de Defensa
las Fuerzas Armadas

b Busca en el texto las palabras que equivalen a estas definiciones:

fantasía o ambición
nombre de la familia
lugar en dónde se hace algún producto industrial
órgano que hace circular la sangre
algo que no vale para nada
investigación para averiguar la composición de algo
facultad óptico
persona que carece de juicio sano
persona que estudia en la universidad
persona que tiene razones filosóficas para no querer luchar
ciudad o pueblo nativo
grupo de islas que pertenecen a España, situadas cerca de la costa occidental de Africa
el otro extremo de un país
organización para jóvenes
soldado que entra en el ejército porque quiere estar allí

Ejercicio 2

Rellena los espacios en blanco con la palabra o las palabras que mejor convengan, según lo que lees en el Texto A i.

1 Jesús está de enhorabuena porque se ha . . . . . . de la 'mili'.
2 Jesús no quiere que se sepan sus . . . .
3 De pequeño, Jesús tuvo problemas de . . . .
4 Para evitar el . . . . . . , provocó su vieja enfermedad.
5 Por razones de enfermedad, muchos jóvenes no llegan a . . . .
6 Más de cinco mil chicos tienen que ir . . . . . . de vez en cuando para análisis médico.
7 Muchos jóvenes tratan de encontrar una . . . . . . para librarse de la 'mili'.
8 Serafín opina que . . . . . . , y por eso quiere evitar esta imposición.
9 Muchos estudiantes no tienen que . . . .
10 Las autoridades dicen que la mayoría de los mozos . . . .
11 . . . . . . puede causar trastornos y traumas y hasta puede llevar al . . . .
12 Desde hace . . . . . . ha habido 152 suicidios entre los . . . .
13 Narcís Serra dice que esto es un . . . . . . general entre los . . . .
14 Muy pocos soldados son . . . .
15 Sólo . . . . . . voluntariamente unos diez mil jóvenes.

Ejercicio 3

Mira la tabla 'Adiós a las armas'. Verás que faltan casi todos los números. Vuelve a leer el artículo, y pon los números que faltan.

---

aii ## 'No queremos «mili» con escobas'

"QUEREMOS abrir la brecha de la contestación a la "mili", que la gente se entere de que esta ley de objeción es una estafa. El servicio social sustitutorio es una mili con escoba, un castigo para el objetor. Por supuesto que me preocupa ir a la cárcel, pero también creo que al tratarse la nuestra de una campaña colectiva, ninguno de nosotros estará más de tres meses entre rejas.»

Están decididos, y lo que es más importante, se sienten fuertes. Tienen la convicción de que el Ministerio de Justicia no va a plantear batalla a una veintena de miles de muchachos que se niegan a ir a filas. Piensan que al Gobierno no le compensa quemarse en ella, con una probable opinión pública en su contra, cuando en realidad ya ha comenzado a dar los primeros pasos hacia la profesionalización del ejército. «El primer objetor norteamericano, el fiscal **Thoreau** dijo en 1870 que con una ley injusta, el lugar del hombre justo es la cárcel. Yo no creo que ésta deba serlo indefinidamente, pero sí soy consciente de que las campañas de desobediencia civil acaban siempre allí». Se llama **Miguel Martínez López**, tiene 25 años y trabaja como profesor de Preescolar en Leganés (Madrid). Siete años de manifestaciones y campañas antimilitaristas en la calle le han dado esa moral triunfalista.

Entre los 25.000 objetores de conciencia españoles, un 60 por 100, el grupo más numeroso, el más silencioso, lo forman los objetores por religión, fundamentalmente testigos de Jehová. Hay luego un 10 por 100 de objetores no asociados, que van por libre, y que parecen atenerse a las condiciones impuestas por la ley. Y hay, por fin, un 40 por 100 de objeción política, de alta concienciación antimilitarista, entre la que se lee un alegre baile de siglas: APOC (que sí acepta la prestación social sustitutoria), AOC, MILI-KK (del Movimiento Comunista y la Liga Comunista revolucionaria) y el MOC, probablemente el más numeroso y, sin duda, el más movido. **Miguel Martínez** es uno de ellos. Uno de esos jóvenes cuyo idealismo —para muchos cargado de inocencia; para otros, teñido de egoísmo— le hace decir, muy convencido, que «me preocupa más una invasión americana que una hipotética guerra con Marruecos por Ceuta y Melilla. Ceuta y Melilla no están mejor defendidas con Ejército que sin Ejército. Si el dinero de los F-18 se invirtiera en crear lazos comerciales y de amistad entre los dos pueblos, se alejaría esa posible amenaza de conflicto. Si nos preparamos para la confrontación, habrá confrontación y, además, ellos podrían utilizarla para dar salida a sus crisis internas».

por Carmen Ramírez de Gauza
tirado de *Época*, septiembre 1988

Vocabulario

abrir la brecha	to make a breakthrough
una estafa	swindle
entre rejas	behind bars
plantear batalla	to wage war
negarse a	to refuse to
atenerse a	to rely on
la sigla	initials
teñido	tinged

Lee el texto con la ayuda del vocabulario.

Ejercicio 4

He aquí una serie de frases algo erróneas, es decir que contienen un error. Corrígelo para tener una frase que corresponde con lo que lees en el Texto A ii.

1 El objetor antimilitarista dice que la ley de objeción es un castigo.
2 Cree que, si van a la 'mili', sólo estarán tres meses allí.
3 El Ministerio de Justicia quiere luchar contra los muchachos que se niegan a ir a filas.
4 Al Gobierno le gusta ir en contra de la opinión pública.
5 Thoreau fue a la cárcel en 1870.
6 Miguel Martínez lleva siete años trabajando como profesor.
7 Un 60% de los objetores de religión son testigos de Jehovah.
8 10% de los objetores de conciencia no se fían de las condiciones impuestas por la ley.
9 Muy pocos objetores de conciencia son antimilitaristas.
10 El MOC tiene menos miembros que los demás grupos antimilitaristas.
11 Miguel Martínez tiene menos miedo a los americanos que a los marroquíes.
12 Martínez dice que la inversión en los F18 será más útil que la inversión en los lazos comerciales.

Ejercicio 5

Traduce el último párrafo a tu propio idioma.

Ejercicio 6

Usa estas preguntas para iniciar una discusión con tus compañeros sobre la 'mili'.

- ¿Hay 'mili' en tu país? ¿Jamás ha habido? ¿Hasta cuándo?
- ¿Te gustaría hacer la 'mili'?
- ¿Conoces a alguién que haya hecho el servicio militar? ¿Quién? ¿Tu padre?
- ¿Qué piensa(n) del servicio militar? ¿Le(s) gustó? ¿Por qué (no)?
- ¿Crees que tu país lo necesita? ¿Por qué?
- ¿Para qué sirve el servicio militar?
- ¿Qué tipo de servicio militar/social debería haber?
- De haber servicio militar en tu país, ¿serías objetor de conciencia? ¿Por qué (no)?
- ¿Crees que es buena la disciplina militar? ¿Ayudaría a educar a los gamberros?
- ¿Qué diferencia hay entre los que han hecho la 'mili' y los que no?

Gramática Viva

Ejercicio 7

Busca en el Texto A ii todos los ejemplos que hay de expresiones que necesitan un infinitivo (hay 13 en total). Haz una lista de ellos, y consulta la Sección de Gramática 68. Inventa una frase nueva para usar cada construcción.

bi Tomarse con calma la mili evita disgustos

Escucha con cuidado este programa, en que se dan unos consejos a los jóvenes que van a tener que hacer la 'mili'.

Ejercicio 8

Haz un resumen de los consejos que se dan, según los siguientes aspectos:

- Efectos de la 'mili'
- Disciplina
- Adaptación
- Actitud
- Optimismo

Ejercicio 9

Pide a tu profesor(a) la transcripción del programa del Texto Bi. Verás que tiene varios espacios en blanco: vuelve a escuchar, y rellena los espacios con las palabras que faltan.

La mili ¿pesadilla de los jóvenes?

bii Noticias

Ejercicio 10

Escucha estas noticias y contesta a las preguntas:

a *La Armada cumplimentó a las autoridades municipales*

1 ¿Quién es José Luis Torres Fernández?
2 ¿Cuándo llegó la flotilla de la Armada a Melilla?
3 ¿Cómo se llama el alcalde de Melilla?
4 ¿Qué tipo de buque es el *Alcalá Giliano*?
5 ¿Cuántos hombres tiene este buque?
6 ¿Cómo se llama la corbeta del vice-almirante José Luis Torres Fernández?
7 ¿Cuándo estuvo la 21 Escuadrilla de Corbetas en Melilla?

b *Atacado un barco chipriota*

1 ¿Qué tipo de buque fue atacado?
2 Las lanchas iraníes, ¿cuántas veces han atacado la navegación mercante en los últimos seis días?
3 ¿Qué desplazamiento tiene el *Odysseas H*?
4 ¿A qué hora fue atacado, y dónde?
5 ¿Cuál fue la consecuencia del ataque?

ci Tanques, barcos y aviones 'de museo' defienden a España

EL ministro de Defensa, Narcís Serra, acierta de pleno cuando dice que el Ejército español se prepara para la paz: la mitad de su material bélico de poco serviría en caso de guerra.

El propio comandante en jefe de las fuerzas de la OTAN, John R. Galvin, valorando el poder del Ejército de Tierra español, ha afirmado: «No basta con el pecho de los soldados y el valor de los oficiales para hacer un buen ejército. Un buen carro de combate y no el M-47, que debería estar en los museos, algo de artillería y un par de helicópteros no le vendrían mal».

Los medios técnicos de las fuerzas armadas españolas están entre los más obsoletos y antiguos del bloque occidental, y apenas sirven para cumplir las misiones que les corresponden en el seno de la OTAN. Una de las más importantes, el control del estrecho de Gibraltar y de los puertos, es realizada por barcos – dragaminas – que exceden en mucho su edad operativa. El más moderno de los doce existentes fue botado en 1958.

Tanques de museo: la defensa de España

Los militares de todo el mundo consideran que la vida útil de cualquier máquina de guerra acaba a los veinte años; sin embargo, los aviadores españoles vuelan con aparatos en el límite de su vida operativa y también en algunos que la han sobrepasado. Los marinos navegan con buques de los años cuarenta, que pasan más tiempo en los diques secos que en el mar.

El Ministerio de Defensa, consciente de esta realidad, se esfuerza en *ponerse al día*, pero se encuentra con graves dificultades para conseguir que se aprueben los presupuestos que colocarían a las FAS en situación óptima. Según datos de este ministerio, más del 30 por ciento de los presupuestos para inversiones se emplea en modernizar materiales anticuados «para que vayan tirando unos años más».

por Juan Gómez
tirado de *Cambio 16*, enero 1989

Vocabulario

acertar de pleno	to be completely right
bélico	war(like)
valorar	to evaluate
el carro de combate	tank
es realizada	is carried out
el dragaminas	minesweeper
el aparato	(here) aircraft
sobrepasar	to go beyond
el buque	ship
el dique seco	dry-dock
ponerse al día	to get up to date
el presupuesto	budget
las FAS	the Armed Forces (Fuerzas Armadas)
ir tirando	to get along

Ejercicio 11

¿Verdad o mentira?

¡No olvides corregir las frases incorrectas!

1 Narcís Serra es Ministro del Ejército español.
2 La mitad del material de guerra ya no sirve para el combate.
3 El comandante en jefe de las fuerzas de la OTAN critica al ejército español.
4 El ejército español necesita el M-47 y dos helicópteros.
5 Las fuerzas armadas españolas no son tan modernas como las de otros países de la OTAN.
6 Los españoles tienen ciertas responsabilidades dentro de la OTAN.
7 La Armada española controla el puerto de Gibraltar.

8 La mayoría de los dragaminas españoles fueron puestos en servicio activo hace más de treinta años.

9 Normalmente el servicio activo de las máquinas de guerra dura unos veinte años.

10 Algunos aviones españoles ya han excedido su vida operativa.

11 Durante la mayoría del tiempo, los marinos navegan en los diques secos.

12 Narcís Serra quiere modernizar las fuerzas armadas.

13 El Ministro de Defensa ha obtenido mucho dinero para las fuerzas armadas.

14 Hasta ahora se empleaban los impuestos para modernizar materiales anticuados.

Ejercicio 12

Escribe un breve resumen – una o dos frases, nada más en cada caso – para describir los problemas de las Fuerzas Armadas de España; es decir:

1 la Marina española
2 el Ejército de Tierra español
3 el Ejército de Aire.

Ejercicio 13

Traduce todo este extracto a tu propio idioma.

España a la cabeza de la carrera armamentista

LAS ansias de Felipe González de ser reconocido como el líder europeo más europeísta costarán, sólo en materia de armamento, más de un billón y medio de pesetas a los españoles. Y es que no hay peor fanático que el converso. Los programas de armamento en los que se ha embarcado España hasta finales de siglo sitúan a nuestro país a la cabeza de la cooperación armamentista en el seno de la Alianza Atlántica.

Hace pocos días el Gobierno aprobó una inversión de 150.000 millones de pesetas para uno de estos proyectos: el EFA (futuro avión de combate). Pero al mismo tiempo participa en otros veinticuatro campos de desarrollo militar. Algunos de ellos tan sofisticados como el NAVSTAR-GPS.

Un proyecto de navegación vía satélite para navíos y aeronaves por el que apuestan los países europeos de la OTAN.

Mientras en algunos terrenos los socios atlánticos consideran a España cicatera a la hora de arrimar el hombro (negativa a almacenar armamento nuclear), en el campo del desarrollo de la tecnología militar y nuevos proyectos de armas sorprende a propios y extraños por apuntarse a casi todos los proyectos que hoy están en marcha en la OTAN y en el Grupo Europeo Independiente de Programas (GEIP).

Los proyectos en curso de cooperación armamentista son cuarenta. España, que parece perseguir el derecho a figurar en el libro *Guinness* de los récords, figura en veinticinco, superando en este afán de estar

presente en todas partes a países con un potencial económico, industrial y tecnológico muy superior al español, como la República Federal de Alemania o Gran Bretaña.

Las estrellas de estos programas son el EFA y la NFR-90, la fragata de los años noventa. España se ha comprometido, sólo en la fase de estudios de viabilidad y de especificaciones técnicas, a aportar 15.000 millones de pesetas. El posterior desarrollo de los proyectos absorberá una cifra muy superior y se calcula que el coste final del centenar de aviones que piensa adquirir nuestro país será cercano a los 600.000 millones de pesetas.

Las fragatas – el Gobierno se propone adquirir cinco – supondrán para las arcas del Tesoro nacional un desembolso

de 300.000 millones de pesetas. Sin embargo, la NFR-90 saldrá mucho más cara. Hay que *vestir* a los navíos para que puedan ser operativos y para ello es preciso armarlos.

En este apartado los militares españoles no parecen muy definidos. Hasta el momento han conseguido del Gobierno que se apunte a dos proyectos de sistemas de misiles integrados con destino a la NFR-90. EL FAMS, de carácter exclusivamente europeo, y el NAAWS, en cooperación con los Estados Unidos. La filosofía del Ministerio de Defensa es la de «jugar todas las cartas» y luego elegir.

Mientras los expertos deciden qué sistema será el mejor para nuestras fragatas el taxímetro sigue marcando. En el proyecto europeo ya se han

▷

invertido 479.500.000 pesetas y en el americano 445.200.000. Todo por tener derecho a estar presentes en la primera fase de estudios. Pero es que los socios ricos de la OTAN imponen sus condiciones: el que no esté desde el primer momento en los proyectos no podrá optar a cofabricarlos, sólo tendrá derecho a comprar.

---

tirado de *Cambio 16*, noviembre 1988

Vocabulario

el converso	convert
el navío	ship
el aeronave	aircraft
apostar por	to bet on, to back
cicatero	mean
arrimar el hombro	to put one's shoulder to the wheel
almacenar	to store
el afán	zeal
el arca	coffers
el desembolso	expenditure
cofabricar	to build jointly

PROGRAMAS EN LOS QUE PARTICIPA EL GOBIERNO

Nombre	Participación %	Inversión aprobada hasta el momento*
NATO-MIDS Sistema de información	5	91
MSOW Munición autopropulsada	–	–
APSE Ordenadores militares	5	170
EFA Avión de combate	13	175.000
NILE Enlace entre ordenadores	12,5	9,375
POST-2000 Comunicaciones militares	–	–
NIS Sistema identificación amigo/enemigo	–	–
NAVSTAR-GPS Sistema navegación por satélite	4,74	38,71
FAMS Sistema de misiles antiaéreos	25	479,2
NAAWS Sistema de misiles antiaéreos	10,6	445,2
APGM Municiones	–	–
A 129-LAH Helicóptero ligero de ataque	5	126,586
NFR-90 Fragata de los 90	12,5	2.230
SINS Sistema de navegación	10	11,9

* En millones de pesetas
Fuente: Ministerio de Defensa y elaboración propia.

Ejercicio 14

He aquí varias frases mezcladas. Como siempre, tienes que hacer frases correctas, pero después tienes que ponerlos en el orden correcto: así tendrás un resumen del Texto C ii.

Se acusa a España de cicatera	*mucho dinero en proyectos de defensa.*
El Gobierno español ha invertido	*el líder europeo más europeísta.*
El FAMS es un sistema de misiles	*150 mil millones de pesetas en el EFA.*
Otro proyecto, el NAVSTAR, ayudará	*su participación en proyectos de armas.*
Los españoles también se apuntan	*en lo que se refiere a las misiones de la OTAN.*
La cooperación de España en tantos proyectos de armas	*los socios ricos imponen condiciones para el derecho a cofabricación.*
España ha invertido millones en	*la navegación de navíos y aviones.*
España se ha comprometido a invertir 15.000 millones de pesetas	*sorprende a muchos de sus aliados.*
Felipe González quiere ser	*a dos proyectos de misiles para la NFR-90.*
El Gobierno aprobó una inversión de	*europeo, y el NAAWS es norteamericano.*
España supera a muchos países en	*ambos sistemas de misiles integrados.*
España participa en tantos proyectos porque	*en la NFR-90, la fragata de los años noventa.*

Ejercicio 15

Imagina que eres Felipe González, y que mañana tienes que pronunciar un discurso ante los jefes de las tres fuerzas armadas, que se han quejado de la antigüedad de su material. Prepara un discurso en el que les hablarás de todos los proyectos de defensa en que participa España y del dinero que vas a gastar. ¿El límite de palabras? . . . Pues, no hay, ¡puesto que eres político!

Ejercicio 16

Haz una lista de todas la máquinas de guerra mencionadas en los Textos Ci y Cii, y describe lo que hace cada tipo;

Por ejemplo: *un dragaminas sirve para eliminar minas*

Ejercicio 17

Escribe unas cuantas frases para comparar los dos artículos del Texto C; uno es pesimista desde el punto de vista de las fuerzas armadas, y el otro es optimista. Consulta también la lista de los programas en que participa España. Imagina que haces una comparación en el año 2.000 entre la situación actual y la de los años ochenta.

Por ejemplo: *En los años ochenta teníamos fragatas antiguas, pero ahora tenemos la fragata NFR-90.*

d OTAN: *estar pero no ser*

Lee este artículo con la ayuda de un diccionario, si te hace falta.

LOS españoles se van a «salir con la suya», se afirma en la sede de la Alianza Atlántica. La participación de España en la OTAN se decidirá, antes de fin de año, sobre la base de las condiciones, que ha planteado el gobierno de Felipe González. Se concretan en la coordinación de las Fuerzas Armadas españolas con las de los demás países integrantes de la Alianza, en seis áreas: Atlántico Oriental, Gibraltar, Mediterráneo Occidental, defensa aérea, el territorio español como retaguardia estratégica y la defensa de este territorio.

El punto que más conflictos ha creado es el mando sobre el área del Estrecho, según reconoce el embajador español ante la OTAN, Jaime Ojeda. España ha dejado muy claro que no está dispuesta a someterse a las órdenes de los británicos. La contraoferta de los españoles consiste en asumir la defensa del Estrecho «a través de nuestra participación en el mando del mediterráneo occidental, en Nápoles».

Esta responsabilidad plantea un grave conflicto. Por un lado, las necesidades de participar en

La oposición a la OTAN se demuestra en todas partes

la defensa del flanco sur. Por otro, el compromiso de «no participación en el mando integrado» que se concretó en el referéndum sobre la permanencia de España en la OTAN. Jaime Ojeda lo soluciona con una de esas frases que sólo se le pueden ocurrir a un diplomático avezado:

«estaremos pero no seremos».

Mientras un vicealmirante italiano destinado en el SHAPE (Cuartel General Supremo de las Potencias Aliadas en Europa) asegura que «España pide mucho y contribuye muy poco con la OTAN» Ojeda desvela la filosofía que permite al gobierno español negociar con sus aliados. «No es lo mismo *estar* que *ser*. Los militares españoles asistirán, como oyentes, en las reuniones del mando integrado aunque no asumirán los acuerdos que allí se tomen . . . Pero claro, si estos acuerdos son compatibles con los planes de defensa de España se acoplarán estos para hacerlos armónicos con los de nuestros aliados.»

Según un alto oficial americano del AFCENT (Fuerzas Aliadas de Europa Central), España debería adecuar su desarrollo de fuerzas a las necesidades de la Alianza. «Deberían tener más dragaminas y asegurar así que el Estrecho estará limpio en caso de conflicto». El embajador Ojeda puntualiza que «el desarrollo de cada país, aunque pueda *descansar* en la capacidad de sus aliados, se establece siempre en función de

sus propias necesidades de defensa».

LOS ESPAÑOLES, EGOISTAS. Un ejemplo es el esfuerzo español en dotarse de carros de combate y armas antitanque en previsión de un posible conflicto con Marruecos, mientras a la OTAN le gustaría que los españoles volcaran su esfuerzo en la adquisición de helicópteros de ataque y reforzar así a las fuerzas aliadas.

Para los españoles – acusados de *pedir mucho y dar poco* – la Alianza tampoco es muy generosa. «Las necesidades españolas – señala un oficial español – no están previstas en los planes de infraestructura de la OTAN.» Esta es una de las bazas que están negociando los representantes hispanos. «Si la Alianza quiere que seamos un apoyo serio deberá colaborar en los planes de infraestructura (carreteras del norte español) ya que de lo contrario todo el esfuerzo sería nuestro . . . aunque en ningún caso dejaremos de ser unos aliados *fieles*. Estas divergencias se dan entre las mejores familias.»

por Juan Gómez
tirado de *Cambio 16*, noviembre 1988

Ejercicio 18

Toma unas notas en español – es decir un resumen muy breve – sobre el Texto D. No debes escribir más de cincuenta palabras. Vas a usar estos apuntes más tarde.

Ejercicio 19

Escribe una nueva versión de las siguientes frases tiradas del texto, poniendo en forma indirecta las secciones en que alguien habla en estilo directo. Tienes que poner las frases en el tiempo pasado.

Los españoles se van a salir . . .
La contraoferta de los españoles . . .
Jaime de Ojeda lo soluciona . . .
Mientras un vicealmirante italiano . . .
«Deberían tener más dragaminas . . . »
El embajador Ojeda . . .

«No es lo mismo *estar* que *ser*.
　Los militares españoles . . .
　Pero claro . . . »
«Las necesidades españolas . . . »
«Si la Alianza quiere . . . Estas divergencias . . . »

Ejercicio 20

Usa las notas que escribiste en el Ejercicio 18 para escribir una redacción de
100–120 palabras sobre las relaciones de España con la OTAN.

e *Una alcaldesa contra ETA*

Lee este texto con la ayuda del Ejercicio 21.

Dos viudas jóvenes y cinco pequeños huérfanos son el balance del último atentado de ETA. Podía haber sido una más de las salvajadas de la banda, que ha causado ya cerca de 600 muertes, pero lo ha impedido una comunidad a la que todavía quedan suficientes redaños para conmoverse. Los vecinos de Estella (Navarra), con su joven alcaldesa al frente, han dado en este verano de 1988 toda una lección de cuál debe ser la respuesta ciudadana frente al terror.

Rosa López Garnica, alcaldesa de Estella

NO es probable que nadie hubiese pagado un elevado rescate para salvar su vida y por ello ETA no les dio la menor oportunidad. Los guardias civiles de tráfico **Antonio Fernández Alvarez** y **José Ferri Pérez** acababan de salir de su acuartelamiento estellés para iniciar un servicio, cuando el domingo 21 de agosto, a las siete y media de la mañana, un coche-bomba explosionó al paso de su vehículo.

Los expertos del Cuerpo han calculado que los asesinos habían colocado de 20 a 30 kilos de amonal, junto con 30 o 40 kilos de metralla. Querían matar a toda costa y lo consiguieron: los cuerpos de los dos hombres quedaron. El azar quiso que las víctimas fuesen **Antonio** y **José**, dos padres de familia que vivían en la casa-cuartel con sus esposas e hijos, dos y tres respectivamente, de edades comprendidas entre 3 y 10 años.

Un pueblo volcado

La persona que, más que ninguna otra, iba a impedir que este atentado fuese uno más, estaba dormida en el momento de la explosión. A **Rosa López Garnica**, alcaldesa de Estella, ni siquiera la despertó el ruido. «Estaba en casa y sólo mi padre oyó algo anormal, pero no pensó que fuera importante. Tuvieron que avisarme del ayuntamiento para enterarme de lo que había pasado.»

Cuando fue al lugar del crimen y vio los cuerpos carbonizados de los dos hombres, una incontenible sensación de rabia y de pena se apoderó de la alcaldesa. Las decisiones que tomó en las horas siguientes, con el apoyo de los concejales de los estelleses, fueron una sorpresa para la opinión pública nacional, tan poco acostumbrada a las acciones de verdadero liderazgo político.

No habría un velatorio oscuro y vergonzante en la casa-cuartel, rodeados sólo del llanto de sus familiares y compañeros. **Rosa López Garnica** ordenó que en los salones del ayuntamiento se instalase una capilla ardiente, que estuvo abierta toda la noche. Miles de estelleses pasaron por ella y 2.300 firmaron en el libro de pésame.

No habían acabado con la vida de dos «miembros de las Fuerzas de Orden Público», sino con la de dos «ciudadanos», según la alcaldesa reiteraría una y otra vez ante los medios de comunicación.

No habían tenido lugar unas «muertes», sino un «brutal asesinato», según el comunicado aprobado por 15 de los 17 concejales. Las banderas ondearon a media asta, el ayuntamiento acordó «solidarizarse con el Cuerpo de la Guardia Civil y con las familias de las dos víctimas como testimonio de pésame público» y también «exigir al Gobierno del Estado que arbitre las medidas necesarias para que de una vez por todas, terminen estos actos que atentan contra la vida y la libertad».

HB, al ostracismo

Por la tarde, la corporación emitió un nuevo comunicado, en el que podía leerse este párrafo: «Hacemos votos para que esta reacción no sea un hecho aislado y que el pueblo de Estella siga mostrando siempre la misma actitud de hoy, actitud que sea un ejemplo para todos los pueblos de Navarra y del País Vasco, que el pueblo reaccione y que esta actitud exija del Gobierno actuación con mano dura de verdad contra los asesinos que están matando personas y pueblos».

Hace sólo unos años, episodios como el de Estella hubieran sido, con mucha probabilidad, inimaginables. Pero tienen un precio: **Rosa López Garnica** ya ha recibido amenazas telefónicas de un ex concejal de HB. Sabe, por lo menos, que no está sola.

por Miguel Platón
tirado de *Epoca*, septiembre 1988

Ejercicio 21

He aquí las definiciones en español de algunas de las palabras del Texto E,
pero se han mezclado un poco las definiciones. Si tienes problemas,
pregunta a tu profesor(a) o usa el diccionario.

salvajada	*quemado por completo*
redaño	*algo que no se puede reprimir*
rescate	*ciudadano de Estella*
acuartelamiento	*material explosivo*
amonal	*base de soldados y guardias civiles*
metralla	*miembro de un concejo municipal*
calcinado	*acto violento o bárbaro*
incontenible	*valor para hacer algo bastante peligroso*
concejal	*pedazos de metal dentro de un obús o bomba*
estellés	*partido político de ETA*
velatorio	*libro en que la gente escribe sus condolencias*
libro de pésame	*dinero que se paga para rescatar a un rehén*
a media asta	*cuando se vela sobre el cuerpo de un difunto*
con mano dura	*reaccionar fuerte y firmemente*
HB (= Herri Batasuna)	*cuando se baja un poco la bandera por respeto a un muerto*

Ejercicio 22

Vuelve a leer el Texto E dos veces – con un diccionario si lo necesitas.
Luego, sin volver a mirarlo, escribe tu propia versión de la historia en
español, o, si lo prefiere tu profesor(a), cuéntalo a tu clase.

Ejercicio 23

Usando las siguientes preguntas, discute con tus compañeros las cuestiones
suscitadas por el Texto E.

1 ¿Qué sabes de ETA? ¿En qué sentidos se parece al IRA?
2 ¿Qué emociones experimentas al oír de tales atrocidades?
3 ¿Qué opinas de Rosa López Garnica, y de los estelleses?
4 ¿Qué opinas de la policía?
5 ¿Qué opinas de ETA y del IRA?
6 ¿Por qué hacen los terroristas lo que hacen?
7 ¿Jamás se puede justificar la violencia terrorista?
8 ¿Cómo tratarías tú a los terroristas?
9 ¿Qué harías tú para solucionar las situaciones de Vascongadas y de Irlanda del Norte?
10 ¿Qué sabes tú de otras situaciones parecidas? (el Líbano, Israel etc.)

No todo es pesimismo . . . He aquí dos artículos que hablan de la paz . . .
Léelos con un diccionario, y haz los ejercicios que los siguen.

fi *Después de la muerte llega la paz*

Han pasado setenta años desde la decisiva batalla de Verdún y alrededor de la antigua ciudad francesa todavía hay vastas áreas de campos minados y ruinas. La guerra Irán-Irak ha durado tres años más que el primer conflicto mundial (1914–1918) y la tarea de desactivar explosivos y limpiar los escombros podría fácilmente demandar más de un siglo.

Millones de proyectiles no detonados, cohetes intactos y minas han quedado a lo largo de los 1.200 kilómetros del frente que se extiende entre Irán e Irak desde el golfo Pérsico hasta la frontera común con Turquía. Indudablemente, va a ser necesario un titánico esfuerzo internacional, no sólo para eliminar los explosivos, sino para reconstruir ciudades, la economía y la agricultura de dos naciones que hasta hace días estaban empeñadas en su aniquilación mutua.

DEFINIR LAS FRONTERAS.
En el puerto iraquí de Basora, los restos oxidados de docenas de barcos de varios países yacen semihundidos ocho años después del estallido de la guerra. Sólo para sacarlos del paso se necesitará una colosal operación de zapadores en el gran estuario de Chatt el-Arab, el *casus belli* de Bagdad, que impulsó a Irak a lanzar la invasión de Irán en septiembre de 1980.

Pero el problema más explosivo para Naciones Unidas está en la histórica rivalidad entre árabes y persas, la definición de fronteras internacionales y las reparaciones de guerra.

Si la ONU consigue finalmente poner fin a la guerra del Golfo, ello no significa necesariamente que ha comenzado la paz.

Entretanto, también a Angola han llegado los vientos de paz, lanzados por las superpotencias, tras 13 años de guerra y 60.000 muertos. Este otoño, las fuerzas de Pretoria y La Habana se retirarán del país.

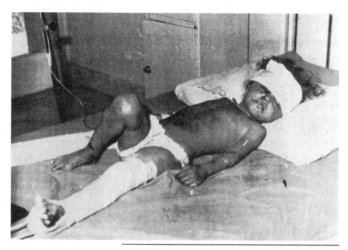

Esta pequeñita fue víctima de un ataque aéreo de los iraníes sobre Bagdad

por Juan Carlos Gumucio
tirado de *Cambio 16*, agosto 1988

Ejercicio 24

Completa las siguientes frases escogiendo la palabra más apropiada de las que se ofrecen.

1 Alrededor de Verdún, todavía hay campos *fértiles/peligrosos/vastos*.
2 La guerra de Irán e Irak duró *diez/tres/siete* años.
3 Será necesario esperar cien años para que estén *limpios/desactivados/ explosivos* los campos de Irán e Irak.
4 El frente de batalla se extiende *entre Irán e Irak/entre el golfo Pérsico y Turquía/ a lo largo de 12.000 kilómetros*.
5 Estas naciones van a tener que hacer grandes esfuerzos para reconstruir sus *enemigos/granjas/países*.
6 Durante el conflicto se hundieron docenas de barcos *iraníes/extranjeros/ irakíes* que no tuvieron nada que ver con la guerra.
7 Los árabes y los pérsicos siempre han sido *enemigos/amigos/socios*.
8 El fin de la guerra no *trae/garantiza/comienza* necesariamente la paz.
9 En Angola ha habido *una tregua/paz/muchas guerras*.
10 Los surafricanos y los *argentinos/cubanos/mejicanos* se retirarán de Angola.

fii *Sáhara: otra guerra se apaga*

Marruecos y el Polisario han aceptado el plan de paz de la ONU, pero es incierto el futuro de la ex colonia española

Victor Steinberg

JAVIER Pérez de Cuéllar, secretario general de las Naciones Unidas, estaba a punto de entrar en la historia por la puerta grande en agosto de 1988. Había conseguido reunir en torno a diversas mesas de negociaciones a los contendientes de las más sangrientas guerras que aún asolaban al mundo. Cada uno tenía enfrente a su peor enemigo o hablaba con él a través del diplomático peruano. Pero todos coincidieron en ese mes en el Palacio de las Naciones de la neutral y pulcra Ginebra.

El mundo parecía, haberse vuelto loco de sensatez. Estaba a punto de estallar la paz. Bajo el paraguas de la distensión impulsado por americanos y soviéticos, los protagonistas de los conflictos bélicos regionales estaban entrando en razón. Pérez de Cuéllar salía de un despacho en el que había estado reunido con iraníes e iraquíes para introducirse en otro con angoleños, cubanos y surafricanos; con los problemas de Namibia aún en la cabeza, el secretario general abandonaba la reunión para sumergirse en otra protagonizada por grecochipriotas y turcochipriotas. Afuera lo esperaba Yasser Arafat para hablar de Palestina.

Un soldado iraquí espera la paz

Pero el 30 de agosto, el secretario de la ONU, cantó bingo: el gobierno de Marruecos y el Frente Polisario dieron su aprobación al plan de paz de las Naciones Unidas. Era el comienzo del fin de casi trece años de guerra, la solución al conflicto del Sáhara Occidental.

por Victor Steinberg
tirado de *Cambio 16*, septiembre 1988

Lee este artículo con la ayuda del diccionario.

Ejercicio 25

Las siguientes frases se refieren al Texto Fii, pero las palabras no están en el orden debido. A ver si logras ponerlas en el orden correcto. Luego tradúcelas a tu propio idioma.

1 De histórica Cuéllar logró Pérez reunión organizar grandes de agosto enemigos una los en 1988 de mundo del más.
2 Contendientes sus guerras muchas de los enemigos pudieron con hablar.
3 Paz mundo parecía todo punto a de por que la estallar estaba el.
4 Modelo a rusos tenían norteamericanos y como.
5 Cada diferente del Naciones un las en grupo Palacio el de había despacho.
6 De a de discusiones otro para Cuéllar las uno iba en Pérez ayudar.
7 Agosto plan consiguió de 30 paz Sáhara secretario de un para del Occidente el el.

Ejercicio 26

Situaciones

Imagina que eres una de las personas de las siguientes parejas, y que tu amigo/a es la otra. Ya os podéis imaginar cómo sería la conversación en cada caso, según lo que has leído en esta Unidad.

1 un joven que no quiere hacer la 'mili', y un soldado
2 Felipe González y un almirante o general
3 Jaime Ojeda y John R Galvin
4 Rosa López Garnica y un *etarra*
5 Javier Pérez de Cuéllar y el Coronel Gaddafi

Ejercicio 27

Lee el texto elegido, y cuenta a tus compañeros los elementos más importantes del texto.

1 Pelillos a la mar
2 Los aeropuertos españoles se defienden del terror
3 A tiro limpio
4 Las armas químicas disputan a las atómicas el monopolio del holocausto

y de postre . . .

Ejercicio 28

Discute los siguientes temas con tus compañeros de clase, o escribe una redacción de unas 300 palabras.

- En pro y en contra del servicio militar
- La carrera armamentista: ¿cuándo y dónde va a acabar?
- La OTAN: ¿existe para la guerra o para la paz?
- ¿Cómo se puede combatir contra el terrorismo?
- La ONU: ¿cómo ha afectado la historia del mundo en los últimos cuarenta años?

Ejercicio 29

Busca las palabras que faltan o que se definen, y con la primera letra de cada una, haz otra palabra importante. Después de hallarla, explica su significado, y por qué sería una filosofía ideal para todo el mundo.

1 Los armamentos existen para . . . .
2 España necesita . . . . . . más modernos.
3 La . . . . . . de las Naciones Unidas ha logrado traer paz a ciertos países.
4 Esta joven decidió revelar abiertamente su desprecio hacia ETA.
5 Hace muchos años, ... se llamaba Persia.
6 La . . . . . . necesita la fragata NFR-90.
7 País que nunca entra en ningún conflicto.

a Nace el hombre biónico

Las prótesis para minusválidos entran en una nueva generación contribuyendo a que conozcamos más sobre el cuerpo humano y a que la invalidez pueda ser combatida desde un frente tecnológico.

Además de la curación o prevención de enfermedades y males diversos, la reconstrucción del cuerpo humano ha sido siempre uno de los principales objetivos de la medicina. Guerras, accidentes, epidemias o simplemente defectos de nacimiento hacen que millones de personas en el mundo sufran de falta o inutilidad de algún miembro, o bien de la pérdida de algún sentido corporal. Al margen de las actividades sociales que intentan integrar a estas personas en la llamada vida normal, la ciencia hace todo lo posible para que esta «vida normal» se convierta para ellos en un hecho.

Las prótesis que reemplazan a los miembros perdidos han ido avanzando y mejorándose; hace ya siglos que hemos dejado atrás las patas de palo y los garfios en la muñeca, propios más bien de tiempos de bucanería y amputación drástica. Hoy, los nuevos miembros pueden ser articulados y manipulados para que ejerzan una labor todavía más eficaz. Piernas que se flexionan, manos que agarran, brazos que maniobran. Pero la última palabra aún no está dicha, y los investigadores cuentan con una nueva arma: los ordenadores y, más concretamente, la inteligencia artificial.

La idea de construir computadoras que reproduzcan los procesos de pensamiento del cerebro humano puede tener aplicaciones muy útiles en el campo de la biónica. Los movimientos de nuestro cuerpo se producen como respuesta a órdenes cerebrales. Si los ordenadores lograran imitar ese proceso con miembros artificiales, éstos podrían imitar todas las funciones que realizaba el miembro perdido.

Cuando el miembro no ha sido amputado, pero ha quedado inútil, el proceso es distinto. Actualmente, varios laboratorios de todo el mundo intentan hallar la manera de que los paralíticos puedan volver a caminar. Los movimientos musculares están controlados por el sistema nervioso central. Cuando un accidente o una herida corta los nervios de la articulación, ésta puede quedar inútil. Pero el cerebro y los músculos siguen trabajando de modo independiente. Lo fundamental, pues, es restablecer la comunicación entre ambos sistemas.

Para lograrlo, en varios laboratorios se ha tomado como *conejos de indias* voluntarios a personas en buen estado de salud, en cuyas piernas se colocan sensores. Estos miden y graban los cambios angulares y la presión ejercida por las piernas durante un paseo, obteniendo así un registro de las señales nerviosas que dirigen cada movimiento. Luego, la intención de los científicos es llegar a invertir el proceso y fabricar señales nerviosas mediante pequeñas impulsos eléctricos, para así activar los músculos atrofiados. En el caso de miembros amputados, el objetivo es, como dijimos antes, la fabricación de un sustituto artificial lo más perfecto posible.

La clave del sistema es la implantación de sensores de fuerza y desplazamiento en el hombro del brazo amputado, para así poder controlar el movimiento de un brazo artificial. En Israel trabajan actualmente con un modelo que opera con un continuo *feedback* de los sensores en los nervios del hombro y debe ser

El hombre biónico

capaz de producir una respuesta inmediata a la comunicación eléctrica de un nervio, de la misma manera en que operaba el sistema nervioso central con el brazo original. El proyecto, en el que se ha estado trabajando durante dos años, parece ir por buen camino, aunque hay un inconveniente: de momento, el brazo artificial no puede realizar movimientos suaves y continuos, pues aún no se sabe cómo responder a la intensidad de la señal nerviosa en el hombro. Hay en marcha otra línea

de investigación destinada a quienes sufran una parálisis casi total (cuadriplejia). Con sus cuatro extremidades paralizadas, los afectados por esta clase de minusvalía son incapaces de moverse, y ni siquiera les sirve de ayuda una silla de ruedas. Así que los científicos se han fijado en el órgano que pueden mover con mayor facilidad: los ojos. Los investigadores esperan por medio de la medición de la trayectoria y los ángulos del movimiento ocular, determinar los mecanismos de

procesado de una imagen en el cerebro.

Lo malo es que el sistema nervioso, aunque un millón de veces más lento que las computadoras actuales, es aún capaz de procesar una información visual a más velocidad que cualquier computadora existente. Y esto es porque el cerebro actúa de un modo no lógico, usando un «mecanismo de atención» que puede reconocer rápidamente la información visual. Si se con-

siguiera reproducir este mecanismo, un cuadripléjico podría activar con la vista interruptores especiales. Para estudiar el movimiento de los ojos se están utilizando unas gafas de buceo modificadas.

Si todos estos proyectos llegan a buen fin, millones de personas podrán esperar un futuro mejor. Sus diferentes minusvalías serán, entonces, cosa del pasado.

por Victor Ferrer
tirado de *Muy Interestante*, enero 1989

Ejercicio 1

Lee el artículo con la ayuda del diccionario si te hace falta, y . . .

a explica el significado de las siguientes palabras o frases que ocurren en el extracto:

la prótesis
el minusválido
un sentido corporal
un garfio
ser articulado
ejercer una labor
agarrar
maniobrar
la inteligencia artificial

la biónica
un miembro del cuerpo
un sensor
los cambios angulares
el desplazamiento
movimientos suaves
una silla de ruedas
activar con la vista
las gafas de buceo

b busca la palabra o frase en el texto que corresponde a las siguientes:

1 una enfermedad que afecta a mucha gente y que se contagia muy rápidamente
2 una pierna hecha de madera
3 usar los músculos para mover las articulaciones de la pierna
4 una persona que no puede mover un miembro o miembros del cuerpo
5 las indicaciones que pasan entre el cuerpo y el cerebro
6 una persona en que se hacen experiencias científicas
7 los músculos que ya no se pueden usar
8 por lo visto todo va bien
9 midiendo la dirección por donde miran los ojos

Ejercicio 2

Expresa las frases siguientes de otra manera:

Por ejemplo: . . . la reconstrucción del cuerpo humano ha sido siempre uno de los principales objetivos de la medicina

. . . la medicina siempre ha buscado maneras de reconstruir el cuerpo humano

1 Las prótesis que reemplazan a los miembros perdidos han ido avanzando y mejorándose.
2 Hoy, los miembros pueden ser articulados y manipulados para que ejerzan una labor todavía más eficaz.

3 Los movimientos de nuestro cuerpo se producen como respuesta a órdenes cerebrales.
4 Estos sensores miden y graban los cambios angulares y la presión ejercida por las piernas durante un paseo.
5 La intención de los científicos es llegar a invertir el proceso y fabricar señales nerviosas mediante pequeños impulsos eléctricos.
6 De momento el brazo artificial no puede realizar movimientos suaves y continuos.
7 Los investigadores esperan . . . determinar los mecanismos de procesado de una imagen en el cerebro.
8 El sistema nervioso . . . es aún capaz de procesar una información visual a más velocidad que cualquier computadora existente . . . porque el cerebro actúa de un modo no lógico.

Ejercicio 3

Muchas palabras tecnológicas y científicas son internacionales, es decir, son iguales o similares en muchas lenguas. Vuelve a leer el texto, apuntando:

a las palabras que son más o menos idénticas a las de tu propia lengua (por ejemplo: *sensor*)

b las que se parecen a una palabra de tu propia lengua pero quizá no a la más corriente de tal sentido (por ejemplo: *cerebro*)

c cualesquier otras que sean similares de alguna manera

Ejercicio 4

Vuelve a leer el Texto D de la Unidad 5 (página 57), donde se trata de los minusválidos en el trabajo.

1 ¿Cómo ayudarían los avances en esta rama de la tecnología moderna a los minusválidos a llevar una vida normal, sobre todo en el trabajo?
2 ¿Crees que se gasta dinero suficiente en las investigaciones médicas de este tipo, en tu país o en el mundo entero?
3 ¿Qué otras minusvalías hay que podrían aprovechar la investigación científica, y, – que sepáis vosotros – qué investigaciones y progresos se hacen en este campo?
4 ¿Qué medidas – tecnológicas o de puro sentido común – se pueden tomar para que el número de minusválidos sea menor?
5 ¿Cómo se puede aprovechar la tecnología moderna para asegurar que nuestro sitio de trabajo o nuestro hogar esté lo más seguro posible?

El radar asa-chuletas

¿QUE SON LAS MICROONDAS?

Las microondas no son unos rayos misteriosos. Son simples ondas electromagnéticas que vibran a una frecuencia intermedia entre las ondas de radio y los rayos infrarrojos, es decir, desde un GigaHerzio hasta 300 HigaHerzios (1 GHz = 10^9 Herzios), lo que equivale a una longitud de onda de entre 1 mm y 30 cm. Para los hornos, las frecuencias más apropiadas son de unos pocos GHz.

¿COMO SE PRODUCEN LAS MICROONDAS?

Los dispositivos utilizados para generar microondas son el *magnetrón* o el *klister*, que emiten un haz de electrones desde un cátodo, y lo hacen pasar a través del campo magnético de un electroimán alimentado por una corriente alterna de muy alta frecuencia. Este campo alterno hace vibrar a los electrones a su mismo ritmo, reteniéndolos y acelerándolos, y éstos convier-

▷

ten las variaciones de su energía cinética en energía electromagnética: emiten una radiación.

En los hornos de microondas, las ondas emitidas por el magnetrón, usualmente de entre uno y 2,5 GHz y una potencia de un Kwatio, se envían a la cámara de resonancia a través de un tubo guía-ondas, que las obliga a seguir adelante por su interior, aunque haya curvas. Esta cámara es precisamente la cavidad del horno, cuyas paredes metálicas están diseñadas especialmente para resonar a la frecuencia de las microondas y reflejarlas uniformemente. Para asegurar la perfecta distribución de la radiación por todo el horno, algunos sistemas incluyen una especie de molinillo de alta frecuencia, denominado *Wobbler*, para esparcir las ondas en todas direcciones.

¿QUE EFECTO TIENEN SOBRE LOS ALIMENTOS?

Cuando las microondas alcanzan los alimentos, obligan a las moléculas de que está compuesta la materia orgánica a vibrar al mismo ritmo. El roce molecular produce entonces calor en el interior de la comida. Sin embargo, para que se produzca este efecto, las moléculas tienen que ser *dipolos*. Un dipolo es una molécula con una carga positiva a un lado y una carga negativa en el otro, es decir, con dos polos opuestos, como un imán. Son dipolos las moléculas del azúcar, las de la grasa y – lo que es más importante para el calentamiento por microondas – las del agua. Las moléculas que no tienen las cargas separadas no se inmutan ante las altas frecuencias. Pero también se calientan por contacto con los dipolos circundantes, que sí se mueven. Gracias a este efecto *selectivo* de las microondas, es posible calentar un plato y sacarlo del horno con la mano desnuda sin quemarse: lo que se ha calentado es el contenido y no el plato, porque la loza es un material no dipolar.

¿SON PELIGROSAS LAS MICROONDAS?

Si te acercas demasiado a instalaciones de radar, podrías *cocerte*. Lo mismo sería válido también para el cocinero que utiliza el horno de microondas . . . si no estuviera protegido.

Por un lado, las paredes del horno son metálicas y reflejan totalmente la radiación. Y además, la ventana frontal está revestida por una fina malla metálica, que no permite salir la radiación. El punto más débil es la junta de la puerta. Por eso existe toda una serie de recomendaciones para su correcta construcción, de manera que sea altamente improbable un *escape* de microondas. Además es conveniente llevar el horno de microondas cada dos o tres años a un especialista para que compruebe las posibles fugas. No resulta muy caro y es una buena medida de seguridad.

por Gregorio Rubio
tirado de *Muy Interesante*,
enero 1989

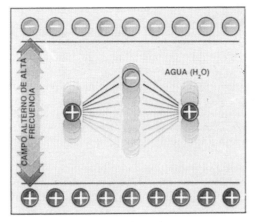

Se ha escogido una molécula de agua para explicar en este dibujo cómo se produce el principio de calentamiento por microondas. El agua es un dipolo; esto es, tiene las cargas eléctricas separadas que, al ser atraídas o repelidas por el campo magnético alterno, generan calor con su movimiento. A la derecha, principales componentes del horno microondas.

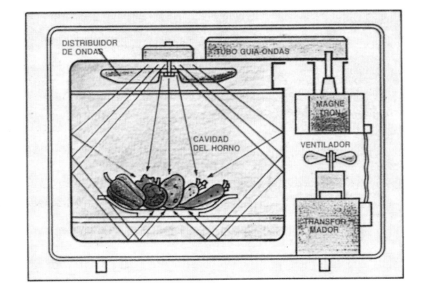

Ejercicio 5

¿Correcto o incorrecto?

Corrige las observaciones incorrectas.

1 Las microondas vibran a una frecuencia de las ondas de radio.

2 Una frecuencia de unos 300 GigaHerzios es la más apta para un horno microonda.

3 Un klister se emplea para crear microondas.

4 También se necesita un electroimán con corriente de alta frecuencia.

5 La radiación emitida resulta de que el campo alterno retiene los electrones y no los deja acelerar.

6 Las microondas al chocar con las paredes del horno se reflejan de manera desigual.

7 El calor se produce cuando los alimentos se rozan uno con otro.

8 Las moléculas del azúcar tienen dos polos opuestos.
9 El plato no se calienta porque está hecho de materiales no dipolares.
10 El vidrio de la puerta está protegido por una malla metálica por si acaso lo rompes.

Ejercicio 6

Da un sinónimo o explicación en español de las siguientes palabras:

dispositivo   *el roce*
un haz de electrones   *una carga positiva*
vibrar   *inmutarse*
la cámara de resonancia   *circundante*
la cavidad del horno   *revestida*
un molinillo   *una fuga (de microondas)*
esparcir las ondas

Ejercicio 7

Un(a) amigo/a tuyo/a acaba de comprar un horno microondas, ¡pero ha encontrado que el manual de instrucciones está escrito en español! Traduce el texto a tu propio idioma.

Ejercicio 8

¿Tienes horno microondas en casa? ¿Te gusta la comida preparada en él? Si no lo tienes, ¿te gustaría tenerlo? ¿Cuáles son las ventajas de un horno microondas? ¿Y los inconvenientes? Si fueras a comprar un horno, ¿cuáles serían las consideraciones que harías – en lo que se refiere al tamaño, a la potencia, al precio, al tipo de comida que quieres preparar, a los posibles peligros, a tu experiencia como cocinero/a, a tu situación doméstica, etc?

Ejercicio 9

Tienes que demostrar a la clase el funcionamiento de cualquier máquina o aparato, o algún proceso técnico, como esta máquina que fabrica los patos de plástico.

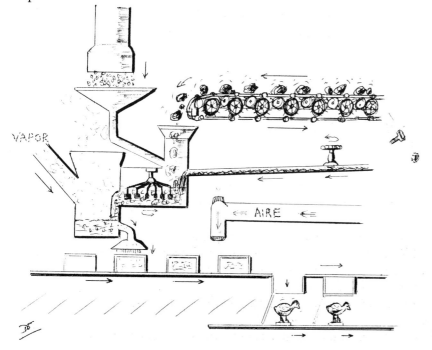

He aquí unas sugerencias, pero puedes escoger lo que sea.

una máquina de coser
una bicicleta
una caja de velocidades
una calculadora
una cámara fotográfica

un reloj tradicional
cómo hacer mermelada
cómo hacer vino o cerveza en casa
el aparato del apicultor

Si el aparato es portátil se recomienda traerlo a clase para que los otros estudiantes vean de cerca en qué consiste. Si no, puedes utilizar la pizarra o el retroproyector, o fotocopiar tus diagramas y explicaciones. No te olvides de explicar *por qué* te interesa tal aparato o proceso y *por qué* te da placer.

Ejercicio 10

Situaciones

Trabaja con un(a) compañero/a para elaborar las siguientes escenas:

1 Tienes que convencer a tu padre/madre de que debería comprar un horno microondas. Éste/a no ve por qué, estando contento/a con la cocina tradicional que tiene, y también está un poco receloso/a de tal aparato. Tienes que convencerle/la.

2 Estás tratando de explicar a un miembro de tu familia que no entiende nada de las cosas técnicas, cómo funciona un nuevo aparato que acaba de comprar. ¡Ten paciencia, tendrás que explicárselo con mucho cuidado!

3 El aparato que compraste hace dos semanas no funciona como debe. Explicas el problema en la tienda donde lo compraste, pero el/la dependiente/a no es muy cooperativo/a. ¡Pero tienes tú la garantía!

C · El tesoro del imperio

Lee el Texto C, que se encuentra en las páginas 218 y 219, y haz los siguientes ejercicios.

Ejercicio 11

Contesta a las preguntas:

1 ¿Cuántas personas se rescataron del naufragio?
2 ¿Por qué no debía entrar en el puerto de Montevideo el barco?
3 ¿Qué forzó al comandante a hacerlo?
4 ¿Qué otra ocurrencia da un aire de misterio a la expedición?
5 Describe los esfuerzos necesarios para hallar el barco naufragado.
6 ¿Por qué estaba cargado el cañón que encontraron?
7 ¿Qué clases de hallazgo causaron más emoción a los buzos, y por qué?
8 ¿Estaban intactos los barriles de coñac?
9 ¿Para qué aspecto de este trabajo es inútil la tecnología moderna?
10 Compara lo fácil con lo difícil del proyecto.
11 Calcula la cantidad de dinero que se llevarán los buzos colectivamente al completar el proyecto.

Ejercicio 12

Con la ayuda de un diccionario si es necesario di lo que significan las siguientes palabras de sentido náutico:

una tormenta	*un cañón*
un naufragio	*la pólvora*
una escala	*una fragata*
el estrecho de Magallanes	*eslora*
una bahía	*manga*
el trinquete	*la infantería*
la bodega	*un ancla*
el abastecimiento	*la culata de una pistola*
un galeón	*una tinaja*
un buque de guerra	

Ejercicio 13

a Nombra los aparatos y objetos que se citan de la tecnología moderna . . . y ahora los artefactos, utensilios y objetos de la del siglo XVIII. ¿De qué materiales se hacían la mayoría de los objetos? Se hacen por lo general de los mismos hoy día?

b ¿Por qué tenemos tanto interés por los barcos naufragados de otras épocas? ¿Hasta qué punto sólo es de interés el valor del dinero y las antigüedades que se puedan descubrir? O ¿se interesa la gente por la artesanía de una edad pasada? En los casos donde murieron pasajeros o tripulantes, ¿no deberíamos dejarles descansar en paz, siendo el mar su 'tumba'?

c ¿Por qué es tan popular el coleccionismo de las antigüedades en nuestra época? ¿Nos dice algo sobre la calidad de lo que se fabrica hoy día? O ¿no es nada más que la moda? ¿Tienes tú en casa algún artefacto antiguo, quizá de la misma época que este barco?

Ejercicio 14

un cañón de tres metros de largo
una capa de barro de tres metros de grosor

Da las dimensiones siguientes, sea *de largo*, *de ancho*, *de grueso*, *de alto*, *de profundo*, etc:

tu casa, la sala en que estás, la mesa donde trabajas, el césped delante de la ventana (si la hay), la pizarra en el aula donde trabajas, una tabla de chocolate, el río más próximo, la colina más próxima, la parroquia de tu ciudad o pueblo, las cortinas o las persianas de la ventana, la capa de nata en una botella de leche, etc . . .

Ejercicio 15

Resume los puntos principales del texto en tu propio idioma.

Gramática Viva

Lee en la Sección de Gramática el párrafo 10 sobre los adverbios antes de hacer el Ejercicio 16. Hay más ejercicios de gramática en la Hoja de Gramática 17-G-1.

Ancla y cañones del *Loreto*.

Buzo con bacía de barbero.

El tesoro del imperio

Una misteriosa fragata española hundida en 1792 con una carga valorada en 9.000 millones de pesetas desvela sus secretos en las aguas turbias del río de la Plata

DECLARACION oficial del comandante de las Fuerzas Navales del Río de la Plata fechada el 30 de mayo de 1792: «Esto ha sido una tormenta, señor, jamás vista por un ser vivo. Y los tres días que duró parecieron el juicio final. El *Loreto* y todos los barcos fuera de la costa pidieron socorro y ninguno de ellos, señor, pudo ser ayudado, ya que la mar era tal como una montaña y las ráfagas de viento se llevaban a la gente.»

El naufragio ocurrió frente al puerto de Montevideo, la actual capital de Uruguay.

De milagro, unas doscientas personas se salvaron. Las treinta restantes desaparecieron bajo las aguas turbias del Río de la Plata junto con el barco. Aguas marrones de fango que desde entonces han guardado celosamente a la fragata *Nuestra Señora de Loreto*, propiedad del rey Carlos IV. El monarca español había enviado el barco al Perú por el estrecho de Magallanes con órdenes estrictas de no hacer la escala obligatoria en la bahía de Montevideo: era una misión secreta.

Pero, la rotura del trinquete, las escasas provisiones y el destino lejano forzaron al capitán a desobedecer la orden real. Con la intención de pedir auxilio y cargar la bodega con alimentos, el barco se dirigió hacia la bahía que acabaría aprisionándolo en una cárcel de barro y misterio durante casi dos siglos.

¿Por qué no quiso la Corona española que el *Loreto* hiciera escala en el más importante puerto de abastecimiento en estas tierras? ¿Qué le hizo destruir, un año después del naufragio, todos los documentos referentes al último viaje del galeón? ¿Cuál fue la misión secreta?

Todas estas preguntas se contestaron en febrero de 1986 cuando el argentino Rubén Collados y su equipo de buzos Nemo-sub detectaron el buque de guerra. Yacía justo a cien metros de la costa, a siete metros de profundidad. Hizo

falta mucha paciencia para localizarlo: dos años de trabajo con radar y sonar especial, unos veinte buzos de agua negra (entrenados para *ver* con sus manos en aguas turbias), un poco de astucia y suerte y, por supuesto, mucho dinero.

«Después de una investigación a fondo y un viaje a España, dice Collados, estaba seguro de que era posible rescatar el barco. En 1984 me puse en contacto con una firma canadiense patrocinadora y con las autoridades de Uruguay. Entonces firmé un contrato con el Gobierno en el que se estipulaba que cada parte recibiría el cincuenta por ciento del botín. Y nos pusimos a trabajar.»

Un cilindro de treinta centímetros de ancho que pesaba 600 kilos fue el primer objeto que encontraron metido en el fango. Posteriormente sería identificado como un cañón de tres metros de largo y 2.200 kilos de peso. Llevaba grabadas tres flores de lis (el distintivo de los Borbones) y estaba cargado de pólvora, listo para ser disparado en petición de ayuda.

Docenas de balas de diferentes calibres y centenares de zapatos de piel negra indicaron a los buscadores que iban por el buen camino.

Los esfuerzos para rescatar del fango el zapato con hebilla de metal de un noble elegante resultó ser una labor emocionante. El descubrimiento les proporcionó una satisfacción mayor que una recompensa científica. Sus emociones eran difíciles de describir, sobre todo cuando hallaron el patuco de un bebé, un zueco de marinero, una bota militar,

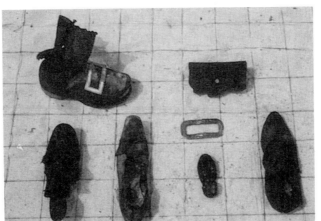

Zapatos de los náufragos del siglo XVIII.

Cruz, moneda y anillo.

Los descubridores del _Loreto_.

un zapato con los cordones aún atados.

El _Nuestra Señora de Loreto,_ una fragata de 600 toneladas, 47 metros de eslora y 16 de manga, armada con 42 cañones, tenía una dotación de 300 hombres y estaba cargada con artillería y armas ligeras, destinadas a establecer un fuerte en el Perú, para lo cual llevaba, además, fuerzas de infantería.

También transportaba 20.000 tarros de mercurio para la extracción de plata de las minas peruanas y una canti-

dad desconocida —algunos dicen que 40.000 barriles— de coñac. Según los especialistas, si estos estuvieran cerrados herméticamente cada litro del añejo licor valdría casi mil dólares.

CON TACTO. Esta es la quinta vez que el buzo León Flores, miembro de la expedición salta a la oscuridad y tan sólo son las diez de la mañana. Con confianza desciende hasta cuatro metros, bastante para encontrar una capa de barro de tres metros de grosor que cubre el galeón. Aquí es donde empieza la parte más difícil y más peligrosa de la operación: el buzo debe palpar con sus manos en la oscuridad absoluta, lenta y cuidadosamente para no verse atrapado en un desprendimiento de tierras o enturbiar las aguas aun más.

«El trabajo está lleno de sorpresas», dice Flores, «ya que sólo puedes fiarte del tacto. El agua está tan oscura que ni siquiera puedes ver tus manos. Me acuerdo de cuando encontramos un ancla. La palpamos y pareció tan enor-

me que creíamos que padecíamos de fatiga mental por exceso de trabajo.»

El ancla rescatada se ha convertido en la pieza más apreciada del campamento del Nemo-sub. Cerca de ella, se ha acumulado una especie de museo. Contenedores de plástico guardan en agua tapas de ollas, cucharas, piezas de loza, una bacía, culatas de pistolas españolas para uso militar; pedazos de botellas de vidrio soplado; una tinaja intacta de cerámica para conservar aceitunas; cubos de madera para limpiar la cubierta y piezas minúsculas tales como un crucifijo de oro, una moneda muy pequeña o, lo que probablemente más impresionó a los cazadores de tesoro: un anillo de plata en forma de calavera. El valor del galeón y su carga se calcula en unos 9.000 millones de pesetas, si se puede reflotar.

Cincuenta millones se han gastado hasta ahora, según el jefe del equipo. Cien millones más serían necesarios para alcanzar los objetivos. «El coste es muy bajo, de hecho, comparado con otros casos» —dice Collados— «porque el barco está en una posición privilegiada: unos pocos metros de profundidad cerca de una costa con buenas condiciones climáticas. El fango es el único problema que, a pesar de conservar el barco, hace que el trabajo de los buzos sea lento y peligroso».

La parte asombrosa de esta historia es que los miembros del equipo Nemosub acaban de localizar los pecios de dos barcos ingleses de la misma época, naufragados en circunstancias parecidas.

Hace 200 años el puerto de Montevideo era un lugar de encuentro para los barcos cargados de tesoros, que se preparaban para el viaje a España. Es por eso que los piratas y los enemigos de la Corona se reunían fuera de la bahía, listos para arrebatarles sus tesoros a toda costa. Los elementos se encargaban, de frustar a unos y a otros.

Ana de Juan

tirado de _Cambio 16,_ junio 1988

Ejercicio 16

Tienes que contar oralmente o por escrito la historia del barco _Nuestra Señora de Loreto_ desde que la Corona española decidió mandarlo al Perú, hasta que naufragó frente a Montevideo. No te olvides de las pistas que hay en el texto. ¡A ver quién hace la historia más emocionante, misteriosa, horripilante o convencedora!

d *Ferrari F40 – el coche más rápido del mundo*

FERRARI F40
El coche más rápido del mundo

COMPRAR un Ferrari es siempre una inversión, pero si usted elige el último modelo, el F40, tendrá que preparar una importante suma, cuarenta millones de pesetas, para matricularlo en España. A cambio, podrá disfrutar del coche más rápido del mundo y del que van a fabricarse únicamente setecientas unidades. En la actualidad, ya hay potentados alemanes y japoneses dispuestos a pagar cifras superiores al precio oficial para disponer los primeros de un F40.

El F40 es un proyecto que conmemora los cuarenta años de Ferrari de una forma muy especial: prácticamente es un coche de carreras con el que se puede circular por carretera. Tiene una potencia de 478 caballos, todo un misil con ruedas, que llega a los 324 kilómetros por hora de velocidad máxima, y es capaz de pasar en solo doce segundos de 0 a 200 kilómetros por hora. Tiene un motor de ocho cilindros con dos turbocompresores, tecnología de punta al ciento por ciento, que se ve prolongada en los materiales utilizados para la construcción del coche, materiales compuestos, fibra de carbono y kevlar, como si de un transbordador espacial se tratase. El objetivo es que sea un coche lo más ligero posible, pero capaz de resistir las torsiones y los esfuerzos que originan esos 478 caballos de fuerza, que producen en el conductor un efecto de catapulta difícilmente igualable por otro automóvil.

En su interior, no hay el más mínimo atisbo de lujo. Incluso el aire acondicionado se ha planteado como una opción. El salpicadero y los asientos son de carreras. Por lo demás, el freno, el embrague y el cambio se accionan con dureza, dureza que se torna en eficacia y rapidez cuando el F40 se desliza por una pista a la búsqueda de la quintaesencia de la conducción. Ni siquiera cuenta con un sistema antibloqueo de frenos. Es un coche para *pilotos* y éstos prefieren la sensibilidad de su pie al ingenio eléctrico que impide bloquear a las ruedas en una frenada desesperada. Tampoco hay sistemas de servoasistencia para la dirección, que en contrapartida es absolutamente precisa y permite manejar con precisión milimétrica al F40, lo que es imprescindible cuando se trata de un coche con tan alto nivel de prestaciones.

Esta es la clave: es un coche para correr. Así ha sido diseñado, de manera que por no tener no tiene ni hueco para equipajes. Pero si el comprador lo desea, Ferrari puede fabricarle su F40 incluso con una caja de cambios de competición y con ventanillas de plástico de corredera: más deportivo todavía.

Alberto Mallo *y* **Sergio Piccione**
(Motor 16)

PRECIO
El precio, ya matriculado en España, con placa nacional, es de cuarenta millones de pesetas.

CONSUMO
Ferrari no declara oficialmente ninguna cifra concreta, pero puede estimarse en veinte litros cada cien kilómetros en carretera en conducción rápida.

PRESTACIONES
La velocidad máxima anunciada es de 324 kilómetros por hora. La aceleración de cero a mil metros, de 21 segundos.

por Alberto Mallo y Sergio Piccione
tirado de *Cambio 16*, junio 1988

Ejercicio 17

Completa las frases siguientes para que correspondan al sentido del texto:

1 En España el Ferrari F40 te costará . . . .
2 No se fabricarán más de . . . .
3 Ciertos japoneses y alemanes están dispuestos a . . . .
4 Se llama el coche el F40 porque . . . .
5 Se compara el coche a . . . .
6 Se fabrica de los mismos materiales que . . . .
7 Tiene que ser un coche ligero porque . . . .
8 Ningún otro coche puede igualar . . . .
9 Dentro del coche hay muy poco . . . .
10 Son duros . . . .
11 No hay sistema antibloqueo de frenos porque el conductor . . . .
12 En la dirección falta . . . .
13 Pero tiene . . . .
14 Optativas son . . . .

Ejercicio 18

El vocabulario del coche

a ¿Sabes cómo se expresan los términos siguientes en tu propio idioma?

matricular un coche
un coche de carreras
la potencia
el motor
el cilindro
el turbocompresor
la fibra de carbono
el kevlar
la torsión
el aire acondicionado

el salpicadero
el embrague
la caja de cambios
accionar
el sistema antibloqueo de frenos
una frenada
la servoasistencia
la dirección
las prestaciones

b ¿Cuáles son las otras partes principales del coche que no se mencionan aquí? Haz una lista de ellas con la ayuda de un diccionario.

c Explica en español el significado de estas otras frases que ocurren en el texto:

hay potentados alemanes y japoneses
todo un misil con ruedas
tecnología de punta al ciento por ciento
como si de un transbordador espacial se tratase
no hay el más mínimo atisbo de lujo
a la búsqueda de la quintaesencia de la conducción
prefieren la sensibilidad de su pie al ingenio eléctrico
un coche con tan alto nivel de prestaciones

El 328 GTS o el F40 de Ferrari – ¿cuál escoger?

Ejercicio 19

Este ejercicio se hace con la ayuda de la Hoja de Trabajo 17-T-1.

Lee el reportaje sobre el Peugeot *Proxima* y compáralo con el Ferrari F40. ¿En qué aspectos se asemejan y en cuáles se diferencian? Si tú tuvieras el dinero necesario, ¿cuál de los dos escogerías?

Ejercicio 20

Discusión

¿Es realista o práctico esperar conducir un coche tal como el F40 en las carreteras europeas? ¿Cómo se puede hacer con la densidad de población que hay y las restricciones de velocidad? ¿Es moral conducir un coche que se describe como 'un misil con ruedas' en la vía pública? ¿Qué tipo de persona compraría – o podría comprar – semejante coche? ¿Se debería restringir o incluso prohibir el uso de coches tan poderosos en las carreteras públicas? ¿Qué efecto tendría tales restricciones en los avances de la tecnología automovilística? ¿No sería más provechoso para todos invertir el dinero y el tiempo gastado en este campo de la tecnología en métodos de evitar la polución causada por los vehículos de combustión interna? Los que compran un coche así, ¿por qué lo hacen? ¿Se trata de un símbolo de posición social o de un interés genuino por la perfección tecnológica o una afición a la velocidad? ¿Te gustaría tener un coche así?

Vida y milagros de una central nuclear

Una burla del sistema de seguridad y dos incendios, en los 10 meses de Vandellòs 2

La central nuclear Vandellòs 2, en Tarragona, que fue considerada por sus propietarios como modélica en sistemas de seguridad, tiene una vida corta, pero llena de incidentes. Desde que el Ministerio de Industria y Energía autorizó su explotación provisional, en agosto de 1987, hace 10 meses, ha sufrido dos incendios en su recinto. Además, 10 miembros del movimiento radical Crida a la Solidaritat burlaron el sistema de seguridad del complejo y accedieron hasta la sala de turbinas de la central. Todo bajo la mirada de los municipios de su entorno, que retrasaron varios meses la puesta en funcionamiento de esta central por considerar que los planes de emergencia eran papel mojado.

por Angels Piñol
tirado de *El País*, junio 1988

¿Adelante – o fuera – con las centrales nucleares?

Ejercicio 21

Escucha el reportaje sobre la central nuclear Vandellòs 2 y decide si las frases que siguen son verdaderas o falsas, y corrige las falsas.

1 El problema más reciente del reactor tuvo lugar la semana pasada.
2 No hubo necesidad de una prealerta nuclear.
3 El Ayuntamiento de la ciudad quería cerrar la producción de la planta hasta completarse el plan de emergencia.
4 Los directores de la central están de acuerdo en cuanto a la importancia de estas ocurrencias.
5 Hay cuatro centrales nucleares en Cataluña.
6 El paquete explosivo de Goma 2 se encontró en otra central, no en ésta.
7 Todavía se sienten en la costa vecina los efectos del escape de fuelóleo.
8 Unos profesores barceloneses engañaron a la seguridad de la central para ganar entrada.
9 Otro problema en la central ha sido que alguien prendió fuego a la sala de control.
10 Éste es el único sitio en toda Europa donde varias centrales nucleares han sido construidas no sólo muy cerca una de otra, sino también no muy lejos de un complejo petroquímico.

📝   Para más informes y práctica sobre el tema del poder nuclear, véanse las Hojas de Trabajo 17-T-2 y 3.

Ejercicio 22

Discusión

Acabas de tratar del lado negativo de la energía nuclear, pero este tipo de energía tiene sus ventajas además de sus inconvenientes y peligros. ¿Cuáles son? ¿Estás en pro o en contra del uso de la energía nuclear en la producción de la electricidad o en otros procesos industriales? ¿Qué tipo de central eléctrica es más eficaz, más económica, menos dañina – la nuclear o la de carbón? ¿Es práctica en tu país la hidroelectricidad? ¿Por qué (no)? ¿Qué otras maneras factibles hay de generar la electricidad y cuál sería su eficacia relativa a los otros métodos más corrientes?

¿Quién quiere matar a Nacho?

PRIMERA SEMANA (DESDE EL MOMENTO DE LA FECUNDACIÓN: ENTRE EL 14° Y 21° DÍA DEL CICLO MATERNO)

YO, NACHO, YA EXISTO. POSEO UNA IDENTIFICACIÓN BIOLÓGICA ÚNICA E IRREPETIBLE. LOS 46 CROMOSOMAS PORTADORES DEL CÓDIGO GENÉTICO, INICIAN UN INTENSO TRABAJO, PROGRAMANDO Y DIRIGIENDO EL DESARROLLO DE UNA NUEVA VIDA HUMANA.

MIENTRAS MIS CÉLULAS SE MULTIPLICAN RÁPIDAMENTE, VOY DESPLAZÁNDOME HACIA EL ÚTERO Y MANDO UN MENSAJE URGENTE A LAS HORMONAS DE MI MADRE, PARA QUE NO ESTROPEEN LA CASA Y LA MESA TAN BIEN PUESTA, QUE ELLA HA PREPARADO PARA MI.

¡PLOP!

SEGUNDA Y TERCERA SEMANA (DÍAS 21 AL 35 DESDE LA ÚLTIMA MENSTRUACIÓN)

MI MADRE ME PROPORCIONA CALOR Y ALIMENTO. AUN SIN SABER QUE YO YA EXISTO. PERO LO SABRÁ ENSEGUIDA CUANDO AL FINALIZAR ESTA SEMANA, NO TENGA LA MENSTRUACIÓN.

TODOS MIS ÓRGANOS SE ESTÁN FORMANDO: EL CEREBRO, LOS RIÑONES, LOS HUESOS...

EL HÍGADO ESTÁ FABRICANDO MI PROPIA SANGRE, DISTINTA A LA DE MI MADRE.

¡AH, Y EL CORAZÓN! EL DÍA 18, MI CORAZÓN HA EMPEZADO A LATIR, AUNQUE DE FORMA IRREGULAR.

PERO, DESDE AHORA,

¡SÓLO LA MUERTE PODRÁ DETENERLO!

CUARTA SEMANA (HAN TRANSCURRIDO DE 35 A 40 DÍAS DESDE LA ÚLTIMA MENSTRUACIÓN)

YO, NACHO, CUMPLO UN MES DE VIDA. MI TAMAÑO ES MINÚSCULO, PUES APENAS MIDO MEDIO CENTÍMETRO Y PESO MEDIO GRAMO.

LOS LATIDOS DE MI CORAZÓN, SE HAN IDO ADAPTANDO AL MISMO RITMO DE LOS DE MI MADRE, AUNQUE SON MUCHO MÁS RÁPIDOS.

MIS BRAZOS Y MIS PIERNAS, HAN EMPEZADO A CRECER.

¡TODO ESTO ES MARAVILLOSO! MI MADRE YA SOSPECHA MI PRESENCIA. NO HA TENIDO LA MENSTRUACIÓN Y ESTO ES SEÑAL DE NUEVA VIDA.

QUINTA SEMANA

¡ES FORMIDABLE! EN UNA SEMANA HE DOBLADO MI TALLA Y MI PESO: MIDO UN CENTÍMETRO Y MEDIO Y PESO UN GRAMO.

EN MIS OJOS YA SE DISTINGUEN, LA RETINA, EL CRISTALINO Y LOS PÁRPADOS.

POCO A POCO MIS OREJAS Y MI NARIZ VAN ADQUIRIENDO FORMA.

YA PUEDEN HACERME UN ELECTROCARDIOGRAMA.

¡UN CENTÍMETRO. UN GRAMO!

1cm
1gr

SEXTA SEMANA

MIS ÓRGANOS GENITALES ESTÁN BIEN DIFERENCIADOS.

EN MIS MANOS Y EN MIS PIES EMPIEZAN A DISTINGUIRSE LOS DEDOS.

A FINALES DE LA PRÓXIMA SEMANA YA SERÁ POSIBLE REGISTRAR MIS ONDAS CEREBRALES EN UN ELECTROENCEFALOGRAMA.

SÉPTIMA SEMANA

MIS LABIOS SE ENTREABREN, HAGO PEQUEÑAS MUECAS Y DE VEZ EN CUANDO SACO LA LENGUA.

MI CEREBRO YA ESTÁ COMPLETO.

SI ME HICIERAN COSQUILLAS, LAS SENTIRÍA.

MIS DEDOS SE VAN ALARGANDO Y LAS HUELLAS DIGITALES DE MIS PIES HAN QUEDADO FIJADAS PARA SIEMPRE. SERÁN LAS MISMAS HASTA MI VEJEZ, HASTA LOS OCHENTA, NOVENTA...

¡DOS CENTÍMETROS. DOS GRAMOS!

2cm.
2gr.

OCTAVA SEMANA

(DOS MESES Y MEDIO = 60 DÍAS)

HAN TERMINADO LOS SESENTA DÍAS MÁS IMPORTANTES DE MI VIDA: TODOS MIS ÓRGANOS ESTÁN FORMADOS.

DE AHORA EN ADELANTE, SÓLO CRECERÉ Y PERFECCIONARÉ LAS FUNCIONES

YA MIDO TRES CENTÍMETROS Y PESO TRES GRAMOS

¡SOY UN HOMBRE COMPLETO!

¡AQUÍ ESTOY!

3 cm.
3 gr.

NOVENA Y DÉCIMA SEMANA

TODOS MIS ÓRGANOS FUNCIONAN MÚSCULOS Y NERVIOS VAN SINCRONIZADOS.

MUEVO LOS BRAZOS Y LAS PIERNAS.

INCLUSO, SI QUIERO, PUEDO CHUPARME EL DEDO.

DOY VOLTERETAS Y NADO EN EL LÍQUIDO AMNIÓTICO.

PUEDO AGARRAR UN CABELLO.

SI ME PINCHAN, SIENTO EL DOLOR.

OIGO RUIDOS Y LOS RECUERDO.

¡VAMOS, ADELANTE!

ONCE Y DOCE SEMANAS

(TRES MESES = 90 DIAS)

AHORA MIDO YA OCHO CENTÍMETROS Y PESO VEINTICINCO GRAMOS. ME DESPIERTO CUANDO MI MADRE SE DESPIERTA. DUERMO CUANDO ELLA DUERME. ESTOY TRANQUILO SI ELLA ESTÁ SERENA.

SIENTO QUE HA ESTADO PREOCUPADA POR MÍ, CON ESA VAGA SENSACIÓN DE ANSIEDAD TAN FRECUENTE EN LOS PRIMEROS MESES DE EMBARAZO.

ES EL MIEDO A LO "DESCONOCIDO", LA RESPONSABILIDAD DE SER PORTADORA DE UNA NUEVA VIDA.

¡MAMÁ, ESTOY AQUÍ!

PERO, ¿Y SI MI MADRE **TUVIESE MIEDO DE MÍ?**

POR LA PRESIÓN DEL AMBIENTE, POR LAS DIFICULTADES, POR LOS TEMORES, ¿Y SI CON EL MÉDICO, DE ACUERDO O NO CON MI PADRE, ESTUDIASEN LA MANERA DE DESHACERSE DE MÍ? ¿CUAL DE ESTOS METODOS EMPLEARÍAN?

¡SUFRO Y ME ANGUSTIO ANTE ESTA POSIBILIDAD!

¿...Y SI NO ME QUISIERAN?

ABORTO POR ASPIRACIÓN

YO, NACHO, UN HOMBRE ENTERO, SERÍA EN ESTE CASO, ABSORBIDO Y TRITURADO COMO UNA ASPIRADORA HACE CON EL POLVO Y LA BASURA.

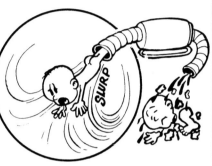

SLURP

ABORTO POR DILATACIÓN Y LEGRADO

(EMBRIOTOMÍA)

MI CUERPO ES DECIR, NACHO, SERÍA SIMPLEMENTE TROCEADO Y EXTRAÍDO A PEDAZOS DEL VIENTRE DE MI MADRE.

ABORTO POR ENVENENAMIENTO SALINO

EL EXPERTO ABORTISTA EXTRAERÍA UNA CIERTA CANTIDAD DE LIQUIDO AMNIÓTICO, INYECTANDO EN SU LUGAR UNA SOLUCION SALINA CONCENTRADA QUE IRÍA QUEMANDO MI PIEL Y EVENENÁNDOME HASTA LA MUERTE. MI AGONÍA PODRÍA PROLONGARSE VARIAS HORAS.

ABORTO POR CESAREA (HISTEROTOMÍA)

EL CIRUJANO ABRIRÍA QUIRURGICAMENTE EL VIENTRE DE MI MADRE, Y ME SACARÍA JUNTO CON LA PLACENTA AL EXTERIOR DEJÁNDOME MORIR.

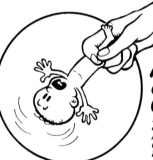

EL ABORTO

ES LA SUPRESIÓN VIOLENTA DE MI VIDA.

¡NO ES SACAR UNA MUELA!

PARA MI, NACHO, SERÍA TORTURA Y MUERTE

¿QUÉ HABRÉ HECHO YO PARA QUE QUIERAN MATARME?

PERO NINGUNO DE ESTOS PELIGROS SUCEDERÁ, PORQUE TÚ, MADRE, SABES QUÉ YO NO SOY UNA PARTE DE TU CUERPO.

SABES QUE DESDE EL MOMENTO EN QUE ME CONCEBISTEIS, YO EMPECÉ A VIVIR COMO UNA PERSONA HUMANA, CON TODO EL DERECHO A GOZAR MI PROPIA VIDA.

¡MÍA! ¡DE NADIE MAS! YO, NACHO.

¡SÍ A LA VIDA!

¡SÍ, PARA SALVAR LA VIDA INDEFENSA DE MUCHOS NIÑOS ANTES DE NACER!

¡SÍ, PARA DESARRAIGAR DE NUESTRA SOCIEDAD TODA FORMA DE VIOLENCIA!

¡SÍ, PARA QUE TODOS LOS MILLONES NECESARIOS PARA FINANCIAR EL ABORTO, SE DESTINEN A LA ATENCIÓN DE LAS MADRES Y NIÑOS CON PROBLEMAS!

Ejercicio 23

Después de leer el folleto, haz una tabla de las varias etapas del desarrollo del feto, con el número de la semana de embarazo a la izquierda y apuntando las diversas partes del cuerpo en el orden de formarse. Luego haz una lista de todas las palabras técnicas relativas al embarazo, tales como *la concepción, la (falta de) menstruación*, etc, y al proceso del aborto. Asegúrate de que sabes el significado de todas estas palabras.

Ejercicio 24

El folleto se relata en la primera persona, es decir de la boca de Nacho. Tú tienes que explicar la historia a alguien, contándola en tercera persona, es decir, empezando: *'Se trata de Nacho, un feto humano, que relata su vida desde su concepción. Dice que desde su concepción tiene una identidad biológica y . . .'* y más tarde *'. . . le preocupa/tiene miedo de que su madre . . .'*

Busca en el texto

¿Si mi madre tuviese miedo de mí?

🖋 Estudia en la Sección de Gramática el párrafo 62 sobre las frases con 'si', y completa la Hoja de Gramática 17-G-2.

Ejercicio 25

Claro que este folleto toma un punto de vista fuertemente *antiaborto*. ¿Qué medidas han tomado sus escritores para que su argumento se ilustre lo más vivamente posible? ¿Llaman más a tus emociones o a tu razón? ¿Cuánta importancia tienen los dibujos? ¿Se puede comprobar la verdad de todo lo que se dice?

Ejercicio 26 🖋

¿Cuáles son los argumentos *en pro* del aborto? ¿Qué opinas tú? Aunque estés en contra, ¿hay ciertas condiciones bajo las cuales estarías de acuerdo? ¿Qué opinas de la píldora 'abortiva' de que se trata en la Hoja de Trabajo 17-T-4? ¿Se puede decir que cuanto más se adelanta la tecnología tantos más problemas morales plantea?

Ejercicio 27

Situaciones

Trabaja con un(a) compañero/a.

1 Tu mejor amiga o la novia de tu mejor amigo descubre que está embarazada y quiere abortar. Tú tienes que convencerla de que no lo haga.

2 Otra discusión con tu abuela: ella no está de acuerdo con el aborto en ninguna circunstancia. Tú tratas de convencerla.

3 Tú argumentas el caso en pro del aborto con un miembro de la *Comissió catalana* que publicó el folleto en que figura Nacho, y que claro está en contra.

Ejercicio 28

Prepara una ponencia o escribe una redacción sobre uno de estos temas:

- Abortar es asesinar
- La mujer tiene derecho a hacer lo que quiera con su propio cuerpo
- Una carta o discurso en respuesta al artículo *Aborto: la píldora de la última oportunidad*. (Véase Hoja de Trabajo 17-T-4.)

y de postre . . .

Ejercicio 29

Temas para seguir pensando, hablando y escribiendo

- Los trasplantes – ¿dónde está el límite?
- Un milagro de la medicina moderna
- El servicio de sanidad en mi país
- El aparato o sistema que yo quisiera o hubiera querido inventar
- El mejor ordenador sigue siendo el cerebro humano
- Si el hombre sigue inventando, sus invenciones acabarán por atrofiarle el cerebro y el cuerpo por falta de trabajo
- ¿Por qué nos fascinan los barcos naufragados?
- El naufragio al que sobreviví
- El mar visto por dentro
- Mi coche ideal
- El motor de combustión interna – el invento más peligroso de la raza humana
- Las cuestiones morales planteadas por la tecnología moderna

a | *El circo de las vacaciones*

TEATRO

CRITICAS / NOVEDADES / ESTRELLAS / TODAS LAS OBRAS EN CARTEL

DAVID FERNANDEZ/ESPECIAL PARA D-16

La Troupe Búlgara en el columpio ruso.

EL CIRCO DE LAS VACACIONES

BEGOÑA PIÑA

«**Circo de las Navidades**». En la plaza de Ventas, desde el 25 de diciembre al 8 de enero. Dos funciones todos los días: a las 4,30 horas y a las 7,30 horas. **Precio:** Desde 500 a 1.500 pesetas.

UN acróbata se venda los ojos, una capucha negra y un saco tapan completamente su cabeza y empieza a balancearse el columpio, cada vez más y más alto, un redoble de tambores, un salto, una pirueta y caída perfecta. Los niños, boquiabiertos, aplauden con todas sus fuerzas, mientras los padres, madres y abuelos sujetan las bolsas de palomitas y el algodón dulce de los pequeños. Es el *Circo de las Navidades*.

Los mejores artistas de la carpa, domadores de las bestias más exóticas y peligrosas, payasos simpatiquísimos, funambulistas y trapecistas arriesgados se reúnen, desde el pasado día 25 y hasta el próximo 8 de enero, en la madrileña plaza de las Ventas.

Tras la carpa, escondidos de los ojos del público, las jaulas de los animales. Enormes elefantes de la India, que se mueven al compás de una música circense siguiendo las instrucciones de estupendos domadores.

No hay, este año, en el *Circo de las Navidades* leones, tigres, ni panteras, pero el riesgo de las bestias salvajes no desaparece. La emoción de meter la cabeza en la boca de un feroz animal se consigue igualmente con el número de los cocodrilos y serpientes. El domador intrépido coloca su pequeña cabeza en el interior de las fauces de la pitón, la más grande, la más voraz. Mientras tanto, los cocodrilos pasean obedientes, siguiendo las indicaciones de sus amos.

Pero en el circo no todo es peligro. Los aplausos también surgen con las graciosas y espabiladas focas. Pelotas en equilibrio sobre sus hocicos, patosos paseos moviendo torpemente sus aletas, que airean en cualquier momento, consiguen que los niños se entretengan y se diviertan como nunca.

De pronto, tambores, trompetas y aplausos reciben al *Gran Rodríguez*, el mejor trapecista del mundo. Bajo el foco de la pista, el mexicano aparece cubierto con una capa de luces de la que se desprende para trepar elegantemente hasta su columpio. No hay red, el suelo está muy lejos, los niños gritan pensando que el artista va a caer, pero el *Gran Ramírez* se ha quedado suspendido de un solo pie, es parte del número.

Los nervios desaparecen cuando los 12 miembros de la *Troupe Búlgara* invaden la pista con sus aparatos y sus trampolines. Saltos por aquí y por allá, piruetas complicadísimas, torres muy elevadas, columpios y saludos.

Y, de pronto, la risa, las carcajadas, han llegado los payasos. Primero actúan los *Payasos Pintores*, tres italiano acompañados de su bailarina. La pintura vuela por la carpa, los tropezones y las bofetadas les encantan a los niños. Luego aparecen los españoles, *La Familia Riverinos*.

Además de trapecistas, payasos y animales, en el circo hay equilibristas y otros números, entre ellos el matrimonio *Dúo Guerreros*, que se marca un excelente espectáculo de alambre alto, o los *Hermanos Segura*, que ponen los nervios de punta con sus números de las Navidades, ha traído este año a Madrid al *Dúo Abilios*, expertos en la realización del rulo. Una atracción de cuerdas aéreas y la rueda de la muerte son otros de los espacios de este circo. Con la rueda rozando el cielo de la carpa, los asombrados niños dicen adiós al «*mayor espectáculo del mundo*».

por Begoña Piña
tirado de *Diario 16*, diciembre 1988

Ejercicio 1

Prestando atención al contexto y con la ayuda de un diccionario si te hace falta, explica en español las palabras o frases siguientes:

un acróbata	*el algodón dulce*	*las fauces*	*un tropezón*
una capucha	*la carpa*	*una foca*	*una bofetada*
un columpio	*un domador*	*una capa de luces*	*un equilibrista*
un redoble de	*un payaso*	*un trampolín*	*el alambre alto*
tambores	*un funambulista*	*una carcajada*	*el rulo*
una palomita	*un trapecista*		

Ejercicio 2

a Los niños pequeños encuentran muy emocionante una visita al circo y éste tiene su ambiente especial. Estudia con cuidado el texto, indicando cómo la escritora trata de expresar la emoción del espectáculo del circo. ¿Qué palabras y frases emplea para conseguirlo y hasta qué punto tiene éxito?

b Los niños están *boquiabiertos*, es decir, con la boca abierta. Busca en el diccionario otras palabras compuestas de *boqui-* con un adjetivo, y explica su significado. Repite este ejercicio con palabras empezando con *cari-*, *cabiz-* y *oji-*. ¡A ver cuántas encuentras!

Ejercicio 3

a ¿Cuántos animales se citan en el texto? ¿Deberían emplearse los animales en los actos de circo? ¿Te gusta el circo como diversión? ¿Cómo te parece el circo como diversión para toda la familia? Este circo tiene lugar en Madrid por las Navidades: ¿por qué te parece que las diversiones de esta época se dirigen a 'toda la familia'?

b Una tradición de esta época del año en Gran Bretaña es la *pantomima*. ¿Cómo explicarás este fenómeno a un hispanohablante que no la conozca? Da algunos ejemplos de los temas y el contenido de algunas pantomimas británicas.

c Todas éstas son diversiones tradicionales en su respectivo país. ¿Qué otras fiestas tradicionales conoces en cualquier país? ¿Tienen valor las tradiciones de este tipo?

Ejercicio 4

Situaciones

1 Tu amigo(a) español(a) quiere llevarte a ver el circo, pero tú no tienes ganas de ir porque no te gusta que se empleen los animales en los circos: piensas que es cruel obligar los animales a que actúen y además no es natural que tengan que vivir en jaulas y ser transportados de un sitio a otro. Tu amigo/a defiende el uso de ellos.

2 Entrevistas a un(a) domador(a) de circo. Quieres saber por qué le gusta trabajar con los animales, los peligros y las satisfacciones. Tu compañero/a de clase será el/la domador(a).

3 Ahora entrevistas a un(a) acróbata o trapecista acerca de su trabajo.

¿La cara humana del circo?

4 Tu amigo/a español(a) pasa las Navidades en tu casa y vas a llevarle/la al teatro a ver *La Cenicienta*. Tienes que explicarle lo que es una *pantomima*, y él/ella tiene que ponerte preguntas cada vez más incrédulas.

Ejercicio 5

Escoge una de las siguientes tareas escritas:

- Un artículo para una revista escolar, describiendo una representación de circo a la que has asistido.
- Una carta al periódico lamentando el continuado uso de los animales en el circo.
- Un elogio del circo como diversión para toda la familia.
- La *pantomima* como fenómeno británico.

b El país de Jauja-Pirulí

EL pensador francés Roger Cailloi, en uno de sus ensayos, consideraba el juego como una auténtica trasposición de todas y cada una de las actividades humanas – del arte y la cultura, a la política – al mundo de la vida cotidiana. El historiador y sociólogo holandés Johan Huizinga iba todavía más lejos: en su *Homo ludens* defiende la tesis de que el juego está en la propia esencia del hombre, apenas compartida por algunos animales.

Televisión, a la que también gusta jugar, ha seguido por este camino (y ella, la primera) del concurso nacional. Los más de veinte concursos de Televisión Española y de las televisiones autonómicas han creado una fiebre de preguntas y respuestas, de premios millonarios, de correspondencia esperanzada. Aparece un nuevo tipo de ciudadano: el espectador-concursante ávido de dinero.

Parece lógico. Tenga o no razón Huizinga sobre el espíritu jugador del hombre, lo cierto es que, en este país, con dos terceras partes de personas que no tienen un trabajo retribuido, los concursos constituyen su única esperanza para obtener unos ingresos un poco sustanciosos. Los millones de parados, de amas de casa, de estudiantes y de jubilados constituyen una espléndida materia prima.

Brigitte Mozota, una joven estudiante de tercero de Filología, ha ganado recientemente 6.700.000 pesetas en uno de los concursos televisados. Ella lo tiene muy claro: «Yo escribo a todos los concursos. A *El precio justo*, al de Gurruchaga, a *La hora del TPT*. Antes ya lo hacía al *Un, dos, tres*. Incluso cuando veo un sorteo o concursos en un diario o revista, yo escribo. Diariamente dedico un rato a esta actividad antes de ponerme a estudiar. Con el dinero que he ganado, una vez pague a Hacienda, puedo terminar mis estudios sin agobios y ayudar a mi hermana, que también está estudiando. Además, me voy a comprar un coche.»

Centenares de miles de cartas y tarjetas postales llegan, semanalmente, a las secretarías de estos espacios. En sólo cinco semanas *La hora del TPT* había recibido más de 200.000 cartas. Y nada comparable con el más moderno de los concursos. *El precio justo*, que está recibiendo, diariamente, entre 60.000 y 80.000 cartas.

Después, como diría Charles Darwin, la naturaleza se encarga de hacer una selección de los mejores. O, en este caso, de los más afortunados. De esos 420.000 aspirantes semanales a *El precio justo*, por ejemplo, resultan 200 seleccionados y, con notario por delante, son ocho o diez personas las que llegan a la prueba definitiva y pueden aspirar a los millones.

Tampoco las líneas telefónicas permanecen ociosas: hay un buen número de concursos en que el *vis à vis* se efectúa por esta vía.

EL PROBLEMA DEL RIDICULO

El espectador-concursante está dispuesto a todo. Eso está claro. Sin embargo, su afán de participación se ha convertido en auténtica pasión al haberse suprimido los diferentes aspectos que convertían, en oca-

La tentación del juego . . .

siones, su presencia en un fenomenal ridículo. Al fin, el español es un pueblo digno al que no le gusta ponerse en evidencia ante propios y extraños. Siempre ha tenido presente aquello de *más cornás da el hambre*, pero no cabe duda de que prefiere evitar pintarse la cara de azul o cantar la romanza de *Marina* en público.

Uno de los éxitos de los nuevos concursos, a diferencia del *Un, dos, tres*, ha sido la relativa dignificación de los concursantes. Sólo en alguno de menor importancia, como en el literario *Hablando claro* o en el trepidante *Si lo sé no vengo*, se pone en evidencia a los que concursan. En general, basta una discreta presencia y un poco de suerte para salir airoso de la prueba. En muchos casos, ya queda dicho, con una simple carta se gana.

En cuanto a las características de los concursos, fluctúan entre los de mero azar o basado en respuestas sencillas y los que tienen pretensiones más culturales. Joaquín Arozamena, cuya vocación docente es conocida ya desde sus tiempos de presentador de *Agenda*, dice de su concurso *La vida sigue*, «en realidad yo creo que podríamos considerar a los concursantes, a los premios y a las preguntas como aspectos secundarios de un espacio de divulgación cultural. De todas formas, mis concursantes se sienten relajados y a gusto durante el programa. Yo lo sé muy bien, porque muchas veces prolongamos la velada un buen rato después de terminar».

En efecto, este programa de la noche de los domingos acaba siendo, sobre todo, una serie de pintorescas explicaciones, aclaraciones, extensiones, conexiones y ampliaciones sobre los temas preguntados, a cargo de su director presentador.

por Ramiro Cristóbal
tirado de *Cambio 16*, abril 1988

Ejercicio 6

Estudia con cuidado el texto con todas sus implicaciones y completa las frases siguientes:

1 Según Roger Cailloi, cuando jugamos . . . .
2 Según Johan Huizinga sólo algunos animales . . . .
3 El espectador-concursante que anhela ganar dinero es el resultado de . . . .
4 El tipo de programa de que se habla se dirige a los parados, amas de casa, estudiantes y jubilados porque . . . .
5 Se puede decir que Brigitte Mozota toma muy en serio los concursos porque . . . .
6 El gran número de cartas que reciben estos programas indica . . . .
7 No es estrictamente verdad decir que la ley de Charles Darwin se usa para seleccionar los participantes porque . . . .
8 Se puede decir que este tipo de programa va mejorando puesto que . . . .
9 Se puede decir que los programas de Joaquín Arozamena son más culturales porque . . . .

Vocabulario

Jauja   the Promised Land, Never-never Land
Pirulí   lollipop (la antena emisora de RTVE se parece a un pirulí)

Ejercicio 7

Busca en el texto la palabra o frase que corresponde a las siguientes (no están en orden):

1 Los que desean cada semana tomar parte en . . .
2 Gente de tercera edad que ha cesado de trabajar.
3 Los teléfonos no cesan de sonar.
4 Los que toman parte no se sienten nerviosos ni ofendidos.
5 Al haber pagado el impuesto que debo.
6 Al concursante le da igual lo que hace.
7 Las empresas comerciales suministran el dinero para los premios.

Ejercicio 8

¿Cómo dirías en tu propio idioma las siguientes palabras o frases?

la vida cotidiana
en la propia esencia
correspondencia esperanzada
ávido de dinero
un trabajo retribuido
una espléndida materia prima

sin agobios
la prueba definitiva
su afán de participación
más cornás (= cornadas)
   da el hambre
salir airoso de la prueba

ya queda dicho
de mero azar
un espacio de divulgación cultural
prolongamos la velada

Ejercicio 9

a Escoge un programa de semejante tipo que se emite en la televisión de tu propio país, explica lo que los concursantes tienen que hacer, lo que pueden ganar, y expresa tu opinión sobre este tipo de programa.

b ¿Existen programas donde el resultado depende totalmente de las habilidades o la destreza del concursante? ¿Debería haber programas del tipo en que los concursantes pueden enriquecerse sin hacer casi nada? Dice el artículo que hay más de 20 tales concursos en la Televisión Española, y que convierten el juego y la peseta en el primer objetivo de la TVE: ¿es relevante esta observación en tu país? ¿Tomarías tú parte en semejante programa? ¿Por qué es tan popular con los espectadores este tipo de programa?

Ejercicio 10

Tienes que explicar a un(a) español(a) que está pasando unos días en tu casa la selección de programas que hay en la televisión en una noche cualquiera. Trae al colegio el *Radio Times* o *TV Times*, y explica en qué consisten los programas principales de una noche de la semana, digamos el miércoles.

... también causa la locura en Gran Bretaña

Ejercicio 11

Situaciones

1 Tratas de persuadir a tu compañero/a a que solicite tomar parte en un programa de juego televisivo en que puede ganar bastante dinero. Él/ella no quiere porque no quiere ponerse en evidencia delante de sus amigos.

2 Estás hablando con un(a) presentador(a) de televisión, lamentándote de que la gente que toma parte en su programa tenga que parecer ridículo para ganar dinero, lo que es degradante. Él/ella defiende su programa por ser lo que el público – tanto espectadores como concursantes – quiere.

....

c *Escultura en el bosque*

Vocabulario

un ventanal	large window
un calvero	bare patch, spot
agregar	to add
estrafalario	eccentric

Ejercicio 12

Escucha la cinta y haz una transcripción de este breve reportaje.

Ejercicio 13

Discusión:

a ¿Se puede mezclar con éxito el arte con la naturaleza, como en el artículo? ¿No sería más fácil o más normal apreciar tales obras de arte en un museo? ¿Habéis visto una colección semejante de esculturas en un sitio original?

b ¿Qué tipo de esculturas te gustan? ¿Prefieres las esculturas que se pueden reconocer fácilmente o las de tipo abstracto donde tienes que adivinar lo que representan o simbolizan? ¿Te gusta esculpir? ¿Hay esculturas en tu colegio o en tu ciudad? ¿Qué representan?

c Si te interesa la escultura o la pintura abstracta, para la próxima clase, trae un ejemplo – o la foto de un ejemplo – y explica a la clase por qué te gusta y lo que representa.

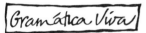

En el texto ocurren las frases siguientes:

el bosque de Dean *ha sido transformado* . . .
la idea *ha sido tan apreciada* . . .

la fecha *en que* el bosque fue transformado . . .
el bosque *a través del cual* circulaba un tren minero.

✎   En la Sección de Gramática, lee los párrafos 66 y 71 sobre la pasiva y los pronombres relativos y luego completa la Hoja de Gramática 18-G-1.

Las esculturas en el bosque de Dean

El gran sillón

d   Un Van Gogh pone el arte al rojo vivo

Con los 5.000 millones de pesetas pagados por este lienzo se podría comprar la plantilla de fútbol y baloncesto del Real Madrid o un equipo de doce Butragueños o 500 Porsches 200 CV o un reactor DC-9 de segunda mano, pero en excelente estado.

ALGUIEN dijo, hace ya mucho tiempo, que *Los girasoles* eran un grito. Un grito que nadie oyó en su momento, pues su autor, Vincent van Gogh, murió sin haber logrado vender más que un solo cuadro. Un día dejó los pinceles sobre la mesa, echó un vistazo a sus últimos girasoles, contempló luego los que se mecían al otro lado de la ventana, dijo «es imposible» y se pegó un tiro. Nunca había sido un hombre de suerte. El tiro le dio en la rodilla y Van Gogh se convirtió en el primer suicida por gangrena.

Dejó siete lienzos sobre *girasoles*. Uno de ellos acaba de romper el techo de la estrepitosa, frenética y multimillonaria zarabanda en que se ha convertido el mercado del arte.

Formaba parte de uno de los 42 lotes de pintura y escultura moderna e impresionista puestos en subasta por Christie's, en Londres el pasado lunes 30 de marzo. Una puja de veintidós millones y medio de libras esterlinas, realizada por teléfono y mantenida en el anonima-to, consiguió la propiedad del Van Gogh.

Un *récord* absoluto en un mercado de cuya potencia dan idea los incrementos de ventas conseguidos en 1986 por Sotheby's (74 por ciento) y por Christie's (22 por ciento).

Christie's, que queda siempre segunda en esa liza, puede enorgullecerse en esta ocasión por haber alcanzado, a su vez, una cifra *récord* respecto a sus propias ventas: los 42 lotes en subasta se vendieron por un total de 38.534 millones de libras esterlinas.

Tampoco acaba ahí el cómputo abrumador de techos rotos en la memorable subasta del lunes 30 de marzo en Londres.

Un Modigliani puesto en liza bajo una estimación de 1.800.000 libras esterlinas alcanzó las 2.640.000 libras. Más asombroso aún fue el precio de 2.200.000 libras alcanzado por un Derain, estimado en un millón de salida. Una escultura de Degas consiguió una cifra no menos impresionante: 605.000.

Y no hay manera de saber quién paga semejantes precios. Todos los que pujaron con éxito en esta subasta son nombres que permanecen en el anonimato. Es decir, no son fundaciones ni museos, sino hombres o mujeres cuyo placer está en especular con las obras de arte o en contemplarlas a solas, añadiendo al deleite de la visión el secreto de la propiedad y la ilusión de los intentos del fisco

Hace falta una fortuna para gozar de este pasatiempo

y de lo que es casi peor: las avispadas maquinaciones de los cacos.

PERO los expertos acarician unas vagas sospechas que apuntan hacia el avispado inversor nipón. Aupados en un yen fuerte, los japoneses aprovechan los espasmódicos altibajos del dólar para hacer estragos en el mercado del arte.

Son los que están llevando hasta casi lo inverosímil el nivel de precios alcanzado por la pintura moderna, impresionista y postimpresionista, haciendo que incluso pintores y cuadros de prestigio y realización secundarios entren en el circuito comercial con sus precios rayando en el sobresalto.

EN cuanto al predominio actual de la inversión japonesa, Simpson estima que sus características son estrictamente coyunturales y radicalmente distintas de las del inversor norteamericano.

«El norteamericano compra siempre, sin verse demasiado afectado por las oscilaciones del dólar. El japonés, no. En cuanto el yen baja, deja de comprar. Por otro lado, el norteamericano compra de todo, es un verdadero coleccionista al que, en principio, interesa todo lo que se ponga en oferta. Al japonés sólo le interesa el impresionismo y el postimpresionismo. No es un coleccionista, sino un inversor.»

por Eduardo Chamorro
tirado de *Cambio 16*, abril 1987

Ejercicio 14

Indica si son verdaderas o falsas las observaciones siguientes, y corrige las falsas:

1 Van Gogh gritaba porque sólo había vendido un cuadro.
2 Se suicidó porque tenía gangrena.
3 Pintó siete cuadros que tenían los girasoles como su tema.
4 Una de las pinturas de los girasoles fue vendida recientemente por 22.500.000 ptas.
5 La venta de esta pintura fue conseguida por Sotheby's.
6 No se sabe quién compró *Los girasoles*.
7 Se sospecha que la compró un japonés.
8 El interés de los japoneses ha tenido un efecto muy modesto sobre los precios de las pinturas.
9 A los japoneses les interesa más el creciente valor económico de una obra de arte que sus propiedades artísticas.
10 Los norteamericanos tienen la misma actitud.

Ejercicio 15

Haz una lista de todas las palabras y frases relevantes . . .

1 a la subasta
2 a la pintura o al trabajo y vida de un pintor
3 a la inversión en las obras de arte

. . . ¡y apréndelas!

Ejercicio 16

Un(a) amigo/a tuyo/a en tu propio país ha visto este artículo con sus fotos y los nombres de *Sotheby's* y *Christie's* y quiere saber de lo que trata. Hazle un resumen (escrito u oral) en tu propio idioma.

Ejercicio 17

¿Estás de acuerdo con que se paguen cantidades tan enormes por una obra de arte? ¿Qué cualidades debe tener una pintura (u otra obra) para que se considere *obra maestra*? ¿Qué pinturas famosas has visto? ¿Cómo te parecieron? Explica qué tipo de pintura te gusta más y por qué. Si tuvieras el dinero necesario, ¿qué pintura famosa te gustaría poseer? ¿Qué piensas de la gente que compra pinturas solamente como inversión? ¿Es justificable moralmente que una obra maestra acabe en la caja fuerte de algún banco? ¿No debería tener el público en general derecho a ver las obras maestras del mundo? ¿Cuáles son los problemas de seguridad planteados por las pinturas valiosas en los museos?

Gramática Viva

Busca las frases siguientes en el texto:

un mercado de *cuya* potencia dan idea los incrementos . . .
hombres o mujeres *cuyo* placer está en especular . . .

no hay manera de saber *quién* paga . . .

 Ahora repasa el uso del adjetivo relativo y el pronombre interrogativo en la Sección de Gramática, párrafos 71 y 72 y completa la Hoja de Gramática 18-G-1.

e Conciertos, nueva etapa

tirado de *Época*, octubre 1988

CUANDO el día 21 de octubre se inaugure en Madrid el Auditorio Nacional de Música se va a empezar, sin duda, una nueva etapa para los aficionados de la capital y, de alguna manera, de toda España.

Y no son sólo hechos tan fundamentales como que el Teatro Real vuelva a ser un teatro de ópera, o que la Orquesta Nacional tenga una sede propia, sino que el nuevo Auditorio va a afectar también a muchos hábitos y costumbres de los asistentes a los conciertos. Y esos cambios se han empezado a producir antes de que la sala de conciertos abra sus puertas, se han producido ya, cuando todavía están los obreros dentro, acabándola deprisa y corriendo para que esté lista el día de la inauguración.

A partir de esta temporada los abonos de los conciertos de la Orquesta Nacional han dejado de ser hereditarios. Haber conseguido uno de los 9.278 abonos que se han vendido para esta temporada sólo da derecho a asistir al Auditorio de la calle Príncipe de Vergara hasta la primavera que viene. Para dentro de un año todos y cada uno de esos abonados tendrán que repetir el mismo proceso de hacer cola en una estafeta de Correos para que la solicitud de abono certificada llegue lo antes posible a los ordenadores del Ministerio de Cultura.

La introducción del proceso informático pretende también dar la mayor limpieza al sistema de adjudicación de unos abonos que cuestan entre 9.000 y 15.000 pesetas, pero que tienen una demanda tan fuerte que sólo se puede atender en un 40 por 100.

A partir de este año también saldrán favorecidos los aficionados que sólo quieran ir a un número limitado de conciertos y no abonarse a toda la temporada. Se han reservado 500 localidades para venderlas en taquilla para los conciertos de viernes y sábado, mientras que para la sesión matinal del domingo salen a taquilla la totalidad de las entradas del Auditorio.

Para todas estas entradas que se venden sueltas cabe la posibilidad de adquirirlas hasta con un mes de anticipación. ■

Ejercicio 18

Estudia el texto con mucho cuidado hasta que estés seguro/a de que lo entiendes muy bien, luego cúbrelo y copia lo siguiente, rellenando los espacios en blanco con las palabras que faltan.

Cuando el día 21 de octubre se . . . . . en Madrid el Auditorio Nacional de música se va a . . . . . , sin duda, una nueva . . . . . para los . . . . . de la capital y, de . . . . . manera, de toda España.

Y no sólo . . . . . tan fundamentales . . . . . que el Teatro Real . . . . . a ser un teatro de ópera, o que la Orquesta Nacional . . . . . una sede propia, ... que el nuevo auditorio va a afectar también a muchos hábitos y . . . . . de los asistentes a los . . . . . Y esos cambios se han . . . . . a producir antes de que la sala . . . . . sus puertas, se han producido . . . . . , cuando están los obreros . . . . . , acabándola de prisa y corriendo para que . . . . . lista el . . . . . de la inauguración.

A partir de esta temporada los . . . . . de los conciertos de la Orquesta Nacional han . . . . . de ser hereditarios. . . . . . conseguido uno de los 9.278 abonos que se . . . . . vendido para esta temporada sólo da . . . . . a asistir al auditorio de la calle Príncipe de Vergara . . . . . la primavera que viene. . . . . . dentro de un año todos y . . . . . uno de esos abonados . . . . . que repetir el mismo proceso de . . . . . cola en una estafeta de Correos para que la . . . . . de abono . . . . . lo antes posible a los . . . . . del Ministerio de la Cultura.

f *Entre la cultura y el mercado*

LIBER 88, feria anual del libro, ha reunido en Barcelona a todos los sectores implicados en el aspecto comercial del libro, mercancía al fin, para tratar de los problemas que afectan a éste.

Igual que en los últimos años, el IVA sigue siendo el principal caballo de batalla del sector editorial. La meta es conseguir el IVA cero para los libros, y cualquier acuerdo en ese sentido deberá ser tomado al unísono por los países comunitarios. La cuestión sigue sobre la mesa, y los editores piensan que la eliminación del IVA para los libros supondrá una rebaja en el precio de éstos, que beneficiará a la vida cultural de cada país. No obstante, muchos ponen en tela de juicio la extendida y tópica opinión de que los libros son caros. Se afirma que de los países de la CEE, sólo Portugal y Grecia tienen unos precios más bajos que los españoles. Y por otra parte, el precio medio de un libro – en España es ya muy difícil que un volumen cueste menos de las 1.000 pesetas – es más barato que una entrada de fútbol o de la mayoría de los espectáculos.

Pero los problemas para la difusión del libro tienen un origen anterior. El fomento de la lectura en la escuela, y la creación de bibliotecas son factores básicos para aumentar el índice de lectura de un país. Los bibliotecarios han sido uno más de los sectores convocados en Líber. Y la informatización, una de las cuestiones prioritarias para las bibliotecas y, aunque no tan urgentemente, para las librerías. La necesidad de hacer ágiles y atractivas las librerías parece esencial, cuando muchas están cerrando y se ve como se venden más libros en grandes almacenes e hipermercados que en las propias librerías. Del mismo modo se ve necesaria una mayor relación entre editores y libreros, sectores que no siempre se han tenido la confianza mutua necesaria. Estos últimos, entre otros problemas,

Los libros: ¿comercio o cultura?

tienen que hacer frente a un auténtico aluvión de novedades, de difícil distribución en los escaparates, y que, dado el ritmo de producción editorial, en muchos casos están condenadas a ser reinas por un día.

Porque no hay ninguna duda de la desproporción existente entre índices de lectura y producción editorial en nuestro país. Otra cuestión es si esa cantidad de títulos lanzados cada año es beneficiosa o perjudicial. Muchos títulos y bajas tiradas, es una característica de la edición española.

Junto con el IVA, una de las bestias negras de los editores es la reprografía ilegal, problema verdaderamente espinoso dada la dificultad de atajarlo. Teniendo eso en cuenta, algunas de las soluciones que se están barajando consideran la posibilidad de que los establecimientos de fotocopias paguen un canon a los editores. En definitiva, el mundo del libro no es sólo el de la lectura, sino todo un mundo anterior en el que están en juego muchos esfuerzos e intereses. Y en el que, como en tantos otros terrenos, los problemas y las soluciones son cada vez más internacionales. En España, de momento, se ha elaborado un Plan para el Fomento de la industria y el Comercio del Libro, cuya idea general es que sean los propios gremios afectados los que hagan oír su voz, solicitando las intervenciones o ayudas correspondientes. ■

A. V.

tirado de *Época*, octubre 1988

Ejercicio 19

Contesta a las preguntas sobre el artículo:

1 ¿Qué es lo que más preocupa a las casas editoriales en estos momentos?
2 ¿Qué es lo que más quisieran conseguir?
3 ¿Qué efecto tendría esto en el precio de los libros?
4 ¿Cómo son los precios de los libros en España comparados con los demás países de la Comunidad Europea?
5 ¿Con qué se puede comparar favorablemente el precio de un libro?
6 ¿Qué factores contribuyen al aumento del interés por la lectura?
7 ¿Con qué oposición tienen que enfrentarse las librerías?
8 ¿Por qué tienen que mejorarse las relaciones entre los editores y los libreros?
9 ¿Qué problema es planteado por la cantidad de títulos publicados cada año?
10 ¿Qué solución se propone para resolver el problema de las copias ilegales?
11 Resume lo más importante del último párrafo en tu propio idioma.

Ana Torrent

Antes era toda ojos. Una niña tímida y callada que miraba fijamente a la cámara, soñaba con Frankenstein, devoraba bolsas y más bolsas de *ganchitos*, iba al colegio y se le olvidaba lavarse los dientes. Hasta que llegó Victor Erice, la vio en el patio del colegio jugando sola, con sus seis años, su cara triste de muñeca antigua, y se la quedó para convertirla en los ojos infantiles más expresivos del cine español. En el verdadero *espíritu de la colmena*.

Ahora, Ana Torrent tiene 22 años y estudia cine en Nueva York. Es suave, delgada y casi transparente, si no fuera por la misma mirada oscura que cubrió de ternura la pantalla en *Cría cuervos*, de Saura, y le consiguió una placa conmemorativa de la Unicef y el Premio de la Crítica de Nueva York a la tierna edad de ocho años. O que la hizo acreedora al Premio a la Mejor Actriz en Montreal por *El nido*, de Armiñán, cuando ya contaba 13. "Tampoco tengo ahora unos ojazos increíbles ni el mismo carácter de antes," admite. "De todas formas, mi parte tímida ya se ha explotado mucho. Y yo también soy muchas otras cosas. Hay que cambiar esa imagen. Hoy soy una chica de lo más normal".

Vencida la inicial resistencia de unos padres que temían que la criatura se les convirtiera en la típica repipi prodigio, Ana rodó *Elisa, vida mía; Operación Ogro*, y *Los paraísos perdidos* sin tomárselo muy en serio – "Iba al colegio y de cuando en cuando hacía una película. Ni lo entendía ni me lo planteaba" –. Poco a poco llegaron papeles en capítulos de series televisivas como *Segunda enseñanza*, *Anillos de oro* o *El jardín de Venus*. Y una película alemana y una serie sobre Hemingway, ambas en inglés.

Fue entonces cuando decidió dar el salto, cruzar el charco y aventurarse en Nueva York. Consiguió la misma beca que la también actriz Eva Cobo para estudiar arte dramático y la experiencia le gustó tanto que decidió repetir. Este año, mientras se chifla con las películas de Almodóvar que llegan a Estados Unidos, asiste a cursos en la Universidad que le enseñan a dirigir actores, a montar, a iluminar y a todo lo que se tercie. "Lo hago por aprender un poco de todo, pero tengo claro que, aunque todo esto me divierte mucho, lo mío es ser actriz", afirma. "Aquí, aunque se hacen muchísimas cosas, yo no tengo tantas oportunidades. El ser extranjera te limita horrores".

Admite que le perjudica un poco estar tan lejos de lo que queda de la *movida* madrileña y los círculos cinematográficos españoles, pero está dispuesta a cogerse todos los aviones que hagan falta con tal de seguir trabajando en España. "No es que esté apartada en el otro extremo del mundo. De momento, pienso quedarme aquí una temporada, porque es una ciudad tan agresiva que me encanta. El año pasado vivía en el Soho, en plena *movida*, e hice un poco el loco, salía mucho y me acostaba a las mil, pero éste me concentro en estudiar".

De todos modos, no pierde comba. En septiembre rodó *Sangre y arena* en inglés, dirigida por Javier Elorrieta, a estrenar antes del verano, donde interpreta a la mujer de un torero. "Con ella espero que la gente vea cómo soy ahora, cómo doy, cómo trabajo. Quiero prepararme bien aquí, pero no para volver en plan estelar, sino para demostrar que puedo hacer las cosas bien". Para su vuelta, además, cuenta con algún que otro as en la manga: el recuerdo indeleble de sus ojos en el corazón de los españolitos de a pie y que tampoco hay tantas actrices jóvenes de las que echar mano. Y, desde luego, muchas menos que encima hablen inglés y sean exportables. Hasta que llegue el retorno, entre clase y clase, se dedica a echar de menos algunas cosas, a robarle los calzoncillos largos a su novio para no congelarse en invierno y a mirar oscuramente los rascacielos.

por Koro Castellano
tirado de *El País*, febrero 1989

Ana Torrent-¿tiene todavía unos ojazos increíbles?

Ejercicio 20

Escribe en tus propias palabras un resumen de este artículo, bajo los siguientes títulos:

1 las razones del éxito de Ana como actriz cuando era muy joven.
2 hasta qué punto ha cambiado ahora que tiene 22 años.
3 lo que está haciendo ahora.
4 las ventajas y dificultades de estudiar en Nueva York.
5 sus proyectos para el futuro.
6 las oportunidades que le ofrecen sus habilidades y experiencia como actriz.

Ejercicio 21

Explica el significado de las frases siguientes:

antes era toda ojos
su cara triste de muñeca antigua
unos ojazos increíbles
una chica de lo más normal
cruzar el charco
lo mío es ser actriz
el ser extranjera te limita horrores
la movida madrileña
me acostaba a las mil
no pierde comba
volver en plan estelar
cuenta con algún que otro as en la manga

Ejercicio 22

Traduce el último párrafo a tu propio idioma.

Ejercicio 23

¿Quién es tu actor/actriz favorito/a? ¿Qué clase de película te gusta más? Explica por qué. ¿Prefieres el cine o el teatro vivo? ¿Cuáles son las diferencias de técnica entre los dos medios – para el actor y para el guionista? ¿Has visto alguna que otra película con diálogo en español? ¿De quién era? ¿De qué se trataba? Explica por qué te impresionó o no. ¿De qué nacionalidad son la mayoría de las películas que ves? ¿Qué nacionalidad prefieres? Se debería doblar o subtitular las películas en lenguas extranjeras? ¿Crees que las películas rodadas para la pantalla grande del cine pierden algo al verse en la televisión?

Busca en el texto las frases siguientes:

no es que esté apartada en el otro extremo del mundo.
muchas menos que encima *hablen* inglés y *sean* exportables.

🔖 Ahora repasa los párrafos 51–60 de la Sección de Gramática sobre los usos del subjuntivo y luego completa la Hoja de Gramática 18-G-2.

y de postre . . .

Ejercicio 24

Crucigrama

Encontrarás las frases y las palabras en los ejercicios y vocabularios de todo
este libro – dos en cada Unidad.

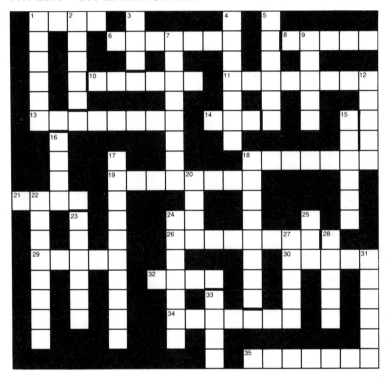

Horizontales

1 El *Pirulí* le pertenece
6 Animal del desierto que lleva drogas
8 Gas tóxico
10 Ocurre cuando te encuentras parado en el tráfico
11 Mueve la pierna de un lado a otro
13 Lo necesitas al cambiar de velocidad
14 Es más ancha en España
18 Defensa más antigua que la de 16 vertical
19 Conglomeración de pecas o abejas
21 Donde pones tu voto
24 Preposición de aproximación combinada con artículo definido
26 ¡De ninguna manera! (2,6)
29 Falta destreza
30 La tierra que nunca alcanzarás
32 Desafío
34 Refréscate con él
35 Ocurre cuando algo se rompe

Verticales

1 El tiempo que necesita una huelga o un motor nuevo
2 No se contaría un chiste así acerca del medio ambiente
3 Tranquilidad capital en Bolivia
4 Masculinidad
5 Falta deliberada de trabajo
7 Te hacen preguntas
9 Los neumáticos franceses te lo estropean
12 El barco no se mueve si está en posición
15 Donde varias carreteras o vías se unen
16 Respuesta occidental al pacto de Varsovia
17 Muy abierto (2,3,2,3)
18 Me enfado (2,6)
20 Muchos jóvenes españoles quisieran que no existiera
22 Si es así, sacarás ganancia
23 Mujer sin trabajo
24 Querer mucho
25 Altar
27 Ni mío ni tuyo
28 Suciedad
31 A partir de 1992 hay menos de ellas
33 Cubre

Ejercicio 25

Para seguir pensando, hablando y escribiendo . . .

- ¿En qué consiste la cultura?
- Las reflexiones privadas de un payaso.
- En cuanto a la cultura seria, la televisión tira para abajo, no para arriba.
- ¿Cuál debería ser la función del museo en nuestros días?
- El programa de un Festival Internacional de Cine.
- Mi pintor favorito.
- La cultura pop – ¿eterna o efímera?

Grammar section

This section is of necessity a summary of the principal grammatical structures. Obviously there are exceptions to every rule and only the most important ones are given here. For a detailed analysis of Spanish grammar we would recommend *A New Reference Grammar of Modern Spanish* by John Butt and Carmen Benjamin, published by Edward Arnold, 1988.

nouns

1 Gender

a All nouns in Spanish are either *masculine* or *feminine*, including *inanimate* nouns, ie those referring to non-living objects and concepts.

b Generally speaking nouns ending in **-o** tend to be masculine and those ending in **-a** are feminine. However, there are a number of common exceptions to this rule:

Feminine: *la foto, la mano, la moto, la radio*.
Masculine: all nouns ending in **-ista** when referring to a male person: *el futbolista*; an appreciable number of nouns ending in **-ma**: *el anagrama, el fantasma, el clima, el crucigrama, el drama, el esquema, el panorama, el programa, el pijama, el problema, el sistema, el síntoma, el telegrama, el tema*, etc. Others include: *el día, el insecticida* (and all nouns ending in **-cida**), *el mapa, el planeta, el tranvía, el yoga*.

c Other endings: words with the following endings are usually masculine:
-aje, -or, -án, -ambre, or stressed vowel: *el garaje, el valor*, (but *la labor, la flor*), *el refrán, el enjambre, el champú*;
and the following are usually feminine: **-ión** (except *el camión, el avión, el gorrión* (=sparrow); **-dad, -tad, -tud, -umbre, -ie, -eza, -nza, -cia, -sis, -itis**: *la ración, la ciudad, la amistad, la virtud, la cumbre, la serie, la certeza, la confianza, la esencia, la crisis, la tuberculosis, la bronquitis*.

d Countries, regions, provinces, towns and places ending in **-a** are feminine: *la España moderna*. Others are masculine: *(el) Perú, (el) Canadá*.

e Compound nouns are masculine: *el sacacorchos, el limpiaparabrisas*.

f Fruits are often feminine and their trees masculine: *la manzana/el manzano*.

2 Plural of nouns

The general rule is add **-s** to an unstressed vowel and **-es** to a consonant:

el libro	– los libros	la mesa	– las mesas
el mes	– los meses	la red	– las redes

The following points should be watched, however:

a Words ending in **-z** change this to **-ces**: *una vez/dos veces*.
b Words ending with stressed **-án, -én, -ón, -ión, -és** lose their accent: *el afán – los afanes, el rehén – los rehenes, el montón – los montones, la estación – los estaciones, el inglés – los ingleses*.
c Words ending in unstressed **-en** add an accent to the preceding syllable: *el origen – los orígenes*.

d Words ending in stressed **-í, -ú** add **-es**: *el rubí – los rubíes*.
e Most words ending in unstressed **-es, -is** do not change: *la crisis – las crisis, el martes – los martes*.
f Surnames are not usually made plural: *los Jiménez*.
g *el carácter – los caracteres, el régimen – los regímenes*.

articles

3

	Definite article (the)		Indefinite article (a, an)	
	masc	fem	masc	fem
Singular:	el	la	un	una
Plural:	los	las	unos	unas

Note 1: *el* and *un* are used before feminine nouns beginning with stressed **ha-/a-** (*el agua, un águila*) but not when they are separated by an adjective: *una hermosa águila*. These words are not masculine, the masculine article is used to facilitate pronunciation.

Note 2: *de + el* becomes *del*, and *a + el* becomes *al*. These are the only such contractions in Spanish.

4 Use or omission of the definite article

The definite article is used as in English except that:

a it is omitted with numbers of monarchs etc:

Alfonso décimo   = Alfonso the tenth

b it is used when referring to nouns in a general sense:

El trigo es un producto importante   = Wheat is an important product

Los españoles no piensan así   = Spaniards don't think like that

In these cases the nouns denote the whole of their class. When this is not the case and the noun refers to only part or some of its class the article is omitted:

Ese hombre tiene energía   = That man has energy

Dame agua   = Give me water

c it is used with a language when it is the subject of the verb: *el español no es difícil*.

Usage in other positions seems somewhat fluid!

d with names of the most common countries (when unqualified) the tendency appears to be away from use of the article, especially in journalistic style, although it is usual to say *el Reino Unido* and *la Unión Soviética*.

e 'on' a day of the week:

el sábado	=	on Saturday
los sábados	=	on Saturdays

f before *Señor/Señora/Señorita*, *doctor*, *padre* etc when they are being talked about:

el Señor Ramírez acaba de llegar	=	Mr. Ramírez has just arrived.

5 Use and omission of the indefinite article

The use is much as in English except:

a it is omitted when used after *ser/hacerse* plus a profession, occupation, status, etc: *es cartero*, *soy soltera*.
b it is not usually used after *sin* (*sin corbata*) or with *¡qué . . . !*, *tal*, *semejante*, *medio*, *cierto*, *otro*: eg *¡qué rollo!* *medio litro*, *otro método*.
c it is used with a qualified abstract noun:

le trataron con un cariño extraordinario	=	they treated him with extraordinary affection

adjectives

6 Adjectives agree in gender and number with the noun(s) they describe in the following ways:

a adjectives ending in **-o**

masculine		feminine	
sing	**plural**	**sing**	**plural**
rojo	*rojos*	*roja*	*rojas*

b adjectives ending in a consonant or **e** do not normally differentiate between masculine and feminine*:

azul	*azules*	*azul*	*azules*
verde	*verdes*	*verde*	*verdes*

Note that the formation of the plural is the same as for nouns, ie add **-s** to a vowel and **-es** to a consonant.

* There are some exceptions to this rule, where the adjective has a masculine plural ending in **-es**, added to the consonant of the masculine singular, and a feminine singular form ending in **-a**, which adds **-s** to become **-as** in the feminine plural. Most of these adjectives have an accent on the final (stressed) syllable, which is lost when an ending is added. They are adjectives:

i denoting nationality, region or place:

inglés	*ingleses*	*inglesa*	*inglesas*
barcelonés	*barceloneses*	*barcelonesa*	*barcelonesas*

ii with the following endings: **-án, -ón, -ín, -or**†:

mandón	*mandones*	*mandona*	*mandonas*
hablador	*habladores*	*habladora*	*habladoras*

† but not comparative adjectives *mejor-peor*, *anterior-posterior*, *inferior-superior*, *mayor-menor*, *exterior-interior*, *ulterior* which do not have a feminine form and behave like *azul*, above.

c There are also adjectives ending in **-a** regardless of gender and which add **-s** in the plural:

belga	*belgas*	*belga*	*belgas*

This category includes words ending in **-ista** (*comunista*) when used as adjectives. Colours where the name of a fruit or flower or other object is used are invariable: *paredes naranja*

7 Shortened adjectives

Some adjectives used **before** the noun drop the final letter(s) in certain circumstances:

a Masculine singular only: *bueno, malo, primero, tercero, alguno, ninguno*, eg *un buen/mal profesor*, *el primer/tercer día*, *algún/ningún problema*

Santo used as a title for a male saint becomes *San*, except for *Santo Tomás*, *Santo Domingo*.

b Singular both genders: *grande* becomes *gran*: *un gran hombre*, *una gran estrella de cine*.

c Mixed agreement: adjectives placed after the noun take masculine plural agreement, those placed before tend to agree with the first noun:

Profesores y profesoras ingleses	=	English men and women teachers
Con una fingida atención y esmero	=	With pretended attention and care

8 Position of adjectives

a In general adjectives follow the noun, as in all the examples in this section except the shortened ones. There are occasions when other adjectives can precede the noun but the reasons are beyond the scope of this short summary!

b Some adjectives vary their meaning according to their position:

	before noun	after noun
antiguo	former, ancient	ancient
cierto	(a) certain	beyond doubt
medio	half (a)	average
pobre	poor = wretched	poor = not rich
varios	several	various, assorted

c The following only occur in front of the noun: *ambos, mucho, otro, poco, tanto*. Also *cada*, which is invariable.

9 Note!

a You cannot use a noun as an adjective as you can in English: a football match is *un partido de fútbol*, a sugar lump is *un terrón de azúcar*

b When the pronoun *lo* is used with an adjective it forms a kind of abstract noun, of which it is not always easy to find an English equivalent:

Lo importante es ganar	=	The important thing is to win
Eso es lo sorprendente	=	That's the surprising thing about it

adverbs

10 Adverbs qualify parts of speech other than nouns and pronouns. Just as in English where the adverb is formed from the adjective by adding **-ly**, so in Spanish **-mente** is added to the feminine form of the adjective if such exists:

rápido→ rápida→ rápidamente
principal→ principalmente

Note that the accent remains although the primary stress is on the **-mente**.

Where two or more adverbs of this kind are used together, all the adjectives take the feminine form but **-mente** is only added to the last: *lenta y cuidadosamente*.

comparative and superlative of adjectives and adverbs

11 The normal way to form a comparative is with *más* or *menos* . . . . *que*

España es más grande que Inglaterra pero está menos poblada	= Spain is bigger than England but has a smaller population

Note 1: better = *mejor*; worse = *peor*, elder/older = *mayor*, younger = *menor*, which can also mean bigger/smaller respectively. Note also the other comparative forms ending in **-or**, given in paragraph 6 above.

Note 2: when *más* or *menos* is used in comparison with a number or a clause, *de* is used and not *que*:

Madrid tiene más de tres millones de habitantes	= Madrid has more than three million inhabitants
Cobraba menos de lo que había esperado	= I was earning less than I had hoped

If the comparison involves a noun, the relevant part of *el/la/los/las* is used between *de* . . . . *que*, taking its gender and number from the noun in question:

Cobraba menos dinero del que había esperado	= I was earning less money than (what) I had expected

12 Other forms of comparison are: *tan . . . . como*, meaning 'as (so) . . . . . as', and *tanto . . . . . como*, meaning 'as (so) much . . . . . . as':

Inglaterra no es tan grande como España	= England is not so big as Spain
España no tiene tantos recursos naturales como ciertos otros países.	= Spain doesn't have as many natural resources as certain other countries

13 Adverbs form their comparatives in the same way:

Hablas más correctamente que yo, pero no escribes tan perfectamente como tu compañera	= You speak more correctly than I, but you don't write as perfectly as your friend

14 Negative adjectives, or how do you translate the English 'un-'?

Only certain adjectives have a negative form beginning with **in-** (*inconstitucional* = unconstitutional). Others have to make up a negative, usually using *poco*: *poco interesante*, *poco atractivo* = uninteresting, unattractive; or *sin* with an appropriate infinitive: *sin probar* = untried.

15 The superlative is formed in the same way as the comparative, usually with the addition of the definite article:

Extremadura debe ser una de las regiones más pobres de España	= Extremadura must be one of the poorest areas in Spain

Las casas más antiguas están en ese barrio	= The oldest houses are in that quarter

Note the use of *de*, NOT *en* after a superlative.

The article is not used with a possessive:

Mi mejor amigo vendió sus cuadros más interesantes	= My best friend sold his most interesting pictures

16 The suffix **-ísimo** can be added to almost any adjective after removing the final vowel, to give the meaning 'very, extremely':

Es una chica guapísima	= She's a very pretty girl
Una acción estupidísima	= An extremely stupid action

This can also be incorporated into an adverb for extreme effect:

Hablaba rapidísimamente	= She was speaking very, very quickly

17 *cuanto más . . . más . . .* = The more . . . the more . . .

Cuanto más me esforzaba, más se me iban las fuerzas	= The more I struggled the more my strength left me

demonstratives

18 **This/these** and **that/those**

	this	that (near)	that (far)
masc	*este*	*ese*	*aquel*
fem	*esta*	*esa*	*aquella*
neuter	*esto*	*eso*	*aquello*

	these	those (near)	those (far)
masc	*estos*	*esos*	*aquellos*
fem	*estas*	*esas*	*aquellas*

19 You will see most of these forms with and without accents, and although there is some inconsistency about the use of the accent, the old rule which most educated writers still follow is that the demonstrative pronoun, except the neuter form, should have an accent. These guidelines should help to simplify the problem for you:

a If the demonstrative occurs **without** a noun immediately following, you need an accent.
b The accent is always on the first **e**.
c The singular forms ending in **-o never** have an accent.

Esa palabra no lleva acento, pero ésta sí	= That word doesn't have an accent but this one does
¿Cuáles quieres, éstos, ésos o aquéllos?	= Which (ones) do you want – these, those (ie by you) or those (ie over there)?
¿Qué es esto?	= What's this?

i The reason for a neuter form is that it is used when the gender of a noun is not known or when referring to an idea:

¡Pero eso es ridículo! (the idea is ridiculous)
¿Qué es eso? (we don't know what it is yet so we can't give it a gender!).

ii The difference between *este*, *ese* and *aquel* is that *este* means this here, by me, *ese*, that there by you, and *aquel* that over there away from both of us, although the difference between *ese* and *aquel* is sometimes rather blurred, and *ese* may be preferred.

iii 'those who . . .' is usually rendered by *los que/las que* . . .

los que prefieren quedarse aquí . . .

possessives

20 The possessive adjective agrees with the noun in the same way as other adjectives:

mi libro/mis libros	=	my book(s)
tu amigo/tus amigos	=	your friend(s) (belonging to *tú*)
su revista/sus revistas	=	his *or* her magazine(s)
su bolso/sus bolsos	=	your bag(s) (belonging to *usted*)
nuestro profesor/ nuestros profesores	} our teacher(s)	
nuestra profesora/ nuestras profesoras		
vuestro periódico/vuestros periódicos	=	your paper(s)
vuestra revista/vuestras revistas	=	your magazine(s)
su casa/sus casas	=	their house(s)
su coche/sus coches	=	your car(s) (belonging to *ustedes*)

Always make sure that the word you use for *your* corresponds to the form of *you* that is being used.

Although *su* can mean his, her, one's, your (*Vd*), their, your (*Vds*), the sense is usually obvious from the context. Where there is ambiguity say *la casa de él* for his house, or *los coches de Vds* for your cars etc.

Note: A common mistake is to think that *su* means 'his' or 'her' and that *sus* means 'their'. Think again: both mean 'his', 'her' and 'their' (and 'your' (=*de Vd/Vds*)) and the plural form is used when the things belonging to him/her/them/you are plural.

21 One important place where Spanish tends not to use the possessive but to use the definite article instead is describing actions performed to parts of the body or clothing:

Se quitó el abrigo	=	He took off his coat
Me he roto la pierna	=	I've broken my leg

Note the use of the reflexive or indirect object pronoun.

22 *The possessive pronoun*

mío	*mía*	*míos*	*mías*	= mine
tuyo	*tuya*	*tuyos*	*tuyas*	= yours (*tú*)
suyo	*suya*	*suyos*	*suyas*	= his/hers/yours (*Vd*)
nuestro	*nuestra*	*nuestros*	*nuestras*	= ours
vuestro	*vuestra*	*vuestros*	*vuestras*	= yours (*vosotros*)
suyo	*suya*	*suyos*	*suyas*	= theirs/yours (*Vds*)

This is used in three main ways:

a after *ser* without the article: *esa revista es mía.*
b in the sense of 'of mine' etc: *unos amigos nuestros.*
c with the definite article to replace a noun:

Tus notas son mejores que las mías	=	Your marks are better than mine

As with the adjective, when there is ambiguity over the meaning of *suyo*, use *de* and the personal pronoun:

Mi coche no es tan cómodo como el de usted	=	My car is not so comfortable as yours

(with *usted* and *ustedes* this form is often preferred anyway).

numerals

23 It is assumed that at this stage you know your basic cardinal numbers, but the following observations might be helpful:

a *un/una* behaves exactly like the indefinite article even when it means 'one': *un lápiz* means 'a pencil' or 'one pencil'.

b Numbers ending in *uno* behave as follows: *veintiuno* (masc) and *veintiuna* (fem), but the masculine drops the **-o** before a noun:

veintiún hombres	*veintiuna mujeres*

c Numbers in the teens and twenties are spelt with an **i** in the middle: *diecisiete, veintiséis*. Those ending in **-dós, -trés**, and **-séis** need an accent on the last syllable.

d Numbers from *treinta y uno* to *noventa y nueve* are written as three separate words.

e 100 is *cien* when it stands by itself or before a noun (*cien pesetas*), but *ciento* when it means 'one hundred and something': *ciento treinta y siete*. Note that the **y** comes between ten and units in Spanish, not the hundred and tens as in English.

f Hundreds from 200 upwards end in **-tos/tas** and agree with the noun. Don't forget the forms *quinientos* (500), *setecientos* (700), and *novecientos* (900).

g *mil* remains unchanged when expressing a number: *tres mil* (3,000), although you can talk about *miles de hombres* (thousands of men).

h The word for a million is always connected to the noun by *de*: *un millón de pesetas*.

24 Ordinal numbers: these are only commonly used up to 'tenth', the cardinals being used after that:

primer(o), segundo, tercer(o), cuarto, quinto, sexto, sé(p)timo, octavo, noveno, décimo. Remember these behave like any other adjective and agree, and remember the shortened masculine singular forms of *primer/tercer*:

el primer ejercicio, la tercera calle, Alfonso décimo (but *Alfonso trece*), *el aniversario cincuenta*.

25 Note!

a Collective numbers: *un par* (a couple), *una docena, un centenar, un millar*, are all connected to the noun by *de*:

Un par de horas	=	A couple of hours

b Percentage is usually expressed with *un* or *el*:

Un diez por ciento de la población	=	Ten per cent of the population

c Dots and commas: the comma is used to indicate decimal points: 12,5 (*doce coma cinco*), and the dot is used between thousands: 187.534

personal pronouns

26 **Table of Pronouns**

Subject		Direct Object	Indirect Object	Reflexive	Prepositional
I	*yo*	me	me	me	mí
you	*tú*	te	te	te	ti
he	*él*	lo/le	le	se	sí
she	*ella*	la	le	se	sí
you	*usted*	le/la	le	se	sí
we	*nosotros*	nos	nos	nos	nosotros
we	*nosotras*	nos	nos	nos	nosotras
you	*vosotros*	os	os	os	vosotros
you	*vosotras*	os	os	os	vosotras
they	*ellos*	los/les	les	se	ellos
they	*ellas*	las	les	se	ellas
you	*ustedes*	los/les/las	les	se	sí

27 The subject pronoun is only used with the verb to avoid ambiguity or for emphasis:

Nosotros vamos al centro y ellos = We're going to the centre and
vuelven a casa *they're* going home

Lo hice yo = *I* did it

Standing alone: *¿Quién? ¿Yo?* = Who, me?

28 Which word for 'you'? There is no doubt that the use of *tú/vosotros* has increased considerably in recent years, and the authors of this book have taken the liberty of addressing you in this way, although the examination boards continue to use the formal *usted(es)*. It is much more widely used than *tu* in French. *Tú/vosotros* are used between members of a family, close friends – people who are on Christian name terms, and between people, even strangers under about thirty. Obviously there are borderline cases and if in doubt use *usted(es)* until you are told you are being too formal!

29 After prepositions. You use the same form as the subject pronoun except for *mí, ti*, for me, you. *Sí* is the prepositional form of *se*, meaning himself, herself, oneself, themselves, your self/selves (= *Vd(s)*):

delante de ellos, para ti, contra nosotros, sin ustedes.

Note the special forms: *conmigo, contigo, consigo.* The other pronouns do not combine: *con ella.*

30 **Object pronouns**

a *me, te, nos, os*: these mean (to) me, you, us, you, as direct or indirect object of a verb:

nos odian = they hate us (direct object)
te escribiré = I'll write to you (indirect object)
me quitaron todo el dinero = they took all my money (ie from me)
¡te partiré la cara! = I'll smash your face in (ie for you)!
quisiera lavarme las manos = I'd like to wash my hands.
(Note the common use of these pronouns with actions to parts of the body and clothing.)

b *lo/le/la, los/les/las*: there is considerable variation in the use of these pronouns, but if you follow these guidelines you will not go far wrong, even if you find different usage in the materials you study!

i When used as direct object:

lo = it (masculine noun)
le = him (male person)
la = her (feminine noun, female person)

Add **-s** to these to make them plural:

los = them (masculine plural nouns)
les = them (male persons)
las = them (feminine plural nouns, female persons)

Note: *le/la, les/las* are also the object form of *usted/ustedes*, depending on the sex of the person/s addressed.

Le veremos en setiembre = We'll see him/you in September

La veremos en setiembre = We'll see her/you in September

ii When used as indirect object this pronoun does not differentiate masculine and feminine:

le = to him, to her, to you (*Vd*)
les = to them (m & f), to you (*Vds*).

¿El regalo? Sí, lo recibimos ayer = The present? Yes, we received it yesterday

¿Al señor Marín? Sí, le conozco muy bien = Mr. Marín? Yes, I know him very well

¿Tu revista? No, no la he visto = Your magazine? No, I haven't seen it

¿Mis hijas? ¡Claro que las quiero! = My daughters? Of course I love them!

¿A la profesora? Sí, ya le hablé de eso ayer = The teacher? Yes I spoke to her about it yesterday

*Le mandé la carta a Enrique** = I sent the letter to Enrique

*Note 1: the common use of the 'redundant' pronoun. The *le* is not necessary for the meaning but it is a device which occurs with considerable frequency, especially with the indirect object pronoun.

Note 2: there are certain places where an object pronoun is necessary in Spanish but not in English:

Pues, si tú lo dices = Well, if you say so

Manolo dice que no es grave, pero ¡lo es! = Manolo says it's not serious, but it is!

Sí, ya lo sé = Yes, I know

31 Where two object pronouns are used together, the indirect object always comes first:

Te lo mandamos = We'll send it to you

Note: when both pronouns are third person, the indirect always changes to *se* (ie you cannot use two object pronouns beginning with l together):

Se lo explicamos	= We explained it to him
Bueno, se los mandaré	= Fine, I'll send them to you

Where there is ambiguity, add *a él*, *a ella*, *a Vd*, etc:

Se lo explicaremos a ellos	= We'll explain it to **them**

32 Object pronouns are placed before the verb, except:

a with an infinitive used with another verb where they either precede the first verb or are tacked on to the infinitive, becoming part of the word:

os lo voy a dar or *voy a dároslo*
no se las queremos mandar or *no queremos mandárselas*

b in other cases it is tacked on the end:

¿marcharme? ¡ni hablar! sería absurdo irme de aquí.

c the same applies with a gerund:

te lo estoy explicando or *estoy explicándotelo*
lo seguiremos haciendo or *seguiremos haciéndolo*
afeitándome esta mañana me corté

d and with a positive command:

¡dígame! ¡dámelos! ¡siéntese!

Don't forget to add accents where necessary! With negative commands they precede the verb as normal: *¡no me digas!*

33 Reflexive verbs: in true reflexive verbs the subject does the action to him/herself: *me ducho todas las mañanas.*

However, there are other verbs which behave like reflexive verbs for a specific purpose, often to intensify the meaning of an action, where English adds an adverb:

¡Me voy!	= I'm off!
Se lo comió todo	= He ate it all up
Se me cayó	= I dropped it

Reflexive pronouns are also used for reciprocal action:

Nos vamos a escribir	= We're going to write to each other

the verb

34 Spanish verbs fall into three regular categories, with their infinitives ending in **-ar**, **-er**, and **-ir** respectively. In fact, the endings of **-ir** verbs only differ from **-er** verbs in the Present Indicative and the *vosotros* command forms; elsewhere the two types share endings. Besides these, there are the so-called 'radical-change' verbs, where the vowel preceding the ending in some parts changes from **-o** to **-ue**, or **-e** to **-ie** or **-i**, and other verbs which do not follow the normal pattern and are termed 'irregular', though some of these can be listed in subgroups.

For the purposes of reference, verbs are dealt with tense by tense, giving the formation of regular, radical-change and irregular verbs, and the main uses of the tense.

35 **The Infinitive**: always ends in **-ar, -er, ir**.

It is the verb in its basic form, the one you are always given in a dictionary, and the ending tells you which tense endings to use.

Uses:

a meaning 'to do' something, following another verb:

No quiero volver tan temprano	= I don't want to go back so early

b to convert a verb to a noun, often rendered by the **-ing** ending in English:

Ver es creer	= Seeing is believing
Me encanta dibujar los caballos	= I love drawing horses

36 **The Present Tense**

a Regular:

-ar	-er	-ir
comprar	**beber**	**subir**
compro	*bebo*	*subo*
compras	*bebes*	*subes*
compra	*bebe*	*sube*
compramos	*bebemos*	*subimos*
compráis	*bebéis*	*subís*
compran	*beben*	*suben*

b Radical change:

o→ue	u→ue	e→ie	e→i
volver	**jugar**	**pensar**	**pedir**
vuelvo	*juego*	*pienso*	*pido*
vuelves	*juegas*	*piensas*	*pides*
vuelve	*juega*	*piensa*	*pide*
volvemos	*jugamos*	*pensamos*	*pedimos*
volvéis	*jugáis*	*pensáis*	*pedís*
vuelven	*juegan*	*piensan*	*piden*

c Irregular:

i these verbs end in **-oy** in the first person singular, but are otherwise normal:

dar: *doy, das, da, damos, dais, dan*
estar: *estoy, estás, está, estamos, estáis, están* (note accent)

ii a number have a **-g-** in the first person singular, otherwise are regular according to their infinitive ending:

poner: *pongo, pones, pone, ponemos, ponéis, ponen*
salir: *salgo, sales . . .*
traer: *traigo, traes . . .*
hacer: *hago, haces . . .*
valer: *valgo, vales . . .*
caer: *caigo, caes . . .*

iii others have this feature combined with a radical or spelling change:

tener: *tengo, tienes, tiene, tenemos, tenéis, tienen*
decir: *digo, dices, dice, decimos, decís, dicen*
venir: *vengo, vienes, viene, venimos, venís, vienen*
oír: *oigo, oyes, oye, oímos, oís, oyen*

iv verbs with infinitives ending in **-ecer, -ocer, -ucir** have **-zc-** in the first person singular, but are otherwise normal:

parecer: *parezco, pareces . . .*
traducir: *traduzco, traduces . . .*

Note also:

saber: *sé, sabes . . .*
ver: *veo, ves . . .*

v of other verbs often termed 'irregular', *poder* and *querer* behave as normal radical-change verbs.

vi verbs with infinitives ending in **-uir**, have **-y-** in the singular and 3rd person plural:

concluir: *concluyo, concluyes, concluye, concluimos, concluís, concluyen*

vii an accent is needed in certain verbs on the weak vowel; **-i-** or **-u-** in the singular and 3rd person plural:

actuar: *actúo, actúas, actúa, actuamos, actuáis, actúan*
enviar: *envío, envías, envía, enviamos, enviáis, envían*

viii the following are totally irregular:

ser: *soy, eres, es, somos, sois, son*
ir: *voy, vas, va, vamos, vais, van*
haber: *he, has, ha*, hemos, habéis, han*

*hay when it means 'there is/are'.

d Use of the Present Tense:

i to denote what happens regularly, repeatedly:

Cada lunes volvemos al trabajo	= Every Monday we go back to work

ii to denote what is happening at this moment:

¿Qué tiempo hace? Creo que llueve	= What's the weather like? I think it's raining

iii as in English, it can be used to denote actions in the immediate future:

Mañana nos marchamos para Sevilla	= We're off to Seville tomorrow

iv also as in English it can be used to dramatise events in the past:

Se me acerca y me coge la manga	= He comes (= came) up to me and catches (= caught) me by the sleeve

v to indicate how long you have been doing something, if you are still doing it. Note the alternative ways of expressing it:

¿Desde cuándo vivís aquí? Vivimos en esta casa desde hace tres años. ¿Cuánto tiempo hace que vivís aquí? Hace tres años que vivimos en esta casa	= How long have you lived (been living) here? We've lived (been living) in this house for three years

This can also be expressed idiomatically using *llevar* – still in the present:

¿Cuánto tiempo lleváis (viviendo) en esta casa? Llevamos tres años (viviendo) aquí

37 The Present Continuous

This denotes what is going on at the present time and is as near as matters the exact equivalent of the corresponding English tense. It is formed with *estar* and the gerund:

¿Qué estás haciendo? Estoy buscando mis zapatos	= What are you doing? I'm looking for my shoes

38 The Preterite

a Regular:

-ar	-er	-ir
comprar	**beber**	**subir**
compré	*bebí*	*subí*
compraste	*bebiste*	*subiste*
compró	*bebió*	*subió*
compramos	*bebimos*	*subimos*
comprasteis	*bebisteis*	*subisteis*
compraron	*bebieron*	*subieron*

b Radical change:

The only verbs which change in this tense are those **-er** and **-ir** verbs which have a secondary change of **e→i** or **o→u** in the 3rd persons singular and plural:

e→i (-ie in Present)	e→i (-i in Present)	o→u (-ue in Present)
preferí	*pedí*	*dormí*
preferiste	*pediste*	*dormiste*
prefirió	*pidió*	*durmió*
preferimos	*pedimos*	*dormimos*
preferisteis	*pedisteis*	*dormisteis*
prefirieron	*pidieron*	*durmieron*

c Irregular:

i verbs with **-y-** in the 3rd persons:

oir: *oí, oíste, oyó, oímos, oísteis, oyeron*

also: *leer, caer, creer*, and verbs ending in **-uir**.

ii **-er/-ir** verbs whose stem ends with **-ñ-**, **-ll-** drop the **-i-** from the ending:

reñir: *riñó . . . riñeron*

iii Verbs with unstressed 1st and 3rd person endings, sometimes called *Pretérito grave*. There is a sizeable group of these, otherwise termed irregular, but they do form a pattern within their group, although the stem is often very irregular:

andar

anduve
anduviste
anduvo
anduvimos
anduvisteis
anduvieron

Other verbs which follow this pattern are:

caber: *cupe . . .*
estar: *estuve . . .*
haber: *hube . . .*
hacer: *hice . . . hizo . . .*
poder: *pude . . .*
poner: *puse . . .* (**imponer**, **proponer**, and other compounds)
querer: *quise . . .*
saber: *supe . . .*
tener: *tuve . . .* (**obtener**, **mantener**, etc)
venir: *vine . . .* (**convenir**, etc)

iv those with the stem ending in **-j-** take **-eron** as the 3rd person plural ending:

decir: *dije . . . dijeron*
traer: *traje . . . trajeron* (**contraer**, **atraer**, **distraer**, etc)
conducir: *conduje . . . condujeron* (and all compounds ending in **-ducir**)

v Note also:

dar: *di, diste, dio, dimos, disteis, dieron*
ver: *vi, viste, vio, vimos, visteis, vieron*
ser/ir: *fui, fuiste, fue, fuimos, fuisteis, fueron*

d Use of the Preterite:

i To indicate completed actions in the past, ie to say what happened.

Ayer pasamos la mañana en la playa y luego por la tarde dimos un paseo por el campo	= Yesterday we spent the morning on the beach and then in the afternoon we went for a walk in the country

ii To denote an action spread over a finite period of time however long:

Estuvimos tres semanas en Madrid	= We were in Madrid for 3 weeks
Este rey reinó muchos años, su reinado fue muy largo	= This king reigned for many years, his reign was a very long one

iii Note the use of *saber* and *conocer*:

Cuando supe lo que pasaba	= When I found out/realised what was happening
Conocí a Manolo la semana pasada	= I met (= got to know) Manolo last week

39 The Imperfect

a Regular:

-ar	-er	-ir
comprar	**beber**	**subir**
compraba	*bebía*	*subía*
comprabas	*bebías*	*subías*
compraba	*bebía*	*subía*
comprábamos	*bebíamos*	*subíamos*
comprabais	*bebíais*	*subíais*
compraban	*bebían*	*subían*

b Radical-change: none

c Irregular: only the following:

ser	**ir**	**ver**
era	*iba*	*veía*
eras	*ibas*	*veías*
era	*iba*	*veía*
éramos	*íbamos*	*veíamos*
erais	*ibais*	*veíais*
eran	*iban*	*veían*

d Use of the Imperfect

i To set the scene: what was going on, what people were doing:

Justamente hablábamos de usted	= We were in fact talking about you
Esta mañana a las seis llovía	= It was raining at six this morning

ii To denote what used to happen:

Cuando vivíamos en España cenábamos mucho más tarde que ahora	= When we lived (= used to live) in Spain we had (= used to have) supper much later than now

Note: English can use the simple past to denote either a preterite or an imperfect action, so you have to be careful to select the correct tense in Spanish:

When I lived in Spain I worked in a language school	= *Cuando vivía en España trabajaba en una escuela de idiomas*

Imperfect because the emphasis is on what you used to do when you used to live in Spain.

I lived and worked there for three years	= *Viví y trabajé allí tres años*

This is preterite because you are looking at the three years as a completed whole, a completed episode in your life.

iii to indicate how long you had been doing something, provided you were still doing it at the time of reference (cf 36d):

¿Desde cuando vivíais allí cuando murió tu padre? Vivíamos allí desde hacía tres años	
¿Cuánto tiempo hacía que vivíais allí cuando murió tu padre? Hacía tres años que vivíamos allí	= How long had you been living there when your father died? We had been living there for three years
¿Cuánto tiempo llevabais (viviendo) allí cuando murió tu padre? Llevábamos tres años viviendo allí	

40 The Imperfect Continuous

A common alternative form to say what was happening, what you were doing (cf present continuous):

Estaba tomando un baño	= I was having a bath

41 The preterite used in conjunction with the imperfect

This is a very common contrast:

¿Qué estabas haciendo cuando te llamé?	= What were you doing when I phoned you?
Nevaba cuando nos pusimos en camino	= It was snowing when we set out

42 The Future

The endings are usually added to the infinitive:

a Regular:

-ar	-er	-ir
comprar	**beber**	**subir**
compraré	*beberé*	*subiré*
comprarás	*beberás*	*subirás*
comprará	*beberá*	*subirá*
compraremos	*beberemos*	*subiremos*
compraréis	*beberéis*	*subiréis*
comprarán	*beberán*	*subirán*

b Radical-change: none

c Irregular:

The irregularity is in the stem, never in the ending. The stem always ends in **-r-**:

caber: *cabré* . . .
decir: *diré* . . .
haber: *habré* . . .
poder: *podré* . . .
poner: *pondré* . . . (and compounds)
querer: *querré* . . .
saber: *sabré* . . .
salir: *saldré* . . .
tener: *tendré* . . . (and compounds)
valer: *valdré* . . .
venir: *vendré* . . . (and compounds)

d Use of the future

i to indicate future events:

La semana que viene estaremos en España = Next week we'll be in Spain

ii but remember you can often use the present rather as in English:

La semana que viene estamos en España = Next week we're in Spain

iii *ir a* is also often used to indicate future events:

La semana que viene vamos a estar en España = Next week we're going to be in Spain

Where there are slight differences in sense they are much the same as in English.

iv The 'suppositional' future, to indicate suppositions or approximations:

Estarán en la playa = They must be on the beach/I expect they are on the beach

¿Qué hora será? = What can the time be?/I wonder what the time is?

Note: be careful when rendering the English 'will' and 'won't' as they can indicate willingness and not the future. You must use *querer* and the infinitive:

¿Quieres decirme la verdad o no? = Will you tell me the truth or not?

Papá no quiere comprarme un perro = Daddy won't buy me a dog

43 The Conditional

a Formed as the future, adding the following endings to the infinitive or future stem (cf 42):

-ía, -ía, -ías, -íamos, -ais, -ían.

b Use of the Conditional:

i to indicate an implied condition:

No sería prudente = It wouldn't be wise

ii suppositions or approximations about the past (cf 42d)

Estarían en la playa = They must have been on the beach

Serían las nueve cuando salimos = It must have been nine when we left.

iii to indicate future in the past, especially in reported speech. Compare:

– Claro que lo haré mañana – dijo = 'Of course I'll do it tomorrow,' he said

Dijo que lo haría al día siguiente = He said he would do it the next day

iv *querría* (would like) and *debería* (ought) are often replaced by the subjunctive forms *quisiera* and *debiera*.

Note 1: Be careful with the English words *would/wouldn't*, which might indicate willingness and should be rendered by an imperfect or preterite of *querer* with the infinitive:

Yo quería un perro pero papá no quería comprármelo = I wanted a dog but Daddy wouldn't buy me one

Note 2: 'would' in English can also mean 'used to', often being the equivalent of the imperfect or *solía* plus the infinitive:

Cuando trabajábamos en Madrid pasábamos (solíamos pasar) los domingos en la Sierra = When we worked in Madrid we would spend Sundays in the mountains

44 The Perfect Tense

This tense is formed with the present tense of *haber* and the past participle of the verb.

a With regular past participles:

-ar	-er	-ir
comprar	**beber**	**subir**
he comprado	*he bebido*	*he subido*
has comprado	*has bebido*	*has subido*
ha comprado	*ha bebido*	*ha subido*
hemos comprado	*hemos bebido*	*hemos subido*
habéis comprado	*habéis bebido*	*habéis subido*
han comprado	*han bebido*	*han subido*

b Radical-change: none

c Irregular past participles:

abrir: *abierto*
cubrir: *cubierto*
descubrir: *descubierto*
decir: *dicho*
disolver: *disuelto*
escribir: *escrito*
freír: *frito*
hacer: *hecho*
poner: *puesto*
resolver: *resuelto*
romper: *roto*
ver: *visto*
volver: *vuelto*
devolver: *devuelto*

and other compounds of the basic verbs in the list.

Note 1: the auxiliary *haber* and the past participle are never separated by pronouns or to form questions:

¿Lo ha visto Vd? = Have you seen it?

although a pronoun can be attached to the perfect infinitive:
Siento mucho no haberle hablado antes = I'm sorry I didn't speak to you before

Note 2: there is only the one auxiliary and in this use the past participle does not have to agree with anything – quite a relief if you have been used to French!

d Use of the perfect

i Near enough identical to English: to say what *has* happened, what you *have* done in the recent past:

¿Qué habéis hecho esta mañana? = What have you done (been doing this morning?)
Habéis visitado el faro? = Have you been to the lighthouse?

ii The perfect is *not* used in the sense of 'how long have you been doing something'. See 36d on present.

iii Nor is it used to say what you have *just* done: use the present of *acabar de* with the infinitive:

El tren acaba de salir = The train has just left

45 The Pluperfect

a This corresponds to the English pluperfect, indicating what *has* happened, what you *had* done. It is formed with the imperfect of *haber* and the past participle:

había comprado
habías bebido
había subido
habíamos escrito
habíais vuelto
habían hecho

b Use of the pluperfect: to say what *had* happened, what you *had* done:

Ya se habían marchado cuando = They had already gone when
llegamos   we got there

It is *not* used to say what had *just* happened, use the imperfect of *acabar de* with the infinitive (cf 44d).

El tren acababa de salir = The train had just left

46 Other compound tenses

a The future perfect: means, as in English, 'will have done something', and is formed with the future of *haber* and the past participle:

Ya habrán llegado = They will have arrived already

This tense can also express supposition (cf 42d), and the above sentence could mean: 'I expect they (will) have arrived already/they must have arrived already.'

b The conditional perfect: means 'would have done something', and is formed with the conditional of *haber* and the past participle.

No sé lo que habría hecho en = I don't know what I would
ese caso   have done in that case

The conditional of *haber*, however, is often replaced by the **-ra** imperfect subjunctive form (cf 49).

It can also express supposition.

Pensábamos que ya habrían = We were thinking that they
llegado   must have arrived by now

c The past anterior: you might meet the preterite of *haber* with the past participle – *cuando hubieron terminado* – which is a literary tense and means 'had finished', and is used after time expressions such as *cuando, apenas* (hardly), *así que, en cuanto, tan pronto como* (as soon as). The only thing you need to remember at this stage is not to use the pluperfect after these words: the preterite is permissible and a lot simpler!

En cuanto terminamos la = As soon as we (had) finished
compra volvimos a casa   our shopping we went home

the subjunctive

47 The subjunctive is not a tense. It is an alternative form of the verb which *must* be used in certain circumstances and which has its own set of tenses. The grammatical term for it is the Subjunctive *Mood*, and you will see from the circumstances in which it is used, as listed below, that it often does indicate a kind of 'mood' within the sentence. Although some uses are difficult to explain clearly by analysis, you will as you increase your experience of the language acquire 'that subjunctive feeling', ie an instinct that a subjunctive is necessary. It is an essential part of Spanish, with very wide-ranging uses. Space only permits comment here on the most frequent uses and we would recommend you study the subject more deeply in a more detailed Spanish Grammar.

Tenses of the Subjunctive

48 Present

a with regular verbs you 'swap endings' with the present indicative (the 'normal' present), remembering that the first person singular ends in **-e** or **-a** respectively:

-ar	-er	-ir
comprar	**beber**	**subir**
compre	*beba*	*suba*
compres	*bebas*	*suba*
compre	*beba*	*suba*
compremos	*bebamos*	*subamos*
compréis	*bebáis*	*subáis*
compren	*beban*	*suban*

b Radical change: those verbs which only have the one change (e→ie, o→ue, u→ue) change in the same place as the indicative; those with the further change (e→i, o→u) (cf 38b) have this change in the 1st and 2nd persons plural; those **-ir** verbs with the e→i change maintain this throughout the present subjunctive.

volver	pensar	dormir
vuelva	*piense*	*duerma*
vuelvas	*pienses*	*duermas*
vuelva	*piense*	*duerma*
volvamos	*pensemos*	*durmamos*
volváis	*penséis*	*durmáis*
vuelvan	*piensen*	*duerman*

preferir	pedir
prefiera	*pida*
prefieras	*pidas*
prefiera	*pida*
prefiramos	*pidamos*
prefiráis	*pidáis*
prefieran	*pidan*

c Irregular

i the group of verbs which have **-g-** or **-zc-** in the 1st person singular of the indicative maintain this throught the present subjunctive, otherwise following the normal ending pattern with **-a**:

decir: *digo→ diga, digas, diga, digamos, digáis, digan.*
conocer: *conozco→ conozca, conozcas, conozca, conozcamos, conozcáis, conozcan.*

ii *estar* and *dar* are predictable but need accents:

estar: *esté, estés, esté, estemos, estéis, estén.*
dar: *dé, des, dé, demos, deis, den.*

iii Spelling changes: because of the swapping of **-a/-e** endings, stems ending in **-c-, -z-, -g-, -gu-** are subject to changes according to the rules of spelling:

sacar→ *saque, . . .*
cazar→ *cace, . . .*
coger→ *coja, . . .*
seguir→ *siga, . . .*

iv The following have a totally irregular stem, though the endings are the usual ones with **-a**:

ser: *sea, seas, sea, seamos, seáis, sean.*
ir: *vaya,* . . .
haber: *haya,* . . .
saber: *sepa,* . . .
caber: *quepa,* . . .

49 Imperfect Subjunctive

There are two forms of the imperfect subjunctive, which are completely interchangeable, except that the form in **-se** cannot be used as a substitute for the conditional (cf 43).

The stem, which is infallible, provided you know your preterite thoroughly, is the 3rd person plural of the preterite, and whatever irregularity is contained therein is carried over into the imperfect subjunctive, so refer back also to paragraph 38!

a Regular:

-ar		-er	
comprar		**beber**	
compr-aron		*beb-ieron*	
comprara	*comprase*	*bebiera*	*bebiese*
compraras	*comprases*	*bebieras*	*bebieses*
comprara	*comprase*	*bebiera*	*bebiese*
compráramos	*comprásemos*	*bebiéramos*	*bebiésemos*
comprareis	*compraseis*	*bebierais*	*bebieseis*
compraran	*comprasen*	*bebieran*	*bebiesen*

-ir

subir

sub-ieron

subiera	*subiese*
subieras	*subieses*
subiera	*subiese*
subiéramos	*subiésemos*
subirerais	*subieseis*
subieran	*subiesen*

b Radical change and Irregular

preferir → *prefirieron* → *prefiriera/prefiriese*
pedir → *pidieron* → *pidiera/pidiese*
dormir → *durmieron* → *durmiera/durmiese*

oír → *oyeron* → *oyera/oyese*
reñir → *riñeron* → *riñera/riñese*
decir → *dijeron* → *dijera/dijese*
traer → *trajeron* → *trajera/trajese*
ser/ir → *fueron* → *fuera/fuese*
andar → *anduvieron* → *anduviera/anduviese*
hacer → *hicieron* → *hiciera/hiciese*
(and the rest of this group, cf 38)

dar → *dieron* → *diera/diese*

50 The Perfect and Pluperfect Subjunctives

The perfect is formed with the present subjunctive of *haber* and the past participle, and the pluperfect with the imperfect subjunctive of *haber* and the past participle:

Perfect Subjunctive	Pluperfect Subjunctive
haya comprado	*hubiera/hubiese comprado*
hayas comprado	*hubiera/hubiese comprado*
haya comprado	*hubiera/hubiese comprado*
hayamos comprado	*hubiéramos/hubiésemos comprado*
hayáis comprado	*hubierais/hubieses comprado*
hayan comprado	*hubieran/hubiese comprado*

Uses of the subjunctive

51 Influencing others: after verbs and other expressions of wanting, ordering, advising, prohibiting, allowing, causing, avoiding:

Pues no queremos que lo hagas	= Well, we don't want you to do it
Tu madre dice que vayas a casa	= Your mother's telling you to go home
Hay que impedir que lo sepan	= We've got to prevent them knowing
Todos sus amigos le aconsejaban a que no se marchara	= All his friends were advising him not to go
Conseguimos evitar que nos vieran	= We managed to avoid them seeing us

52 After emotional reactions and value judgements:

Lamentamos que sientas así	= We're sorry you feel like that
Sería mejor que nos callásemos	= We'd better keep quiet
Me alegro de que hayas tenido notas tan buenas	= I'm delighted you've got such good marks
Es una vergüenza que se les permita entrar	= It's a disgrace that they are allowed in
Siempre le parecía increíble que su hijo adoptara tal actitud	= It always seemed incredible to her that her son should take such an attitude

53 After expressions of doubt:

Temo que vaya a haber problemas	= I'm afraid there may be problems
Dudábamos que supiera la solución	= We doubted whether he knew the solution
Espero que todo salga bien	= I hope everything will turn out all right

Note: when *esperar* means to expect, or the hope is very positive, the indicative is used:

Espero que todo saldrá bien	= I expect everything will turn out all right

54 After statements of possibility and likelihood:

Puede (ser) que tengan la solución al problema	= (It's possible that) they may have the answer to the problem
Era probable que muriera pero todavía existía la posibilidad de que recuperara la salud	= It was probable/likely that she was going to die, but there still existed the possibility that she would recover

55 After verbs of saying, knowing, thinking in the negative:

No creo que lo sepan	= I don't think they know

No digo categóricamente que sea el caso, pero creo que lo es	= I don't say categorically that this is the case, but I think it is

56 After expressions indicating purpose, such as *para que, a que, a fin de que, con el objeto de que*, with the meaning of 'in order that, so that . . .'. Also *de modo que, de manera que* when they mean 'in order that . . .' but not when they mean 'with the result that . . .'.

Te lo digo ahora para que lo sepas antes que los demás	= I'm telling you now so that you know before the others
Lo terminaron de modo que sus padres vieran su trabajo	= They finished it in order that their parents could see their work
Lo terminaron de modo que sus padres pudieron ver su trabajo	= They finished it, with the result that their parents were able to see their work

57 After expressions of futurity. The following expressions are followed by the subjunctive when they refer to actions which have not or had not yet taken place:

antes de que before
así que, no bien, en cuanto, tan pronto como as soon as
cuando when
hasta que until
después de que after
mientras so long as
una vez que once

Cuando lleguemos . . .	= When we arrive . . .
En cuanto lleguemos . . .	= As soon as we arrive . . .
Una vez que lleguemos . . .	= Once we arrive . . .
. . . buscaremos algo de comer	= . . . we'll look for something to eat
Decidimos que . . .	= We decided that . . .
. . . cuando llegásemos . . .	= . . . when we arrived . . .
. . . en cuanto llegásemos . . .	= . . . as soon as we arrived . . .
. . . una vez que llegásemos . . .	= . . . once we arrived . . .
. . . buscaríamos algo de comer	= . . . we would look for something to eat

58 After the following expressions:

con tal que provided that
a condición de que on condition that
a no ser que unless
a menos que unless
sin que without

Sí, vamos, a menos que llueva	= Yes, we're going, unless it rains

aunque when it indicates a strong concession, 'even though, even if . . .', but not when it means 'although' and simply states a fact:

Iremos aunque llueva a cántaros	= We'll go, even if it pours
Fuimos, aunque llovía a cántaros	= We want, although it was pouring

59 After indefinite or negative antecedents:

Busco un tutor que me enseñe el español	= I'm looking for a tutor to teach me Spanish/who can teach me Spanish
El coronel no tiene quien le escriba	= The colonel doesn't have anyone to write to him

Although the main reason for the subjunctive is 'any tutor so long as he can teach me Spanish' or 'no person who writes to the colonel', there is often an implied *para que* (= in order to), especially after verbs such as *buscar*, etc, and you use this construction to render such phrases as:

I need someone to repair my car	= Me hace falta alguien que me arregle el coche

60 In the following cases:

a *pase lo que pase*	= whatever happens
haga lo que haga	= whatever he does
digan lo que digan	= whatever they say
sea como sea	= be that as it may

and similar expressions.

b *por mucho que/por más que te opongas*	= however much you object
por tontos que parezcan	= however stupid they (may) appear

c After:

quienquiera whoever, *cuandoquiera* whenever, *dondequiera*, wherever, and other similar words ending in **-quiera**, usually corresponding to English ones ending in **-ever**.

d After words for perhaps: *quizá(s), tal vez, acaso.*

e In the following expressions:

o sea (que) in other words, put another way
que yo sepa as far as I know, to my knowledge
que yo recuerde as far as I (can) remember

f After *ojalá* 'I wish it were', would that . . .'

ojalá llueva	= I wish it would rain, if only it would rain
¿salir al extranjero? ¡ojalá pudiera!	= Go abroad? I wish I could!

61 Tense sequence with the subjunctive:

a Generally speaking, when the main verb of the sentence is in:

Present
Future
Perfect
Imperative

the subjunctive verb will be present or perfect:

Le digo		I'm telling him	
Le diré	*que no lo haga* =	I'll tell him	not to do it
Le he dicho		I've told him	
Dile		Tell him	

Sentimos que no hayas podido visitarnos	= We're sorry you haven't been able to visit us

b When the main verb is in:

Imperfect
Preterite
Conditional
Pluperfect

the subjunctive verb will be Imperfect or Pluperfect:

Le decía		I was telling him	
Le dije		I told him	
Le diría	*que no lo hiciera* =	I'd tell him	not to do it
Le había dicho		I'd told him	
Le había dicho		I had told him	
Le habría dicho		I'd have told him	

Nos alegrábamos tanto de que lo hubieras podido terminar	= We were so pleased you had been able to finish it

62 If...

Whether or not you use the subjunctive after *si* depends on the type of condition:

a Open condition: use present indicative, usually in conjunction with the present, future or imperative:

Si llueve, no vamos	= If it rains we don't go

b Remote or very hypothetical condition, use imperfect subjunctive in conjunction with the conditional:

Si lloviese/lloviera, no iríamos	= If it rained (were to rain) we wouldn't go

c Condition is unfulfilled, contrary to what happened, use the pluperfect subjunctive in conjunction with the conditional perfect:

Si hubiese llovido, no habríamos ido	= If it had rained we would not have gone (but it didn't rain, so we went)

Note that either form *hubiese/hubiera* may be used after *si*, and frequently the *hubiera* form (but not *hubiese*) is used in place of the conditional *habría*. You may meet any combination of these, but from your point of view you will find it easier to use the *hubiera* form in both parts, and you will not go far wrong:

Si hubiera *llovido no* hubiéramos *ido*

d To get over the English supposition 'what if...?' use the imperfect or pluperfect subjunctive:

Si nos vieran...	= What if they saw us?
Si nos hubieran visto...	= What if they'd seen us?

e Sometimes *si* is the equivalent of 'when', 'whenever', 'just because'. In these cases use the natural tense of the indicative, never the subjunctive:

Si llovía, no íbamos	= If (when) it rained we used not to go, we didn't go

f When *si* means 'whether' it can be used with any indicative tense:

Pregúntales...	= Ask them...
...si van a ir	= if they're going to go
...si fueron	= if they went
...si irían	= if they would go

Note: there are no circumstances in which *si* can ever be used with the present subjunctive.

63 Imperatives

As there are four words for 'you' in Spanish, it therefore follows that there are four corresponding forms of the command, both positive and negative, ie DO! and DON'T! There are rules which will help you select the correct form:

a all *usted/ustedes* commands use the present subjunctive

(no) compre (Vd)	*(no) beba (Vd)*	*(no) suba (Vd)*
(no) compren (Vds)	*(no) beban (Vds)*	*(no) suban (Vds)*

b all negative commands also use the present subjunctive, so in addition to the above used negatively you have:

no compres	*no bebas*	*no subas* (for *tú*)
no compréis	*no bebáis*	*no subáis* (for *vosotros*)

c *tú* positive, where the rule is to remove the **-s** from the present tense *tú* form:

compras→*compra*   *bebes*→*bebe*   *subes*→*sube*

Irregular:

decir→*di*	*salir*→*sal*
hacer→*haz*	*ser*→*sé*
ir→*ve*	*tener*→*ten*
poner→*pon*	*venir*→*ven*

d *vosotros* positive: remove the **-r** from the infinitive and replace it with a **-d**:

comprar→*comprad*   *beber*→*bebed*   *subir*→*subid*

There are no exceptions to this rule.

e Object pronouns are attached to the end of the positive imperative (watch the need for accent when you add syllables) and precede the negative imperative:

dámelo	*dádmelo*	*démelo*	*dénmelo*	give me it, give it to me
dime	*decidme*	*dígame*	*díganme*	tell me
siéntate	*sentaos**	*siéntese*	*siéntense*	sit down

no me lo des	*no me lo deis*	*no me lo dé*	*no me lo den*	
no me digas	*no me digáis*	*no me diga*	*no me digan*	
no te sientes	*no os sentéis*	*no se siente*	*no se sienten*	

don't give me it
don't tell me**
don't sit down

* The reflexive verb loses the **-d** before the pronoun **-os**, with the exception of *ir*: *idos* = go away!
** This phrase is often used to express incredulity: 'you don't say!'.

f Other ways of expressing commands:

i *que* and the present subjunctive in any person, usually involving a strong exhortation to action:

Que os divirtáis	= (May you) enjoy yourselves
¡Que lo hagas y que no te olvides!	= Mind you do it and make sure you don't forget!
Que pasen	= Let them in, tell them to come in
Que lo vea yo	= Let me see it

ii with the infinitive, used frequently in public notices and in written instructions:

No fumar	= No smoking
No hablar con el conductor	= Do not speak to the driver
Mondar los tomates y cortarlos en trozos	= Peel and chop the tomatoes

iii Let's: although there is a formal literary form using the subjunctive (*discutamos* = let's discuss) the usual spoken form is to use *vamos a* plus the infinitive:

(No) vamos a discutirlo ahora	= (Don't) let's discuss it now

64 Particles and gerunds

a A participle can be used as an adjective, a gerund cannot, a distinction which is important when dealing with the form ending in **-ando/-iendo/-yendo** which can never be an adjective and never changes its ending. If you wish to express the English 'a flying saucer' or 'a charming person', Spanish verbs usually have an associated adjectival form either ending in **-ante/-iente** or **-ador(a)**,

-edor(a), -idor(a) depending on the infinitive of the verb, but not all verbs have them and even if they do there is no guarantee which ending a verb may use, so use a dictionary:

un platillo volante	= a flying saucer
una persona encantadora	= a charming person
una mesa plegable	= a folding table

b The gerund has a verbal function and means 'while' or 'by' doing:

Sobrevolando España se ve lo seco que está el paisaje	= (While) flying over Spain you can see how dry the countryside is

c The past participle, besides forming compound tenses, can be used as an adjective, and as such agrees with the noun:

una pierna rota	= a broken leg
estos ejercicios escritos	= these written exercises
La casa estaba construida de piedra	= The house was built of (in) stone

65 *Ser* or *estar*?

Both these verbs mean 'to be' but generally they are not interchangeable though in some cases, especially with adjectives, there are grey areas where either might be used. For your guidance the following rules will tell you where you must use one or the other.

Ser It might be helpful to remember that this verb is related to the original Latin verb 'to be', and as such refers to existence and identity:

a It tells you *who* or *what* somebody or something is (was, will be, etc):

¿Quién es esa persona? Es Adolfo Suárez, era presidente hasta 1981	= Who is that person? He is Adolfo Suárez, he was president up to 1981

b It tells you the natural characteristics of a person or object:

Es Vd muy amable	= You're very kind
Esta silla es de plástico	= This is a plastic chair
Mi abuelo es ya muy viejo	= My grandfather is now very old
Mis amigos son de Santander	= My friends are from Santander

c Use it to tell the time:

Eran las ocho	= It was 8 o'clock

Estar comes from the Latin verb 'to stand'; the past participle is also the Spanish for 'state' (*Estados Unidos*):

a It denotes location, where something is (ie 'stands'):

¿Dónde está la estación de autobuses?	= Where is the bus station?
Estaban en la playa	= They were on the beach

b With an adjective it tells you about the state or condition of a person or object brought about by circumstances:

¡Ay, qué cansada estoy!	= I don't half feel tired!
Tu padre estará furioso	= Your father will be furious
Todas las ventanas estaban rotas	= All the windows were broken
Está muerto	= He's dead

c It is used to form continuous tenses:

¿Qué estaban haciendo cuando tú les viste?	= What were they doing when you saw them?

Ser/estar: some adjectives differ in meaning depending on the verb:

ser aburrido	= to be boring	*estar aburrido*	= to be bored
ser cansado	= to be tiresome	*estar cansado*	= to be tired
ser listo	= to be clever	*estar listo*	= to be ready

When *estar* is used with an adjective normally used with *ser*, the verb tends to mean 'appear, look':

¡Qué guapa estás!	= How pretty you look!

66 The Passive

This is when the subject of the verb suffers or undergoes the action. It is formed, as in English, with the relevant tense of 'to be' (*ser*) and the past participle, which agrees with the subject:

Las ventanas fueron rotas por unos gamberros	= The windows were broken by some yobs
Esta casa fue construida en el siglo 18	= This house was built in the 18th century

Note: this construction is very common in English but is less so in Spanish, as there are various alternative ways of expressing it:

a Make the verb active, perhaps inverting verb and subject to keep the same emphasis:

Rompieron las ventanas unos gamberros . . .

This is a particularly useful way to do it if the subject is further qualified by a relative clause beginning with *que . . .*

Rompieron las ventanas unos gamberros que acertaban a estar por ahí	= The windows were broken by some yobs who happened to be around there

b Keep the exact word order of the passive and repeat the subject as an object pronoun:

Las ventanas las rompieron unos gamberros . . .

c Use *se*: if the verb is transitive, then you just make the verb reflexive:

Esta casa se construyó en el siglo 18	= This house was built in the 18th century

Note 1: you cannot use this method if an agent (= *by* whom?) is expressed: *Las ventanas se rompieron* is feasible, from the example above, but you cannot say 'by the yobs'.

Note 2: the construction in English which makes a passive out of an indirect object is impossible in Spanish. Here you must use *se*:

Se me dijo	= I was told
Se le mandó el paquete	= He/she was sent the parcel

This construction is frequently used with the personal *a*:

Se considera a Madrid la capital cultural . . .	= Madrid is considered the cultural capital . . .

67 Negatives

No is placed before the verb to make it negative.

Other negative words are:

nada nothing
nadie nobody
nunca/jamás never
ninguno none, not any, no (+noun)
ni . . . ni . . . neither . . . nor . . .

tampoco   not either, neither
en mi vida   never in my life

When these words follow a verb the verb must be preceded by *no*. *No* is not used when the negative precedes the verb or is used without one.

No hay nada aquí	= There's nothing here
No vemos a nadie	= We cannot see anybody (note personal *a*)
Nunca fumo ni bebo	= I never drink or smoke
¡En mi vida he visto tal cosa!	= I've never seen such a thing in my life!
¿Drogarme? ¡Nunca!	= Take drugs? Never!

Note: *tampoco* is the negative of *también*:

Vas a ir? Bueno, pues yo voy también	= Are you going? Right then, I'm going too
¿No vas a ir? Bueno, pues yo no voy tampoco	= Aren't you going? Right then, I'm not going either

68 Prepositions and the infinitive

Some verbs link directly to an infinitive, others take *a*, *de*, or, less commonly, other prepositions. The following lists are a selection of the most common verbs, but for a complete list you should consult a detailed grammar.

a Verbs with no preposition:

deber	to have to, must	*parecer*	to seem, appear to
decidir	to decide to	*pensar*	to intend to
desear	to want, wish to	*poder*	to be able to, can
esperar	to hope, expect to	*preferir*	to prefer to
evitar	to avoid –ing	*procurar*	to try to
intentar	to try to	*prometer*	to promise to
lograr	to manage to/ succeed in	*querer*	to want to
		saber	to know how to
necesitar	to need to	*sentir*	to be sorry to
ofrecer	to offer to	*soler*	to be accustomed to, usually (do)
olvidar	to forget to		

b the following verbs take *a*:

aprender a	to learn to	*enseñar a*	to teach to
animar a	to encourage to	*invitar a*	to invite to
atreverse a	to dare to	*ir a*	to be going to
ayudar a	to help to	*negarse a*	to refuse to
comenzar a	to begin, start to	*obligar a*	to oblige to
convidar a	to invite to	*persuadir a*	to persuade to
decidirse a	to decide to	*ponerse a*	to start to, set about –ing
empezar a	to begin to	*resignarse a*	to resign o.s. to

and most verbs of going (to) (*subir a*, *entrar a*, etc), inviting and inciting to do something.

c Verbs taking *de*:

acabar de	to have just	*guardarse de*	to be careful not to
acordarse de	to remember to		
alegrarse de	to be pleased to	*haber de*	to be to, shall
avergonzarse de	to be ashamed to, of –ing	*hartarse de*	to be fed up with, have had enough of
cesar de	to cease –ing		
dejar de	to leave off, stop –ing	*jactarse de*	to boast about
deber de (when indicating supposition)	must	*olvidarse de*	to forget to
		parar de	to stop –ing
		terminar de	to finish –ing
		tratar de	to try to
disuadir de	to dissuade from		

d Others:

consentir en	to consent to	*(no) tardar en*	(not) to take a long time
consistir en	to consist of		
dudar en	to hesitate to	*esforzarse por*	to strive, struggle to
hacer bien en	to be right to	*estar por*	to be in favour of
hacer mal en	to be wrong to	*luchar por*	to strive, struggle to
insistir en	to insist on	*amenazar con*	to threaten to
pensar en	to think of	*tener que*	to have to
persistir en	to persist in	*hay que*	it is necessary to

69 *Para* or *por*?

These two prepositions are the cause of considerable confusion, not least as they can both mean 'for'.

a *Para* indicates destination, intention:

Esto es para Vd	= This is (intended for, directed to) you
Una mesa para cuatro	= A table for four
Lo hice para demostrarte . . .	= I did it (in order) to show you . . .

It also is used to say 'by' a particular time:

Que estés lista para las siete	= Be ready by seven

b *Por* basically means 'by' or 'through':

Esta novela fue escrita por un nuevo escritor	= This novel was written by a new writer
Salimos por Elche	= We left via Elche (*salimos para Elche* would mean 'we left for Elche')

Por translates 'for':

i in exchange for:

¿Cuánto diste por esa chaqueta?	= How much did you pay for that jacket?

ii on behalf of, in support of:

Los hice por ti	= I did it for you (for your sake)

It also means 'per':

ochenta kilómetros por hora	= 80 kph

It is used in a large number of adverbial expressions such as *por avión*, *por ahora*.

70 Personal *a*

This precedes the direct object when it is a definite person or persons.

¿Conoces a mi hermano?	= Do you know my brother?

It is also used with animals or places if the speaker wishes to 'personalise' them:

¡Deja al perro!	= Leave the dog alone!

and it usually precedes the following pronouns:

alguien, uno, ambos, cualquiera, nadie, otro, quien, todo, él, ella, usted.

No veo a nadie	= I can't see anybody
Es una mujer a quien todos admiramos	= She's a woman we all admire

71 Relatives

The following notes are a somewhat simplified version of one of those areas of Spanish where usage is dependent on style. For a deeper analysis consult a more detailed grammar.

Note: the various equivalents of who, which, etc dealt with in this paragraph do not ask questions: interrogative words are dealt with in paragraph 72, below.

a *que* is used:

i as subject of the clause, person or object:

El coche que está esperando en la plaza	= The car (which is) waiting in the square
La dependienta que me vendió esta bufanda	= The assistant who sold me this scarf

ii as object of the clause, person or object:

El coche que vimos en la plaza	= The car (which) we saw in the square
La dependienta que vi en la tienda	= The assistant I saw in the shop

although with a person object the tendency is to use the personal *a* with *el que* or *quien*:

La dependienta { *a la que* / *a quien* } *vi en la tienda*

b After prepositions you can use *el que/la que/los que/las que* for things, and *el que* etc or *quien* for persons:

La calle por la que acabamos de pasar	= The street along which we've just passed
Los amigos con quienes/los que estuvimos anoche	= The friends with whom we spent yesterday evening

c There is yet another form *el cual/la cual/los cuales/las cuales* which may be used for things or persons, and is sometimes favoured with compound prepositions, but is tending to become rather stilted:

La pared detrás de la cual estábamos escondidos	= The wall behind which we were hiding

d When 'which' refers to an idea, not a noun with a specific gender, use *lo que*:

Los estudiantes se marcharon temprano, lo que no les gustó a sus profesores	= The students went off early, which didn't please their teachers

e *cuyo* means 'whose', and agrees with the thing(s) possessed:

Es un político cuyas respuestas suelen ser mentiras	= He's a politician whose answers are usually lies

f *El que/la que/los que/las que* mean 'he/she who', 'those who':

Los que quieren volver pueden irse ahora	= Those who wish to return may leave now

g *Lo que* means 'what' in the sense of 'that which':

Lo que me gusta de este libro	= What I like about this book

72 Interrogatives

These are words with which you ask questions. Note that all interrogative words have an accent on the stressed vowel.

a *¿quién?* means 'who(m)?' in all circumstances:

¿Quién es?	= Who is it?
¿A quién viste?	= Who(m) did you see?
¿Para quién es?	= Who's it for?

b *¿Qué?* means 'what'? in most circumstances:

¿Qué es?	= What is it?
¿Qué hiciste?	= What did you do?
¿Con qué lo hiciste?	= What did you do it with?

(Note that the preposition cannot come at the end of the phrase as in English.)

c Take care to distinguish *qué* from *cuál(es)*, which often means 'which one(s)' and implies a choice:

De estas casas ¿cuál te gustaría poseer?	= Which (one) of these houses would you like to own?

d *¿Qué?* also means 'which' when used together with a noun:

¿Qué casa es tuya?	= Which house is yours?

e Other interrogative words are:

¿cuándo? when?
¿cuánto/a/os/as? how much/many?
¿cómo? how?
¿dónde? where?
¿de quién? whose?

73 Exclamations

Several of the interrogative words are also used in exclamations:

¡Qué día!	= What a day!
¡Qué día tan/más hermoso!	= What a beautiful day!
¡Cómo nieva!	= Look how it's snowing!
¡Cuánta gente!	= What a lot of people!

74 Accentuation and stress

The rules of stress are:

a Words ending in a vowel, **-n** or **-s** are stressed on the next to last syllable: *casa, casas, leo, lees, lee, leen.*
b Words ending in a consonant except **-n** or **-s** are stressed on the last syllable: *comprar, reloj, coñac, principal, arroz.*
c All other words will bear an accent(´) on the stressed vowel. There are several definable categories:

i words ending in stressed **-ón** (*gruñón, camión*). These lose the accent in the feminine or plural (*gruñona, camiones*) as they then obey rule **a**.
ii words ending in stressed **-es**: *inglés* (but *ingleses*)
iii words ending in a stressed vowel, or stressed syllable ending with **-n** or **-s** including some preterite and future tense endings: *compraré, comprarás, comprará, compraréis, comprarán, compré, compró; pirulí, ojalá.*
iv accents are also found on the stressed syllable of demonstrative pronouns (*éste*, etc) (cf 18) and interrogative words (*¿cuándo?* etc) (cf 72 and 73).